大化前代政治過程の研究

平野邦雄著

吉川弘文館 刊行

日本史学研究叢書

はしがき

本書の対象とするところは、大化前代の政治過程であり、したがって本書はいわば、前著『大化前代社会組織の研究』(吉川弘文館、一九六九年)の姉妹編にあたる。

前著では、日本古代の「氏」の問題にはじまり、中央・地方の豪族、部民と農民、さらに異民族・奴婢など、社会の各層にわたってその成立事情と内部構造をとりあげ論じたのにたいし、本書では、四、五世紀のヤマト王権の成立と倭国統合の実態、六世紀におけるヤマトの大王の基盤と国家組織の進展、さらに推古朝の政治から、大化改新とその後の政局にいたるまで、対外交渉をふくめて、それに相応ずる国家政治の推移をとりあげた。

本書に収めた論文は、前著を出版してからのち、現在にいたるまでのほぼ一五年間に執筆したものであるが、論文は本書においてすべて再編し、補訂を加え、論旨をかなり詳しく敷衍するとともに、註を拡充して、私見を一層明らかにするよう努めた。したがって、本書の各編は、旧論文のままではなく、はるかに詳しくなっているが、本筋においてはまったく変りはない。旧論文との対応関係を示せば左のとおりである。

第一編　四、五世紀のヤマト王権……………

「ヤマト王権と朝鮮」（岩波講座『日本歴史』1、岩波書店、一九七五年）

「日本書紀にあらわれた古代朝鮮人名」（坂本太郎博士古稀記念『続日本古代史論集』上、吉川弘文館、一九七二年）

書評「坂元義種著『古代東アジアの日本と朝鮮』付『百済史の研究』」（『史学雑誌』九〇―七、一九八一年）

第二編　六世紀のヤマトの大王……………

「いわゆる『古代王朝論』について」（『国史学』一〇三、一九七七年）

「六世紀、ヤマト王権の性格」（東アジア世界における『日本古代史講座』4、学生社、一九八〇年）

「継体・欽明紀の対外関係記事」（末松保和博士古稀記念『古代東アジア史論集』下、吉川弘文館、一九七八年）

第五編　国際関係における〝帰化〟と〝外蕃〟……………

「記紀・律令における〝帰化〟〝外蕃〟の概念とその用例」（東京大学東洋文化研究所『東洋文化』六〇、一九八〇年）

第六編　大化改新とその後……………

「〝甲子宣〟の意義——大化改新後の氏族政策——」（井上光貞博士還暦記念『古代史論叢』上、吉川弘文館、一九七八年）

「古代日本の賤民——日本の社会構造に関連して——」（山川出版社『歴史と地理』二八五、一九七九年）

附載二　日・朝・中三国関係論についての覚書……………

「日・朝・中三国関係論についての覚え書」（東京女子大学比較文化研究所『紀要』四一、一九八〇年）

しかし、上記の第一・第二・第五・第六編と附載二だけでは、本書の目的である大化前代の政治過程についての一貫した見通しをうることはできない。そのため、本書の執筆にあたって、あらたに左の諸編を構想し、追加した。

第三編　六世紀の国家組織——ミヤケ制の成立と展開——

第四編　推古朝の政治

附載一　邪馬台国論へのあらたな視角

これらの諸編は、第三編の一部に「国県制論と族長の支配形態」（『古代の日本』9 研究資料、角川書店、一九七一年）を引用したほかは、すべて今回はじめて起稿し発表するものであり、また編はたてないまでも、前記の各編のなかで、あらたに追加した章節がある。

第一編第四章第三節　稲荷山古墳鉄剣銘の解釈
　　第四節　江田船山古墳大刀銘の解釈
第二編第三章第三節　〝任那日本府〟の問題
第六編第二章第三節　家部についての補論

本書は、これらの編章節を追加することによって、旧論文の趣意をさらに徹底させ、全体性を保ち、また学界においてもっとも諸説の多い問題にはじめて論評を加えたことになるとおもう。

さて、本書はこのようにして出来上ったのであるが、旧論文にこれだけのあたらしい編章節を加えなければ、大化前代の政治過程についての一貫した見通しをもちえないことはあきらかであるとともに、またそれだけ加えたとしても、まだまだ不足するところは多い。前著よりほぼ一五年を経過したことを思えば、学問研究のまことに遅々とした足どりを自覚せざるをえないのであって、筆者としてまことに慚愧にたえないところである。

もちろん、あえて釈明すれば原因がないわけではない。最近の古代史研究はますます多岐にわたり、細分化し、通覧するだけでも容易ではない。本書に引用した諸論文の数が、前著に比べはるかに多いのはそのためである。一般的にではあるが、若い研究者のなかには、先学がこれまで築き上げてきた共有の財産をいとも簡単に否定し、先行学説の論拠を正確にうけとめ、それを超克するだけの史料的手つづきを果たさないままに、一見新説をたてる傾向がつよいことである。そのような数多くの論文を読みとるには、かなりの努力と時間を要するであろう。

本書は、立論の基礎となる史料を思い切って整理し、単純化した。その主たる方法は、「記紀」と朝鮮三国の史料、つまり『三国史記』『三国遺事』と、すべての金石文を徹底的に比較することによって、史実の一致点を見出し、この点によってのみ、基底的な事実を構成してみたことである。この方法は、四世紀末より十分可能なのであり、「記紀」の系譜でいえば、応神天皇からである。「記紀」は、編纂時の国家状況によって史料を再整理し、あるいは追記した部分のあることはいうまでもないが、現在の「記紀」の史料批判は、むしろ批判側の恣意性をすら感ぜさせるものがある。このような現代学界の錯綜した状況下にあっては、上記の方法で基底的な事実を再確認することがまず必要であり、本書はその点に力をそそいだ。それ自体、手間のかかる長い道程を必要とする作業であったが、今後は、本書の構築したこのような基底的な事実について、批判を頂きたいのである。そうでなければ、学界の共有の認識は生まれえないであろう。

本書が、「邪馬台国論」を冒頭にではなく、附載に廻したのも、『魏志』倭人伝のみを史料とする邪馬台国においては、上記の方法が適用できないからである。

思えば前著を出版したとき、はしがきに記した恩師坂本太郎・竹内理三両先生は、現在御高齢に達せられ、大へん御健在であるが、先輩井上光貞博士は思いもかけず鬼籍に入られた。そのほか名をあげて多くの論文を引用させて頂いた諸先輩のなかにも、もはやお会い出来ない方々がおられることは痛恨のきわみであり、歳月の経過をひしひしと感ぜざるをえない。しかし、本書においても、これらの諸先生・諸先輩の学恩はなお生きているのであり、引用論文の著者別索引を作成してみて、改めてそのことを思い知らされるのである。

しかしまたこの間にあって、東京において、あらたに東洋史・日本史の古代学者により組織され、毎月会合する東アジア史研究会、また奈良において創設された木簡学会、ことにその中核となる委員会など、現時点において同学の方々からうける学恩にも大なるものがあり、一々構成メムバーのお名前はあげないけれども特記して謝意を表せねばならない。東洋史学・考古学など、古代史学との連携の必要性は深まるばかりである。

今回、本書を出版するにあたって、前著の姉妹篇として同一の形式による刊行を快諾された吉川弘文館社長吉川圭三氏、出版について具体的なお世話を頂いた同社出版部長山田亨氏、および印刷・校正に親身なお骨折りを頂いた同社出版部の方々に厚く御礼を申上げたい。あわせて巻末の事項別・著者名索引を作成して下さった東京女子大学史学科卒越村圭子、同大学大学院修士課程修了横山絹子両嬢にも心よりお礼を申上げる。

一九八五年（昭和六十）二月二十六日

平野邦雄

目次

附載

第一編　四、五世紀のヤマト王権

第一章　応神朝の諸問題

第一節　いわゆる〃応神王朝論〃

ヤマトの王権の画期を応神朝におくことは、すでに津田左右吉氏が[1]、『古事記』、『日本書紀』（以下、『書紀』と略す）の研究から導き出された一つの結論であった。ことに、記紀の材料となった「帝紀」において、天皇の称呼が応神天皇を境にかわっている。つまり、応神よりまえの神武〜仲哀の十四代は、(a)カミ—ヤマト—イハレヒコ（神武）、カミ—ヌナカハミミ（綏靖）、シキツヒコ—タマデミ（安寧）のように、カミ、ミミ、ミという尊称をもつもの、(b)オホヤマト—ヒコ—スキトモ（懿徳）、オホヤマト—タラシヒコ—クニ—オシヒト（孝安）のように、オホヤマトの語を冠し、さらにオホタラシヒコ—オシロワケ（景行）、ワカ—タラシヒコ（成務）、タラシ—ナカツヒコ（仲哀）のように、タラシヒコの尊号や、オホヤマト—ネコ—ヒコ—フトニ（孝霊）、オホヤマト—ネコ—ヒコ—クニクル（孝元）、ワカヤマト—ネコ—ヒコ—オホヒヒ（開化）のように、ヤマトネコの尊号をもつものに分けられるが、いずれも尊称（尊号）のみを記し、実名は分かっていない。

しかるに、応神天皇より後は、(c)ホムダワケ（応神）、オホサザギ（仁徳）、イザホワケ（履中）、ミヅハワケ（反正）、オアサツマワクゴ（允恭）、アナホ（安康）、ワカタケル（雄略）、シラガ（清寧）……オホド（継体）のように、概して実名（イミナ）、すなわち皇子としての名をそのまま天皇の称呼としている。これは応神〜継体の十五〜二十六代が、もっとも「帝紀」の原型にちかく、六世紀なかばに成立した〝原帝紀〟にすでに記載されていたためであろうとされたのである。

それにつづく、(d)ヒロ―クニ―オシ―タケ―カナヒ（安閑）、タケ―オ―ヒロ―クニ―オシ―タテ（宣化）、アメ―クニ―オシ―ハルキ―ヒロ―ニハ（欽明）、ヌナ―クラ―フト―タマ―シキ（敏達）……などは、天皇の尊号とともに、概してその実名も知られているのが一般であり、やはり実在性がある。

さて、津田説によると、(a)・(b)は、大化改新の前後からのちにあらわれる、アメ―トヨ―タカラ―イカシヒ―タラシヒメ（皇極）、ヤマトネコ―タカ―ミヅ―キヨ―タラシヒメ（元正）、オホ―ヤマトネコ―アメノヒロヌヒメ（持統）、ヤマトネコ―トヨ―オホヂ（文武）、ヤマトネコ―アマツミシロ―トヨ―クニ―ナリヒメ（元明）などの、タラシヒメ（ヒコ）、ヤマトネコの称号と共通性がつよく、作為性が感じられることになるが、この学説をさらに展開したのが、水野祐・井上光貞氏らである。(2)

そこでは、天皇の称号の対応性についてさらに精緻に追求されている。

(a)・(b)にみられる仲哀（14）、成務（13）、景行（12）など、タラシヒコ（ヒメ）の称をもつグループと、崇神（10）を境に、そのまえの開化（9）、孝元（8）、孝霊（7）、孝安（6）など、ヤマトネコ・クニオシの称をもつグループは、それぞれ、(d)以後の、安閑（27）より元正（44）にいたる天皇の称号に系統的に対応していて、固有性・独自性がない。たとえば、安閑(27)、宣化(28)、欽明(29)などは、クニオシ系であり、舒明(34)、皇極(35)、元正(44)などは、タラシヒコ(ヒメ)系であって、(a)・(b)は、それらを投影したものにすぎない。ただ、崇神(10)のみは例外で、神武(1)とともに、ハツクニシラススメラミコトといわれ、何らかの正統性がみとめられ、このばあいも、固有性は崇神の方にあり、崇神天皇に、国家の創始者としての役割を課したのであろうとしたのである。

つぎに、津田説は、天皇の系譜においても、仲哀(14)以前は、王位の継承を一貫して父子相承としているのに、このような継承法は、七世紀後半までは実現していなかったので信用しがたいとされた。

皇位の継承において、父子の直系相続は、天智天皇の定めたという〃不改常典〃によって原理が確立され、一般の戸においては、おなじ天智天皇の〃庚午年籍〃によって、その方針が打ち出されたものとするのが私説であり(第六編第一章第一~三節参照)、したがって、六、七世紀までは、皇位は兄弟相承を基本形とし、まず同一世代の兄弟で皇位が継承され、ついで長子の男子という第二世代にうつるというのが、一般の説であることも首肯できよう。

応神(15)、仁徳(16)からは、皇位継承もこの形態によく合うのである。「倭五王」の記録において、『宋書』の、

済——興・武

は、『書紀』の、

允恭(19)——安康(20)・雄略(21)

の系譜によく合い、異質の史料の符合が注目される。さらに、『書紀』の、

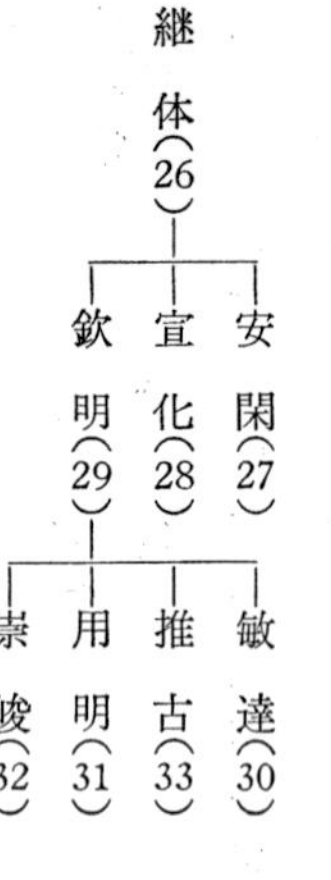

のように復原される系譜も、おなじように兄弟間の相承を示していよう。

兄弟相承は、その背後に、兄弟の皇子を生んだ妃の属するそれぞれの母族があり、このような母系の氏族が皇位の継承にふかくかかわりあっていた事実があったと思われ、継体の後、安閑・宣化と欽明に対立があったと説かれ、欽明の後、堅塩媛と小姉君の所生の皇子女の推古・用明と穴穂部・崇峻間に対立抗争があったのもそれを示すものであろう。

さて、さらに津田氏は、記紀の記載をみると、「概していふと、ほぼ仲哀天皇と応神天皇との間あたりにおいて、一界線を有する」とし、仲哀（14）までの記事は「説話的色彩」がつよく、「事実らしからぬ、不合理」な点が多い。したがって、仲哀天皇のツクシ遠征、神功皇后の新羅征討は、事実とはみとめがたく、応神天皇がツクシで生誕したという物語もまったくの虚構であるとされたのである。

これは記紀批判の点からいって、まったく正当というべきもので、記紀によって古代史を構成するばあいの基本的姿勢となったというべきであろう。本論が、大化前代の政治過程を考えるにあたって、まず「応神朝の諸問題」よりはじめ、それ以前については、巻末に附載としてかかげたのはそのためである。

しかし、水野祐・井上光貞氏、それから、そのつぎに掲げる諸学説は、これらを基礎としつつも、むしろ積極的な

〃応神王朝論〃を展開した。そのため、あらたな問題を生じ、かえって津田説を後退させる現象すら生じたといえるであろう。

もともと〃応神王朝論〃のはじまりは、林屋友次郎氏の論説にあるといってよい[3]。林屋氏は、歴代天皇の諡名（おくりな）に、「神」の文字がつくのは、神武（1）、崇神（10）、応神（15）の三天皇のみで、〃応神〃とは、皇祖神アマテラス（日の神）の〃応身〃ということで、皇祖たる日神の理想とされたところを、この国土の上に現実、具体的に実現した最初の天皇ということである。したがって、神武天皇の東征も、応神天皇が九州邪馬台国から、本州ヤマトに移ったことを物語る。邪馬台国の壱与が死に、応神が即位したのは三二〇年、ヤマト遷都は三四〇年と計算されるとされた。このように、所詮、神武・崇神は、応神の事蹟を理想化してつくられた人格にすぎず、現実の天皇は、応神からはじまるとみたのである。

水野祐氏は[4]、ヤマトにも〃古王朝〃はあったが、応神・仁徳、ことに仁徳から〃中王朝〃がはじまり、さらに継体にいたって、〃新王朝〃が創始されたと考え、これら各王朝間に、いわば〃易姓革命〃をみとめた。そして、〃中王朝〃とは、三世紀代に邪馬台国と対立していた狗奴国が東遷して、古王朝の最後の王、仲哀を敗死せしめ、難波に宮を定めたもので、神武東征説話は、この事実をモデルに造作されたものではないかとされた。

井上光貞氏は[5]、原則的にこの構想を継承しつつ、応神天皇の九州生誕説を重視し、応神がツクシにおこり、征服王朝としてヤマトに臨んだものと考えられ、応神が〃入婿〃の婚姻形態をとったのは、前王朝とは男系でつながらない系譜を修正したためとみたのである。このような学説は、江上波夫氏によって唱えられた〃騎馬民族征服説[6]〃のいわば〃国内版〃といってもよく、〃ネオ騎馬民族説〃とでも名づけたらよいであろう。

ところで、このような〝応神王朝論〟のほかに、もう一つの〝応神王朝論〟がある。それは〝九州起源説〟でなく、〝河内成立説〟とでもいうべきものである。

直木孝次郎氏は(7)、応神天皇よりまえは〝伝説の世〟というべく、〝現実の世〟は応神からはじまるという意識が、「帝紀」「旧辞」以来成立しており、少なくとも七世紀の宮廷氏族には定着していた。もちろん、応神以前にもヤマトに特定の政治勢力は分布し、〝先行王朝〟ともいうべきものはあった。それは、ヤマトの磐余（いわれ）、磯城（しき）地方に有力な前期古墳が存在することからも知られるが、そのヤマト起源の王朝が転覆し、その後に難波を根拠地とするあたらしい〝応神王朝〟が侵入し、新王朝をたてたとされた。

この王朝に属する各天皇の宮や陵は河内にあり、また朝廷を構成した豪族の大伴氏は、摂津住吉郡から和泉にかけての地を、物部氏は、河内渋川郡一帯の地を、中臣氏は、河内河内郡あたりの地を本拠としたもので、けっして大和から河内に進出した豪族でなく、その逆と考えられる。かれらは、のち連（むらじ）の姓を称したが、大和には、大和の地名を氏の名とする葛城・平群・巨勢のような臣（おみ）の姓を有する豪族がいた。この臣姓豪族の方が連姓豪族より古いと思われるのは、それぞれが前記の二王朝に対応するからであるとされたのである。

この説は、岡田精司・上田正昭氏らによっても提唱され(8)、古王朝を〝三輪王朝〟、新王朝を〝河内王朝〟とするなど、命名法までが考えられるにいたった。

他方、天皇の称号や名を細かく分析して、これらの説を若干変改した吉井巌氏の説がある(9)。吉井氏は、タラシヒコを称する景行（12）、成務（13）、仲哀（14）の三天皇は、イリヒコ・イリヒメの称号をもつ崇神（10）、垂仁（11）の、いわゆる〝崇神王朝〟と、つぎの〝仁徳王朝〟をつなぐために挿入されたもので、実在性はない。ホムダワケの名をもつ応神(15)も、入婿の形でつながっているが、その名はホムツワケの誤伝で、実在の王でなく、難波に本拠をもつ王朝の初代は仁徳(16)であった。応神(15)は、この新王朝の始祖として構想された伝説的人物にすぎないとされたのである。

直木氏は、のちにこの説に賛し[10]、応神・仁徳は、もともと「品陀の日の御子」という同一人格を示し、これがホムダワケ・オホサザキの二王に分化したのであろうと自説を修正している。

さて、これまでにのべた二系統の〝応神王朝論〟は、前者は〝九州王朝〟の東遷説、後者は、〝河内王朝〟のヤマト侵入説で、いずれもヤマトの王権は〝征服〟によって成立したとみる。すなわち〝征服王朝〟という視点にたっている。そして、当然のことながら、前者は、邪馬台国九州説、後者は、邪馬台国大和説につらなるのである。

改めて考えると、両説の共通の基盤は津田説にあり、天皇の系譜からいえば、応神(または仁徳)から実在性ある時代に入り、ヤマト王権の成立をみとめることができるが、それ以前は信憑性に乏しく、古代史学としての射程距離に入らないということである。したがって、それ以上に出ることは、かえって仮説を重ねるにすぎず、実証から遠ざかることにならざるをえまい。つまり、津田説を崩すことにもなるであろう。

第一に、〝九州王朝〟の東遷説は、それが立証できれば、〝征服王朝説〟は成立し、一種の易姓革命が行われたことになろう。この点については論旨に矛盾はない。しかし、この説には、邪馬台国東遷説、狗奴国東遷説、応神天皇九州生誕東征説まであり、さらに騎馬民族征服説まで入れると、統一性はまったくない。かつて、津田説は、神武東征・応神九州生誕という記紀の記述をきびしく退けたはずであり、それがふたたび復活された観がある。これは津田説の後退ともなろう。われわれは、東遷・東征を裏づける史料をもたないし、ことに考古学資料で、それを示すものは何もないと思う。現在、その学説は保留するほかはないであろう。

第二に、〃河内王朝〃の侵入説は、先行の王朝が大和にあり、後の王朝が河内に成立したというだけでは、〃征服王朝説〃は成立しないであろう。筑紫ならば別であるが、大和と河内はもともと一体の地である。内陸にある大和の政治権力は、門戸としての河内・摂津をおさえなければ成立するはずはない。すでに邪馬台国九州説のばあいも、邪馬台国は伊都に一大率をおき、沿海諸国を統制下において、はじめて存立したのである。畿内は、王権の基盤であり、ことに大和と河内・摂津はまさにその中枢地帯であるといわねばならない。

このことは、〃河内王朝〃といっても、始祖的な応神の宮について、『古事記』は、「河内大隅宮」をみとめず、「大和軽島明宮」とし、『書紀』も、天皇の崩じた宮をこの「軽島明宮」とし、一に「大隅宮」としていることと関係がある。つまり、宮も大和と河内の双方に営まれたとされるのである。これはワカタケル大王（雄略）のシキノ宮（斯鬼宮）が、大和磯城宮（泊瀬朝倉宮）でも、河内志紀宮にあてても差支えないこととおなじことである（本篇第四章第三節参照）。

また、陵墓について、応神の「恵我藻伏崗陵」、仁徳の「百舌鳥耳原中陵」などが、河内志紀郡また和泉大島郡などに存在したことも、陵墓がいかなる地に営まれたかを宮との関係において分析しなければ、単に陵墓が河内にあるからといって、河内が政治的本拠であると理解するわけにはゆくまい。

比較的推定しやすい敏達――押坂ヒコヒト大兄――舒明（息長タラシヒヒロヌカ）のばあいを分析してみる。

敏達の后ヒロヒメは、息長マテ王の女で、その所生の押坂ヒコヒト大兄は、その名からみて息長氏の経営する大和城上郡の忍坂宮で養育されたとみてよかろう。母ヒロヒメは、近江息長（坂田）からこの地に来住していたのである。

そのため、死後は出身地の近江坂田に葬られ、墓は「息長墓」と称せられた。

押坂ヒコヒト大兄は、大兄の地位を得たのち、父敏達の「百済大井宮」と同地の「水派宮」を経営した。これはともに大和広瀬郡にあり、城上郡よりははるかに離れている。ヒコヒトの妃ヌカテヒメ皇女（一名、田村皇女）は、舒明（息長タラシヒヒロヌカ）を生むが、この皇子もその名からみて息長氏の忍坂宮で養育され、したがって、母とおなじ田村皇子の名があったとみてよい。忍坂宮はヒロヒメからヌカテヒメに現実的には伝領されたと考えられ、そのためヌカテヒメの墓は、城上郡にあり、宮とおなじ「押坂墓」と称されたのであろう。

舒明は皇位について、祖父・父とおなじく広瀬郡に「百済宮」を経営した。これは事実上、敏達の「百済大井宮」を伝領し、それを再建したものと思われるが、死後は、本拠地の城上郡に葬られ、「押坂内陵」と称されたのである。このような経過をみると、皇子たちは成育した地からはなれて皇子宮を営むのであり、宮は皇系によって一定範囲の土地が選ばれている。そして陵墓はその本拠地または成育した場所につくられることが多かったということになる。もちろん、他の要素も考えねばならぬであろうが、宮や陵墓を一定地域に限定して考える必要はなく、現に敏達の「河内磯長中尾陵」は、河内石川郡にあったではないか（第二編第一章第二節参照）。

これをもう少し突っ込んでいえば、古代における族長権の継承問題に帰着することになる。もともと族長権は、氏族の勢力圏のなかで、有力な同族間に継起的にうけつがれることが多く、この同族とは父系・母系の両系はもちろん、さらに重層した数腹をふくむ概念であると考えてよかろう。わが古代には、少なくとも父系―男系による、いわゆる〝万世一系〟の系譜は成立していないはずであり、〝万世一系〟を否定しようとする〝新王朝論〟が、基本的には逆に〝万世一系〟の理論を前提としていることは承引できないであろう。

〃応神王朝論〃〃継体新王朝論〃にもそれがいえる。継体天皇の出自における息長氏系の役割については、第二編第一章で詳述するが、五世紀後半以後の段階において、ヤマトの大王に后妃を補給しつづけた息長氏と和珥（春日）氏の系譜は、王系と分かちがたく結びついており、王系と同等な評価を得なければなるまい。

すでに、応神天皇についても、その名ホムダワケは、河内古市郡誉田という地名に発しており、このホムダの地には、ホムダマワカ王がおり、その三人の女タカキイリビメ、ナカツヒメ、オトヒメが応神の妃となったといわれる。そして、ホムダマワカ王の父はイホキイリビコといい、マワカ王の女タカキイリビメとあわせて、崇神天皇系に多いイリの血統に、応神が入婿したかたちとなっていると指摘されてきた。要するに、ここで王系が代わったことになる。ただし、〃入婿〃というような概念をもち出すよりは、ホムダワケの名自体が、妃の父といわれるホムダマワカに由来しているかぎり、事実は、王系に妃を供したこの女系の胎内から応神は輩出したものとみても別に無理はない。

一般の貴族や豪族においても、事情はおなじく、族長権の継承は単純ではないのである。

大和の葛城―平群―巨勢―蘇我という同族勢力の変遷は、ある意味では族長的地位の継承順を示すものともみられる。蘇我は、大和の「宗我」の地名を氏の名とするとせざるをえないが、他方では、「推古紀」に、馬子が「葛城県」はもと臣の〃本居〃（うぶすな）であるとのべ、「皇極紀」には、蝦夷が「葛城高宮」に〃祖廟〃をたてたが、そのため蘇我氏は、「葛城」をもって姓としたのであると記している。

さらに、蘇我氏の内部をみても、『石川年足墓誌』には、その祖は「宗我石川宿禰命」であるとし、『三代実録』には、「宗我石川」はもと「河内石川」で生まれたので、「石川」をもって名としたが、この石川のときに「宗我大家」を賜わって居としたので、「宗我宿禰」を称するにいたったとする。要するに、〃河内石川〃が、〃大和宗我〃にかわって族長権を継承したことを示す説話であるが、この大和と河内に、蘇我の拠点が併行して存在していたのであり、地名からいえば、葛城・宗我・石川がそれで、このほか、飛鳥の山田・豊浦・嶋などもこれにあたる。王家に複数の宮（みや）があったように、貴族・豪族にも、複数の宅（やけ）が存在したとして不思議はない。この〝複数性〟の意味するところが重要であって、氏の複数の系に対応するものがあるであろう。このような関係を、単純に、此から他への〝征服〟とか、〝進出〟とか、〝侵入〟の概念で律してはなるまいと思う。

地方豪族においても、このことはさらに妥当する。より政治的な分裂が少なく、共同体的な伝統のつよい在地において、族長権の継承はさらに複数性をますであろう。吉備氏は、上道・下道両氏に大別され、さらにそのもとに諸族長をふくむが、これまでにも比較的対等な連合体をなしていたのではないかといわれてきた。最近、考古学者は、吉備各地の古墳の発展から考察して、各地の巨大古墳、たとえば造山・作山のような大古墳の存在は、首長連合の上にたつ大首長の権力を示すが、その地位はその地域の単一集団の首長によって世襲されず、特定の有力な地域集団の首長によって、いわば〝輪番的〟に継受されたと考えるほかはないという主張すら行っている[11]。これも〝輪番〟の概念の当否はともかく、複数の継承者の存在を予想しているのである。

最近、埼玉県の稲荷山古墳出土の鉄剣銘に[12]、オホビコにはじまる八代の系譜が記されていた。最後のヲワケ臣が、ワカタケル大王（雄略）の時代にあたるので、すでに五世紀後半に、氏族のいわば〝竪系図〟が成立していたことは注目に値する。そしてこの系図をみると、其児名――其児名――其児名というように父子の直系相続の形を一貫してとり、始祖にヒコ（比垝）、二代にスクネ（足尼）、三・四・五代にワケ（獲居）の尊称が付せられ、六・七代に尊称はなく、八代にワケノオミ（獲居臣）という画期的な尊称ないしカバネが付せられている。

このように、ヒコースクネ―ワケと順当に展開してきた尊称のつぎに、何ら尊称をもたない二代が忽然とあらわれ、画期的なヲワケ臣につづくのは、ヲワケの祖父・父・本人の三代が、それ以前の五代と系譜的に断層があるのではないかとの推定にわれわれを導く。かつて筆者は、(13)この三代は「地方の新興豪族の家柄が、中央との関係で勢力をのばし、そこで氏宗をつぐ家が代ったとも考えられる」とのべたが、それは、ヲワケ臣という「臣」を称する雄略朝の人物に画期があり、このときに八代の祖先系譜が主張されたが、現実に確かなのは、祖父にはじまる三代であろうと考えるからである。実際に、埼玉古墳群には、ヲワケ臣らを葬ったとみられる稲荷山古墳の二基の埋納施設よりまえには、丸墓山古墳しかないといわれる。とすれば、父子の直系相続で示される八代の系譜には何らかの擬制があるとみねばなるまい（本編第四章第三節に詳述）。

最近、この鉄剣銘にみえる系譜の断層について、『和気系図』に示される讃岐国造因支首の系譜との類似性を指摘する学説もある。(14)すなわち、讃岐の因支首の祖はタケクニコリワケまでさかのぼるかに記されるが、実はオシヲワケのときに伊予から讃岐に入り、讃岐因支首の女を娶り、母姓によって、こののち因支首を称するにいたったにすぎない。したがって、オシヲワケ以前の系は、子孫からすれば父方の祖ともいうべく、父系から母系に転じたために生じた。事実上の始祖は母系の側にあるといえよう（本編第四章第三節参照）。

これとおなじような現象は、『和気系図』とおなじ〝竪系図〟にしばしばみとめられる。たとえば、上野の『山ノ上碑』において、佐野三家を定めた健守命の孫黒売刀自がまず記され、ついで、新川臣の児斯多々弥足尼、その孫大児臣が記され、この両者の婚姻によって長利僧が生まれたことがのべられている。これは長利僧の系譜を母系・父系の双方から説明しているのであり、しかも母系が先に記されていることになる。(15)

さて、族長権の継承について、ある程度紙数を費やしてのべた。もちろんそれらはまだ着眼点を示したにすぎないので、実体としては不明な点が多い。ただ父系・母系をふくむかなり広汎な同族を背景としないでは理解できないことがあるとすれば、〝応神王朝論〟もこのような観点を経由しないで主張することは困難であろう。

第二節 〝王朝〟の概念

〝応神王朝論〟を主張する学説は、例外なく継体天皇についても〝継体新王朝論〟を主張する。いわば〝王朝三転論〟とでもいうことになろう。後者については、かなり豊富な史料があるので、第二編第一章において批判するが、批判するよりまえに、〝王朝〟という語を用いること自体について言及しなくてはならない。〝王朝〟と〝王系〟は当然異なる概念であるはずであって、わが古代史に、〝王朝〟の交替という概念を適用できるのかという問題である。

中国において、王朝とは、秦・漢・魏・晋・北魏・梁・隋・唐などをさし、まったく異なる民族、または異なる氏姓によって創始された王権をさす。〝易姓革命〟の語のあるとおりである。わが国の応神・継体がそれにあたるならば、それを立証しなければならない。筆者は、古代に、王朝交替にあたるものは、事実としてなかったと考える。王朝交替の思想は、一時、光仁・桓武朝にうけ入れられたことはあるが、内実は異なったものであり、事実としては、天武系から天智系に、〝王系〟が代わったにすぎなかった。それを中国思想によって修飾しようとしたものであろう。本節においては、光仁・桓武朝の王朝思想について、簡単にふれてみることとする。そのことによって、それ以前において、王朝思想が存在しなかったことがあきらかになると思う。

もともと、中国皇帝の地位は、天命の附託をうけて成立すると考えられたから、はじめは王朝の始祖、やがては歴代において、「昊天上帝」の祭祀が行われた。『大唐開元礼』によれば[16]、王都の南郊の「円丘」において、冬至に祭祀が行われる。壇上に、「昊天上帝」の神座と、配するに「高祖」の座をもってし、以下第一等から第三等までの各壇に、五帝・日月・五星十二辰・二十八宿の座などを設け、斎戒にはじまり、陳設・省牲器・奠玉帛・進熟にいたる儀礼が、細部まで規定されている。その原理から儀式次第まであますところがないといってよい。

わが国で、「昊天上帝」の祭りが初見するのは、桓武朝である。延暦年間に[17]、桓武天皇は「交野柏原」に「天神」をまつり、「昊天上帝」に国政を奉告したとあり、また斉衡年間には[18]、光仁天皇の「後田原山陵」に、「配天之事」を告げ、「河内国交野原」「河内国交野郡柏原郷」に、「昊天」をまつり、大納言に、「郊天祝板」をさずけ、みずから「北面拝天」し、「円丘」につかえるため、「胙」を献じたなどの記事がひきつづいてみえる。

河内交野は、平安京の南郊にあたり、ここに「円丘」をきずき、「昊天上帝」を祭ったことがわかる。この地は、桓武天皇の有力な姻族となった百済王氏の居住地であり、百済王は、七世紀末、白村江の敗戦の前後にわが国に亡命した百済王族である。この王族によって、中国の円丘の祭祀が、わが国にもたらされ、このような儀式が創始されたと考えてよいが、八世紀以前に、それが定着した証はまったくない。

つぎに歴代における「宗廟」の祭祀がある。中国においては、「陵墓」のほかに「宗廟」があった。楊寛氏の研究によれば[19]、「宗廟」は祖先のまつり、宗族の儀式を行うところであるが、また、政治上の重要な儀式や、決定した命令を伝える場でもあった。それが「朝廷」が成立すると、政治上のものは「朝廷」にうつされた。したがって、宗廟は、前部が「廟」、後部が「寝」で、朝廷の「朝堂」と「宮廷」の関係に似たものがあったが、それ以後は、「廟」が陵園の近くに、「寝」は陵園の内部に分けられ、前者には祖先の位牌（木主）をまつり、後者は霊魂が日常生活をおくりうるように、飲食などをそなえる場となった。それが漢代のことである。宗廟は〝天子七廟〟といわれるように、祖帝のため別々に廟をつくり、太祖の廟を〝不遷之廟〟とし、その前面に、昭（左）・穆（右）の三廟ずつをならべ、これは皇帝によって入れ替えられた。後漢になると、〝陵傍立廟〟〝一祖一廟〟が廃され、多くの位牌を、始祖廟（太祖廟）に合祀し、〝同堂異室〟となった。南北朝には、抗争により陵・寝・廟の制はおとろえるが、唐ではふたたび拡大され、寝も、陵前に「献殿」（寝殿）、山下に「寝宮」（下宮）の二つをつくるようになったとされるのである。

このような研究ははじめてのもので、筆者はそれより学ぶほかはないが、わが国では、「陵墓」のほかに「宗廟」や「寝宮」がいとなまれることはなかったといってよかろう。中国史書によって、朝鮮の「宗廟」は知られるが、わが国のばあい、『書紀』に「宗廟」の語があったにしても、それは〝国家〟の意にすぎず、さらに『続日本紀』の天平三年、天応元年にも、「宗廟」の語が詔にあるが、[20]「社稷」とならべられ、〝国家〟の意にすぎない。

しかるに、『令集解』は、「儀制令」の「国忌日」を、「天子七代之祖」の亡日で、「七廟忌日」と称している。穴説・釈説の注であるから、このような観念は、延暦年間には成立していたことになる。延暦十年、「国忌」に関する太政官奏に、[21]「天子七廟、三昭三穆、与太祖之廟而七」という『礼記』の文をひき、古きをすて新らしきを忌むため、「国忌」が多くなり、省除に従う要のあることが記される。これらの「宗廟」は「山陵」をさし、その〝荷前祭〟をのべたものにほかならぬ。承和七年、[22]親王の死について、「我国自上古不起山陵、所未聞也、山陵猶宗廟、縦無宗廟者、臣子何処仰」とあるのも、「山陵」を「宗廟」に擬していることは明白である。

さて、『延喜諸陵式』に、〃近陵〃〃遠陵〃の区分があるが、〃近陵〃の最古のものは山科陵（天智）で、第二は田原山陵（光仁）である。ついで天皇陵としては、宇智陵（桓武）、八嶋陵（崇道）、深草陵（仁明）、田邑陵（文徳）、後田邑陵（光孝）とならび、この時点での〃近陵〃はこれがすべてである。あわせて〃七陵〃となり、太祖廟にあたるのが天智天皇の山科陵、第二代が天智系の皇系を復活した光仁天皇の田原山陵、第三代が桓武天皇の宇智陵とつづく。天智から光仁までの天武系の歴代は、すべて遠陵であり、天智以前も、神武・崇神・応神をふくめ、みな遠陵で例外はない。崇道天皇（早良親王）の八嶋陵のみが〃七陵〃に加えられたのは、桓武の皇弟・東宮で、非業の死をとげたため、怨霊思想によるものであろう。

このような王朝の始祖的な観念は、記紀の皇祖の観念とはまったく違う。あきらかに〃天子七廟〃を〃七陵〃にあて、天智を太祖にあて、その陵を〃不遷之廟〃としたのである。これから後の荷前祭にあっても、天智の山科陵が第一位とされている。

桓武朝にはじまる、〃円丘〃や〃宗廟〃の制は、中国の〃王朝〃の制を模したものである。光仁・桓武朝は、それまでの天武系にたいし、天智系の復活を意味したのであるから、中国の〃王朝交替〃の思想を翻案して、このような儀式を創始したといえるであろう。逆にいえば、このような王朝思想は、わが国にもともと存しなかったのである。天智・天武も兄弟であって、いずれに王系が移っても、〃易姓〃ではなく、王朝交替とは関係ないであろう。

最近、関晃氏は[23]、天命思想と律令天皇制の関係を論じ、中国の天命思想が、わが天皇制にうけ入れられた形跡が、桓武天皇まではなかったことを論証され、そのなかで、天智の諡号がアメノヒラカスワケとされたのは、天命をひらいた始祖という観念と関係があるのではないかと指摘された。この和風諡号の成立時期と考えあわせ、興味ある問題で、本論の論旨とも一致する。

以上にのべたように、〃応神王朝〃〃継体新王朝〃というとき、〃王朝〃の概念を確定しなければ、用語として用いえないであろう。このような不用意な学術用語は用いるべきではないと思う。

ともあれ、〃応神王朝〃の成立に、ヤマト王権としての一つの画期があったことは、はじめにのべたとおりである。それは史料上の問題にとどまるのではなく、政治的に何らかの飛躍があったと考えねばならない。本論では、〃筑紫東遷説〃や、〃河内進出説〃を退けたのであるから、原因は別に考えることになるが、ヤマトの首長が、ヤマトの諸豪族との連携をつよめ、その基盤を畿内一円に拡大し、畿内諸豪族をさらに傘下におさめ、王権として成長したのは、その背後に、やはり〃王系〃の変化があったのではないかということである。

第三節　「応神紀」の信憑性

『書紀』は、応神朝をおよそ四世紀後半の、百済の肖古王（実は近肖古王）より直支（腆支）王までにあたると意識していたらしい。それは干支をもつ〃百済系三史料〃、ここでは「百済記」を年代を定める規準としたからで、「百済記」は、『書紀』に分注として記入されるばかりでなく、本文にも織り込まれている。今、これを念頭において、本文・分注の記事の信憑性を問うてみよう。

（A）もっとも信憑性があるのは、『書紀』本文の文意とかかわりなく、単独で挿入された「百済王暦」である。

a乙亥（神功摂政五十五年）、百済肖古王薨、

b丙子（同五十六年）、百済王子貴須立為王、

c甲申（同六十四年）、百済国貴須王薨、王子枕流王立為王、

d乙酉（同六十五年）、百済枕流王薨、王子阿花年少、叔父辰斯奪立為王、

e壬辰（応神三年）、百済国殺辰斯王以謝之、紀角宿禰等便立阿花為王而帰、

f丁酉（同八年）、阿花王立无礼於貴国……遣王子直支于天朝、以脩先王之好也、

g乙巳（同十六年）、百済阿花王薨、天皇召直支王、謂之曰、汝返於国以嗣位、仍且賜東韓之地而遣之、

h甲寅（同二十五年）、百済直支王薨、即子久爾辛立為王、

これを『三国史記』（以下、『史記』と略す）の「百済本紀」（以下、『史済紀』と略す）の王暦と比較するため、『史済紀』の記事を掲げると左のとおりである。

a・b乙亥（近肖古王三十年＝近仇首王元年）、近肖古在位三十年薨、（近仇首王）即位、

c甲申（近仇首王十年＝枕流王元年）、王薨、枕流王近仇首王之元子、母曰阿爾夫人、継父即位、

d乙酉（枕流王二年＝辰斯王元年）、王薨、辰斯王近仇首王之仲子、枕流之弟……枕流之薨也、太子少故叔父辰斯即位、

e壬辰（辰斯王八年＝阿華王元年）、高句麗攻抜関弥城、王田於狗原、経旬不返……薨於狗原行宮、阿華王枕流王之元子、初生於漢城……叔父辰斯……薨即位、

f丁酉（阿華王六年）、王与倭国結好、以太子腆支為質、

g乙巳（阿華王十四年＝腆支王元年）、王薨、腆支王……阿華之元子、阿華在位第三年立為太子、六年、出質於倭国、

十四年王薨、……腆支在倭聞訃哭泣請帰、倭王以兵士百人衛送既至国界、

h庚申（腆支王十六年＝久爾辛王元年）、王薨、久爾辛王腆支王長子、腆支王薨即位、

右の『書紀』と『史済紀』の記事を比較してみると、越年称元法の問題はあるが、hの誤差を除けば、干支と王の交替記事はまったく一致しているといってよい。つまり、『書紀』の記録は、干支二運＝一二〇年下げれば、『史済紀』の実年代と一致するということである。その結果、a乙亥＝三七五、b丙子＝三七六、c甲申＝三八四、d乙酉＝三八五、e壬辰＝三九二、f丁酉＝三九七、g乙巳＝四〇五、h庚申＝四一四の各年となる。

つまり、百済王の肖古（近肖古）――貴須（近仇首）――枕流――辰斯――阿花（阿華）――直支（腆支）――久爾辛の王位継承の順位と王の薨去、新王の即位に、まず誤差はないといってよいであろう。のみならず、eで、『書紀』が百済が辰斯王を殺したとあるのは、『史済紀』でも、王が狗原に出むいて異変のあったことを暗示し、またfで、『書紀』が、阿花王が王子直支を、「先王の好を脩める」ために、わが国に遣わし、gで、おなじく阿花王が薨じたため、天皇は直支王を帰国させ、王位を嗣がしめたとあるのは、『史済紀』でも、阿華王が「倭と好を結び、太子腆支を質となす」とし、腆支は倭にあって、阿華王の訃を聞き、「倭王兵士一百人を以て衛送す」とするなど、記事の細部にいたるまでの一致を示している。ただ、hの年次のみが合わないのは、彼我のよるべき原史料の食い違いで、いずれが正しいかは分からない。

「応神紀」のこれらの記事は、記事中に、「貴国」「天朝」などの用語があり、「百済記」をもとに王暦を作成したも

のとみてよかろう。それは干支のみを年次とする記録であった。だから『書紀』は、干支二運だけ日本の王暦を引き上げることができたのである。

（B）ついで信憑性のあるのは、『書紀』の分注に「百済記」に曰くとある記事で、干支を明示するか、上記の王暦に組み込まれ、これと不可分となっているものである。

a　壬午（神功摂政六十二年）→三八二、わが国は「沙至比跪」（サチビコ）をつかわし、新羅を討ったが、新羅の計略にかかり、かえって加羅を攻める失政があり、「加羅国王己本旱岐」らの王族は百済に逃げ、百済はこれを「厚遇」したとある。

この記事は、『書紀』本文の「襲津彦」（ソツビコ）の別伝と役割を共通にしており、「沙至比跪」はソツビコの百済系表記法で、後にのべる「職麻那那加比跪」が「千熊長彦」（チクマナガヒコ）の表記法であるのと等しい。「比跪」はあきらかに「彦」より古い称号表記法で、先にあげた『稲荷山鉄剣銘』の「意富比垝」（オホビコ）の表記とも共通する。また、文中に加羅王族として名を連ねる「百久至、阿首至、伊羅麻酒、爾汶至」、それに加羅国王の妹とされる「既殿至」などの書法にも固有性があり、「至」・「致」、「智」、「知」は尊称として人名に付する添加語で、加羅・新羅人名の特色をあらわす。『書紀』に、木満致、毛末利叱智、微叱許知の名もあり、『魏志』弁辰伝に、首長層を「臣智」（叱智）と称したとあるように古い表記法である。また、文中にある「厚遇」という外交上の用語も、（A）fの文中にある「脩好」「結好」の語とともに、実際の外交関係を示す客観性ある用語である。第五編第二章で詳述するとおり、朝鮮三国間およびそれと倭との相互の外交形式は、「来聘」「修聘」「通好」「和親」「請和」「結好」、それに加えて「特厚」「優礼」などで示される〝隣対国〟としてのそれで、『史羅紀』『史済紀』の常用句であって、『書紀』の「百済記」は、本文での「朝貢」「来献」などの語に反し、このような客観性ある語を用いているのである。

b　丁酉（応神八年）→三九七、阿花王の即位につづいて、王はわが国に礼を失したので、「わが枕弥多礼および峴南、支侵、谷那、東韓の地」を奪われたとある部分は、百済側に立つ表現で、「貴国」などの語も用いており、（A）fの王子直支を質として倭と「脩好」する原因の説明部分をなす。王子を質として倭に送る原因が百済側にあったことはまちがいなく、主原因は、高句麗の南下政策が百済に重圧を加えたことにある。百済は倭に後援をもとめねばならなかった。その結果は、倭の出兵により、領土的トラブルも発生したであろう。

ただ、a・bはともに「百済記」の原文で、百済側から提出した史料であるにしても、aにおける天皇と沙至比跪の間に展開されるドラマティックな物語は、「百済記」が編せられた時点で潤色されたものと思われ、bにおいて、倭に奪われたという地名も、「支侵」は忠清南道、「谷那」は全羅南道に属し、「枕弥多礼」は済州島をさしているなど地点に一貫性を欠き、「継体紀」の耽羅（済州島）の百済服属の記事などから追記されたものかも知れぬ。事実の核心以外は除くべきであろう。

（C）『書紀』の本文ではあるが、干支を注記している記事がある。

甲子（神功摂政四十四年）→三六四、百済王は「久氐・弥州流・莫古」の三人を「卓淳国」につかわし、わが国と通交しようとするが、まだ方途を得ないので、いかにすべきかを問い、船を造り通交に備えるため、三人はいったん帰国した。そして丁卯（同四十七年）→三六七、はじめてこの三人をわが国につかわし、ここに国交がひらかれた。その後、彼我の通交が何回か記録され、壬申（同五十二年）→三七二にいたって、「久氐」らが再度来朝して、「七枝刀」以下を献じたという。この甲子から壬申までの記事は一貫したもので、「久氐」らには「千熊長彦」（チクマナガヒコ）がつねに随伴しており、「百済記」はこれを「職麻那那加比跪」（シキマナナガヒコ）と表記し、おなじように「貴国」の語が使われているのも、「百済記」の通例で、これらの本文の記事が、「百済記」をもとに構成されたことが知られる。

『史済紀』による倭との外交の初見は、（A）fに示したように、阿華王六年＝三九七、阿華王が腆支王をわれに質としてつかわしたとある記事である。人質をつかわしたのであるから、外交はそれ以前よりひらかれていたとするのが当然である。一方、泰和四年＝三六九に製作された七支刀が、丁卯＝三六七年の国交開始を記念して製作された可能性がつよく、製作より三年後の壬申＝三七二にわが国に贈られたと考えるのも妥当性がある。これらの年紀は、三九七年以前にあり、国交開始を示す記事であり、全体として信用できるであろう。

ただ、「卓淳」を仲介として、延々と展開される一見具体的な外交ドラマは、（D）でのべる「継体紀」「欽明紀」の加羅の知識が加わっているのではないか。

（D）干支もなく、王暦との関係もなく、『書紀』の本文に記されている外交関係記事は信憑性が薄い。

己巳（神功摂政四十九年）→三六九、荒田別・鹿我別を将軍として、「久氐」らとともに、「卓淳」にいたり、「新羅」を討とうとし、「木羅斤資、沙沙奴跪」に増援せしめ、ついに新羅を打ち破った。その結果、「比自㶱（慶尚南道昌寧）、南加羅（慶尚南道金海＝金官加羅）、㖨国（慶尚北道慶山）、安羅（慶尚南道咸安）、多羅（慶尚南道陝川）、卓淳（慶尚北道大邱)、加羅(慶尚北道高霊)」の「七国」を平定したので、百済王も来会し、「比利(全州=完山、または全羅南道羅州)、辟中(全羅北道金堤=碧骨=避支山)、布弥支(忠清南道新豊カ)、半古(全羅南道羅州・潘南カ)」の「四邑」もおのずから降服したという。

末松保和氏の地名比定によると[24]、「七国」は( )内に記した地名となり、慶尚南道の東部と慶尚北道の南部、つまり洛東江の中・下流地域にわたり、のちの「六伽耶」(『駕洛国記』)、「任那十国」(「欽明紀」)のほぼ全域にわたり、阿那加耶(安羅)、南加羅、大加耶(加羅)という加羅の主要国をすべてふくむ。また「四邑」は、鮎貝房之進氏の推定と若干食い違うが[25]、ほぼ全羅北道・全羅南道の百済の領域にわたる。

三品彰英氏が疑われたように[26]、「七国」を平定したというのは、「欽明紀」に、聖明王が加羅諸旱岐をあつめ、かつて近肖古王が加羅諸国とかわした盟約を回顧し、任那の復興を説いたときの国名が、上記の己巳(近肖古王二十四年=神功紀の己巳を干支二運下げれば合う)の国名を生んだもので、任那諸国を復興するための起源説話といえばよいだろう。また「四邑」も、「継体紀」の「任那四県」を百済に割譲したという説話の投影と考えられよう。これは、つぎの(E)でのべる帰化人の起源説話を「応神紀」に集中して記載したことと共通性がある。

ただ、末松氏のいわれるように[27]、三六七年の国交開始につづき、三七一年にはじまる百済の大規模な高句麗への攻勢の時期にあたっているので、百済が後方の足場を固め、倭と提携しようとする政策をとったという範囲に限定すれば、肯かれるかも知れぬ。つぎの(E)のばあいも、四世紀末ごろ、帰化人の初来を考えることは可能であろう。

(E) 対外記事のうち、その始源を語る記事が、「応神紀」に集中しているが、もっとも多いのは、「雄略紀」との重複である。まず、「応神紀」の記事をあげれば左のとおりである。

a　戊辰（応神三十九年）＝四二八、百済の直支王が妹の「新斉都媛」をわが国に送り、宮廷に仕えさせた。

b　「秦」の祖弓月君が、「百二十県」の民をひきいて帰化した。

c　「倭漢直」の祖阿知使主と都加使主が、「党類十七県」をひきいて帰化した。

d　百済王が、「縫衣工女」を献じた。

e　「阿知使主」と「都加使主」を呉につかわし、縫工女をもとめさせた。

f　このとき、呉から連れかえった「兄媛、弟媛、呉織、穴織」のうち、兄媛を「胸形大神」に献じ、のこる三婦女は、「呉衣縫、蚊屋衣縫」の祖となった。

右に対応する「雄略紀」の記事は左のとおりである。

a　雄略二年条にひく、「百済新撰」に、己巳＝四二九、蓋鹵王が立ち、天皇の請によって、「適稽女郎」を献じたとある。本文には「池津媛」とする。

b　秦民をあつめ、「秦造」に賜い、「百八十種勝」をひきいて朝廷に仕えさせた。

c　漢部をあつめ、その「伴造」を定め、造に姓を賜わった。

d　百済が今来才伎を貢進した。これを「漢手人部、衣縫部」という。

e　「身狭村主青」と「檜隈民使博徳」を呉につかわした。

f　このとき、呉より連れかえった「手末才伎」の、「漢織、呉織、衣縫兄媛、弟媛」のうち、兄媛を「大三輪神」に献じ、のこる三婦女は、「漢衣縫部、飛鳥衣縫部、伊勢衣縫部」の祖となった。

両紀の記事を整理すると、ほぼこのようになり、a〜fは、それぞれに対応することがわかるであろう。ことに、「」内の語はいちじるしく共通性がある。

まず、aにおいて、池津（イケツ）と新斉津（シセツ）は音通の同名で、「応神紀」の改訂紀年で比べれば、ほぼ同一事件をさす。ところで、『史済紀』では、蓋鹵王の即位が四五五年、前代の毗有王の即位が四二七年であるから、これは毗有王が即位にともなって貢進したのかも知れない。毗有王二年＝四二八に、「倭国使至、従者五十人」とあり、池内宏氏は[28]、この年代が「応神紀」の改訂紀年と一致するところから、四二八年の事件とされたのである。いずれにしても、毗有王か蓋鹵王の即位にさいし、倭は儀礼の使者をおくり、百済は倭へ王女をつかわしたとも考えられる。もともと「百済新撰」は、「雄略紀」を構成するものである。ところが、「応神紀」と「雄略紀」、いうならばこの「戊辰」と「己巳」の間にあたる仁徳・履中・反正・允恭・安康の五代は、百済関係記事はまったくなく、いわば外交の空白期間たるおもむきを呈する。そして、「応神紀」を構成する「百済記」の一つだけが、「雄略紀」に混入しているのである。この期間は、倭五王の時代で、外交が空白であるはずはないであろうし、「百済記」と「百済新撰」は、もともと連続する性格のものであったはずであるが、何故にか引きはなされた。そのため、「応神紀」の干支に、一二〇年のズレが生じ、「雄略紀」からは、年紀に基本的なズレはなくなることになったと理解されよう。

b・cは、秦氏と漢氏に関するものである。「雄略紀」に両氏の氏としての組織化と部民の所有が語られるとき、「応神紀」の「百二十県」の民や「党類十七県」が回想される。もちろん、「雄略紀」を基準とすれば、それ以前に、両氏が帰化したことは確かであるが、「応神紀」でなくともよいのである。ことに、「応神紀」のc・eにみえる「都加使主」は、「雄略紀」にみえる「東漢直掬」（ツカ）のことで、この人物は、本文に、今来漢人の陶部・鞍部・画部・

錦部・訳語らを大和に安置させたという別伝のある人物である。都加使主は、倭漢の始祖でないので、阿知使主とともに「応神紀」に登場すべき人物でなく、今来漢人の渡来に関し、「雄略紀」に記さねばならない人物のはずである。このようにみてゆくと、「雄略紀」に本来性があって、「応神紀」はその始源説話を記したにすぎないものが多いということになる。しかしまた、「応神紀」の記事がすべて仮空のものというわけではない。d・e・fの「今来漢人」や「手末才伎」の渡来の以前、つまり「今来」＝イマキのまえに、漢や秦の始祖の渡来があっても差支えないからである。ただそれが応神朝であるかどうかは別問題である。しかし、d・e・fはおそらく完全に重なり合う。

ともかく、「応神紀」に始源的役割を負わせる編纂態度は、『続日本紀』にも共通する。「胎中之帝」「胎中誉田天皇」の観念は、それである。

さて、以上のように、「応神紀」に記録された百済関係記事の信憑性は、(A)―(B)―(C)―(D)―(E)の順序となる。このようにみれば、はじめにのべたとおり、「応神紀」は文献批判の射程距離内にあることがわかるであろう。

これに対し、新羅との関係記事ははるかに伝承性がつよく疑問が多い。

庚辰（神功摂政前紀）→三二〇、新羅王「波沙寐錦」が、「微叱己知波珍干岐」を質として、わが国に送り、朝貢したのが、新羅服属の最初の成果とされ、乙酉（同五年）→三二五、新羅王は「汙礼斯伐」（一に、「宇流助富利」）、「毛麻利叱智」らをつかわし、先の「微叱己知」を謀を用いてひそかに本国に逃亡させたので、わが国はこれらの使人を殺したとある部分などは、『三国史記』の「新羅本紀」（以下、『史羅紀』と略す）に痕跡はたしかにある。実聖尼師今元年＝四〇二、「与倭国通好、以奈勿王子未斯欣為質」とあり、訥祇王二年＝四一八、王弟卜好とともに高句麗に質としてあった「堤上奈麻」は新羅に帰り、さらに倭にいたって質を連れかえる役を演じ、「王弟未斯欣、自倭国逃還」とある。さらに、倭人が「舒弗邯于老」を殺したのは、沽解尼師今三年＝二四九のこととされている。

これを互いに対応してみると、「微叱己知」は「未斯欣」、「毛末利叱智」は「堤上奈麻」(毛末)、「汙礼斯伐」(宇流助富利)は「舒弗邯于老」にあたるであろうことは十分推定できる。そして、人質の逃還などの事件の内容も共通性がある。しかるに、年次はまったく合わないのである。王子「未斯欣」の倭への人質は、百済王子腆支の倭への人質と比べても、四〇二年のこととするほかはあるまい。その原因は、百済についての「百済記」「百済新撰」のような史料が、新羅についてはないからであろう。しかし、それにしても、人名や事件内容に共通性があるのは、わが古記録に何らかの伝承がとどめられていたことになる。

なお、『書紀』が、新羅との関係を百済よりは古く、より根源的なものとみていることも、『史羅紀』とおなじである。『史羅紀』では、「倭国」「倭人」の記事は、五〇〇年以前に集中し、それ以後はなく、逆に第一代赫居世までさかのぼって記されているのである。

要するに、「応神紀」を中心とする百済・新羅の記事は、上記の評価にしたがって、脚色部分のすべてを取り去り、その核になる部分、または基底的な事実のみを取り出さねばならぬ。筆者として、それを試みれば、およそつぎのようなものになろう。

「倭王」と「百済王」の通交は、三七〇年前後にはひらかれ、七支刀の贈与も行われたが、「新羅」にたいしては、それ以前から「倭人」の侵入があり、この二国との関係はともに「加羅」を介することが多かったらしい。「倭人」は加羅に足場をもったが、それは金官加羅・安羅など、加羅の南半にとどまったと思われる。百済は高句麗との対抗上、この倭と加羅の体制に依拠し、加羅諸国となお良好な関係を維持していた。ところが、三九〇年前後から、高句麗広開土王の南下政策が、国際関係に大変動をもたらし、百済や新羅は相前後して、「倭国」に王子を質として来朝させ、後援をもとめた。その際、倭済間には領土のトラブルも発生したが、概して同盟関係がつよく、新羅は高句麗にも質を入れるなど、高句麗と倭に、両属政策をとった。このような政情のもとで、両国、ことに百済からの帰化人の渡来があったが、ほぼ確実には五世紀後半の雄略朝についてのもので、それ以前は応神朝とは特定できない。したがって、百済の王位継承についても、同時代においてすでに正確に伝わっていたと思われ、これに比し、新羅については断片的なものであったらしい。朝鮮三国のうちでは、新羅の国家形成はおくれていたが、それにもまして加羅には統一がなく、「倭国」「倭人」が足場をもったのもその故であろう。

第二章　四、五世紀の倭国

第一節　『三国史記』にみえる倭の記録

まず『史羅紀』からはじめよう。

『史羅紀』の年紀でいえば、倭と新羅の関係を示す記録は、紀元前より五〇〇年におよび、およそ四〇例以上を数え、その間の倭国・倭人観に本質的な変化はみとめられない。うち、「倭」「倭国」の記事は九例あり、すべては「脩好」「請和」「交聘」「絶交」「入質」など、倭や倭王との外交交渉を示す。それにたいし、「倭人」「倭兵」の記事は、三一例もあって、そのすべては、「遣兵船」「来寇」「犯境」「犯辺」「侵」「攻」「戦」など、軍事的侵入と交戦に関するものである。つまり、「倭」「倭国」は国家間の外交、「倭人」「倭兵」は実際の戦闘に使い分けられているといってよいが、この二つは、異なった主体を予想させるものではなく、いずれも〝倭本国〟を背後に意識して用いられ、しかも赫居世代にはじまり焰知王代にいたる六〇〇年間とされる期間に、一貫した用法となっている。若干の例証をあげてみよう。

a　赫居世八年、「倭人」が兵を行い「辺」を犯すとあり、ついで同三十八年、瓠公の説話が登場し、瓠公はもと「倭人」で、「渡海」して新羅にいたったとする。

b　祇摩尼師今十一年、「倭兵」大いにいたり、王は部下に命じ、諭してこれを止めしめ、翌十二年、「倭国」と講和したという。

c　訖解尼師今三年＝三一二？、「倭国王」が使をつかわし、王子のために婚をもとめ、同三十五年＝三四四？、「倭国」が使をつかわし、婚を請うたので、女を出嫁せしめたとあり、同三十七年＝三四六？、「倭兵」が風島にいたり「辺」を抄掠し、金城を襲おうとしたが、食糧がつき退いたという。

d　実聖尼師今元年＝四〇二、王は「倭国」と通交し、奈勿王子未斯欣を人質とした。同六年＝四〇七、「倭人」が「東辺」を侵し、また「南辺」をも侵したが、それは同七年、「倭人」が「対馬島」に営をおき、兵革・兵粮を貯え、われを襲おうとしているためであるとし、先制してそれを攻撃撃破した。同十四年＝四一五、「倭人」と戦い、風島において勝利したという。

e　焰知王二十二年＝智証王元年＝五〇〇、「倭人」は長峯鎮を攻陥した。

これらの『史羅紀』の記事に一貫した原則は、「倭人」は渡海して新羅にいたり、また対馬島に営をかまえ、兵器・兵糧を貯えて出兵したとあるように、倭本国を本拠としていたこと、「倭人」「倭兵」が「東辺」「南辺」「風島」などへ侵入して止まないので、新羅王は、「倭国」と講和し、婚を通じ、質を送ってこれを防止しようとしたことである。このように新羅は、倭にたいし戦闘と外交の二面政策をとっていたことになろう。

つぎに、もう少しく詳しく記事を分析してみる。

1　まず「倭人」は、「兵船」を用い、「東辺」から侵入することが多く、「金城」「月城」「明活城」など、慶州の諸城郭を攻撃したとされる。この点は、旗田巍氏らによって指摘されたところであるが、[29]問題は、倭人、兵船、東辺という三つの要素が一体に扱われていることである。たとえば慈悲麻立干二年＝四五九、「倭人」は「兵船」一〇〇余艘をもって「東辺」を襲い、進んで月城をかこむ、兵を出しこれを破り、北に追い海口にいたり、溺死するもの半ばにすぐとあるなどは典型的な例である。

2　わずかではあるが、「侵南」「侵南辺」と記したものがあり、「犯辺」としたかなりの数も、東辺と記すのを避けているのだから、これに類するものとしてよいかも知れぬ。たとえば、慈悲麻立干六年＝四六三、「倭人」が歃良城を侵したが克たず、王は「倭人」しばしば「彊城」を侵すをもって「縁辺」に二城を築くとあるのはそれで、彊城、縁辺とは、海辺でない国境をさし、歃良城とは草羅であり、その位置からすると、金官加羅（金海）との国境に、防戦のため二城を築いたことを意味しよう。のち、法興王十一年＝五二三、王が「南境」を巡狩し、地を拓き、加耶国王が来会したとあるのもその例である。

ここで、第一章第三節にあげた毛麻利叱智（朴堤上）の記事を想起しよう。『史羅紀』の列伝によると、かれは歃良州干（『三国遺事』では歃良太守）であり、この州が、『史記』の「地理志」のいうように、文武王五年＝麟徳二年＝六六五、上州・下州の地を割いて新設されたものとすれば、堤上はまだ州干（州太守）でなく、同地の豪族とでもいう意味であろう。その堤上が、倭に渡来し、『書紀』と『史羅紀』にあるように、微叱己知（未斯欣）を逃亡させた。襲津彦（沙至比跪）はそれを追い、蹈鞴津（多多羅）を基地として、歃良（草羅）を攻めたとあり、多多羅は任那四邑の一つで、金官加羅に属するから、加羅を基地として、堤上の本拠地である新羅の歃良（草羅）を攻めたことになる。

『書紀』と『史羅紀』の文脈はまったく一致するといわねばならない。

3　倭人の後方基地としての対馬があげられる。先にのべたように、対馬は兵站基地である。この後には、「宣化紀」に、河内・尾張・伊賀にはじまり、筑紫・肥・豊のミヤケの稲穀を那津に運ばせ、官家（ミヤケ）をたてたという、そのミヤケの前身であり、彼我の史料は連続する意味をもつ。

以上の1・2・3のように整理すると、3は、1・2いずれに連なるかは分からない。おそらくはいずれにも連なるのであろうが、2は、もし任那のミヤケが設定されていたとすれば、直接には任那のミヤケに連なるのかも知れないが、このばあいも、対馬・筑紫を考えなければ理解しがたい。少なくとも、その根源は、倭本国からの兵船の侵寇を予測させるもので、1は直接の侵入を、2は加羅からの侵入を示すものであるといってよい[30]。

しかるに、津田左右吉氏は[31]、『書紀』においては、新羅への侵入路もしくは倭兵と新羅との衝突は、つねに梁山方面（「神功紀」の草羅、「雄略紀」の匝羅、『史羅紀』の歃良）にあったとし、東海岸の迎日湾から兵を進めた記事は一つもないと指摘された。これは、上記の2にあたるもののみで、1にあたるものはないということである。ところが、『史羅紀』には、1の例が圧倒的に多い。つまり『書紀』は、加羅（任那）にたいする支配を過剰に意識し、かつ主張したのであり、逆に『史羅紀』は、それをなるべく認めまいとする意識があり、事実、東海岸よりの侵入を強く警戒したということであろう。新羅は、東海岸こそ王都の心臓部に近いのであるから当然といえるかも知れず、倭は金官加羅の支配という観念に固執したのである。しかし、史実としては、1・2双方からの侵入は行われたとみてよい。

つぎに、『史羅紀』のみでなく、『史済紀』をも加え、「倭国」「倭王」との外交関係記事をみてみよう。

1　この両紀とも、「倭国」との通交は、「与倭国通交」「与倭国結好」「遣使倭国」「倭国使至」などと記し、一方で中国との通交は、「遣使入宋朝貢」「遣使於陳貢方物」などと記して、両者を峻別し、これには一つの例外もない。それは、『史記』の編纂された十二世紀の高麗の国際観を示すものであろうが、むしろ伝統的な朝鮮史における観念であるといってよく、古代も例外ではなかったとみた方がよい。

一方、倭の側としては、『書紀』は、本文に新羅・百済よりの「朝貢」「貢献」「貢物」などと記し、朝貢関係にあったことを強弁しているが、他方で、「応神紀」にひく「百済記」には、直支（腆支）王がわれに「脩先王之好也」とあり、「雄略紀」にひく「百済新撰」にも、蓋鹵王が「脩兄王之好」と記し、さらに「継体紀」の「百済本記」によると思われる本文にも、百済使が高麗使とともに、「来朝結好」したと記している。ことに、「応神三十八年紀」の本文には、「高麗王教日本国」と表文に記されていたことそのまま転載しながら、高麗王が「遣使朝貢」したと記しているのである。それらは、『書紀』の百済系史料の信憑性を高めると同時に、『書紀』自体としても、意外に素朴であり、記録性を重んじていることを示している。『史記』がすべて中国的に用語を統一してしまっているのとは異なる。したがって、実際の外交関係は、結好、通交の語で示されるとおり、中国風な国際観でいえば、隣対国の関係を出でるものではなかったといってよいであろう。『書紀』は、「呉」（南朝）に対しても、「朝献」「貢献」などを使者の来朝にさいして用いているのであるから、この語は信用するにあたらない。なお、外交形式については、第五編第二章第一・二節において詳述する。

2　ところで、上記のような外交形式にたいし、実態はどうであったか。

『史記』から知られるところは、まず四世紀末の重大な変化である。

『史羅紀』をみると、奈勿王三十七年＝三九二、「高句麗」は、新羅に使をつかわすが、奈勿王は、「高句麗強盛」

なるをもって、王子実聖を「質」とせざるを得ず、ついで、同四十六年＝四〇一、質子実聖は送還され、即位すると、実聖尼師今元年＝四〇二、王は倭と事をかまえないため、「倭」と「通好」し、奈勿王子未斯欣をもって「質」とした。これより先、奈勿王十八年＝三七三、「百済王」が国書を新羅にもたらし、「両国和好」し、「兄弟」たることを約したとあるが、これもおなじく高句麗にたいする措置であろう。

一方、『史済紀』には、阿華王四年＝三九五、「高句麗王談徳」(広開土王)が、兵四万をひきい、北鄙を攻め、十余城を攻陥されたことがみえ、同六年＝三九七、王は「倭国」と「結好」し、太子腆支を「質」としたとある。

この『史羅紀』と『史済紀』はまったくおなじことを語っているのであって、倭にたいする王子の入質も、四〇二年と三九七年である。四世紀末、高句麗広開土王の南下政策は、新羅・百済に重圧を加え、両国は必死の対応策を迫られた。その波動はただちに倭に及んだことが知られる。新羅と百済の対応策には差があり、新羅は高句麗と倭の双方に質を送り、二面外交を展開したが、百済は倭とのみ同盟関係を結んだ。そして前者の「質」の「未斯欣」は、堤上の謀により、「倭国」より「逃還」したと記されているのに、後者の「質」の「直支」(腆支)は、先王の死により、「倭王」より帰国を許され、「倭王以兵士一百人衛送」と記されているのである。したがって、阿華王十二年＝四〇三、「倭国使者」が百済にいたったとき、「王(阿華)迎労之特厚」とあり、腆支王五年＝四〇九、「倭国」が使をつかわし、「王(腆支)優礼待」と記されている。百済は、三九七年より四二七年の間に倭国との使者の往来七件を記録する。特厚、優礼の語は、『史記』の三国間にも用いられる語で、以上の事実は、『書紀』と『史記』の一致する記事であることは、すでに第一章第三節にのべたとおりである。外交形式がいわば対等の隣対国としてのそれであるにしても、実質において、新羅・百済二国の困難な立場を知ることができる。

さらにつけ加えれば、このような外交関係にあるとき、『史羅紀』によると、奈勿王三十八年＝三九三、「倭人」が来って金城を囲み、実聖尼師今四年＝四〇五、「倭兵」が明活城に来攻し、同六年＝四〇七、「倭人」が東辺を侵し、また南辺を侵すなどの記録がつづき、新羅は倭にたいし、外交と軍事の双方に対する対応をせまられ、それが新羅の二面外交の結果であることを示すとともに、『史済紀』には、倭の来攻についての記載はまったくないことが注目される。

以上、『史記』が記録するa～e、および上記の1・2・3、1・2の事実を綜合すれば、およそつぎのようなことが言えるであろう。

倭人は、いつごろと確定はできないが、少なくとも四世紀以前からしばしば新羅に侵入した。それには東辺と南辺、つまり倭本国からのものと、直接には金官加羅を基地とするものがあったらしい。百済は、倭と四世紀後半以来、外交関係をもち、高句麗にたいし、攻勢に出ていたが、四世紀末、高句麗広開土王の南下政策は、新羅と百済に重圧を加え、倭をふくむ国際関係に大きな変動をもたらした。二国は共同してこれにあたり、倭にたいし王子を質として来援をもとめた。その際、百済は倭と結び、高句麗と敵対したが、新羅はひきつづき倭の侵入をうけ、高句麗にも属して、倭兵を排除することにつとめた。このような情況のもとに、倭は二国にたいし、優位にたったが、永続性があったわけではない。そして、外交形式としては、修好、結好という隣対国としての関係を出るものではなかったということである。

本編第三章第二節でのべる『広開土王陵碑』の語るところと、きわめてよく一致するといえるであろう。

第二節　『日本書紀』と『三国史記』の共通性

『書紀』と『史記』の外交関係記事は、上述のように整理してみれば、互いに矛盾するものでなく、基底において十分の共通性がある。問題は、その共通性がどこからくるのかということである。

『書紀』の材料となった「百済記」「百済新撰」「百済本記」の三史料と、『史記』の材料となった「古記」「古伝記」「国史」などとの共通性を考えねばならぬであろう。まず『史記』は、十二世紀、高麗の金富軾の撰であり、それ以前に『旧三国史』があった。『旧三国史』は、大覚国使集の『海東三国史』、『三国遺事』にみえる『前三国史』の異名同書であることは、すでに早く浅見倫太郎氏によって指摘され[32]、さらに末松保和氏によって詳述されたとおりであるが[33]、『史記』は、能うかぎり中国史書の記載にしたがい、むしろ機械的に中国史書の記事を挿入しているといってもよく、その際『前三国史』の所伝の大部を捨て去ったと考えられるという。それが上記の「古記」以下にあたり、その部分こそむしろ重要なのである。一方、『史記』は、八世紀にすでに編纂されていた『書紀』を参考にした形跡はまったくなく、この点は、中国史書を多用したこととまさに対照的であるといえる。

これにたいし、『書紀』は、十二世紀の『史記』を参照しうるはずはなく、また中国史書から記事を借用した点もない。『書紀』は、文章の叙述においては、中国の史書・経書、または仏教の経典などの文言を引用し、修飾しているが、史実の構成は独自のものであり、独自の史料的基盤にたっている。わずかに、「神功紀」の一部に、『魏書』

『晋書起居注』を引用しているが、これは注記部分で、本文とのかかわりはないし、きわめて異質の部分である。

このように、『書紀』と『史記』の性格を対比すると、互いに類同性が生まれる機縁はまったくない。しかも、類同性があるとすれば、それは、『書紀』の材料となった百済系三史料と、『史記』の材料となった「古記」以下の古伝承との一致によるものと考えざるをえない。つまり、それは史書編纂以前のもっと根源的な史料の共通性によるのである。この意味で、『史記』の中国史書以外の部分は貴重である。(34)

さて、『書紀』の材料となった「百済記」以下の百済系三史料について、坂本太郎氏は、(35)天智二年＝豊璋王二年＝文武王三年＝六六三の白村江の敗戦、つまり百済の滅亡によってわれに亡命した百済人が、持参した資料をもとに適当に編集し、政府に提出したものであろうとし、文中に「貴国」「天朝」の語のあるのは、わが国に迎合しようとしたからであるとされた。他方、文中にある「日本」は推古朝に、「天皇」は大化改新ごろに成立した称号であるから、少なくともそれ以後の編集でなければならぬとされたのである。三品彰英氏は、(36)それらの内容が百済聖明王代の国情を反映し、百済の国勢回復への意欲をうち出したものであるから、わが欽明〜推古朝の撰述と考えうるとし、木下礼仁氏は、(37)百済系史料の三六ヵ所に及ぶ〝字音仮名〟の分析から、推古朝遺文にもっとも類似性があると考え、井上秀雄氏は、(38)五九七年（推古五）に、百済王が王子阿佐をつかわして朝貢したとき、五五五年（欽明十六）の王子恵以来杜絶していた倭・済関係の再開を記念して、われに差し出したものと断定された。

いずれにしても、六世紀に百済でまとめられていた干支のある記録をもとに、推古朝以後、わが国に渡来した帰化人の手で編集されるか、あるいは彼の地で編集したものをもたらすかしたものという大体の線は動かないであろう。いかなる編纂物も、記録された原史料と、それを整理・補完する編集段階における加工の二側面があり、この二側面の位置づけが必要である。最終の「百済本記」の記事が、五五六年（欽明十七）で終っていることも、原史料の成立期を示している。

これにたいし、先にのべたとおり、『史記』は、末松保和氏が[39]、「古記」「伝記」「古伝記」「古史」「国史」など、中国史書から転載した記事以外の材料を列挙され、また、井上秀雄氏が[40]、五四五年、新羅において、伊湌異斯夫の真興王にたいする奏言によって、はじめて「国史」が編集されているので、それが『史記』の材料になったと推定されたことからすれば、やはり六世紀の原材料を直接の基礎としたものと考えうるかも知れぬ。おなじく、『書紀』の百済系三史料も、六世紀に原史料が記録されたと思われるから、両書の共通性は、そこまでさかのぼりうることになろう。

このように、『書紀』と『史記』の原材料が、六世紀にさかのぼりうるとすれば、筆者の解釈には有利である。「百済記」以下がそれを反映して、倭にたいし、「通好」「結好」「脩好」「厚結親好」などの語を、『史記』とおなじく用いながら、それが編集され、またはわが国にもたらされた推古朝以後に、当時の国際関係を反映して、「貴国」「天朝」「天皇」「日本」などの語を用いた矛盾は、あるいはこの辺にあるかも知れず、かえって「百済記」以下の信憑性を高めるからである。つまりかならずしも、『書紀』が編集にさいして潤色したものとする必要はなく、『書紀』の記録性は高まることになろう。

推古朝は、国際関係に一つの変化を生じた時代である。倭の対隋外交は、倭が朝鮮三国とまったく異なる路線をふみ出したことを示し、倭は隋にたいし、隣対国の立場を主張し、その外交形式をとりながら、国交を実現せしめた。これ煬帝は、「蛮夷の書無礼なるものあり」としながらも、ともかく裴世清を送り、外交関係を樹立したのである。これは当然、朝鮮三国にたいしても、一新局面をひらいた。第五編第二章第二節で詳述するが、新羅は、その結果、推古二十九年、はじめて「表書」をもたらして「朝貢」した。『書紀』はこれを、「凡新羅上表、蓋始起于此時歟」と画期性をのべ、『隋書』は、「新羅、百済皆以倭為大国多珍物並敬仰之、恒通使往来」と記している。新羅・百済にたいする外交形式に変化があらわれるとすれば、このころからであろう。

「百済記」以下の史料に、「貴国」「天朝」などの語があるのは、このような変化を写しとっているものと思われる。かつて、石母田正・西嶋定生・堀敏一氏らによって、〝冊封体制論〟が提唱されたことがある。[41] それらの説に幅はあるが、五、六世紀の倭国は、倭五王時代のように、みずから中国の冊封体制に入り、これに朝貢する立場にあったが、他方では、百済・新羅を朝貢国として位置づけ、いわば、中国の〝大冊封体制〟のなかに、倭を中心とする〝小冊封体制＝小帝国〟を成立せしめたと見たのである。つまり倭は、このような複合的な国際秩序を形成したところに特色があると考えたことになろう。これは、本論の論旨とはズレがあり、五、六世紀において、朝鮮三国と倭の間に、そのような朝貢関係は成立しなかった、国際間の外交形式としての朝貢関係は定着していないとするのが、本論の論旨である。

第三節　倭国統合の実態

『史記』に記される「倭人」「倭兵」が、「倭」「倭国」と表裏のものであり、それがともに〝倭本国〟にかかわるものであることはすでにのべた。そして、『史羅紀』や『史済紀』が、王子を人質として「倭王」のもとにおくったとするとき、その「倭王」がヤマトの王をさすことは、ほぼ自明のことと考えていたであろうし、『書紀』はもちろん、これを「神功紀」や「応神紀」にかけているのであるから、ヤマトの王としていたことは疑いない。つまり、〃倭本国〃とは、ヤマトの王を中心とする、ある種の〃統合体〃をさしているのである。問題は、この統合体の内容である。かつて、日本が朝鮮に〃進出〃するためには、少なくともヤマトは筑紫の〃統一〃をおえていなければならぬとし、四世紀末には、ヤマトを中心とする〃統一国家〃が成立していたはずであるとした。この〃統一国家〃の概念には賛成しがたい。

近時、金錫亨氏は、[42]倭とは、日本列島内に朝鮮民族の〃進出〃によって形成された大・小の〃分国〃をさし、この分国は、畿内・九州・出雲をふくめて、数多く成立していた。これらの分国は、六世紀まではヤマトに征服されず、したがって、『広開土王陵碑』にみえる「倭」も、九州の分国勢力をさし、倭五王の上表に、その支配領域として、「秦韓」「慕韓」を記したのも、すでに朝鮮では、百済・新羅による統一国家が成立していたのだから、そのようなものは存在せず、かえって「辰韓、馬韓」からの移住者によって、倭国内につくられた分国をさすと解すべきであろうし、いわゆる〃任那日本府〃も、これら倭国内の分国を支配したものだとのべた。

これとは逆に、井上秀雄氏は、[43]倭の概念は、中国文献では、かならずしも日本列島をさすものではないとの見解から、『広開土王陵碑』の「倭」は、任那の在地豪族で、「倭人」と称されるものが主体であり、〃任那日本府〃も、ヤマト王権の出先機関が南朝鮮を〃経営〃したものでなく、その実体は在地の〃倭人連合〃が、ヤマト王権と関係をもつことによって、勢力を拡大したものにほかならぬとされた。すなわち、前者は、倭を日本列島に進出した〃朝鮮の分国〃と見、後者は、南朝鮮内につくられた〃倭人連合〃、つまり〃加羅の倭〃とみるのであるから、主張はまったく逆であり、対立するはずであるが、後者は前者に触発されて生まれた説で、四、五世紀には、ヤマト王権による朝鮮出兵はありえないとする点で共通している。

筆者は、上述したように、すでにそれを否定している。しかし、上記の二説は極端であるにしても、その他の学説でも、ヤマトの倭が相当程度の統一国家に成長したのは、五世紀後半以後であるから、それ以前の南部朝鮮への出兵などはありえない。『史記』によれば、そのころすでに倭の来侵は多かったとされるから、それは北九州の勢力によるものと見なすのが道理というべきで、九州においては、六世紀の磐井の反乱まで、ヤマト王権の勢力はおよばなかったはずであるとするものがある。最近の千寛宇氏の所論なども[44]、ほぼこの線にたつものといえよう。同氏はさらに、〝任那日本府〟について、日本史家が、『書紀』の任那関係の史料を精密に考証した結果はほぼ信用してよいが、それは亡命百済人が本国の記録を倭にもちこんだ一定の底本を、「百済」から「倭」に主語をかえてしまったものにほかならず、任那に関する倭の軍事行動は、そのまま百済の軍事行動と考えればよいとされる。〝任那日本府〟の問題は、第二編第三章第三節でふれるので、ここでは取り上げないが、ヤマトと筑紫の関係はここで素描してみる必要がある。

まず、わが古代における統一的な国家組織の成立をどう考えるか。

一つには、国制の基本となった部民制の成立時期である。部民制を基盤として、族長層は、臣・連・伴造・国造、さらに百八十部といわれる官人層に組織され、王権がかれらを通じて人民を支配する体制が成立したと考えられるからである。部民制の発端は、雄略朝、つまり五世紀後半にあるといってよく、このとき、統一的な国家組織の端緒がひらかれたとみることは可能である。もちろん、それはいわゆる〝氏姓制〟を基本とするもので、律令制国家とは質的に異なる。したがって、その支配は、諸豪族を通じて、人民を部民化するものといってよく、地方族長のもとには、なお部民化されない私属の民が多く残存していたであろうとするのが最近の学説である。

二つは、大王の称号の成立時期である。最近あらたに発見された『稲荷山古墳鉄剣銘』に、「獲加多支鹵大王」（ワカタケル大王）の名があり、これが雄略天皇＝倭王武をさすことは、ほぼ定説となった。同時にかつて発見された『江田船山古墳大刀銘』の王号も、おなじく「獲加多支鹵大王」であることはまずまちがいない。前者は、辛亥（四七一）にあたるが、さらに癸未（五〇三）の『隅田八幡人物画像鏡』にも、「大王年」の語があり、それが「男弟王」（継体天皇）の前代の天皇にあたるらしいとすれば、大王号が、五世紀末以後に実在したことは確かである。

高句麗においては、はやく「好太王」がある。正確には、「国岡上広開土境平安好太王」といい、「永楽太王」とも称されたのは、大王が三九一年に即位したとき、〝永楽〟と建元したからであろう。[45]新羅においては、「真興太王」がある。『真興王巡狩碑』のうち、戊子（五六八）のもの、その他に、大王号がみとめられる。[46]百済においては、大王号そのものは史料にみえないが、宋にたいし、部下の王族・貴族に将軍号をもとめた余慶（蓋鹵王）に、その可能性がつよいとすれば四五八年前後となる。[47]このように高句麗がもっともはやく、百済がこれにつぎ、新羅が遅れるのは、国家組織の発展段階からみても順当であろう。そして倭が、百済とほぼ同時期であるのも正当である。坂元義種氏は、[48]「大王」の成立は、国家組織の画期的な発展によるものとし、高句麗は、四世紀末から五世紀はじめにかけて、急速な領土の拡大、新羅・百済の臣属、そして建元などが行われ、新羅は、六世紀はじめ、国名・君主号を「新羅国王」に改め、高句麗の勢力から脱しはじめ、律令・国史を編し、六世紀半ばには、急速に領土を拡大し、中国との直接交通路を確保して、はじめて通交を行った。『巡狩碑』は、領土拡大の記念碑といえる。そして倭も、支配領域の拡大、朝鮮南部への出兵、中国への通交などめざましい発展があったとのべ、それらの過程を細かく立証しようとされた。

個々の論証はともかく、大王号の成立が、国家組織の画期によって成立することはまちがいあるまい。

三つは、倭王武（雄略）は、宋順帝の四七八年、上表して、「東は毛人を征すること五十五国、西は衆夷を服すること六十六国、渡りて海北を平ぐること九十五国」と、関東・九州にいたるまでと、加羅の〝軍事的征服〟を強調し、「王道融泰にして、土を廓き畿を遐にす」とのべた王である。国土の統合が画期的に進んだことはまちがいなく、事実、武蔵（稲荷山）や肥後（江田船山）の豪族は、雄略朝に、みずからの刀剣に、「大王」の号を刻み、大王のもとに出仕して、朝廷での職務についていた。六世紀のはじめ、筑紫国造磐井が、朝廷より将軍として下向した近江毛野にたいし、昔は肩肘をふれ、共器同食したトモであるとのべ、抗議したのも、仮空のことばでなく、すでに中央に出仕した経歴をもつと推定する方が自然である。筆者は、五世紀末から六世紀にかけて、国造のなかには、畿内に拠点をもち、朝廷との関係を維持するものがあったと考えている。筑紫の宗像君、出雲の出雲臣、吉備の吉備臣、毛野の上毛野・下毛野君などは多分それにあたるであろう。

以上、五、六世紀の国家組織についての着眼点についてのべた。まだ他にもあるであろうが、上記の三点をおさえれば、さかのぼって四、五世紀の国家をおよそ推定することはできよう。

上記の三点からすれば、四、五世紀にヤマト王権は、当然成立していたが、上記のような国家組織はまだなかったのであるから、国制の基本は、〝王〟と〝族長〟との政治関係にあったとせねばならない。もちろん、その間に、支配・被支配の関係は成立していたが、族長層のひきいる共同体は、なおまとまりのある独立の集団として存続したであろう。畿内の族長をみても、『書紀』の仁徳より雄略までの説話には、葛城氏や平群氏が、王家にたいし「臣節」がなく、「不敬」の行為があり、王との対等性を主張し、王位継承に干渉し、抗争するといったものが多く、これは吉備氏もおなじである。いうならば、ヤマト王権は、王を中心とするこれら諸豪族の連合政権といった性格がつよい。諸豪族は、国内政治ばかりでなく、朝鮮三国との外交・軍事にもあたったのであるが、外交のばあいは、外交権を代表するものは王であるにしても、実際には、筑紫の諸豪族を介することが多かったであろう。王権が筑紫を足場とするばあい、筑前・豊前・肥前や、壱岐・対馬での基地設定と、[49]筑紫の在地諸豪族との提携があれば事足りるのであり、逆に在地諸豪族は、王権との関係においてみずからの政治的地位を高め、在地支配をより強固にし拡大することができたと思われる。

倭王武以前において、「倭珍」は、四三八年、「倭隋等十三人」を、「平西・征虜・冠軍・輔国将軍」に除正されんことを請い、「倭国王済」は、四五一年、上るところの「二十三人」を「軍郡」に除すよう申請している。このとき「倭王」は「安東将軍」ないし「安東大将軍」であり、数等下位の将軍号ではあるが部下にも除正をもとめたことは、〝王中の王〟たることを主張し、みとめられたことを示す。〝平西〟とはヤマトからみて九州を対象とする将軍号であろうし、〝軍郡〟とは、将軍号と郡太守号をあわせもつ意であって、〝二十三人〟という多数者のなかには、筑紫の豪族もふくまれていたと考えてよいのではないか。ともかく、このような形で〝王〟と〝族長〟との政治関係は成立していたのである。したがって倭五王が、九州の族長であったわけではなく、また〝吉備王朝〟とか〝九州王朝〟の名で現わされるような、ヤマトと完全に対立し、併存する〝王朝〟があったわけでもないであろう。

そこで、四、五世紀のヤマトと筑紫の政治関係について、具体的に考察する必要がある。具体的にといっても、明確にとらえうるだけの史料はないのであるから、所詮は推定を重ねるほかはなく、一つの試論にすぎない。筆者は、かつてその大局的な見通しをたてて見たことがあるので、左に要約しておくこととする。[50]

まず重要なのは、筑紫の沿海地域の族長である。これをのちの氏姓分布でいえば、筑前の阿曇・海部、卜部、宗形（宗像）、筑後の水沼、豊前の秦部、壱岐・対馬の卜部、それに、肥前・豊後の海部などの諸集団の長にあたる。これを地域的にみれば、西は有明海より松浦、糸島、博多、宇美にいたり、さらに宗像、遠賀、企救、京都、仲津をへて、大分の海部郡におよび、そのなかの主要地域が、『魏志』倭人伝の対馬、壱岐、末盧、伊都、奴、不弥の六国にあたる。これらは内陸部の投馬、邪馬台国からはなれた沿海国で、邪馬台国によって設けられた伊都の一大率に属していた。一大率が、「検察諸国、諸国畏憚之」とある〝諸国〟とは、これらの〝六国〟をさし、一大率―卑奴母離（夷守）の関係によって、支配が成立していたのである。これらの諸集団の特性をみると、まず阿曇・海部に関する氏族伝承が浸透し、八世紀においても、『肥前風土記』の海人、『万葉集』における志賀・崗・企救の海人などが知られ、海洋的性格のつよいことである。宗像も同様であるが、その神をまつる三島は、新羅への〝海北道中〟といわれ、重要な航路であった。豊前の秦は、辰韓（新羅）からの渡来者であるか、その系統の集団を基底においたとみられ、信仰の中心となった香春神は、〝新羅国神〟と記されている。壱岐・対馬の卜部は、船に乗り、「南北市糴」といわれたのも、直接の対象は、弁辰・辰韓であったであろう。これまで、比較神話学・民俗学・考古学において、海人の漁法や文身の習俗など、南方民族に由来する文化は、〝辰韓・弁辰の部族〟に保持され、わが国に媒介されたものといわれ、北部九州の弥生人骨の急激な変化は、他地域との落差を示し、〝韓国南部人〟との交流によるとされている。また、金海貝塚をはじめとする弁辰南部の沿海地域の貝塚と弥生文化の共通性が注目されてもきた。これは、『魏志』東夷伝弁辰の条に、「国出鉄、韓・濊・倭皆従取之、諸市買皆用鉄」とあり、「今辰韓人皆褊頭、男女近倭、亦文身」とある事実を裏づけよう。したがって、この段階においては、金錫亨氏の〝朝鮮の分国〟[51]、井上秀雄氏の〝加羅の倭〟[52]という相反する概念を、ともに成立せしめる素地があるといってよい。しかし、このような族長的段階での特性は、ヤマト王権との政治関係の成立にしたがって、次第に排除され、統合に向かうことはまちがいない。むしろ、ヤマト王権の特性は、このような族長の伝統的な弁辰・辰韓の地域との交流を継承しつつ、これを抑制し、四世紀後半に、あらたに百済との国交をひらいた点にある。これは、外交問題にとどまらず、族長の行動をおさえる内政問題でもあったであろうが、弁辰（加羅）・辰韓（新羅）と筑紫豪族との伝統的な交流関係からみて、百済と結合したヤマト王権との対立は原型としてのこった、ヤマト王権と新羅との対立はすでにそこに胚胎したと考えられる。

ヤマト王権による筑紫族長層の支配には、過去の残影をのこしている。壱岐・対馬の卜部、筑前の卜部、また豊前の秦部にみられるように、同一地域での氏姓の集中率はきわめて高く、海部も筑前の四郷、豊後の一郡などが地名にその名を冠するほどの集団性を示し、宗像も一郡が神郡とされるなど、部民制のもっとも古い形態を示している。それは族長の共同体＝クニを分割せず、族長を介してそのまま部民制に編入する形態を示す。これは五世紀末以後に、筑紫に設定されたと思われるヤマト朝廷に属する名代やいわゆる〝軍事的部民〟としての壬生部・膳部・日下部・額田部・車持部・建部や、それにともない中央豪族の進出を示す大伴部・物部・久米部・中臣部・平群部・巨勢部などが、いずれも分散的で、重要な拠点に設定されたらしいことと対比されるであろう。

ところで、宗像と水沼は、おなじく宗像神をまつる族団であるが、かれらのヤマト王権との関係を示す伝承は古く、宗形三女神ははやくから「旧辞」に組み込まれたのであろうし、水沼君も天皇の九州遠征説話などに登場する。水沼君の本拠、筑後三潴郡は筑紫君の本拠八女郡（『和名抄』の上妻・下妻二郡）の北に隣接し、さらに六世紀に、筑紫君が筑紫・豊をあわせて反乱をおこしたとあるほど勢力を拡大したとき、磐井の子葛子が反乱の罪によって朝廷に献じたという糟屋屯倉、つまり筑前糟屋郡は、宗形君の本拠宗像郡の西に境を接しているのである。両勢力はたえず勢力圏を接していたことになろう。宗像君と水沼君の族団が、「筑紫」(つくし)におけるヤマト王権の基礎となったことは、当然推定できるであろう。おなじように秦氏は、豊前の山国川以北に展開する族団で、もっとも集住性にとむ。その奉ずる「香春神」は、山国川以南を勢力圏とする宇佐君の「宇佐神」と豊前の式内社を二分する勢力を示している。宇佐神は、比咩神と八幡神よりなるが、宇佐君はもと比咩神信仰をもち、これに秦系集団の奉ずる八幡神が進出し、習合して宇佐神宮を生んだものと説くのが、中野幡能氏の説である。(53) ヤマト王権の初期の基盤は、「豊」(とよ)でも秦集団にあったであろう。

ヤマト王権は、このような筑紫の沿海諸集団の族長との政治関係を基軸として、より内陸平野に展開する筑紫君・肥君・宇佐君らの諸勢力に対したことになるだろう。筑紫の沿海諸国の族長を基盤としたことは、ある意味では邪馬台国のばあいと共通している。この展開過程が、大局的には、〃県主〃より〃国造〃へという国家組織の進展としてとらえられるのであろう。

「国造」は、はじめにのべた五、六世紀の「臣連伴造国造」の国家組織のもとに登場する族長層である。九州で、それが現実のものとなるのは、おそらく六世紀、継体朝ごろからであると思う。部民の設定状況からそう判断される。大まかにいえば、国造は、九州の沿海地域において航海・貿易者として登場する先進的な族長層、山間部・小盆地、また辺島に居住し、伝承には〃土蜘蛛〃として登場する後進的な族団の中間にあって、微高地・扇状地・沖積平野など、ひろい農耕地帯に勢力をのばした新興の族長層とでもいえるであろう。

さて、四、五世紀のヤマトと筑紫の政治関係を推定してきたが、推定ではなく、一つの重要なポイントを提供するのが、宗像の「沖ノ島祭祀遺跡」である。この遺跡は、四世紀末より九世紀にいたる系列的な展開を示すところに貴重性がある。(54)

a　巨岩上遺跡で、一六・一七・一八・一九・二一号と継起する。中央部のイハクラに、漢・魏鏡と仿製鏡、碧玉製腕輪、滑石製勾玉、弁辰・新羅の鉄鋌、鉄製武具などをおさめ、四、五世紀の遺跡と推定され、中期古墳の副葬品と共通している。

b　岩陰遺跡で、四・六・七・八・九・一〇・一一・一二・一三・二二・二三号とつづく。巨岩の庇を利用した祭場で、鏡は姿を消し、あらたに土師・須恵器、金銅製帯金具・指輪・馬具、鋳造鉄斧、人形などがあらわれる。これは三国時代の新羅古墳の出土品と共通するものがあり、鉄鋌はこの時期まであり、その後は姿を消す。五、六世紀の遺跡と推定される。

c　半岩陰・半露天遺跡で、五・二〇号に代表される。祭場はわずかな岩陰からややはなれた露天にうつり、土師・須恵器、斧・矛・儀鏡・五絃琴・紡織具などの金属製ヒナ型の祭祀品に主流がうつる。なかに唐三彩や、東魏の様式をつたえる金銅製竜頭などがめだつ。古墳の出土品とのちがいがはっきりし、純然たる祭祀用品がふえている。七、八世紀のものと推定される。

d　露天遺跡で、一・二・三号、ことに一号に代表される。露天の緩斜面の祭場で、銅製八稜鏡・鈴、金属製ヒナ型祭祀品、人形、馬形などの形代土器がほとんどである。奈良三彩、皇朝銭を出土する。八、九世紀のものと推定される。

右のうち、a・bが大化前代、c・dがそれ以後にあたることはいうまでもなく、変遷がよくわかる。遺物として、

a・bとc・dではあきらかに異質性がみとめられ、a・bは、鉄斧・鉄鋌、金銅馬具など、新羅の古墳出土品とふかくかかわりがあるとともに、ヤマトの古墳出土品との共通性がつよい。さらに、aでは、これに加えて漢・魏鏡を出土し、九州の弥生遺跡への接近を示している。

a・bについて、発掘者に共通した見解は[55]、遺跡の成立時点から、つまり四世紀末から宗形君のみでは入手できない〝畿内的色彩〟がきわめて強い遺物が多く、それらは、〝ヤマト朝廷〟によって奉幣されたものであろうという。ことに、aの時期は、ヤマト朝廷による新羅侵攻の時期に対応し、bは、ヤマト朝廷が新羅と戦い、これに敗れた緊張の時代に対応するとし、きわめて〝軍事的色彩〟のつよい遺跡とするのである。これは『書紀』のいう〝海北道中〟をヤマト朝廷の〝軍事路〟ととらえることにある。

しかし、新羅的色彩のきわめて強いのは、先にのべた辰韓・弁辰とツクシの沿海諸豪族との伝統的な交流から考えて、かれら族長の媒介の上に、ヤマトは新羅・加羅との交流をもちえたであろうということで、〝海北道中〟はもともと宗形君の固有の海上路にほかならず、ヤマトの主要な道路は、壱岐・対馬を経由するものであったことは論をまたないであろう。ともあれ、四、五世紀において、ヤマト王権と筑紫諸豪族との政治関係がすでに成立していたことは、この「沖ノ島祭祀遺跡」からも立証されるが、なおそれは〝王〟と〝族長〟の関係であり、宗形君は半独立の勢力を維持していたとみねばならない。「応神紀」に、武内宿禰が筑紫につかわされたとき、ひそかに謀って筑紫を割き、〝三韓〟を招いて己れに朝せしめようとして疑われた説話など、この辺の実情を巧まずして語るものといえよう。したがって、この遺跡を〝ヤマト朝廷〟一色に理解し、しかも〝軍事〟にかかわるものとするのは適当でない。

このような政治関係は、朝鮮三国においても同様である。高句麗は、三一三年、楽浪をほろぼし国家を形成したが、その後も「安岳第三号墳」（黄海南道安岳郡）で知られるように、[56]三五七年、楽浪の故地において、なお東晋の「永和」の年号を用い、その爵号を称する豪族「司馬冬寿」が存在していた。かれは晋を逃れ、前燕の慕容皝のもとに投じ、さらに高句麗に亡命した漢人であろうことは、岡崎敬氏の立証されたところである。かれは、故国原王のもと、楽浪・帯方の遺民を配下に、なお半独立の勢力をたもっていたのである。四二七年の高句麗の平壌遷都までは、少なくともそういう状況であったであろう。百済においても、『南斉書』[57]に、四九五年、百済王牟大（東城王）は、部下の貴族を、「面中王」「都漢王」「阿錯王」「邁盧王」「弗斯侯」などに仮授しているが、〃大王〃のもと、全羅南道各地の〃王・侯〃に封じたことになる。「倭王済」が二三人を「軍郡」に封じたのもおなじであろうが、それよりも、倭五王の将軍号の対象となった新羅・任那・加羅についで、「秦韓」「慕韓」のあることも注目される。いわゆる〃統一国家〃の成立後に、なお「秦韓」「慕韓」というクニが存続していたことを示すと解されよう。[58]『史記』や『三国遺事』によると、[59]新羅の奈解尼師今十四年に、「浦上八国」が加羅を侵し、新羅と戦ったという記事がある。つまり加羅の滅亡後にも、その最西南地区の海岸地帯にあった国々が連合して、新羅と戦ったことを意味し、三品彰英氏は、[60]これを『書紀』の推古八年（六〇〇）に、「新羅、任那と相攻む」とある記事にあてはめて理解される。それはともかく、内陸部の〃加耶七国〃などといわれる国にたいし、沿海地域の〃浦上八国〃がなお独立性を保っていたことを示し、ことに、任那が滅亡したのち、六〇〇年にいたってなお、任那の一部が新羅と戦った記事は注目されよう。

このほか、『史記』には、百済の東城王二十年（四九八）、「王耽羅貢賦を修めざるをもって親征す」とあり、新羅の智証麻立干十三年（五一二）、「于山国帰服し、歳毎に土宜をもって貢とす」とある。「耽羅国」や「于山国」が、百済や新羅に服しながら、外臣として独立していたことを示している。

これらの朝鮮三国の諸例は、それぞれに出入があり、けっして一概には論ぜられないであろうが、朝鮮三国においても倭においても、〃統一国家〃の概念を安易に適用してはならないことになろう。

要するに、四、五世紀に、新羅に侵入した「倭人」「倭兵」は、筑紫の諸豪族のそれが主体になっていたであろうが、また「沖ノ島祭祀遺跡」が示すように、四世紀末にはすでにヤマトと筑紫の政治的支配関係は成立していた。新羅で、「倭」「倭国」としたのは、このような意味での倭であり、「倭国王」とは、諸族長の中心にあるヤマトの王を指すのである。

第三章　金石文の史実と倭五王の通交

第一節　『石上七支刀銘』

石上神宮は、ヤマト朝廷の〝武器庫〟で、石上氏、つまり物部氏の管掌するところであった。『日本後紀』（以下、『後紀』と略す）によると、延暦二十四年、「石上神社兵仗」の「神宝」を新都の平安京に移そうとしたが、神威によって成らなかったほど伝統的なもので、泰和四年（三六九）の製作銘のあるこの「七支刀」は、『書紀』に、壬申（三七二）、百済王が献上したとある「七枝刀」にあたるとしても矛盾はなく、もとから、この神庫におさめられていたとするのが自然である。地方豪族からの没収、移動を考える必要はないし、「百済王」と「倭王」の間の贈与によるものので、その「倭王」がヤマトの王であることも第二章第一節で詳述したとおりだからである。

七支刀のその後の数奇な運命についてはともかく、明治六年（一八七三）、石上神宮の大宮司となった菅政友氏が、神庫から二つに折れた刀を発見し、象嵌の金線による文字を解読した。[61]おそらく研磨によって鉄銹をおとすとき、象嵌の金線を磨滅せしめたこともあったのではないか。今日のようにレントゲン解読などの技術があればと惜しまれるが、解読しかねる部分が多い。菅政友氏ののち、星野恒氏が、これを『書紀』の百済肖古王（近肖古王）の献じた七枝刀にあたるとしてから注目をあび、福山敏男・榧本杜人氏らによって解読が進められ[62]、最近は、栗原朋信氏によって新解釈が施された[63]。

まず、銘文は、つぎのように読みとれる。

（表）泰和(a)四年四月十六日丙午正陽、造百練鉄七支刀、世辟百兵、宜供供侯王、□□□□作

（裏）先世以来未有此刀、百済王(b)世子奇生聖晋(c)、故為倭王(d)旨造、伝示後世

明確によめれば問題はないが、右の□は異説のあるところで、しかも重要部分である。

（a）「泰和四年」は、東晋の年号で、三六九年にあたる。これを「泰始」とよめば、晋武帝の年号で二六八年、「泰初」とよめば、東晋明帝の四六八年、北魏の「太和」四年の異字とすれば、四八〇年となる。最近、後二者にあて、雄略朝のこととする説もある。しかし、わが古代史からみれば、七支刀の贈与は雄略朝にはあわないと思う。また、「泰和」は、これまで「太和」の異字といわれていたが、栗原氏によって[64]、「泰和」と記録された例が報告されてから、三六九年がほとんど確実視されるにいたった。

（b）「百済王」が「世々」なのか、「百済王」と「世子」（太子）なのか、これが、つぎの（c）にも影響する。一つは、百済王（近肖古王）と、世子（太子）の奇生（貴須）と見、さらに「聖晋」も「聖音」とよみ、これを貴須の名の「聖音」とする。または百済王と世子は、生を聖晋によせるが故にとし、東晋―百済―倭の連携をつよくみとめようとする。二つは、百済王が世々生を倭王の「聖音」に依拠しているためにとよむか、おなじく、百済王と世子が生を倭王の「聖音」に依拠している故にとよむ。（b）・（c）の解釈はこのようなものである。

(d)「倭王旨」を、倭王の「上旨」によるとするか、「旨」は倭王の名であり、倭五王の一字名と同種のものとみる。中にはこれを「替」とよみ、倭王讃と同一名とし、応神天皇とする説もある。これも、(b)・(c)の読みと連動するので、(c)で、倭王の「聖音」とするものは、(d)で、倭王の「上旨」と解するものが多い。しかし、「旨」は名とするのがよかろう。

筆者として、右を参考としつつ釈文をつくれば、左のようになる。

(表)　泰和四年四月十六日丙午正陽、百練鉄(または鋼)の七支刀を造り、以て百兵を辟く。宜しく侯王に供供すべし。□□□□作る。

(裏)　先世以来、未だこの刀あらず。百済王、世子、生を聖晋(または聖音)に奇す故に、倭王旨の為に造り、後世に伝示せんとす。

このように読むことは、これまでの説を大局的に整理するのに役立つ。

(a)〜(d)にのべたように、これまで、裏の文から、「百済王と太子が、その生を(倭王)の聖音に依椅しているが故に、倭王の上旨をうけて造った」とか、「百済王(近肖古王)と太子貴須聖音(貴須の敬称)が、倭王の上旨によって造った」と解し、四世紀後半、百済が倭王の出兵によって、高句麗の南下を阻止しえた感謝のしるしとして、倭王に〝献上〟したものと考える福山敏男・榧本杜人・西田長男・三品彰英氏らの説が組み立てられた。[65]

それとは逆に、表の文から、「百済王が、その一侯王である倭王にあたえた」意味の文言であるとし、これに見合って、裏の文を、「百済王と太子が、倭王旨(王の名)のために造り、後世に伝世するように訓示した」とするもので、三六九年は、まだ近肖古王が高句麗を攻撃しており、ために故国原王は戦死するほどで、この優勢な百済王が倭王を

〃臣下〃としてあたえたと解する説がある。これには金錫亨・藤間生大・坂元義種・上田正昭氏らが属しよう。[66]いうならば、前者は、〃百済献上説〃、後者は、〃百済下賜説〃ともいうべく、伝統的な倭済間における〃朝貢関係〃の存在に固執するか、単にそれを裏返したものを主張するかにすぎないので、本論では、すでに第一章第三節において、そのいずれをも否定した。外交形式においては、〃隣対国〃の関係にすぎないことをのべたはずである。

そこで、栗原朋信氏は、改めて〃東晋下賜説〃を提唱した。[67]百済が東晋年号を用いたのは、その冊封をうけていたからと思われるので、東晋が百済の窮状を救った倭にたいし、百済を経由して、賜物として刀を与えたものとみるのである。「供供侯王」は下行形式の文言であるのに、当時の百済は、倭に下行しうる立場にはなく、「奇生聖晋」は、百済王が〃生をかしこき聖晋にうけ〃とよみうるし、「倭王旨」は王名とみればよいとする。この説は、視野をアジアの国際秩序にまで拡大した魅力ある学説で、これによって、上記の二つの立場は解決されたごとくである。

しかし、筆者は、当時の倭済間に、外交形式としての〃献上〃〃下賜〃の関係が成立していたとは考えないし、栗原説についても、百済王余句（近肖古王）が東晋に使をつかわし、爵号をうけた初見は三七二年で、これが、中国史上百済が記録されたはじめでもあるから、そのまえに百済が冊封をうけたと解することはむつかしい。少なくとも、七支刀は、倭済の二国王間の贈与と見なした方が自然である。すなわち、先にのべたように、百済は高句麗と敵対する背後を固めるため、三六七年、みずから倭との通交をひらいた。七支刀はその外交開始を記念して、百済王が倭王に贈ったもので、倭王が百済王に贈ったものではない。それは、百済側の必要性によるのである。またおなじ事情のため、百済は三七二年、東晋との通交をもひらいたと解してよい。

さて、七支刀の銘文は表・裏に分かれるが、表の文は、「丙午正陽」「造百練鉄」「辟百兵」が中国的な常用句、吉祥句であるかぎり、「供供侯王」も、まったくおなじ常用句と解するほかはない。[68] このような吉祥句を、儀礼を示す表の文としたのである。これにたいし、裏の文は、実意を示すものであるが、そこには、〝献上〟〝下賜〟を示すような文言はまったく使われておらず、単に百済王が倭王のために造り、〝贈与〟する旨が記されているにすぎない。[69] これによって、百済王と倭王の間に、公の〝通交〟が行われたことを知るのみである。むしろ、「百済王」が「世子」（太子）と連名でこれを行ったことは、丁重な態度を示すものとみてよいであろう。

七支刀から知られるのは、以上の事実のみで、それ以外のことにまで拡大解釈することはできない。要するに、「泰和四年」（三六九）、七支刀の贈与をともなう百済王と倭王の通好がはじめられたという疑いのない事実である。

第二節　『広開土王陵碑』の問題点

広開土王（正式の諡号は国岡広開土境平安好太王）は、故国壌王の子で、『史記』によれば、壬辰（三九二）に即位した。ただ王陵碑では、王は〝永楽大王〟とも号し、永楽元年は、辛卯（三九一）であるから、この年に即位したことになろう。王は即位とともに百済の攻勢を阻止し、逆に大挙、高句麗軍を南下せしめて領域をひろげ、次代の長寿王が、辛未（四三一）、丸都より平壌へ遷都する素地を築いたほどで、長寿王の即位後の甲寅（四一四）、先王の功績を後世に示すため、この碑をたてた。碑文は高さ六メートル余の石碑の四面に刻まれ、全文一七〇〇字をこえ、史料としての重要性は七支刀の比ではない。

＊　この碑は、鴨緑江右岸の輯安県治（旧高句麗王都丸都城）の東方丘上にあり、現在では中華人民共和国吉林省集安県にある。碑がわが国に知られたのは、明治十七年、参謀本部員で、清国に派遣されていた酒匂景信が、碑文の双鉤加墨本（文字の輪郭を写しとり、中を墨で埋めたもの。いわゆる拓本とは異なる）を手に入れもちかえったことにはじまり、その釈文が、海軍省軍事部の青江秀、参謀本部編纂課の横井忠直らによって作成され、明治二十二年、横井のそれをもとに、亜細亜協会『会余録』第五集として刊行され、ひろく世に知られるにいたった。その後、菅政友・那珂通世・三宅米吉・久米邦武氏らの研究があり、鳥居竜蔵・関野貞・今西竜・黒板勝美・池内宏・藤田亮作・梅原末治氏らによって、現地調査が行われ、釈文が検討された。このように、碑文の発表が、最初軍部によって行われ、当時すでに拓本作成のため碑面に石灰を塗り、刻字し直した部分や欠字があり、その後も石灰の塗布と剝落にしたがって、わが国にもたらされる拓本・写真に数種の系統を生ずるなど、原文に疑問を抱かせるものがあった。もちろん、池内氏や今西氏などは、すでにそのことを指摘しており、読解には注意を要することをのべていたが、それは拓本作成にさいし、拓工が整美なものをとろうとして行ったことで、故意の作為とは考えられていなかった。一方、碑文の解釈の仕方に、近代日本の「朝鮮・満州」にたいする膨張政策に見あう論調もあり、そのような思想に利用されたこともみとめられる。今次大戦後は、碑を実見する機会もなく、拓本の比較研究や読解法に根本的な変化は生じていなかったから、近代日本の帝国主義的発想を清算していないとする批判が、朝鮮側の学者から生まれたのは、当然のなりゆきといえよう。朝鮮民主主義人民共和国の金錫亨・朴時亨氏らは、原文はほぼ在来のものを踏襲しながら大幅な読解法の変更を試み、他方、末松保和・水谷悌二郎氏らがより細密な拓本の検討、釈文の作成を行ったのをうけて、李進熙氏は、わが国にもたらされた拓本・写真を博捜し、軍部・学者がこれに加えた作為性を実証しようとし、あわせて作字・欠字をふくむ読解法の不備をつこうとされた。これが『広開土王陵碑の研究』（吉川弘文館、一九七二年）である。

李進熙氏に集約されるこのような努力は、改めて王陵碑を見直す機会をあたえ、その後に多くの研究を生んだ。それらをまとめた研究史は、佐伯有清氏の『研究史広開土王碑』（吉川弘文館、一九七四年）に詳しい。

さて、わが国にもたらされた王陵碑の拓本・写真・双鉤加墨本は、新旧によって、文字を異にするものがあり、李進熙氏や末松保和氏のいわれるように、テキストの批判は必要である。中でも、剪装本（拓本を裁断し装訂したもの。袋綴じか折本様のものが多い）は、一見精拓本といってよいが、それは文字不明の部分、拓墨の不良の部分を裁りすてるか、他から補充してつぎはぎしたもので、文字の順序も装訂に合わせており、原拓本との距離が大きく、学術的価値は低い。しかしこれも、政治的目的により作為したのでなく、書道の手本として、愛好家の間に、このような意味の〝精拓本〟がもとめられたからである。水谷悌二郎氏の「水谷旧蔵精拓本」とはこの種のもので、このほかにも剪装本は多い。この意味で、かつて水谷氏が『好太王碑』（書品一〇〇号、一九五九年）を出版されたあと、さらに『好太王碑考』（開明書院、一九七七年）を刊行され、これに「水谷蔵原石拓整本」を収録され、そのすべてを写真によって見ることができるようになった。幸い筆者は、その原本を見る機会に恵まれたが、これは碑の各面を上・中・下三截に分けて拓した、文字どおりの原拓で、石の地肌も自ら伺える精良本といってよい。末松保和氏の解説にもあるように、「仮面絶無の真碑文の形を推理し得」るものといえるだろう。これによって、水谷氏はさらに文字の異同を検された。筆者は、水谷氏の釈文によって立論する。これを要するに、拓工による石灰塗布と作字の誤りは、諸種の拓本にはあったが、この「原石拓整本」と比較してみても、それは軍部による碑文偽造の故とは思われないということである。(70)

さて、碑文には、原石において、長年の間に欠落・磨耗した部分や、疑問のある文字があって、これは除外して文意を把握せねばならないから、読解には困難もある。しかし、その範囲内で、より正当な解釈は可能である。本論で必要な範囲のみにとどめるが、これまでもっとも問題とされたのは、碑文第一面八・九行の左の部分である。

（永楽五年）百残新羅旧是属民由来朝貢、而倭以辛卯年来渡□破百残□□新羅以為臣民、以六年丙申王躬率□軍討滅残国軍□□首攻取壱八城、……

この文を通例によって意訳すると、「百済と新羅はもと（高句麗の）属民で、これまで（高句麗に）朝貢していた。しかるに、倭が辛卯年（三九一）に、（海を）渡って来て、百済、（任那か加羅）、新羅を破り臣民とした。そこで、（永楽）六年丙申に、（広開土）王はみずから軍をひきい百済軍を討滅し、（以下の）各城を攻取した」となる。

しかし、金錫亨・朴時亨氏は、(71)「而倭」以下の句読を改め、略された主語を補って読み方を変えた。まず、金氏は、

「倭が辛卯年に来たので、(高句麗は)海を渡って百済新羅などを討ち臣民とした」とし、主意は、百済が倭まで〝動員〟して高句麗に敵対したためで、その倭とは北九州の〝百済系の分国〟で、〝故国〟のために動員されたのであるとされる。つぎに、朴氏は、「倭が辛卯年に来たので、(高句麗は)海をこえてかれらを討ち破った。ところで百済は(倭をひき入れて)新羅を討ち、これを臣民とした」とし、主意は、高句麗が百済を討ったのは、百済が高句麗の意に反して倭をひき入れ、新羅を圧迫したためであるとされた。この二説は、「渡□破」の主語を高句麗とするのはおなじであるが、朴説は、さらにつぎの「百残」を主語とし、その下に「招倭侵」などの文字があったとするのである。朴説のように、「而倭」から「臣民」までのわずか二〇字のうちに、倭—高句麗—百済と主語が三転するような文は、この格調ある漢文をもって記された広開土王陵碑のどの箇所にも見出すことはできない。それは到底無理な読み方である。しかしまた、金説も、高句麗がすでに百済・新羅を破り臣民としているのに、ただちにその翌年、広開土王がみずから軍をひきいて百済を討滅するとは、文意がつづかないであろう。(72)

要するに、この文は、「而」と「以」の二つの接続詞によって、文章が三区分されているので、百済・新羅はもとから高句麗の「属民」で「朝貢」していた。ところが(=而)倭が介入してきてかれらを「臣民」とした。そこで(=以)高句麗は百済を討ったとせざるを得ないであろう。

一つには、「倭以辛卯年来渡□」のよみ方で、「海」はたしかに明らかでなく、もし「海」と補えば、「来りて海を渡る」となり、「海を渡りて来る」に比べやや落ち着かない。そこで、「倭辛卯年に来るを以て」とし、つぎの「渡□」の主語を倭でなく高句麗と解しようとすることにもなる。これを避けるため、「倭、辛卯年より以来(この方)」とよみ、辛卯年より連続して、倭が「渡□」してきたものとする解釈もある。しかし、このような小部分の用字は、文章構造からみてあまり問題にはなるまいと思う。この章句の主語は倭としなければ全体の文意が成りたたないからである。また『史羅紀』の冒頭に、始祖伝説として瓠公の渡来をかかげ、「瓠公者未詳其族姓、本倭人初以瓠繫腰渡海而来、故称瓠公」としているのも、要するに倭人・倭兵は、〝渡海して来る〟という概念に変りはない。

さて、末松保和氏が[73]、この文を全体として、「六年」以下の叙述の前置き部分にあたるとされたのは正しく、永楽五年（三九六）の記事の末に、辛卯年（三九一）にはじまる倭の侵入の由来がのべられ、そのため、永楽六年、広開土王はこれを征しなければならなかったことになる。末松説を発展させ、王碑全体の文章構造から、さらにこの文を位置づけたのは、浜田耕策氏である[74]。すなわち浜田説は、碑文には、「王躬率」と「教遣」、つまり広開土王がみずから征討するばあいと、王が部将をつかわすばあいの二つの構文がある。「王躬率」のばあいは、たとえば、「永楽五年……王以稗麗不□□□」（息まざるを以て）「王躬率往討」、「永楽二十年……東夫余旧是鄒牟王属民、中叛不貢」「王躬率征討軍到余城」のように、「王躬率」の前文で、なにゆえに王みずからが征討せねばならぬかの説明をしている。そして前文と後文は直結しているのである。永楽六年の「王躬率□軍討滅残国軍」も、その前置きの文が「百残、新羅旧是属民由来朝貢、而倭以辛卯年来……以為臣民」にあたるので、まったくおなじ構文となる。ことに永楽二十年のそれときわめて類似するといってよかろう。これはなくてはならない文章で、造作部分でも何でもない。これにたいし、「教遣」は、たとえば、「永楽八年……教遣偏師観帛慎土谷、因便抄得莫□羅城、加太羅谷男女三百余人」「自此以来朝貢」というように、年紀につづけてただちに征討とその結果を記していて、前置き文はないとされたのである。このことは、辛卯年の文が、王碑の文章構造からも裏づけられたことになろう。

しかし、ここで注意したいのは、王碑が広開土王の功業を記念するものである限り、高句麗側の主観により誇張された表現のあることは当然とせねばならぬことである。この点では、わが『書紀』の外交関係記事とも共通しており、したがって、『書紀』とおなじように文献批判が必要となる。まず、百済が久しく高句麗の「属民」で、それに「朝貢」したというような外交関係は成立していない。これは「東夫余」がもと高句麗の「属民」で、なかばにして「不貢」とされた構文と同様であり、むしろ、『広開土王陵碑』の普遍的な構文といってもよい。まず、百済についていえば、むしろ広開土王の出現までは、『史済紀』に、近肖古王三十年（三六〇）、「高句麗来攻北鄙……王遣将拒之不克、又将大挙兵報之」、近仇首王三年（三七七）、「王将兵三万侵高句麗平壌城」、辰斯王五年（三八九）、「王遣兵侵掠高句麗南鄙」、同六年（三九〇）、「王命達率真嘉謨伐高句麗抜都坤城、虜得二百人」とあるように、継続して高句麗と交戦状態にあった。「属民」「朝貢」の関係が成立していないことは確実である。と同時に、一般的な国家間の外交形式からみても、あくまで〃隣対国〃の関係にすぎないことは、『史記』の明示するところである。

つぎに、倭が百済、新羅を「臣民」とする外交関係も成立していたわけではない。外交形式も、〃結好〃〃通好〃〃請和〃などの語が正しいことはすでにのべた。ことに新羅との間は、『史羅紀』に、奈勿王九年（三六四）、「倭兵大至、王聞之恐不可敵」、同三十八年（三九三）、「倭人来囲金城……不解将士皆請出戦……王先遣勇騎二百遮其帰路、又遣歩卒一千追於独山、夾撃大敗之、殺獲甚衆」というように、ひきつづいて交戦状態にあった。

そして、さらにいえば、永楽六年（三九六）、高句麗が百済を「討滅」したというのも誇張であって、百済の王都漢城ですらなお健在である。漢城が陥され、熊津に遷都するのは、実に四七五年になってからのことである。

これらの用語は、構文上三区分された右の文のうち、「属民」「朝貢」は第一区分、「臣民」は第二区分、「討滅」は第三区分のうちに使用され、それぞれの区分に応じて各部分を際立たせ、巧みにそれらを連絡するための対極概念とでもいったらよいであろう。もし、実際の外交関係に即していえば、それぞれ「通好」―「侵奪民戸」―「大敗之」のような用語におきかえればよく、これらの用語こそ、実際の三国関係を示すことばとして、『史記』の用いたところである。同様に、「辛卯年」をあげたのも、この文にふくまれる状況を一年間に凝縮する必要はないので、おそらく三九一年という広開土王の即位直前の状況として記し、対照的に王の鴻業を際立たせる役割をもたせたのであろう。

さて、碑文によると、倭は「辛卯年」(三九一) に出兵し、百済・新羅を「臣民」としたので、永楽六年丙申 (三九六)、広開土王はみずから軍をひきい、百済の各城をうった。その結果、第二面第四行以下に、百済は困逼して、大王に「男女生口一千人、細布千匹」を献じ、自後はながく「奴客」として従うことを誓った。しかるに、九年己亥 (三九九)、百済は誓に違い、「倭」と「和通」し、新羅も「倭人」がその国にみち、城池を破り、「奴客」をもって「民」とすると訴えたので、十年庚子 (四〇〇)、大王は歩騎五万をつかわし、新羅を救い、その城にみちていた「倭賊」を撃退し、これを急追して、「任那、加羅」までいたり、諸城を抜いたとあり、第三面に入って、第三・四行に、十四年甲辰 (四〇四)、「倭」は意外にも「帯方界」まで侵入したが、大王はこれをうち、「倭寇潰敗、斬殺無数」のように破ったという。これで倭の記事はおわる。

この間、第二面第九・一〇行、第三面第二行の三点にわたり、「安羅人戍兵」が登場する。まず、永楽十年 (四〇〇)、高句麗軍が、「任那、加羅」を攻めたとき、「安羅人戍兵」を「帰服」させたとあり、「安羅人戍兵」が、倭とともに新羅城にみちていた (文脈より推定) とあり、高句麗軍は、「安羅人戍兵」を「潰□」し、従わしめたとある。これは、「安羅人戍兵」が「倭人」「倭賊」とともに戦ったことで、少なくとも、高句麗からみれば、倭の軍事的拠点は、「任那・加羅」にあったのである。これは第一章・第二章でのべた、『書紀』『史記』の記載とよく一致するであろう。高句麗が、百済・新羅を中間において、倭と戦った記録は、王碑の第一面の終りから、第三面のはじめまでつづくので、広開土王にとって、いかに大きな課題であったかを物語る。四世紀末より五世紀はじめにかけ、このような形で、倭は朝鮮三国と接していた。戦局は苛烈で、一進一退をくり返したが、結局、高句麗の圧力を、百済・新羅はもちろん、倭も支えることはできず、敗北という形で局面をおえたのである。

これを『史済紀』からみると、辰斯王八年＝阿華王元年（三九二）より、腆支王元年（四〇五）までの記録、すなわち三九二年、「高句麗王談徳」（広開土王）は、「兵四万」をひきいて来攻し、「十余城」を攻陥し、三九五年にも、「兵七千」をひきい、百済を「大敗」せしめ、三九七年、百済王は「倭国」と「結好」し、太子腆支を「質」として倭におくり、四〇三年、「倭国使」がいたり、王は「迎労之特厚」とあり、四〇五年、質子腆支は、「倭王」が「以兵士百人衛送既至国界」とある記録に正確に反映されている。かくて、百済と倭の使者の往来は、三九七年より四二七年まで七件を記録し、逆に、「倭人」「倭兵」の百済侵入の記録はまったくない。

これにたいし『史羅紀』の奈勿尼師今三十七年（三九二）から実聖尼師今十一年（四一二）までの記録をみると、三九二年、「高句麗」強盛なるをもって、王子実聖を「質」とし、四〇一年、質子実聖が帰国を許され、四〇二年、「倭国」と「通好」し、王子未斯欣を「質」とした。しかも四〇五年、「倭兵」は明活城を攻め、四〇七年、「倭人」が東辺を侵し、四一二年、ふたたび王子卜好を「高句麗」に「質」として送っている。このように新羅は、高句麗と倭に、王子を人質として送りながら、倭人・倭兵の侵入はやまず、高句麗に傾かざるをえなかった。

このように、高句麗と倭の間にあって、百済は積極的に倭と同盟し、新羅は両属の態度をとったことで、そのため碑文には、高句麗が新羅を討滅したとは記されず、「往救」とあるのであり、逆に倭兵は新羅に侵入して、「城池」を

「潰破」したとあるのに、百済に侵入したとはまったく記されていない。そして、百済は誓いに違い、倭と「和通」したとされるのである。『史記』と『碑文』の内容は古代史料としてみれば、一致率はきわめて高い。[75]辛卯年の文に、倭が侵入して百済と新羅を「臣民」としたのに、広開土王が「残国」(百済)を「討滅」するというのは不自然で、「倭」をうったとすれば文意が通るとして、読み方をかえるなどは、上記のことを考えれば、不必要なことである。ともかく、倭は、四〇四年、百済を支えながら高句麗に敗退した。

東晋安帝の義熙九年(四一三)、「倭国」が東晋にはじめて通交した記事がみえるのはその結果である。これはあたかも、後述するように、四七五年の百済王都、漢城の失陥と、四七八年をもって、倭の中国通交が打ち切られる事態と共通する。倭五王の中国通交は、つねに朝鮮半島の政情と密接にかかわっていたと考えられる。

第三節　『宋書』等の通交記録

『広開土王陵碑』につづき、中国の『宋書』を中心とする〝倭五王〟の記録は、第一章第三節でのべたように、『書紀』が、この期間にあたる応神〜雄略の間に、仁徳・履中・反正・允恭・安康と、五代にわたって外交記録を欠いているので、きわめて貴重である。『書紀』は、中国史書の記事を借用した形跡がなく、かつ、この五代の間は、「百済記」「百済新撰」によって、注記や本文記事を作成していないこと、つまり、この二文献をまったく欠いていることと関係あるであろう。

左に、『宋書』の「本紀」「夷蛮伝」と、『晋書』『梁書』の「本紀」、『斉書』の「東南夷伝」から、倭に関する記録を列挙してみよう。

a　東晋、安帝義熙九年（四一三）、「倭国」、方物を献ず。

b　宋、高祖永初二年（四二一）、「倭讃」、修貢し、除授を賜う。

c　宋、太祖元嘉二年（四二五）、「讃」、また遣使上表し、方物を献ず。

d　（讃死して、弟珍立つ）

e　宋、太祖元嘉七年（四三〇）、「倭国王」、遣使し方物を献ず。

f　宋、太祖元嘉十五年（四三八）、「倭国」、遣使し方物を献ず。

（倭王珍）、遣使して貢献し、自ら「使持節都督倭・百済・新羅・任那・秦韓・慕韓六国諸軍事・安東大将軍・倭国王」を称し、表して除正をもとむ。詔して、「安東将軍・倭国王」に除す。「珍」、また「倭隋等十三人」を「平西・征虜・冠軍・輔国将軍」の号に除正せんことをもとむ。詔してゆるす。

g　宋、太祖元嘉二十年（四四三）、「倭国」、遣使方物を献ず。「倭国王済」、遣使し奉献す。またもって「安東将軍・倭国王」となす。

h　宋、太祖元嘉二十八年（四五一）、「安東将軍倭王済」、号を「安東大将軍」に進む。（済）、「使持節都督倭・新羅・任那・加羅・秦韓・慕韓六国諸軍事」を加え、「安東将軍」はもとのごとく、ならびに上る所の「二十三人」を「軍郡」に除す。

i　（済死す。世子興、遣使貢献す）

j　宋、世祖大明四年（四六〇）、「倭国」、遣使し方物を献ず。

k　宋、世祖大明六年（四六二）、「倭国王世子興」をもって、「安東将軍」とす。
「倭王世子興」、貢職を修め、あらたに辺業をつぐ。よろしく爵号を授け、「安東将軍・倭国王」となすべし。

l　（興死して、弟武立ち、自ら「使持節都督倭・百済・新羅・任那・加羅・秦韓・慕韓七国諸軍事・安東大将軍・倭国王」と称す）

m　宋、順帝昇明元年（四七七）、「倭国」、遣使し方物を献ず。

n　宋、順帝昇明二年（四七八）、「倭国王武」、遣使し方物を献ず。「武」をもって、「安東大将軍」となす。
（武）、遣使上表す。曰く「……昔より祖禰躬ら甲冑をつらぬき……東は毛人を征すること五十五国、西は衆夷を服すること六十六国、渡りて海北を平ぐること九十五国……ひそかに自ら開府儀同三司に仮し、その余はみな仮授して、もって忠節をはげむ」と。詔して、「武」を、「使持節都督倭・新羅・任那・加羅・秦韓・慕韓六国諸軍事・安東大将軍・倭王」に除す。

o　斉、高帝建元元年（四七九）、「使持節都督倭・新羅・任那・加羅・秦韓・〈慕韓〉六国諸軍事・安東大将軍・倭王武」を号して「鎮東大将軍」となす。

p　梁、武帝天監元年（五〇二）、「鎮東大将軍倭王武」、号を「征東大将軍」に進む。
高祖即位して、「武」の号を「征東大将軍」に進む。

右のa～pのうち、f・g・h・k・n・pのように、「本紀」と「列伝」の双方に同一記事のあるものは、「本紀」を先に、「列伝」を後にして併記した。そのばあい、「本紀」には、通常「倭国」とのみ記し、「遣使奉献」の事実を簡単に記録するにとどまるが、「列伝」には、「倭国王（倭王）某」として王名を記し、「爵号」の内容までを記録するのが一般である。この点で、「本紀」「列伝」とももっとも詳しいのは「倭王武」で、l・m・n・o・pの六項目を数え、爵号の自授・自称にはじまり、四七七・四七八年と連年の遣使がみえ、ことに、nの四七八年のそれは、表文の内容まで掲げている。o・pは遣使の記録がないので、実際は、斉・梁の皇帝が即位のときに、東夷の倭王に爵号を嘉授したにとどまるであろうが、それにしても、oは、四七八年につづく四七九年のことで、しきりに倭王武が記録されていることはまちがいない。さらに倭王武にいたって、はじめて、（安東将軍）→安東大将軍→鎮東大将軍→征東大将軍と急速により上位の爵号に進んだことも特記される。

要するに、このような外交上の記録からみても、倭王武にヤマト王権の画期があったとみてまちがいあるまい。

つぎに、d・i・lは、それぞれ年紀の記されない王の交代に関する記事で、dは讃→珍、iは済→興、lは興→武を示すが、記事の挿入箇所はほぼまちがいないと思う。ただし、iのつぎのjは、「興」に関する記事、lのつぎのmは「武」に関する記事で、間然するところはないが、dのつぎのeのばあいは、はたして「珍」に関するものかどうかは分からない。d・eを逆にすることもでき、eの「倭国王」はあるいは、「讃」と「珍」の間にあるもう一人の倭王の可能性もあるということである。ともあれ、a〜pには、倭王名として、讃・珍・済・興・武の五人が記されているのはいうまでもなく、これまでこの五人をどの天皇に比定するか、ほぼ四種の説があった。

(1)『古事記』に記される天皇の崩年干支に、在位年数を加味して、各天皇の年代を推定し、a〜pにあてはめて天皇名を割り出そうとするもので、このばあい、eの固有名のない「倭国王」を年代から履中にあて、讃（仁徳）、倭国王（履中）、珍（反正）、済（允恭）、興（安康）、武（雄略）の六王を考えることが多い[76]。しかし、『古事記』の崩年干支は、「帝紀」の一種に後代書き加えられた可能性がつよく、『書紀』はこれを採用していないし、疑問がある上、これをまた修正して用いるとなると、さらに恣意的である。

(2)　崩年干支はあてにならないとし、外国史料と一致する干支からその天皇の年代を推定しようとする説があるが[77]、たとえ「神功紀」「応神紀」の外交関係記事が、干支二運一二〇年を下げて、三七五年より四一四年までの各年にわたり年紀の符合するものが多く、それがa〜pのうちのa四一三年、b四二一年あたりと連続するからといっても、神功皇后や応神天皇そのものの実在性とは一応別個の問題である。まして、肝心の仁徳〜安康の五代は外交記事の空白期間といってよく、この方法は適用できない。しかし、この方法の結果も、応神の崩御を百済直支（腆支）王（四〇五〜四一九）の初年にあたるとし、讃を仁徳にあてる点では、(1)と共通している。

(3)　天皇の諱（いみな）と系譜を、a〜pの王名と系譜に比較して、天皇名を推定しようとするもので、『宋書』の、

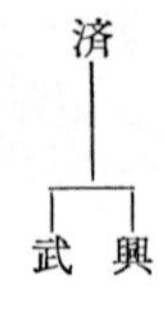

は、『書紀』の、

允恭―安康
　　　雄略

の系譜と一致し、天皇名も、ヲアサツマワクゴ（允恭）のツ（津）は「済」と意味を共通にし、アナホ（安康）のホと「興」は音通であり、オホハツセワカタケ（雄略）のタケ（武）は「武」と意味をおなじくするとみる[78]。ただこの方法

は、『宋書』の、

讃
珍

と、『書紀』の、

仁徳 ― 履中
　　　反正
　　　允恭

の系譜を重くみると、讃（履中）、珍（反正）となり、「讃」と「珍」の間に、もし一人の「倭国王」を入れれば、讃（履中）、倭国王（反正）、珍（允恭）となって、「珍」と「済」が重複し、ますます不都合となる。そして天皇名でも、オホエノイザホワケ（履中）のザと「讃」を音通とせねばならず、タヂヒノミヅハワケ（反正）のミヅ（瑞）と「珍」の字形と意味が似ているとせねばならぬ苦しさがある。つぎに、逆に、天皇名からホムダワケ（応神）のホム（誉）は「讃」と意味を等しくし、オホサザキ（仁徳）のササも「讃」と音通であるとし、このいずれかを「讃」にあてると、「珍」（反正）との系譜が合わなくなるのである。

⑷　『宋書』の「珍」は、『梁書』では「弥」となっており、「弥」と「済」は父子とされている。ここから第一の説は、「武」が「祖禰」といっているのは、祖先の意味でなく、祖父の「弥」のことで、「弥」と「珍」は同一人物であるから、武の祖父の仁徳のことで、したがって、「讃」は応神にあたるとする。[79] 第二の説は、「讃」と「珍」の間に、無名の一人の「倭国王」があって、これは履中と考えられるから、「珍」はこの履中、つまり「弥」の弟の反正であ

るのに、『宋書』は讃の弟であるごとく記したので、実は「讃」と「珍」は父子にあたると考えてよく、讃（仁徳）、弥（履中）、珍（反正）の順であろうとするのである。[80] これも六王説となろう。

上記の諸説のうち、比較的頼りになるのは、(3)である。済（允恭）、興（安康）、武（雄略）は、その系譜と名の双方からまず動かないとみてよいであろう。〃原帝紀〃には、天皇名と系譜は当然記載されていたわけで、これとよく合うからである。なかでも、武（雄略）は系譜ばかりでなく、その名のタケ（武）からしても、もっとも信頼性があり、「武」の上表文に、〃東は毛人〃〃西は衆夷〃〃渡りて海北〃を平定したとあるのは、〃東〃は関東、〃西〃は九州、〃海北〃は朝鮮半島南部をおもに指すことはまちがいなく、宋の太祖が、倭をふくめ、朝鮮半島南部におよぶ「六国諸軍事・安東大将軍」の爵号をあたえたのは、その客観性を保証したことになる。したがって、倭王武の権力的位置はヤマトであり、それ以外には考えられない。そして武（雄略）がヤマトの王であるとすれば、済・興はもちろん、それ以前の二王（ないし三王）も当然ヤマトの王となる。

ただし、済・興・武よりまえの、讃・珍が誰かはあきらかでない。「讃」は、名からすれば応神か仁徳にあてられるとは思うが、系譜は合わず、最近は応神・仁徳は同一人格を示すのではないかとの説もあるほどである。「珍」と「弥」は、その文字からしても同一人の異字とせねばならず、「弥」を履中、「珍」を反正にあてるわけにはいかない。要するに、この二王（または三王）は不明である。

一方、この(3)の方法は、天皇名の比定が音通・意味などまちまちで、一貫性がないとする主張もある。しかし一貫性がないのは当然で、かつて稲葉君山氏が、[81]『魏書』の「官氏志」の研究から、夫余民族の氏姓を略称して漢姓に擬するばあいの手法をあげ、第一に、固有氏姓の数音の一つをぬいて漢字に標記したもの（伊婁氏→伊氏）、第二に、数音を反切して一音としたもの（抜列氏→梁氏）、第三に、その意義を漢訳したもの（屋引氏→房氏）をあげられたのはそのためである。倭五王の比定もこの方法から外れるものではなく、「済」は第三、「興」は第一、「武」は第一と第三にあたるとしてよい。比定の方法は正当である。しかし、名の比定は蓋然性以上に出ないし、ことに「讃」と「珍」についてはそうである。ただ(1)〜(4)のいずれの方法をとってみても、『書紀』の天皇名でいえば、応神〜雄略間の諸天皇にあてているのは、その間にほぼ収まるということであり、五世紀の段階で、それが〝九州王朝〟であったり、〝分国〟の王であったりすることは不可能であるということである。

a〜pに記された外交の内容をみてみよう。

五世紀の段階において、倭五王も高句麗・百済王とならんで、中国の冊封をうけていた。栗原朋信氏によれば[82]、東アジアの国際関係において、〝中国〟と〝諸蕃〟は、〝隣対国〟〝外客臣〟〝外臣〟の関係にあり、これに准ずるものに、〝内臣の諸侯王〟〝国内の諸列侯〟という関係がある。冊封とは、この外客臣・外臣に対応するものであり、中国に対する臣属・朝貢の関係に応じて、中国の皇帝から諸蕃の王にたいし、王・侯号から将軍・太守号にいたるまでの段階的な爵号が授けられた。このばあい、諸蕃の王は、みずからの爵号のみならず、部下の王族・貴族にたいしても、おなじく将軍号・太守号などを授けられるよう請い、かれらには王より下位の爵号をあたえられた。そのことによって、国内関係においても、王はいわゆる〝王中の王〟、いうならば〝大王〟の地位を保証されるにいたったとされる。倭五王も、このような国際秩序の中に包含されていたのである。

また坂元義種氏の研究であきらかになったとおり[83]、諸蕃の王にあたえられた将軍号の段階差を整理すると、驃騎—車騎—四征—四鎮—撫軍—四安—四平—征虜—冠軍—輔国—寧朔—竜驤……の順となる。四平までは大将軍と通常の将軍号に分かれるから、さらに階等差はひろがる。そしてさらに、この将軍号には、使持節・都督などの称を冠するが、この称にも差等があり、持節には、使持節・持節・仮節、都督には、都督・監・督という順位があるから、最高の使持節・都督から、仮節・督までの組合わせができる。

さて、これを倭五王にあてはめてみると、a～eの「讃」～「珍」までは、「倭国王」とのみあって将軍号はないが、fにいたって、「珍」は、「安東将軍・倭国王」に除せられた。四四三年のことである。そして、gの「済」もこれを踏襲したが、hの四五一年に、「済」ははじめて「安東将軍・倭王」より、「安東大将軍」に進められたとみえる。しかし、これは『宋書』の「本紀」に記され、「列伝」ではやはり「安東将軍」とあり、kの「興」も「安東将軍・倭国王」とかわらないから、やはり、「興」までの将軍号はそのまま据えおかれたとみてよい。しかるに、nの「武」にいたって、「安東大将軍」となすと明記された。これは四七八年のことである。そののち、「武」は、oの四七九年、「鎮東大将軍」、pの五〇二年、「征東大将軍」と急速に、将軍号を進められている。これらをみると、倭王は、安東将軍→安東大将軍→鎮東大将軍→征東大将軍と軍号を進められたが、倭王が安東将軍であるとき、高句麗王は征東将軍、百済王は鎮東将軍であり、その後も、高句麗王は、征東→車騎→驃騎、百済王は、鎮東→征東大将軍と進んでいるから、倭王はおくれ、中国側のみた国際秩序は、高句麗が第一、百済が第二、倭が第三の順であった。また、gの四四三年まで、「済」は「使持節・都督」の号を冠していないが、hの四五一年にいたって「済」は「使持節・都督」をみとめられた。これは、fにおいて「珍」が〝自称〟したものを〝正授〟されたのであろう。高句麗王や百済王は、つねにこの号をあたえられていたのに、倭王ははじめはこの称を削られていたのだから、このばあいも、倭王が第三の順位となろう。

つぎに、高句麗・百済・倭の三国の〝軍事領域〟を考えてみよう。a〜eまで、「讃」は通交したものの爵号をあたえられておらず、fにいたって、「珍」は、「使持節・都督・倭・百済・新羅・任那・秦韓・慕韓六国諸軍事・安東大将軍・倭国王」を〝自称〟したが、「安東将軍・倭国王」に〝除授〟されるにとどまり、hではじめて「済」は、「六国諸軍事」を承認されたのである。このような道程を考えると、「讃」のまえに中国との公的通交はなく、「讃」にいたって、はじめて中国の外交的視野のなかに登場したもので、高句麗が三三六年、百済が三七二年、東晋への通交を開始しているのに比べると、それだけ遅れている。ただ新羅はまだ登場していない。これは、前述の将軍号の高句麗—百済—倭の順位に見合うものであろう。

しかし、倭は、hの元嘉二十八年(四五一)、「使持節都督倭・新羅・任那・加羅・秦韓・慕韓六国諸軍事・安東将軍・倭国王」となり、高句麗は、大明七年(四六三)、「使持節散騎常侍督平・営二州諸軍事・征東大将軍・高句麗王」、百済は、元嘉二年(四二五)、「都督百済諸軍事・鎮東大将軍・百済王」であった。高句麗は、北魏からも、四三五年、「都督遼海諸軍事・征東将軍・領護東夷中郎将・遼東郡開国公・高句麗王」を授爵されている。これからみると、将軍号の対象領域は、つぎのようになる。

倭　　倭・新羅・任那・加羅・秦韓・慕韓

高句麗　平州・営州(遼海)

百済　　百済

つまり、倭は倭の本土に加え、朝鮮半島南部、高句麗は朝鮮半島北部から中国東北地方南部、百済は百済本土となり、これで、当時の朝鮮半島(中国東北地方南部をふくむ)の〝軍事領域地図〟は一応完結しているのである。王号は、それぞれ、「倭国王」、「高句麗王」（遼東郡をふくむ）、「百済王」で、これも矛盾はない。

これをたとえば、同時代の西戎にあたる河南（吐谷渾）・河西・宕昌王のばあいと比較してみよう。基本的にみると、河南王は、「西秦・河・沙三州諸軍事・西秦・河二州刺史・河南王・隴西公」であり、河西王は、「涼・秦・河・沙四州諸軍事・涼州刺史・張掖公」であった。その将軍号をみると、西秦と秦はかりに別地域として重複しないにしても、河・沙二州は、河南・河西王の〝軍事領域〟として完全に重なっており、宕昌王もおなじく、「河州諸軍事」の号をもっていた。一方、王号においても、河南王は、「河州刺史」であるのに、宕昌王もおなじである。これらは、坂元義種氏のいわれるように(84)、中国の実質的な支配が及びがたい地域で、かつ冊封された国々が、他国にたいして、まだ軍事的・政治的に排他的な占有権をもちえないばあい、各国王の主張（〝自授〟）を、そのまま追認（〝正授〟）したからであり、そこに整合性はない。

これにたいし、東夷のばあいは違う。自称（〝自授〟〝仮授〟）と除爵（〝正授〟）のあいだにはひらきがある。倭王は、fにおいて、「珍」が、「百済」を加えた「六国諸軍事」を自称したのに、すべてを削られ、1において、「武」は、「百済」を入れ、任那に加羅を加えた「七国諸軍事」を自称したが、「百済」は削られ、「六国諸軍事」におさえられた。倭王が百済を加えようとして認可されなかったのは、百済王がすでに授爵されていたからである。もし、新羅が宋と通交をひらいていたならば、おそらく新羅も除かれていたであろう。しかし、新羅の軍事権は結局倭に帰属し、高句麗や百済にはみとめられなかったのである。まして、任那・加羅・秦韓・慕韓が倭から除かれる可能性はまったく存在していなかった。それが顕在化するのは、斉高帝建元元年（四七九）、加羅王荷知が「輔国将軍・加羅王」に除せられたときで、これは四七八年、倭王武の最後の通交と入れかわりであることは、いかに東夷にたいする中国の国際的規制が厳格であり、整合性をもっていたかを示す。しかも、加羅王の将軍号は、「輔国」で、「安東」よりははるかに下位に属し、将軍号の対象地域としての「加羅・任那」等はなお記されていない。

要するに、東夷にたいしては、中国の冊封は、現実の軍事的・政治的支配権をふまえた整合性のあるものであったとみうるであろう。

このように考えると、倭王に、新羅・任那・加羅以下の軍事権が加えられ、高句麗・百済王からそれが除かれたということと、高句麗・百済・倭王の順に将軍号の上下があったということは、一見矛盾するようにも思えるが、それは相反するものでなく、当時の国際秩序からいえば、その双方とも真実を反映することはまちがいあるまい。かつて、池内宏氏[85]は、わが五王が南朝と通交し、この冊封をうけた事実を承認しようとしなかった国学流の学者をきびしく非難し、朝鮮三国の紛争のつづく国際場裡に、各国が中国を利用して、自国を有利な立場におこうとしたのは当然であり、倭が進んで高句麗・百済二国とおなじ態度をとったのもまったくそのためであるとのべた。その結果、中国側の行った一つの客観的な評価が上記の将軍号と軍事領域の二つである。それをわれわれは一定の範囲で承認しなければならない。これを倭済関係に引きなおしていえば、前者からは、倭・済間に外交上の〝朝貢関係〟の成立する余地のないこと、逆に、後者からいえば、百済は背後を倭の軍事領域に支えられ、高句麗に対抗して、倭使を〝厚遇〟〝特礼〟しなければならぬ緊張した立場におかれたことである。

それともう一つは、軍事権（将軍号）と行政権（王号・刺史号）との関係である。この二つの権限は、たとえば河南王が西秦・河・沙三州の将軍号と、西秦・河二州刺史、河南王の王号をもつなど、両者が一致するばあいが多く、高句麗・百済についてもおなじことがいえる。しかるに、倭については、将軍号と王号の食い違いがいちじるしい。将軍号は、新羅・任那・加羅以下の六国、つまり、朝鮮半島南部をひろくふくむけれども、王号、いわば行政権は倭国にかぎられ、任那・加羅には及んでいない。このことは、逆に加羅王荷知が、「加羅国王」に封冊されながら、将軍号の対象はなく、倭王のもつ「加羅諸軍事」という将軍号とは直接には矛盾するものでないとの論理を生むことになる。[86]これは、いわゆる〃任那日本府〃の性格にも重大な影響をあたえるはずである。この問題は第二編第三章第三節で改めてとりあげるが、これまで、このような観点から〃任那日本府〃を論じたものはなく、一つの研究課題となろう。

つぎに、王と部下の王族・貴族との政治関係がある。冊封は、国際関係ばかりでなく、国内関係にもかかわりをもつことはすでにのべた。fにおいて「珍」は、「倭隋等十三人」を「平西・征虜・冠軍・輔国」将軍に除せられるようもとめ、承認されたが、これは「珍」の「安東将軍」(四安将軍)の下に連なる四平将軍以下の階層であり、倭王との序列が確定したことになる。hにおいても、「済」は、「二十三人」を「軍郡」に除し、nにおいても、「武」のほか「皆仮授」して除正をもとめた。軍・郡とは、将軍号と郡太守号の意味で、倭王の下の刺史号よりさらに下位にあたる太守号に擬したのであろう。百済のばあいも、四九五年、東城王(牟大)の「鎮東大将軍」のもと、貴族に「征虜・安国・武威・広威・竜驤・建武・振武・揚武」などの将軍号を仮授し除正をもとめており、おなじ構造である。この倭・済を比較して、坂元義種氏は、[87]将軍号は倭が高く、人数も倭の方が多い。これは倭の〃軍事的な南朝鮮支配〃の認可を示すとされたが、対象地域は不明である。むしろ、百済のばあい、将軍号のもとの「辟中王」「弗中侯」「面中侯」などの「王・侯・太守」号をみると、地名に付され、名目上の封地を示すとしても、おもに全羅北道西北部と南道南部に集中しているのは、百済がようやく任那・加羅に進出しようとする形勢を反映するものであろうし、行政権としての王・侯号は、倭の太守号よりは上位にある。

ことに、百済王が貴族に王・侯号をあたえたのは、実質上はみずからを〝大王〟に擬したことになる。文献上、百済の〝大王〟号は確認できないが、五世紀後半であろう。高句麗は、四世紀末に「永楽太王」がすでに確認され、新羅はおくれて、六世紀の「真興太王」ではじめて〝大王〟の地位を確立するとみてよい。倭にそれが成立するのは、百済とおなじく五世紀後半、『稲荷山古墳鉄剣銘』とおそらくこれと同時期の『江田船山古墳大刀銘』の、「獲加多支鹵大王」であろう。実質上はそれに以前からの累積はあったとしても、おそらくまちがいなくワカタケル（雄略＝武）から大王号が成立したと考えられる。朝鮮三国と倭の国家発展からみて、この順位は妥当なところであろう。a～pに示した外交記録からみても、倭王武にヤマト王権の画期があることは、すでにのべたとおりである。

さらに、将軍号や太守号をあたえられた王族・貴族が中央のもののみであったか否かが問題にされているようであるが、大王と緊密な族制的・政治的関係をむすぶ族長層を考えれば、中央・地方の区別はあまり意味はない。第二章第三節で推定した国内政治を考えると、たとえばツクシやキビの族長も入っていた可能性がつよい。これら在地の族長層は、国際関係を契機に、大王を通じてみずからの地位を確立したのであり、大王もまたこれによって族長層を支配し、対外的に倭を代表する政権たることを確定したのである。その点からいえば、国内的に大王が族長より隔絶した〝専制権力〟を確立したとはまだいえないであろう。

第四章　五世紀末の政治情勢

第一節　「雄略紀」の外交記録

「雄略紀」においても、「百済記」や、主として「百済新撰」による記事は信憑性がたかい。そして、干支の示す年紀と、外国史料の間に、基本的なズレがなくなる点に特徴があり、藪内清氏は[88]、これを元嘉暦による正しい記録法が行われるようになったためとし、「雄略紀」よりまえは、『書紀』を編纂するときの現行暦たる儀鳳暦が用いられていると指摘された。「雄略紀」の外交記事には左のようなことが記録されている。

(A)　百済関係

a　辛丑（雄略五年＝四六一）、「百済加須利君（蓋鹵王）」の命をうけた「弟軍君（昆支）」が王の妊婦とともにわが国に来朝し、その途中「筑紫各羅嶋」で出生した。この児を「嶋君」と名づけ、「軍君」はこれを国に送還し、「武寧王」とした。

b　乙卯（雄略十八年＝四七四）、「狛大軍」が百済を攻め、七日七夜にして「大城」を陥し、ついに「慰礼城」（漢城）を失った。国王・大后・王子らはみな敵手におちた。

c　丁巳（雄略二十一年＝四七七）、天皇は、百済が高句麗のため破れたとき、「久麻那利」（熊津）を「汶州王」（文周王）にあたえ、国を再興させた。「汶州王」は「蓋鹵王」の「同母弟」である。一説に、「久麻那利」を「末多王」（牟大＝東城王）に賜わったともいう。

d　己未（雄略二十三年＝四七九）、百済の「文斤王」（三斤王）が薨じたので、「天王」（天皇）は、「昆支王」（軍君）の五子のうち、「末多王」が聡明であるときき、内裏に召し、帰国して王に即位させようとした。そこで、「筑紫国軍士五百人」をして本国に「衛送」せしめた。これが「東城王」である。

e　壬午（武烈四年＝五〇二）、百済の「末多王」（東城王）は、無道で、百姓に暴虐だったので除かれ、「嶋王」が代わった。これが「武寧王」である。その諱は「斯麻王」、「昆支王子」の子で、「末多王」の「異母兄」にあたる。「昆支」が倭につかわされたとき、「筑紫嶋」で「斯麻王」を生んだのでその名がある。今案ずるに、「嶋王」は、実は「蓋鹵王」の子で、「末多王」か「昆支王」の子である。

f　癸卯（継体十七年＝五二三）、百済の「武寧王」が薨じた。

g　甲辰（継体十八年＝五二四）、百済の「太子明」（聖明王）が即位した。

右のa〜gまでの各記事を検討してみよう。

aは、一九七一年、忠清南道公州郡公州邑宋山里古墳群において発見された『武寧王陵墓誌石』と比較できる。(89) 墓誌銘に、「寧東大将軍百済斯麻王、年六十二歳、癸卯年五月丙戌朔七日壬辰崩」とあり、崩年たる癸卯（五二三）、年六十二であったとすれば、逆算して出生は辛丑（四六一）となる。aとまったく一致するであろう。

bは、『史済紀』に、蓋鹵王二十一年＝文周王元年（四七五）、高句麗王巨璉（長寿王）が兵三万をひきい、漢城をかこみ、王は縛送されて死し、再曾桀婁・古尓万年らは高句麗に逃竄したとあるのと一致する。ただ、aは、年次とおなじ、「雄略五年紀」の本文におもな記事があるのに、bは、「雄略二十年紀」の注にひく、「百済記」に、乙卯年のこととして引用されたのが異なる。

cは、『史済紀』に、文周王元年（四七五）、漢城の失陥により、熊津に都を移したとあり、〃失陥〃と〃遷都〃をまとめて同一年に記したのと異なる。『書紀』の方が遷都の実態に即していると思われる。

dは、『史済紀』に、三斤王三年（四七九）、王薨じ、おなじ東城王元年（四七九）、東城王牟大は、文周王弟昆支の子で、胆力にすぐれ、三斤王の死とともに即位したとあるのと一致する。「牟大」と「末多」は音通で同一人物を指し、問題はなく、昆支王の子とあるのも共通する。

eは、『史済紀』に、東城王二十三年（五〇一）、王は泗沘（扶余）東原に猟し、ついで熊川（公州）北原に猟し、また泗沘西原に田したとき、大雪にあい宿泊した。このとき、加林城主苩加は王に怨みを抱き、人をして王を刺殺せしめたとあり、武寧王元年（五〇一）、東城王の死により即位したとあるのと一致する。ことに王が〃無道〃〃暴虐〃であったので除かれたというのは、王が怨まれて刺殺されたという記事と細部まで合う。また、『書紀』が、武寧王の諱を「斯麻王」としているのは、「百済新撰」による注記部分で、これを本文では「嶋王」に改めたのであり、「斯麻」は、『武寧王陵墓誌石』の「斯麻王」と表記がおなじであって、『史済紀』の「斯摩王」に比べ、より原史料に近いといえる。

f・gは、『史済紀』に、武寧王二十三年＝聖王元年（五二三）、王薨じ、諡して武寧といい、聖王が即位した。聖王は武寧王の子であるとあるのと一致する。

さて、a～gを通じ、『書紀』によって構成される百済王の継承関係をまとめると、左のようになる（便宜上、明王の次代までを加えておく）。

蓋鹵[21]—汶州[22]—文斤[23]—東城[24]—武寧[25]—聖明[26]—威徳[27]—（恵[28]）

これを王の系譜関係におきかえて示すと、左のとおりである（男系のみで示す）。

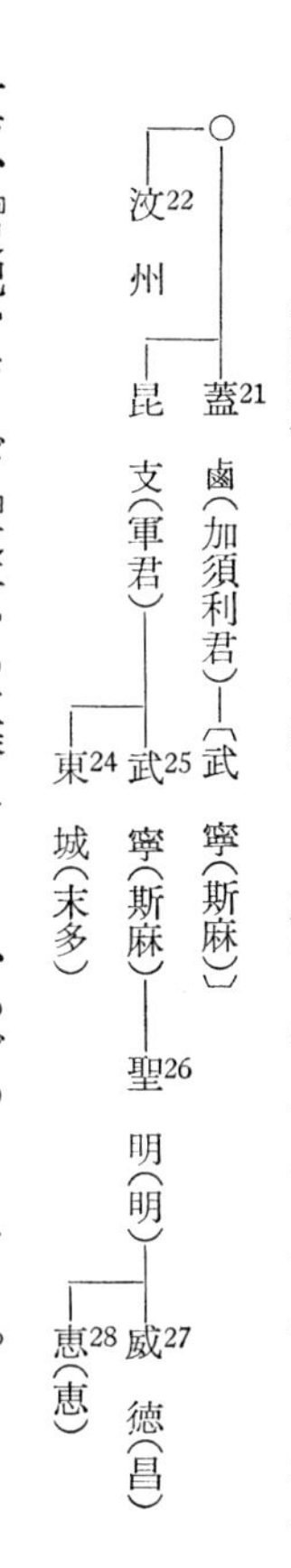

一方、『史記』および『遺事』の王暦によると、つぎのようになる。

蓋[21]鹵—文[22]周—三[23]斤
昆支—東[24]城（牟大）—武[25]寧（斯摩）—聖[26]（明濃）—威[27]徳（昌）
恵[28]（季）

したがって、『書紀』と『史記』では、王位の継承順位についてはまったく同一であり、ただ王の系譜において食い違う。ことに、蓋鹵と汶州（文周）、東城と武寧の血縁関係は、『史記』においては直系となっているが、『書紀』は、叔甥と兄弟の関係としている。これは『書紀』の方にむしろ原形が保たれているといってよいであろう。三品彰英氏のいわれるように、(90)『史記』のほうがかえって実情から遠ざかり、王朝の編年史を整理して、首尾一貫した継承関係に改めた傾向がつよい。これは、『史記』の他の面についてもいえることで、中国的なイデオロギーによって記事を整理、修飾したものと思われる。この点は、以下の各編においてふれてみよう。

『書紀』は、aにおいて、「斯麻」は、昆支（軍君）の子となっているが、実は蓋鹵（加須利君）の妊婦から生まれたとし、eにおいても、「斯麻」は昆支の子で、「末多」（東城）の〝異母兄〟にあたるが、実は「蓋鹵」の子なので、「末多」こそが「昆支」の子であるとするなど、生々しい原史料の面影を伝えている。もちろん、「斯麻」と「嶋」の音通から、「筑紫嶋」また「筑紫各羅嶋」における出生譚を加えているのは、説話であろう。

他に、王の即位に一年のズレがあるものが多いが、これは『書紀』が〝越年称元法〟をとったからで、本質的な問題はない。

（B）新羅関係

新羅については、「百済記」「百済新撰」のような史料がないため、第一章第三節においてのべたとおり、「応神紀」とおなじく「雄略紀」においても確とした記事を見出しがたい。

まず、甲辰（雄略八年＝四六四）、新羅王は、高句麗の侵攻により、救軍を請うたので、わが国は〝任那の将〟を発してこれと戦い、乙巳（雄略九年＝四六五）、天皇は、新羅の離反をせめ、紀小弓・蘇我韓子らをつかわして征せしめたとあるのは、『史羅紀』に慈悲麻利干二年（四五九）、同五年（四六二）、同六年（四六三）、同十九年（四七六）、同二十年（四七七）と、「倭人」「倭兵」の〝東辺〟〝南辺〟からの侵入を記す一方、同十一年（四六八）、同十七年（四七四）、焰知王三年（四八一）と、高句麗の〝北辺〟への侵攻を記していることと関係がある。ことに、四六三年に、「倭人」が「歃良城」を改め、王は「倭人」がしばしば「彊城」を侵すをもって、「縁辺」に二城を築くとあるのは、いずれも任那・加羅からの侵入と防戦を示しており、これは『書紀』の〝任那日本府〟をもととする「雄略七年・八年紀」

の新羅との戦闘記事と軌を一にするといってよい。

このように、「雄略紀」になると、『宋書』や『史記』との基本的な年紀のズレがなくなり、ことに百済については、「百済記」「百済新撰」の記事が、「応神紀」のばあいとは異なって、本文と分かちがたく結びついており、本文にはかえって『史済紀』にはない具体的な記述のみられることである。新羅については、確たる年紀の比較はできないが、記事内容が『史羅紀』と合う点がみとめられる。逆に『史済紀』をみると、あきらかな一つの傾向がある。それは、毗有王二年（四二八）、「倭国使至、従者五十人」、同四年（四三〇）、「宋文皇帝以王復修職貢降使、冊授先王映爵号」とある倭・宋との通交記事を境に、倭との通交記事はまったく絶え、逆に中国へは、入斉・入梁・入陳とつづいている。四三〇年が百済の入宋のはじめであることはいうまでもない。これは、わが「百済新撰」「百済本記」とつづく倭済関係の展開の記録に比べ、まことに不自然で、『史記』がいかに新羅を中心とする書き方であるからといって、この点は、『史羅紀』も炤知麻立干二十二年＝智証麻立干元年（五〇〇）、「倭人攻陥長峯鎮」とある記事を最後に、六世紀の倭への通交記事をおえているのであるから、その点は百済と共通している。その背景には、中国を優位におき、それとの通交を喧伝する態度があるのかも知れぬが、事実に反することはまちがいあるまい。

（C）　呉との関係

「雄略紀」の呉との通交記事は、わが史料から出たもので年紀や記事内容を比較する対象がない。呉は、宣長以来、中国南朝をさすことはあきらかで、『宋書』以下の中国史書に倭との通交が記録されていることと無関係ではないにしても、個々の記事に信頼のおけるほどのものではない。しかし、総体としては注目すべき傾向がある。

『書紀』で呉への通交は、「応神紀」の「阿知使主・都加使主」に関するものが初見であるが、これが「雄略紀」の

「身狭村主青・檜隈民使博徳」の記事の重複であることは、第一章第三節でのべたとおりである。「雄略紀」には、計八件の呉への通交記事がある。そして、そのすべては、「呉国使」「呉人」の来朝か、わが使人が「呉」におもむいたという直接通交の記事で、百済を仲介としたものは一件もなく、むしろ百済との背反性がつよい。これは倭五王の通交が百済を介したものでないと考えられていることと共通しており、倭は呉と百済に二元外交を展開したとしてよいであろう。たとえば、身狭村主青らを「使於呉国」、その結果「将呉所献二鵝、到於筑紫」という記事、ふたたび「出使于呉」と、「共呉国使、将呉所献手末才伎」「命臣連迎呉使」「欲設呉人」とつづく記事などは、呉との正式の使者の往来とその迎接を示し、土毛・献物をともなうものであった。逆に百済から逃来し、みずから「呉国人」を称した例もある。

しかるに、「継体紀」「欽明紀」に入ると、百済を仲介とした南朝（呉）との通交にかわる。これは倭五王の通交が、「武」ののち杜絶したことと関係があり、それを反映するものといえよう。継体から欽明にかけて、まず百済からの「五経博士」「医博士」「易博士」「暦博士」「採薬師」などの交替番上が、前後五件にわたって記録されるが、交替の順位をみると、さらに回数はふえる。かれらを率いるのは百済の将軍・貴族であるが、上番するのは南朝人とみてよい。このほか、百済王が「扶南財物」を献じ、わが使人が百済より「内外典、薬書、明堂図、伎楽調度」をもちかえり、「呉女」をめとった百済僧が、王命により「呉」につかわされ、入国できずにわが国に来り、百済人が「呉」にいたって「伎楽舞」を学びわれに伝えたなどの説話は多い。これらは百済から呉の文化が伝承されたという記事である。

このうち、「五経博士」以下の上番記事は確かな史実と考えてよく、それは第二編第三章第一節でのべるが、他の説話にもそれなりの真実性がある。それを遺物として裏づけるのは、熊津における百済の古墳である。「武」の最後の通交は四七八年、百済の熊津遷都は四七五～四七七年の間であり、この両者がふかいかかわりにあることはすでにのべたが、軽部慈恩氏は[91]、熊津時代より南朝文化の影響がめだち、公州（熊津）宋山里第六号墳の羨道前室の塼銘に、「梁官品、為師矣」の釘書きのあることは、その一例証であるとした。それをさらに明確にしたのが、おなじ宋山里から発見された武寧王陵である。武寧王の「寧東大将軍・百済王」の爵号は、梁の武帝によるものであり、陵内から多くの梁代の「五銖銭」が出土し、おなじく「宜子孫獣帯鏡」も南朝系のもので、わが群馬県高崎市観音塚古墳の銅鏡はこれと同笵鏡であるといわれる[92]。樋口隆康氏は[93]、百済が中国南朝から輸入し、日本に再輸出したものと推定される。一般に、韓国学者の見解も[94]、武寧王陵の墓制（塼築墳）・塔像はじめ、絵画・彫刻その他の工芸品など、いずれも優雅で洗練され、百済文化に南朝文化のつよい影響の加わったものと評価している。

聖明王によって、五三八年にわが国に伝えられたという仏教は、諸博士の〝上番〟が、五一三年より五五四年まで記録されているので、いわば同時代・同性格のもので、ともに梁の文化である。まず武寧王は、五〇二年に建国した梁に、五一二年にはじめて通交し、その翌年に、わが国への第一回の「五経博士」の上番を実現したことになるが、さらに聖明王は、『梁書』によると、五三四・五四一年に梁に遣使朝貢し、「涅槃等経義、毛詩博士、幷工匠、画師等」を請い、これを給わったとある。わが国への百済を仲介とする梁文化の伝来は、ここに基盤がある。

さて、以上にのべたように、わが雄略朝と、百済の熊津遷都を境とするこのような文化輸入の変化を、『書紀』は意外によく写しとっているといわねばならぬ。

第二節　国家組織の変容

「雄略紀」より「欽明紀」にかけてのいちじるしい特徴は、百済から渡来したとされる〃今来漢人〃（イマキノアヤヒト）の記録である。これに関しては、旧著『大化前代社会組織の研究』でくわしくのべたので[95]、本論では若干の新知見を加え、論旨を展開するため、概括するにとどめる。したがって注はほとんど省略する。

〃今来〃とは、古い帰化人にたいし、〃新渡来の〃という意味をもつのは当然であるが、そこに内容上の画期もまた示されているはずである。末松保和氏が[96]、「帰化人の新古でなく、その先代、すなわち世系にかけていった新旧でなければならぬ」とし、五世紀の倭の南朝通交、あるいは当時、南朝人で百済に帰化するものが多かったことから、わが国にも南朝人の渡来がふえ、これを秦・漢の帰化人と区別してかく称したとされたのはそのためである。基本的な視点は正しい。ただ、〃今来漢人〃の呼称は、記録上は「雄略紀」から、年代でいえば四七〇年代から現われ、むしろ南朝通交が杜絶し、百済を仲介とする南朝文化の輸入が支配的となる段階に相応するといってよい。つまり、前節でのべた雄略朝を画期とする南朝から百済への変化に対応し、百済でいえば、四七五～四七七年の熊津遷都以後にあたるのである。しかも、〃今来漢人〃は、つぎにのべるように百済から渡来したと語られている。かれらが、南朝系の新文化・新技術をもたらしたためにその称があることは肯かれるが、南朝人でなく、百済からの新帰化人という方があたっていよう。

「雄略紀」をみると、百済の貢進した「今来才伎」として、「新漢陶部、鞍部、画部、錦部、訳語」の名があり、「東漢直掬」が、かれらを「大和高市郡」に安置したといい、注して、「漢手人部、衣縫部、宍人部」ともある。また、「身狭村主」と「檜隈民使」が呉に使し、「手末才伎」の「漢織、呉織、衣縫」らをつれかえったともあり、いずれも同系の説話を構成するが、後者は理念的に呉との直接通交の記事であるにしても、工人そのものは前者と重複し、同工異曲のものである。かれらは個人名であるようにみえるが、〃今来漢人〃〃手末才伎〃は集団の系統を示すことばで、そののちも、氏姓として個人名に〃新漢〃が冠せられたことはない。事実、忍海漢人、飽波漢人、鞍部、金作部、錦部、飛鳥衣縫部などの技術集団を形成しているのである。そして、かれらが東漢氏の配下におさめられたことは、東漢直掬や檜隈民使にむかえられたとの説話のあるとおりである。『坂上系図』に、東漢氏の本系である〃忌寸姓〃をもつ約六〇氏と区別して記される〃村主姓〃の三〇氏がこの漢人集団にあたり、忍海・飽波・鞍作・金作・錦部・飛鳥などの各村主は、それぞれ右の漢人集団の名に対応している。〃村主〃は、在地村落における集団の統率者を示すものであろう。

『続日本紀』の延暦四年条に、東漢の氏宗である坂上苅田麻呂が上表し、阿知使主の渡来後、旧居帯方の民で、百済と高句麗の間に住むもののうち、才芸あるものが多いので、かれらを「挙落遣使尽来」らしめたとあるが、これが、「雄略紀」の〃手末才伎〃の伝承にあたり、〃今来漢人〃のことである。そして、今の「諸国漢人」はその後であるとものべている。『坂上系図』によると、かれらのために、大和に「今来郡」をたて、のち「高市郡」に改めたが、その土地が狭くなったので、「諸国」に分置したのが「漢人村主」であるとみえる。この両史料の指示するところはまったく一致するといってよい。大和において、かれらは「檜前忌寸」と総称されたが、おなじ苅田麻呂の宝亀三年の奏言に、高市郡には、「檜前忌寸及十七県人夫満地而居、他姓者十而一二焉」とあるほど集住していた。したがって郡司も高市県主から檜前忌寸にかえられていたのである。その集団性は現実のものであり、また畿内周辺の播磨や伊勢などに今来才伎の氏姓分布が知られることは、諸国に分置したとの伝承に見合うであろう。

「雄略紀」にその渡来が記されるのは、高句麗の圧力によって、百済の王都漢城がおち、熊津に遷都したからで、このような大変動によって、〝旧居帯方〟の民で、〝高句麗〟と〝百済〟の間にあるものが大挙亡命したと考えねばならず、それは四七五年以後のことであった。後の白村江の敗戦のばあいと共通していよう。

さて、「雄略紀」には、さらに第一章第三節でのべたように、「秦民」をあつめて「秦造」に賜い、「百八十種勝」（モモアマリヤソノスクリ）をひきい、朝廷に貢調させたとか、「漢部」をあつめ、その「伴造」を定めたという、いわゆる〝部民〟の設定に関する記事がみえる。そのさい、全国の「秦民」とは、辰韓（新羅）や弁辰（任那・加羅）系の古くからの渡来者をふくみ、かれらをあらたに秦部・秦人部などとして秦氏のもとに組織したことであろうし、「漢部」とは、前記の今来漢人（百済）などを配下に帰属せしめたことなのであろう。ともに氏の組織の成立に関する起源説話である。その後も秦氏はきわめて在地的殖産的氏族で、新羅文化への接近性を示し、漢氏は都市的官僚的氏族で、百済文化の導入に特色を示したのは、このような背景があってのことと思われる。

他方、「応神紀」に、秦氏・漢氏の祖の帰化が記されていることは周知のとおりである。これまでかれらが楽浪・帯方の遺民であるため、秦・漢の王族の出と称し、また秦・漢氏を称したとの旧説があった。これらの旧説はそれなりに評価できるとしても、かれらはほとんど〝朝鮮化〟しており、文化の系統から考えれば、秦氏は新羅、漢氏は百済を故地としたと考えうる余地はある。それは四世紀末の広開土王の南下政策によるはげしい戦乱によるものと考えてよいのではないか。第二章第一・二節、第三章第二節でのべたような倭済、倭羅間の関係のもとにおいてである。しかし、秦・漢という氏の組織が雄略朝より成立したとすれば、祖先伝承もそこで形成される。そのとき、今来漢人が帯方の遺民であり、百済から渡来したという事実ないしは主張が、漢氏の祖先伝承につよく投影されているかも知れず、また秦氏についていえば、ハタ＝波多・波陁は、朝鮮地名・人名に多くみられる借字法で、新羅の官位波珍飡（破弥干）のパトル、パタに由来し、波珍はもと海干、つまり〝海〟を意味する朝鮮語のパタより生じた語で、後の臨海郡をさすとする説もある。『新撰姓氏録』（以下、『姓氏録』と記す）に、秦氏の祖「融通王」が倭名の「弓月君」となり、その子「普洞王」が「浦東君」となるのは音通であるが、この「浦東」が「波陁」とされたので、もとは上記のパタを象徴化する名であったといえなくもない。しかし、それにたいする確実性はない。

今来漢人のもう一つの系統は、東漢でなく西漢に属する集団である。その記事は、「欽明紀」以後に、王辰爾（船史）、胆津（白猪史）、牛（津史）の一族がみえ、高句麗の烏羽の表文を解読するあたらしい技術をもったとされている。その祖を百済王にかけているのは、百済系の帰化人を称したからで、東漢に属する今来漢人とおなじである。かれらも「応神紀」に、その祖王仁の渡来伝承をもつ。王仁の直系とされるのは、西文・武生・蔵の三氏であるがかれらもこの三氏とともに、河内古市・丹比二郡にたがいに隣接して生活集団を形成した。大和高市郡の東漢氏の集団と対比されるが、その勢力はやや劣るものであったことは否めない。

「雄略紀」で、もう一つ注目されるのは宮廷組織に関する記事である。左にそれを列記してみよう。

a　蔵部について、「履中紀」に、はじめて蔵職をたてて蔵部を定めたとあり、『古語拾遺』は、履中期に内蔵と蔵部を定め、雄略朝に大蔵をたてたとする。

b　史部について、「雄略紀」に、史戸をおき、天皇は史部身狭村主青を愛寵したとある。
c　掃部について、『姓氏録』に、雄略朝に掃部連が掃除を監したので、その姓を賜わったとみえる。
d　殿部について、『姓氏録』に、雄略朝に車持君が乗輿を進めたのでその姓を賜わったとある。
e　膳部について、「雄略紀」に、天皇が遊猟にさいし、宍人部をおくことをはかり、膳臣長野がよく宍膾をつくったので、厨人を宍人部に定めたとある。
f　門部・靫負部について、『姓氏録』に、雄略朝に、大伴大連が入部靫負を賜わったのが、大伴・佐伯二氏の職掌のはじめとみえ、『令集解』にひく弘仁二年の官符に、大伴室屋が靫負をひきい、衛門開闔のことを司ってから、その職を世襲するにいたったとみえる。
g　物部について、「雄略紀」に、木工を物部に付して形せしめようとしたとある。

まだ他にもあるが、以上の例で十分なように、「雄略紀」を中心に、『姓氏録』や『令集解』などそれぞれ異なった史料が、内廷の〝部〟の職掌のはじまりを雄略朝においている点で共通する。

前節でのべた今来漢人によって構成されるニシコリ（錦部）、クラツクリ（鞍部）、カナツクリ（金作部）、キヌヌヒ（衣縫）、カラカヌチ（韓鍛冶）、テヒト（手人部）らが、あたらしい生産技術を荷なうべ（部）であったのに、右のクラヒト（秦）、フヒト（漢）、カニモリ（掃部連）、トノモリ（車持君、葛野＝鴨県主）、モヒトリ（宇陀・高市県主、葛野＝鴨県主）、カシハデ（膳臣）、カドモリ・ユゲヒ（大伴・佐伯連）、モノノベ（物部連）などは、伝統的な畿内族長や古い帰化氏族によって構成される内廷のトモ（伴）である。前者があたらしく、後者が古いことは、たとえば、今来漢人にたいする漢氏、王辰爾の史部にたいする西漢氏などの説話をみれば分かるであろうし、トモ（伴）をべ（部）に編成する過程をみてもあきらかであろう。少し詳しくみていくと、後者は、大和・山背など畿内の県主が任ぜられた、古い内廷的官司に属する、もっとも族制的なトモ（伴）で、律令制では、番上官としての「伴部」に位置づけられ、職務の世襲の故に、長く「負名氏」と称された。前者は、百済より渡来したあたらしい技術民の集団で、べ（部）に組織され、律令制では「品部・雑戸」に位置づけられ、やはり職務を世襲することによって「負名氏」「負名入色人」とよばれた。この両者の時代的な接点は雄略朝にあって、後者は前者に触発されて〝某部〟を称するにいたった。この時代から、朝廷のトモ（伴）、べ（部）は同質の政治組織に編成され、制度的にふかくかかわり合うものとなったが、それは百済から〝部〟の制度が輸入されたためで、その機縁となったのは今来漢人の渡来であるとするのが筆者の見解である。前記の秦氏も、はじめて「秦民」を組織して〝部〟とし、漢氏も「漢部」の伴造となったといえよう。

津田左右吉氏が[97]、百済の帰化人＝史部が、本国の制度をとり入れ、漢語の〝部〟とその字音の〝べ〟を、わが〝伴〟（トモ）の制度に適用したものとされた基本的視点は正しい。〝部〟は、〝べ〟とも〝トモ〟とも訓まれたのである。

この点からいえば、〝部〟の本質は、朝廷に奉仕する伴部―品部（トモベ・シナベ）にあって、豪族の私有する部曲（カキベ）にはない。前者は、『周書』百済伝にみえる百済の内官制の穀部・肉部・掠部・馬部・刀部・薬部などの「諸部」の官司制に起源をもとめるもので、後者は、南北朝の豪族の隷民である「部曲」、またそれをうけついだ新羅の「部曲」制に起源をもとめるものといえる。津田氏は、前者を想定され、その後、井上光貞氏はこの説をとり[98]、わが部の本質は、品部制にあるとし、太田亮氏が〝職業部〟と名づけられたものをほぼこれにあて[99]、品部には、貢納型（地方・農民・伴造による管理）、番上型（中央・内廷奉仕・官に所属）があり、貢納型を〝氏族制的〟、番上型を〝官司制的〟とみて、前者から後者への展開を構想された。これは〝部〟が、本来豪族の領有する部曲（民部）でなく、朝廷の支配する品部にあるとしながらも、なお〃農民部〃を古いとする旧来の見方をとどめている。筆者は、[100] わが〃部〃は、貢納民たるべ（部）でなく、官司に上番するトモ（伴）の制度として出発し、トモノミヤツコ（伴造）―トモ（百八十部）―べ（品部）という王権に隷属する統治組織を確立したところに本来性があり、ここに、「臣連伴造国造百八十部」として一括表現される臣僚集団の形成をみたと考えたのである。この点は、直木孝次郎氏の説[101]もひとしい。

ついで、〃氏姓制〃の問題がある。津田左右吉氏[102]は、わが氏姓制度を、「朝廷の官職地位の世襲」と、「土地民衆が領主すなわち臣連伴造国造によって分有されている」体制をさすとのべられた。これはまさしく上記の部民制をさしており、氏姓もまた〃負名氏〃（職務の名を負い、これを世襲する氏）にはじまり、大王に従属し、一定の国家身分を構成する臣僚集団にあたえられたものと考えることができる。〃氏〃は、氏の名とカバネ（以下、合わせて姓という）を大王より賜与され、これを世襲するところに成立する。そのばあい、当然のことながら、地名を姓とする臣姓豪族（葛城・平群・蘇我など）よりも、職名を負う連姓豪族（大伴・物部・中臣・膳など）にその本来性があり、これが先にのべた〃負名氏〃にほかならず、〃負名氏〃とは、トモ（伴）・べ（部）の制度から成立する。たとえば、大伴・物部・忌部など、氏姓そのものが、〃トモ〃であり、〃べ〃であり、かつ最下低の建部・掃部・鍛冶部・錦部・馬飼部なども原理はおなじである。これにたいし、葛野（鴨）・宇陀・高市・志貴などの県主は地名で示され、臣姓氏族とおなじ系統に属する。ここに新旧の差があり、両者の接点に、氏姓成立の機縁があるのであろう。加藤晃氏[103]は、姓は朝廷内の具体的な職への任命、つまり職名的称号に由来するものが早く、地名をおびた姓は、推古朝においてもまだ不安定であるとのべられた。ただ加藤説は、姓は窮極的には、天皇―良人―賤氏という身分秩序の表現であるから、かかる秩序の完成するとき、すなわち律令制の成立期にあたる推古朝以後に、一律に良人身分の表示として定制化したとみるのである。姓が国家身分の形成にともなうものとする基本的視点は、石母田正氏もみとめるところで[104]、筆者も当然賛成するが、問題は、国家身分成立の端緒を、本来、臣僚集団として形成された連姓豪族以下の、トモノミヤツコ（伴造）―トモ（百八十部）―ベ（品部）の体制の成立にもとめるかどうかの違いである。その普遍化を「庚午年籍」にもとめる見方は一致しているからである。

総じて加藤説は、〃律令的姓〃の概念に近い。わが古代の〃氏〃と〃姓〃は、律令制の形成にともなって再編され、氏の父系による継承、氏上の選定、氏族員の範囲など、かなり本質的な変改を蒙った。母系の姓は排除され、父系の姓に族譜・戸籍が統一されるにいたっている。このような指標こそ、〃庚午年籍〃といえよう。しかし、もちろん、それ以前にも氏姓制は存在した。というよりも、大化前代こそが〃氏姓制〃の時代であるとするのが旧説であった。ただその内容があきらかには理解されていなかったわけで、筆者はその成立期を「臣連伴造国造」にもとめ、中央・地方の豪族層の順に〃氏姓制〃は形成され、一般の良民身分にはまだ及んでいないとしたのである。

大化後の〃氏〃と〃姓〃の再編については、第六編第一・二章において詳述する。

ここで、百済の貴族姓をみてみよう[105]。

新羅は、『新唐書』に、「王姓金、貴人姓朴、民無氏」とあるように、一般良民についての姓はついに成立しなかった。百済において、王姓の〃余〃以外の貴族姓は、『宋書』の大明二年（四五八）まではみとめられず、『南斉書』の建武二年（四九五）にはじめて「賛首流」「解礼昆」があって、「賛」「解」の二姓がみとめられる。「賛」はのちのいかなる姓にあたるか、あるいは「真」にあてうるか否か分からないが、「解」はそのまま「解」姓にあててよいであろう。そして、この両者の中間にあたる『史済紀』の蓋鹵王二十一年（四七五）に、「木劦満致」「祖弥桀取」「再曾桀婁」「古尓万年」の四人の貴族姓が記されている。

文周乃与木劦満致、祖弥桀取木劦祖弥皆複姓、隋書以木劦為二姓、未知孰是南行焉、至是高句麗対盧斉于、再曾桀婁、古尓万年再曾、古尓皆複姓等帥兵来攻北城七日而抜之、……桀婁、万年本国人也、獲罪逃竄高句麗、

『隋書』には、百済大姓八族として、沙・燕・劦・解・真・国・木・苩の八姓を記しており、『史済紀』は、木劦を「木」「劦」に分解したことを不思議とし、「木劦」「祖弥」「再曾」「古尓」はみな「複姓」であるとしたのである。ちなみに、木劦ばかりでなく、祖彌も、『隋書』には、「真」の一字に改められており、それは、「祖彌」の音を反切して一字としたもので、それを「継体紀」「欽明紀」には、俎弥文貴・真牟貴文・真慕宣文という本来の二字姓をそのまま記録しているのである。「古爾」「再曾」も、二字姓で、百済の貴族であり、それが高句麗に逃亡し、高句麗の対盧（一品の官）斉于とともに、百済に反攻した人物として、『史済紀』に記録されているので、二字姓はすべて百済人である。

さて、このような二字の百済姓が記録にあらわれる時期は、『史済紀』にあるとおり、蓋鹵王二十一年（四七五）であり、そのころ高句麗王巨璉（長寿王）は兵三万をひきい、漢城をかこみ、これをおとし、蓋鹵王は縛送されて死に、木劦満致は、王子文周を擁して南行し、熊津に都をうつした。この事実は、「雄略紀」に、汶州（文周）王に久麻那利（熊津）をあたえ、百済を再興せしめたとあるのにあたる。木劦満致は、このときに登場する人物である。これ以後、「木劦」の姓は、「継体紀」に、木尹貴・木劦不麻甲背・木劦麻那、「欽明紀」に、木劦今敦・木劦文次・木劦昧淳と、集中的に登場する。木劦姓は、山尾幸久氏のいわれるとおり[106]、倭・済間に重要な役割を演じた、実在の人々である。

このようにみれば、百済における貴族姓の成立は、彼我の史料の一致からみても、五世紀末としてよいであろうと

考える。わが国の氏姓制の発端も、上記のように雄略朝にあったと推定した。

その後、百済の二字姓は、『書紀』にむしろ多くが記録され、『史記』の一字姓よりははるかに多い。これは『史記』が中国風に改竄したためであろう。『書紀』には、「砂宅」・「沙宅」＝沙、「燕比」＝燕、「沐休」＝沐・木のほかに、「阿屯」「東城」「日佐」「木素」「鬼室」「谷那」「憶礼」「答㶱」「四比」などが記録され、ことに白村江の敗戦の前後に、百済より亡命した貴族に多くみとめられる。[107]王姓の「余」も、『史済紀』には「以扶余為氏」、『周書』にも「王姓扶余氏」とされるとおり、本来は、「扶余」の二字姓であった。

このような二字姓は、高句麗・新羅には、原則として存在しない。百済に特異な現象といってよいであろう。百済が、中国の影響をつよくうけながらも、固有制にもとづく二字姓を維持し、それがわが国の氏姓の直接の原型となったと推定することは許されるであろう。それは百済の内官の部司制が、わが部民制の原型となったのではないかとする、津田左右吉氏以来の見解と表裏をなすものと思われる。そしてこのことは、本編第三章でのべた、百済と倭における大王制の成立とふかくかかわりがあると推定されるであろう。大王と王・侯・太守、つまり、王権にたいする臣僚制の形成が、氏姓制を生む原理であったのではないかということである。

本節は、旧著『大化前代社会組織の研究』において詳述したところを、[108]ごく概念的にまとめたにすぎない。全篇の進行上、これを加えたのであって、細部における実証はすべて省いた。旧著を出版してから、雄略朝にたいする評価、あるいは部民制についての見方について、いろいろの論考が出されている。概していえば、統一的な国家組織の成立、帰化人の渡来時期を遅らせ、すべてを六世紀半ばごろにズレ込むとする論考が多いが、確実な根拠はないと思う。また、大化前代の部民制は、すべてトモ（伴）の制で、べ（部）は存在せず、すべて単なる豪族の私民にすぎないとし、またべ（部）は、畿内には存在せず、畿内貴族が、畿外の民を支配した体制であるとするような論考もある。この点は、第六編において、大化改新を論ずるさいにふれたいと思うが、総体として、五世紀末＝雄略朝の国制を軽視しすぎるきらいがあるのではないか。旧著の本質を改める必要はないと思う。

最近、埼玉の稲荷山古墳出土の鉄剣銘、およびそれによって再検討をもとめられた肥後の江田船山古墳出土の大刀銘は、「獲加多支鹵大王」（雄略）の年代の国制について、きわめて貴重な史料を提供した。五世紀末のヤマト王権と、地方の武蔵・肥後の族長との政治関係についてである。それは旧著また、本書の論旨をよく支えるものであろうと考えている。

第三節　『稲荷山古墳鉄剣銘』の解釈

昭和五十三年、埼玉県の〝埼玉古墳群〟のうちの一基である「稲荷山古墳」の出土品であった鉄剣から、一一五文字にのぼる金象嵌の銘文が発見された[109]。銘文は左のとおりである。

（表）[一]辛亥年七月中記　[二]乎獲居臣上祖名[1]意富比垝其児[2]多加利足尼其児名[3]弖已加利獲居其児名[4]多加披次獲居其児名
[5]多沙鬼獲居其児名[6]半弖比

（裏）其児名[7]加差披余其児名[8]乎獲居臣　[三]世々為杖刀人首奉事来至今　[四]獲加多支鹵大王寺在斯鬼宮時　[五]吾左治天下
令作此百錬利刀　[六]記吾奉事根原也

（右のように表裏の銘文を章句によって、便宜上㈠～㈥に区分し、㈡の系譜部分には、（1）～（8）の八代の世代数を付記した）

この銘文は、金象嵌によるもので、鉄剣の酸化が進み、表面が厚い鉄サビで覆われていたから、はじめエックス線写真の撮影によって解読された。そのため、表・裏の文字が重なって写り、また心鉄から文字の部分が浮き上がり、象嵌が他に移動したりして、解読に〝隔靴搔痒〟の感があった。岸俊男・田中稔・狩野久の三氏は、苦心してこれを解読されたが、その労は大なるものであったと思う。部外者が発表されたエックス線写真のみをもって解読するのはまことに困難であったが、発表された釈文は正確であり、文意に無理がなく、十分に信頼できるものであると思われた。何よりも筆者は、金石文としてこれほど文字が鮮明で、ほとんど全文を解読できることにおどろき、五、六世紀の古代史料のポイントになることに、感動の念をもって眺め入ったし、現に、この鉄剣銘がその役割を十分果たしうるものであることを証している。その後、この鉄剣は慎重に研ぎ出され、金象嵌はあざやかに浮び上がった。筆者もはじめて手にとってみる機会に恵まれ、解読のまったく正しかったことを追認するとともに、改めて文字の輪郭のあざやかさ、美しさを認識したのである。

この段階において、釈文にさらにいくつかの疑義が出された。㈡の二ヵ所にある𧴪の文字は、「臣」でなく「直」ではないか、また（3）・（4）・（5）の人名の末尾に付する「獲居」、（8）の人名の一部となった「獲居」の「獲」は、「獲」の異体字とみて、ワケと読んでよいか、（3）の「弖已加利」の「已」は「己」または「巳」の文字で、テヨカリよりテキカリまたはテシカリとよまれるのではないか、㈣の「獲加多支鹵」の𠧧の文字は、「鹵」の異体字で、ワカタケルとよんでよいかなどであった。これらは結局、もとの釈文のままでよいので、ここではふれないが、そのうちの「臣」か「直」かについては大切なので後に詳しくふれる。

ついで、文意についてさまざまな意見が出された。㈠の「辛亥」は、四七一年でなく五三一年ではないか。よって、㈣の「獲加多支鹵大王」は、記紀の「若建」「幼武」、つまりワカタケル＝雄略天皇という特定の大王をさすのではなく、一般的な名称としてのワカタケルであり、また㈢のヲワケ臣の上祖たる「意富比垝」も、阿倍朝臣の始祖たる大彦命とは限らない。オホビコとは一般的に存在しうる人格であるとするような主張である。このような主張についても、筆者は賛成しがたいが、鉄剣銘の根幹にふれることとして、後に詳しく論じたい。

このような疑義が出るのは、この鉄剣銘が発見される以前に、文献史料によって、すでに構築された歴史解釈との食い違いがあるためであろう。先にこの鉄剣銘の重要性についてのべたが、金石文は同時代につくられた不動の史料であるにしても、所詮は文字数が少なく、歴史過程の一つのポイントを押えるものにすぎない。文献史料の記事内容の豊富さに比べれば、問題にはならないのであって、いわば文献史料によって構築された歴史過程のどのポイントに位置づけうるか、そのポイントに見事に嵌合するか否かが問われねばならない。それによって、文献史料による幅のある解釈が一挙に縮められ、集約されうるのであり、または若干のズレが修正されることになる。そのいずれにも金石文を位置づけ得なければ、歴史解釈そのものを変更するほかないであろう。そうではなく、金石文に過多の解釈を加え、そこから多くの史実を敷衍しようとするのは危険である。本銘文も不動の史料ではあるが、わずか一一五文字にすぎないし、単純な構成である。無意識のうちに、この単純な構成を歪曲し、みずからの歴史解釈に適合せしめるようなことがあってはならない。

これまでの学説の最大公約数は、㈠の「辛亥年」は四七一年、「七月中記」は、朝鮮・日本の金石文にしばしばみられる表記で、〃処暑〃〃中旬〃と解釈する必要もなく、要するに〃七月中〃に銘文を作成したことである。㈣の「獲加多支鹵大王」は雄略天皇で、少なくとも「大王」とはヤマトの王・王族以外の表現にはない。それは、㈡の八代系譜が、すべて固有の人名を記し、末尾にヒコ（比垝）、スクネ（足尼）、ワケ（獲居）、オミ（臣）と順次展開する尊称を付したのとおなじく、特定の王名にオホキミ（大王）の号を付したのである。筆者は、第三章第三節において、高句麗・新羅との対比において、百済と倭は五世紀後半に大王号が確立したであろうことをのべた。『宋書』によっても、それが倭王武＝雄略天皇のときにもっともふさわしいとしたのである。大王号はこのように朝鮮三国と倭において、一定の時期に、それは領土の飛躍的な拡大をなしとげた王中の王の時期に成立したのであり、倭においては、東は毛人、西は衆夷、渡りて海北を平定したことを宣言した倭王武こそふさわしいであろう。この段階の国家において、「大王」の号が地方豪族に適用されることなどはありえない。『書紀』によれば、雄略朝はまたオミ（臣）・ムラジ（連）のなかからオホオミ（大臣）・オホムラジ（大連）が特定された時でもある。キミ（君・王）のなかからオホキミ（大王）が成立した時期とみてよいであろう。ワカタケルは雄略の諱である。また、「辛亥」（四七一年）は、『書紀』の年次によっても、雄略天皇の治世期間と矛盾しない。㈣の「斯鬼宮」は、大和の磯城でも、河内の志紀でもよく、いずれにしてもヤマトの王の宮であり、ミヤ（宮）・ミヤケ（御宅）は王・王族に帰属する施設で、それ以外の豪族のものはそう呼ばない。また複数あるのが普通である。㈢の「奉事来至今」とある「今」とは、「辛亥」（四七一年）をさし、ヲワケ臣は、それまでの一定期間、ワカタケル大王のシキ宮に仕えたので、それ以後、何年かをへて武蔵に帰国した。そしてさらに何年かをへて、死後、古墳に葬られたとみるのが自然である。強いて推測すれば、それは五〇〇年前後でもあろう。銘文は、このような単純な構成を示している。

この辺りまでのことは、鉄剣の出土以来、学界で一定のコンセンサスが成立しているとみてよいと思う。

問題は、これから先の、内容に一歩ふみこんだ解釈である。このばあいは、まだこれまで包括的に論ぜられたことはなく、意見が分かれる点もあると思うが、左にこれを試みようと思う。したがって、本論では鉄剣銘についてのこれまでの論説にはふれないで、あらたな論点をたてることとしたい。

第一にのべたいのは、㈡の（1）〜（8）におよぶ系譜についてである。この系譜は、ヲワケ臣が、辛亥（四七一年）の時点で、みずからの来歴と功業を記したもので、はじめに、㈡の「乎獲居臣上祖」にはじまり、八代の系譜をならべ、最後を「其児名乎獲居臣」でふたたびしめくくっている。それ以下はみずからの功業をのべ、㈢「奉事来至今」、㈤「吾左治天下」、㈥「記吾奉事根原也」というように、「今」「吾」というように、現在、自分を起点として、みずからの系譜と功業を誇示しているのである。けっして祖先以来の客観的な記録があって、そのままを鉄剣銘に書きとめるといったものではない。これは、㈢の「世々」の解釈にも影響をあたえるであろうし、また〝負名氏〟の観念が、ヲワケ臣において成立したらしいことをも示している。このように、みずからの祖先と系譜をのべて、朝廷における功業を主張することは、東国の膳臣（高橋氏）に関する『高橋朝臣本系』（以下、『本系』）および『高橋氏文』（以下、『氏文』）によく痕跡をとどめているといえよう。

『本系』によれば、膳臣は「阿倍朝臣同祖、大彦命之後也」とあって、オホビコの孫イハカムツカリが、景行天皇の世、膳臣を賜わり、その十世孫クニマスが天武天皇の世、高橋朝臣に改められたとあるが、その間の系譜は略されている。『氏文』では、イハカムツカリは、景行天皇の東国遠征にさいし、手繦をかけ膾をつくり、天皇に奉った功により、「膳大伴部」の名を賜い、「子孫乃八十連属尓遠久長久天皇我天津御食乎斎忌取持天仕奉止負賜」と勅せられ、

「膳部」として奉仕するにいたったとある。この一二氏は、文意によると「無邪志国造」「知々夫国造」らをふくむ概念であることはまちがいなく、かれらは「国造」であるとともに、子弟を京進して、「膳部」としたことで、基本的に膳臣も変りはない。したがって、イハカムツカリの子孫は、「膳職乃長」とも、「上総国乃長」ともなって仕えたとあるのである。これは、武蔵の豪族たるヲワケ臣が、おなじくオホビコの後で、天皇に仕え、「杖刀人首」、つまり〃杖刀人乃長〃となったことと変りはない。同時にかれは〃武蔵国乃長〃ともいえる豪族的地位を保っていたであろう。

さて、『氏文』にいう「子孫乃八十連属」（ウミノコノヤソツヅキ）とは、日向神話において、ヒコホホデミの兄ホノスソリが、「生児八十連属」に奉仕することを誓い、これが隼人の伝承とされたこと（「神代紀」一書）、根使主は「子子孫孫八十聯綿」に群臣の例には入れないとしたこと（「雄略紀」十四年四月条）、また蝦夷が、「子子孫孫」朝廷に仕えることを誓ったといい、原注には「古語云、生児八十綿連」としていること（「敏達紀」十年閏二月条）などと共通の観念で、子孫が長く職をうけつぎ、朝廷に仕えるという「負名氏」の意識をあらわす。ヲワケ臣の系譜を八代としたのも、あるいは八十連属の思想と関係あるかも知れず、少なくとも、『本系』は、オホビコの孫からさらに十代を数えているのだから、代数はまったくあてにならないであろう。㈢の「世々為杖刀人首、奉事来至今」というのは、「世々」が八代をさすか否かは後にのべるとして、このような「負名氏」の観念が、ヲワケ臣の段階では成立していた証ともなしうると思われる。筆者は、旧著においても、本書の第二編第二節においても、「負名氏」の崩芽を雄略朝であろうとのべた。ついで、『氏文』には若桜部臣が登場する。この氏は、膳臣が天皇に奉った酒盃に桜花が落ちたので、その姓を賜わったといい（「履中紀」三年十一月条）、また膳臣を宍人部に貢ったといい（「雄略紀」二年十月条）、また宍人臣も、膳部に任ぜられた氏とされ、東方の浜海諸国の境を視察するためつかわされたという(「崇峻紀」二年七月条)。『姓氏録』には、この二氏ともに「阿倍朝臣同祖、大彦命後」としており、大彦命とおなじように東国に関係した説話をもつ。

さらに丈部臣がある。『姓氏録』は、杖部造を大彦命後とする。丈部はかつて阿倍氏が管掌したとする学説もあるが、その東国における分布は左のとおりである。

武蔵国足立郡人武蔵国造丈部直不破麻呂
　多磨郡人　丈部山継
上総国周准郡主帳　丈部果安
　武射郡人防人　丈部山代
　長狭郡人　丈部黒狛
　某郡人　丈部大麻呂
下総国印播郡大領　丈部直牛養
　同郡采女　丈部直広成
　同郡防人　丈部直大麻呂
　山辺郡人　丈部臣古麻呂
　天羽郡防人　丈部鳥
常陸国筑波郡副(欠)領　丈部佐弥麻呂

某郡人　　丈部継人
下野国塩屋郡防人　　丈部足人
河内郡人　　丈部弥麻呂
同郡人　　丈部忍麻呂
某郡人　　丈部連

右の人名から推すと、関東における丈部臣・丈部直・丈部も、武蔵・上総・下総など南部を中心に、常陸・下野にも分布している。そして、武蔵国造、上総周准郡主帳、下総印播郡大領、同郡采女、常陸筑波郡領など、在地豪族をふくむ。かれらも、阿倍氏と関係があり、大彦命につらなる伝承をもつのである。(110)

このように、鉄剣銘のヲワケ臣のみならず、膳臣・若桜部臣、宍人臣、丈部臣らもともと関東の豪族と思われるものが、「阿倍臣同祖、大彦命之後」という祖先伝承と共有していたとすれば、それは各豪族がおのおの別個に祖先を設定したのでなく、そのような始祖伝承を共有せしめた基盤が成立していたことを示すとみて大きな誤りはないであろう。鉄剣銘によれば、その時期はワカタケル大王（雄略）を下限とすることになる。このことはまた「帝紀」の成立過程と密接にかかわることを推測せしめる。おそらく「帝紀」の内容の一つとして、〝治世中の重要事項〟を入れうるとすれば、記紀がともに、崇神朝に、大彦を四道将軍の一人として北陸に、その子武渟川別を東海につかわしたとし、また上にあげた杖部造のほか、丈部直の始祖を、武内宿禰の子紀角宿禰とするのも、「景行紀」に、武内宿禰を北陸と東方諸国につかわしたとした伝承が前提となっているとみられよう。(111) いずれにしても、このような意味で、鉄剣銘のオホ比垝は、大彦命であり、固有名詞である。

第二に、㈡の系譜は、〃竪系図〃の形態を備えている。八代は、其児名――其児名――其児名と反覆し、連続してゆくことは、〃竪系図〃の先駆ともいえるであろう。

金石文でいえば、戊辰（天智七年・六六八）、『船氏王後銅板墓誌』(112)に、「王智仁首児　那沛故首之子　〔王後首〕」と記され、辛巳（天武十年・六八一）、『山ノ上碑』(113)に、「新川臣児　斯多々弥足尼孫　大児臣」と記される。文献史料では、『上宮記』(114)に、「意富々等王娶中斯知命生児　乎非王娶久留比売命生児　汙斯王娶伊久牟尼利比大王生児　偉波都久和気……」とつづき、『海部系図』(115)には、「健振熊宿禰――児海部直都比――児海部直県――児海部直阿知――児海部直力……」とある。また『和気系図』には、左のように記される(116)。

武国凝別皇子
├子水別命又名三津別命□之――子佐久又名□命――子□子之別命……
└次阿加佐乃別命――和尓乃別命
　├子岐奈陋乃別命――子加尼古乃別命……
　└子阿佐乃別命――子弟子乃別命……

『和気系図』は、もっとも長大なもので、このような記し方が連続するのである。

このように〃竪系図〃は、名の上に「児」の字を冠し、その弟には「弟」または「次」と記し、ふたたび「児」――「児」――「児」とつづけるもの、「之――子」として父子の関係を示し、弟は「次」と記し、ふたたび「之――子」「之――子」でつづけるもの、親の名の末尾に「生児」の字を加え、「生児」――「生児」――「生児」と反覆してつづけるものなどがあるが、要するに、タテ方向またはタテ線で父子関係をあらわし、父子を反覆し、連続して記すものといえよう。兄弟はヨコ方向またはヨコ線であらわすが、ふたたび父子関係にもどり、タテに連続して表記するのである。太田亮氏は(117)、このように、○――○――○――○と進む〃竪系図〃にたいし、タテ線で父子関係をあらわしながら、

のように次行に送り、左へ左へと送り記していく〝横系図〟の起源となるべきものが生まれ、あるいは中国の系譜を模倣して、

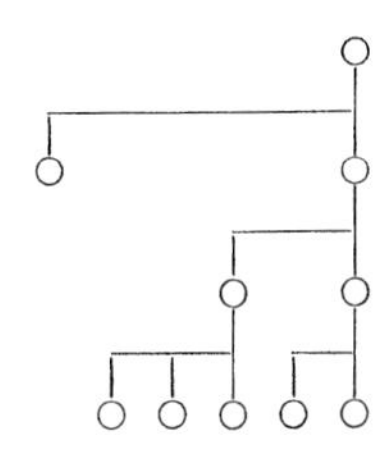

のように表記するものがあらわれると述べられたが、今はそれらにはふれない。

この〝竪系図〟の原理は、『姓氏録』の材料として、延暦十八年に撰進を命じた諸氏の「本系帳」にも継承されたらしく、現在、残簡としてのこる『高橋朝臣本系』(118)『賀茂朝臣本系』(119)などにそれがみられる。後者についてみれば、太田々弥古命の孫大賀都美命が賀茂神社をまつり、姓賀茂を賜わったと始祖伝承を記し、その後に「孫小田々足尼次大等毗古、是伊賀国鴨藪田公祖也、小田々足尼　子宇麻斯賀茂足尼　子御多弖足尼、是伊予国鴨部首祖也」というように表記している。これをかりに系図に改めれば、

大賀茂都美命──子　某──┬子小田々足尼──子宇麻斯賀茂足尼──子御多弖足尼
　　　　　　　　　　　　└次大等毗古

のごとくになるであろう。現在にのこる〝竪系図〟ともいうべき以上の例は、天智・天武朝より平安初期にわたって

いるが、鉄剣銘がすでにその初源を示していることは重要であろう。しかも、「児」――「児」――「児」と連ねるのではなく「其児名」――「児名」――「児名」のように表記するのは丁寧であり、形式上も初源にふさわしい感をあたえる。

第三に、(二)の系譜に示された(1)~(5)と(6)~(8)の間にみられる一種の断層についてである。すなわち、(1)ヒコ(比垝)――(2)スクネ(足尼)――(3)(4)(5)ワケ(獲居)と連続する五代は、尊称の整然とした展開からみて、父系による一系の系譜を予測せしめるが、(6)(7)は名に尊称を付しておらず、(8)にいたってヲワケノオミ(乎獲居臣)というあらたな尊称ないしカバネを記していることである。これを解決する一つの方法は、(1)~(5)までは父系による一貫した系譜であるが、(6)~(8)は系譜上はそれを継承しながら、実際は系が変ったのではないかとする見方であり、もう一つは、現実の系は(6)~(8)で、(5)以前は、この系の正当性を主張するために造作架上されたのではないかとする見方である。

前者について、筆者はある座談会で[120]、「稲荷山の鉄剣銘のばあい、父祖の二代だけ称号がないのは、そこでいったん氏の系統が変ったのではないか。これは埼玉古墳群が、稲荷山のまえに一、二代しかないといわれることと関係ぶかいことかも知れぬ。地方の新興豪族が、中央との関係で、婚姻を通じて氏宗をつぎ、そこで系がかわったとも考えられる」という旨の発言をしたことがある。この点は、先にあげた『和気系図』についてもいえる。すなわち、この系図には、冒頭に、景行皇子武国凝別を「讃岐国因支首等之始祖」と記し、ここから系譜を展開させ、その子「阿佐乃別――和尓乃別――子阿佐乃別――子弟子乃別」というように記し、この系の「忍尾別君」にいたって、

此人従伊予国到来此土、娶因支首長女――生子思波――忍別之――子止伊之――子小山上身(難波長柄朝庭任主帳)之――子……
　　　　　　　　　　　　　　　　　　└次与呂豆

とする。これをみると、〃竪系図〃のうち、オシヲワケ（忍尾別）の前後で断層があり、ヲワケ臣の八代系譜のうち、ハテヒの前後で段落があるのと共通しているとみてよい[121]。

義江明子氏は[122]、この点を考察され、タケクニコリワケは讃岐国造因支首の始祖とされるが、実はオシヲワケが伊予から讃岐に入り、因支首の長の女を娶ったときに、この系はかわっている。オシヲワケの子、シハ・ヨロヅの二人が母姓により因支首を称し、この系が因支首になって、孝徳朝に、ミが初代郡司に任ぜられることになる。だから、因支首の始祖は、このオシヲワケまたはミとされたのである。オシヲワケ以前の系は、子孫からいえば父方の祖ともいうべく、父系から母系に転じたことから生じた。つまり、讃岐における現実の支配集団たる因支首――郡司以前にイナギという職掌をもった氏が、みずからの〃奉事根原〃を記す系譜をつくるのに、大王の子タケクニコリワケまで連なる父系の系譜との統合をなしとげ、理念的に氏はそこから発したという観念を成立せしめたのであるとみたのである。そして、ヲワケ臣の系譜もこれに類似したものとし、オホビコにはじまる系譜は、その系をへて杖刀人首の職掌が実際に継承されたものでも、またその職を支える集団＝氏が実体として存続したことを意味するものでもない。〃奉事根原〃を記すために系譜をそこまで遡及させたものにすぎないと指摘された。

この指摘は筆者の認識にもよく適合する。ただし、義江説は、杖刀人首の職掌を現実に有したのは誰か、系譜に現実性があるのはどの世代からかには言及せず、系譜の理念を説明されたにすぎない。仮に、ハテヒ――カサハヨ――ヲワケ臣の三代とそれ以前に断層があるとみるならば、杖刀人首の職掌はこの三代に継承されたと見、それ以前の世代は、実際の系は異なり、この職掌と何ら関係ないものとされるのであるか、いずれとも判定しかねる。このことと関係するのは、㈢「世々」の文字の解釈である。義江説は、「世々」は、理念的にオホビコまでに連なる系譜をさすとみなさざるを得ないために、認識の徹底性を欠くものとなったのであろう。

第四に、㈢の「世々為杖刀人首奉事来至今」について検討する。これまで、この「世々」とはヲワケ臣にいたる八代をさすものとされてきた。第一で、『氏文』をとりあげたとき、「子孫乃八十連属」とあるのは、イハカムツカリの子孫が永久に朝廷に仕える〝負名氏〟の理念をあらわすものとし、ヲワケ臣が八代の系譜をかかげたのは、このような理念の崩芽を示すとした。これにたいし、『氏文』には、「子孫等乎波長世（遠世 政治要略）乃膳職乃長止毛上総国乃長止毛淡国乃長止毛定天」ともあり、この「長世」「遠世」はまちがいなく〝天皇の御世々々〟を意味する。さらに、「和加佐乃国波六雁命尓永久子孫等可遠世乃国家止為止定天授介賜天之此事波世世尓之過利違傍止」とあるのも、伴信友が[123]、「六雁命に此国を給ひて、永く領きて子孫の家地と為よと定て、授給ひ云々」、「世世尓之は、後の御世御世に至りてもなり」と解したとおり、「遠世」「世世」は、〝天皇の御世々々〟をさしている。これにたいし、「子孫」「永久子孫等」の語は、〝イハカムツカリの子孫の代々〟をさし、ここには、氏の代々の子孫と天皇の世々が相対称して用いられ、両者が相応じているのである。しかるに、信友は、先にあげた「子孫乃八十連属」を、「皇子等の限りなき御世の継々に」と解しているのは誤りであって、「子孫」とあるのは、あくまでも氏に関する語である。「文武紀」の即位の詔に、「天皇御子之阿礼坐牟弥継々尓」とあるのは、「世々」にあたるであろうし、他の用法を調べても矛盾はないと思う。

このようにみれば、㈢の「世々」は〝天皇の御世々々〟とした方が文意としては無理がない。もちろん、先の例でも、「子孫（子孫乃八十連属）」が、「長世（世々）」と併立し、相応じているのだから、このばあいも、〝天皇の御世々々〟に、〝ヲワケ臣にいたる八代〟が仕えてきたものと解しても差支えない。しかし、文脈からいうと、第一にのべたように、この系譜は、「乎獲居臣上祖」の句にはじまり、八代をならべた最後をふたたび「其児名乎獲居臣」でしめくくり、それをうけてただちに「世々為杖刀人首奉事来至今」と記しており、「世々」をヲワケ臣にかかる語であると解することも可能である。つまりヲワケ臣が〝天皇の御世々〟に、「杖刀人首」として仕えたことであるとすると、祖ハテヒ、父カサハヨに称号がなく、ヲワケ臣にはじめて「臣」の称号またはカバネを記した理由も無理なく理解できよう。そのことはヲワケ臣が知悉していたばかりでなく、在地においても、祖ハテヒ、父カサハヨには称号を付しておらず、また「杖刀人首」として出仕した経歴のないことは周知のことであったと思われる。ヲワケ臣は、中央に出仕したことによって、はじめて画期的な「臣」の称号ないしカバネを賜わったのである。

八世紀においても、「下総国海上国造、海上郡司」である「他田日奉部神護[124]」は、養老二年から神亀五年までの一一年間、位分資人、天平元年から同二十年までの二〇年間、中宮舎人であり、あわせて三一年間、元正・聖武の二朝に仕え、その後、「海上郡大領司」として帰国した。その祖父は孝徳朝、父は天武・持統朝の「海上郡司」で、朝廷に出仕した経歴は記されていない。このばあいも祖父・父と自己の三代を記し、祖父・父が出仕したか否かにはふれず、みずからについてのみ、「至今廿年、合卅一歳」と記している。ヲワケ臣の「世々杖刀人首奉事来至今」の書法と酷似しているといえるだろう。また、先にあげた『海部系図』をみると、「海上直伍伯祝従乙巳養老元年合卅五年奉仕――児海部直愛志祝従養老三年于天平勝宝元年合卅一年奉仕」とあり、三五年、三一年などと記され、このほかのものも、祝の期間として、すべて一五年〜二八年の間の年数をかかげている。

ヲワケ臣が、辛亥（四七一年）に、在京のまま鉄剣をつくらせたとすれば、三〇年をさかのぼると四四一年、二〇年でも四五一年だから、この間に、『書紀』の紀年でいえば、允恭・安康・雄略の三朝が入る。少なくとも雄略以前から出仕していたことは確かである。「世々」の語はそれだけで十分であろう。その意味で、世々大王に仕え今（四七一年）にいたったことになる。この系譜におけるヲワケ臣の立場は一層明確となり、㈤の「吾左治天下」、㈥の「記吾奉事根原」とある「吾」の表現も、ヲワケ臣の立場を示す語である。ヲワケ臣が「杖刀人」の「首」となり、天下を「左治」するにいたるには、それほどの年限が必要である。またこの官職の性格からすれば、大王の側近者の長にまでいたったことであり、「左治」はけっして誇張ではないであろう。この「吾」を起点として系譜が作成されていることを考えれば、系として確実なのは祖父・父・吾の三代であり、それ以前は系がかわり、「奉事根原」を記すため、オホビコにいたるまでの父系ないしは母系の系を記したか、あるいはまったく架上したにすぎないか、いずれかであるかを一応念頭におく必要がある。筆者のこれまでの文献研究によれば、関東の諸豪族が、膳部・宍人部・丈部・杖刀人などとして朝廷に出仕するのは、五世紀後半をさかのぼらないと考えており、それが官職として組織化されるのは雄略朝であるとしてきたのである。現にヲワケ臣はそれを現わし、「臣」の称号も画期的であると考える。

第五に、比垝（ヒコ）、足尼（スクネ）、獲居（ワケ）、臣（オミ）の称号の展開を考えねばならない。

まず「比垝」は、「卑狗」（『魏志』倭人伝）、毗古（鴨脚家蔵『姓氏録』残簡『賀茂朝臣本系』）、「比古」（『釈紀』所引『上宮記』）、毘古（「垂仁記」）などの表記がふるく、「沙至比跪」（「神功紀」所引「百済記」）の「比跪」がこれにもっとも近い。「沙至比跪」が「襲津彦」にあたるように、「比垝」はのちに一字の「彦」で表記されるにいたった。ヒコは、中央・地方を問わず、豪族の称号として一般的なもので、大王・王族・豪族の別はなかったといえよう。王族のばあい、「彦命」と連ねるばあいもあったが、「命」は追記したものとも見なされる。「垂仁紀」の一書に、ツヌガアラシトが帰化したとき、「到于穴門時　其国有人　名伊都々比古　謂臣曰吾則是国王也　除吾復無二王」といったとある。イツツヒコはのちの伊都県主にあたり、かつての怡土国の王で、『魏志』倭人伝にも、「世有王」と記された人物にあたる。

たしかに、倭人伝にも王の称号に「卑狗」が用いられているのだから、ヒコはその段階での各国の王、つまり大王から地方豪族にいたるまでの一般的な称号であったとみなされるであろう。その間に区別はない。

つぎに、「足尼」は、「足尼」（『山ノ上碑』、鴨脚家蔵『姓氏録』残簡『賀茂朝臣本系』、『住吉神代記』）の表記が古く、『姓氏録』の各氏の祖先表記にも、この文字が多く用いられている。それは、『姓氏録』の材料となった諸氏の「本系帳」に、みずからの氏祖を示す称号として記したからであろう。のち「宿禰」の号に改められたことは、『続日本紀』宝亀四年五月、「阿曾美為朝臣、足尼為宿禰、諸如此類、不必従古」とあるとおりで、「足尼」が「宿禰」より古い表記であったのは確実であり、実際に用いられていたのである。

このように、スクネは、「本系帳」『姓氏録』に、氏祖をあらわすのに、もっとも普遍的に用いられ、「某足尼」は、「某首・直・公・連・臣・宿禰」の「祖」とされるか、逆に、「某首・直……」は、「某足尼」の「後」とされるかのいずれかである。葛城・平群・巨勢・雀部・穂積・阿曇・高橋・賀茂・津守・榎室・坂合部・大和・志貴・出雲・尾張などの氏の祖先伝承に、「足尼（宿禰）」がひろく登場するのは、それがおもに中央豪族の祖をあらわす称号であったことを物語る。尾張・出雲などの氏も、中央豪族に准ぜられる氏である。『姓氏録』そのものが、中央豪族を登載する族譜といってよいからである。(125)

『釈紀』に、「私記曰、昔称皇子為大兄、又称近臣為少兄也、宿禰之義、取於少兄也」とあって、スクナエ＝近臣と考えられたことと関係あるであろう。宣長の『古事記伝』、あたらしくは中田薫氏の説もこれに近く(126)、ことに中田説は、高句麗の官名である太大兄・大兄・少兄にまで論及している。いずれも中央貴族の官名という点で一致している。

ついで、「獲居」は、「獲支」（『魏志』倭人伝）、「和希」（『釈紀』所引『上宮記』）、「和気」（同上、「景行記」、「履中記」）などの表記が古く、のちこれを「別」の一字に改めた。このなかでは、「獲支」がもっとも古く、「獲居」と近い表現となっている。ワケは、オホタラシヒコオシロワケ（景行）にはじまり、履中・反正・仁賢をへて、アメノミコトヒラカスワケ（天智）にいたる天皇の名または諡号に付す称号に用いられ、これが本体となって、諸皇子を諸国の「別」に封じたということから、諸国の国造、豪族の称号として一般化した形をとっている。たとえば、「自其余七十七王者、悉別賜国々之国造、亦和気、及稲置、県主也」（「景行記」）、「七十余子皆封国郡、各如其国、故当今時、謂諸国之別者、即其別王之苗裔也」（「景行紀」）とあるのにその根源があり、天皇の分身、皇子の分封というところに、「別」の根拠があった。実際に、ワケは、地方豪族の祖の称号に多く、したがって、『姓氏録』にはほとんど現われず、記紀、その他で知られるのみである。三尾君・犬上君・近淡海国造・伊予別君・阿波君・讃岐公（讃岐国造）・吉備臣・上毛野君・日向国造などの祖にワケが付されており、先にあげた『和気系図』の讃岐因支首の例などは、その典型といえよう。

したがって、スクネが中央豪族の祖、ワケが地方豪族の祖の称号であるという点において、この二つは同時期に併存しうる関係にある。いずれも始祖的伝承に多く登場する。地方におけるスクネは、伊予鴨部首・丹後海部直・伊賀鴨藪田公のように、中央豪族と関係ぶかいものに間々見出され、逆にワケは、君姓の豪族に多く、君姓は独立性のつよい地方豪族に多いといわれるから、ここでも一応の区分は成立するであろう。この点でいえば、「国造本紀」にのみ、国造の称号としてスクネを集中的に記すのは不自然であるといわざるをえない。

さて、ヲワケ臣の祖先系譜に、ワケが三代にわたって登場するのは、地方豪族の特性とよく合致するが、実はそのまえに、ヒコ―スクネが添加されている。これは、阿倍臣同祖の中央豪族の系譜との結合によってそのようになったものではないか。逆に、阿倍臣の遠祖はタケヌナカハワケとあって、ワケを称し、一般のオホビコを祖とする氏の伝承との差を示し、ことに中央豪族としてはきわめて珍しい例といえよう。これはオホビコとその子タケヌナカハワケが、四道将軍として北陸と東海につかわされたという伝承によって、皇子の分封とおなじくヒコ―ワケの称を継承したのではないか。ヲワケ臣の系譜は、ヒコ・スクネとワケという系譜の統合が行われているように思える。

佐伯有清氏は、(127)ワケについて次のように考えられた。(一)「別」の字をふくむ名をもつものは、ほとんどが天皇と皇族で、およそ四世紀後半から五世紀末にかけてみられる。(二)「別」というカバネをもつ氏は、『古事記』に二四、『書紀』に六、『旧事本紀』に九、あわせて三九あり、これに『令集解』の「古記」にあるものを加えると四〇になる。そのすべては天皇から分かれ出たという氏で、地名を氏の名に負う地方豪族で、畿内およびその周辺から西国にかけて多く、東国にはみあたらない。そして五世紀から六世紀にかけて集中する。(三)「別」を氏の名とするものは、(二)とおなじように皇別の氏で、分布もやはりこれと等しく、七世紀ごろからあらわれる。こうみてくると、(一)・(二)・(三)は、一貫しており、人の名からカバネ、さらに氏の名へと変化していったものであろうとみるのである。ただ、文字どおり、皇子の分封によって、ワケという地方豪族が生まれたのでなく、もともと地方の首長をあらわすよび名であったワケを、六世紀以後に、かれらが祖先を皇族に結びつけ、系譜をつくる段階で、王族の名にうつしてしまったか、または逆に王族の名をみずからの祖先名として取り入れたかのいずれかであろうと考えられる。

さて、ワケが地方豪族の称として古くからあったことは、『魏志』倭人伝のワケ(獲支)からもいいうるが、しかし、それはニキ・ニシ(爾支)、タモ・タマ(多模)、ミミ(弥々)、イキメ(伊支馬)などとよまれる称の一つにすぎなかった。しかるに、スクネ(足尼)とワケ(獲居・別)は、中央・地方の豪族に普遍的かつ画一的にみられる称号で、それが各地の豪族の自称に発するものとはいいがたい。たとえば、吉備氏においても、おなじ四道将軍の一人として西海につかわされた吉備津彦はじめ、吉備武彦などが始祖伝承に登場する一方、応神天皇の行幸にさいし、吉備臣の祖が膳夫として仕えたので、天皇はこのミトモワケの子孫を吉備国に封じたという。たとえばイナハヤワケ＝下道臣、ウラコリワケ＝苑臣、カモワケ＝笠臣の祖となる。ここに、ヲワケ臣の系譜とおなじように、中央・地方の系譜の接点があり、ヒコ―ワケ―オミ（臣）の展開となる。このようにみれば、王権による地方豪族の系譜の整理が一定の段階まで進んだ結果、ヒコ―スクネ―ワケ―オミのような画一的な称号が形成されたとみるのがもっとも自然であろう。佐伯氏のいわれるように、㈠・㈡・㈢は自然に展開したものではなく、一定の時期に全国的に画一統合されたものと思われ、ヲワケ臣の系譜をみれば、佐伯氏のいわゆる㈡の段階には行われていたことになる。

それは、背後に「帝紀」の形成過程を暗示する。『稲荷山古墳鉄剣銘』から、「帝紀」の形成過程を推定することは無理なことではないと思う。

つぎに「臣」は、オミとよむほかはないであろう。この系譜では、訓読の慣行はまだ成立していないとして、「臣」をシンと音読し、本来の〝臣下〟の意味に理解しようとする向きもあるが、それには賛成できない。もしシンであれば、名の上に冠しなければならず、名の下に付して〝臣下〟の意味を示すことは不可能である。「公式令」の詔書・論奏・奏事などの式によっても、太政大臣以下の連署にさいし、位・臣・姓名の順に表記することが定められていた。文献によっても、「臣等蝦夷」（「敏達紀」）、「臣安万侶言」（『古事記』序）、「臣某言」（三善清行「意見封事十二箇条」）、「臣文時誠惶誠恐」（菅原文時「封事三箇条」）など例外はない。もちろん中国においても、「朔初来、上書曰臣朔少失父母」（『漢書』東方朔伝）など、例は無数にある。

ヲワケ臣の「臣」は、名の下に付する本人の称号ないしカバネである。これはスクネ・ワケとおなじく、本人の尊称とするほかはない。

オミの語源はわからないが、〃臣下〃の意から出たとする説はほとんどない。オホミ＝大身の意で、古代の韓語でも和語でも、ŏm, um は大・貴・美などの敬称で、〃大人〃〃貴人〃の意であると考えられている（『古事記伝』、『倭訓栞』、中田薫氏説）。また「臣」をオミとよむことは、「使主、此云於弥」（「顕宗紀」）、「円使主」（「履中紀」「雄略紀」）＝「円大臣」（「雄略紀」）＝「都夫良意富美」（「安康記」）、「根使主」（「安康紀」）＝「根臣」（「安康記」「雄略紀」）など、数多くある例からしても疑いない。つまり、「於弥」「意美」「使主」の二字であらわすものが古く、「臣」と表記するのはあたらしい。「意富美」と「大臣」の関係もおなじで、尊称を一段とつよめたものであろう。

オミは、帰化氏族の祖に多い。『書紀』『姓氏録』などから拾えば、阿知使主・都加使主・善那使主・万徳使主・努理使主・津留牙使主・弥余曾富意弥・布須麻乃古意弥・弥那古富意弥・伊利須意弥など、無数の例がある。それは、スクネが中央豪族、ワケが地方豪族の祖をあらわすのとおなじく、オミは帰化氏族の祖を示す称号とみることができよう。それが韓語に由来するといわれることが、これと関係するであろうか。要するに、もとこれらは祖先に付された称号で、おのおの普遍的かつ画一的な称号ということができる。

それに比べると、ヲワケオミの「臣」は、オミが一字で表記され、「別・臣」と重複して記される点にまったくあたらしい変化が感じとれる。これはすでにカバネの段階に入っていると思う。ヲワケ臣がすでに姓を有していたかどうかは分からない。筆者は、雄略朝を氏姓制の出発点と考えているので、まだ姓を称していない可能性もある。しかし、カバネの成立後も、姓・名・カバネの順に表記するのが古いので、名・カバネで表記したとしても不思議ではない。『和気系図』においても、前半に「別命」とひきつづき記したのち、「忍尾別君」が出、そのあとは「別君」にかわり、大化改新で主帳となったという「小山上身」にいたる。この別―別君と、ヲワケ臣の系譜の別―別臣とは共通性があるが、いずれも姓は記されず、大化の「身」にいたっても姓はない。これはたとえば、辛巳（天武十年）の『山ノ上碑』における「大児臣」も、オミを称しながら、姓は記していない。系図には姓を略することが多いから、ヲワケ臣のばあいも姓がなかったとは断定できない。むしろ『和気系図』では、「忍尾別君」の子は、「因支首」を称したとあるにかかわらずである。(128)

しかしながら、他方で系図に記される人名にも問題がある。地方豪族がみずから称した名は、律令の氏姓制における「名」とは異質のものを感じさせるからである。ヲワケ臣の段階で、すでに祖名（オヤノナ）や、負名（フミョウ・ナヲオフ）という観念は成立していたが、その「名」とは何かということである。「名」とはもともと在地の共同体において、他の成員から区別される人格の表示であり、豪族は祖先からの血脈による社会的地位を示す「称号」を、その「名」に付し、さらに、「名」にそれらの「称号」をとり入れ、それに国家身分表示としての「カバネ」を付するにおよぶという順序が考えられる。この国家的身分の成立によって、その血脈は「氏」として認識され、氏の名、すなわち「姓」が生まれるはずで、「カバネ」はその「氏」に付されるにいたると考えられよう。負名氏の観念は、最終的にここに成立する。ヲワケ臣という名をこのどの段階に位置づけるかはきわめて興味ある問題である。

少なくとも、それは、律令氏姓のように、姓名が明確に分離し、氏・カバネ・名のいわゆる「名」ではなく字（アザナ）の類であって、しかも、その下にオミ（臣）という一種のカバネを付するにいたった段階と考えうるであろう。

ここで、「臣」は「直」ではないかとする説について言及したい。アタヒのカバネはこの段階では成立していないはずである。太田亮氏が[129]、「このカバネは原始的に用ひられた例が未だ見出せない」とされたとおりで、ヒコ・スクネ・ワケ・オミなどとは違う。筆者も、第二編第一章で言及したとおり、『隅田八幡宮画像鏡』[130]（五〇三年）の「開中費直穢人」、「欽明紀」にひく「百済本記」の「加不至費直」、『元興寺露盤銘』[131]の「山東漢大費直」「意等加斯費直」、『法隆寺広目天像銘』[132]の「山口大口費」など、いずれも六世紀以後に属するカバネである。しかも、「費直」「費」がふるく、「直」の文字はその後に用いられたと思われる。ヒコ＝比垝・毘古、スクネ＝足尼、ワケ＝獲居・和希、オミ＝意美・使主のように、二字の称号がふるいことはすでにのべたが、アタヒも、はじめ費直と記されたらしい。しかし、この文字はいずれもアタヒで二字を重ねる意味はなく、古態として記されたにとどまるであろうし、またカバネでなく称号として用いられた期間はない。しかも、「直」はそれよりさらにあたらしいカバネであり、剣銘における「臣」の字形を問題にするまでもなく、「直」のよみは成立しないであろう。

第六に、㈢の「杖刀人首」と、㈤の「左治天下」の意味について考えねばならない。

「杖刀」とは、〃杖と刀〃をさすのでなく、杖戈・杖剣・杖錫などの用法とおなじく、〃刀を杖つく〃ことを意味する。つまり、もとの意味からいえば、刀を腰に帯びる状態をいうのでなく、腰からいったんはずし、手に保持しつつ、下方を大地につけた状態を言い、儀礼・儀杖に備えるばあいの動作に関する語であろう。これは公式な場においての身分を示すことにもなろう。刀は、「横刀」ともいわれたように、横佩きにするもので、これを「帯刀」「帯剣」といった。「杖刀」とはこの状態の区分で、事実は「帯刀」と変らない。したがって、「杖刀人」は「帯刀人」といいかえてもよいはずである。八世紀に、「帯刀（帯剣）舎人」（タチハキノトネリ）の用語があったが、いわば、その身分に該当し、しかもその〃長〃をさしている。もちろん、トネリの語があったか否かは分からないが、律令制においても、外門（宮城門）や中門（宮門）を守ったのでなく、内門（閤門）を守衛したのであるから、文字どおり、大王に近侍する職であった。『氏文』にも、イハカムツカリが「膳職乃長」として、天皇より刀を賜わったとあるのは、おなじ〝長〟として身分の類似を思わせ、ヲワケ臣のばあいとおなじ近侍の職であったことを示すが、膳夫は杖刀人と職種がちがうであろう。ムツカリのひきいるカシハデは、タスキ・ヒレを職務の象徴としたのに、ヲワケ臣のひきいるタチハキは、みずから刀を保有したものをさすとみるのが自然である。この点、弓矢を負うたユゲヒとも立場、身分を異にする。天智三年のいわゆる〝甲子宣〟において、大氏・小氏・伴造の氏に、それぞれ大刀・小刀・弓矢等を与えたことが思いおこされよう。

大化前代において、諸国造の子弟をもって構成するトネリの制は、六世紀には成立していた。筆者は、トモである「舎人」の資養のために設けられた「舎人部」の成立の端緒を雄略朝にもとめたのであるから、杖刀人首としてのヲワケ臣の史料にはトネリという称呼はまだないにしても、要するに大王の親衛のため、東国から豪族の子弟が上番していたことは確認されたといえよう。トネリは、壬申乱においてさえ、天武天皇の権力の中枢にあり、きわめて重要な役割をはたした。これが変化するのは律令制においてである。すでに、天武朝において、公卿大夫・臣・連・伴造らの出身するものは、まず「大舎人」を経せしめることとし、『大宝令』においては、トネリ＝「兵衛」は郡司子弟よりとるとし、前代の遺制を継承したが、中央貴族の六位から八位までの嫡子のうち上等を「大舎人」、中等を「兵衛」とし、さらに五位以上の子孫を「内舎人」として、その上に設けるなど、内舎人―大舎人―兵衛の序列が完成し、地方豪族は下位に位置づけられることになった。大化前代においては、杖刀人首が大王の側近にあって、その権力を支える立場にあったこと、したがって、天下を佐け治むというのは誇張ではないと思われる。このことは、いうならばヤマト王権が朝廷という組織体に成長していく過程とかかわりがある。トネリは王権の直接の基盤であり、ある意味では、王権と中央豪族との対抗関係において、王権を支えた勢力であるといってもよい。中央豪族を中心とする朝廷の形成によって、その関係は変化するといえよう。

「杖刀人」を「丈部」と同一視する向きもあるが、そうではない。八世紀の人名をみても、「丈部」を「杖部」と記した例があり、もともと〃杖〃を保持して身分の表識ともしたもので、また「丈使」とも記すのは、ハセツカヒとよんだことを示し、さらに「使部」とも記すのは、律令の使部にあたるからであろう。上にのべたように、律令において、中央豪族の六位から八位までの嫡子のうち、上等が大舎人、中等が兵衛、下等が使部とされたのも、その間に差等のあったことを示している。八世紀に「丈部」の姓を有するものをみると、五百年・浄公・高虫・長岡・保許利・山などは「仕丁」とあり、小太都女は「仕女」、古麻呂・床足・真羊は、左右衛士府の「火頭」であった。このような職務が、丈部の特色であったことはまちがいない。「職員令」の囚獄司「物部丁」について、『義解』には、「謂諸国仕丁、帯仗守獄者」とあるのも、丈部と共通の特性を示している。〃帯仗〃と〃帯刀〃とはちがうのである。

丈部臣もまた阿倍氏同祖で、オホビコを祖とすることはすでにのべたし、また関東出身の氏族であったらしいことにもふれた。この点からいえば、ヲワケ臣の氏との共通性もある。またこの点では、カシハデ・シシヒトなどの東国からの出仕者も似ており、さらに「景行紀」には、ヤマトタケルの東征にさいし、「秉燭者」＝ヒトモセルモノがみえ、「景行記」はこれを「御火焼之老人」とするが、要するにトノモリの職掌をあらわし、かれを「東国々造」に任じたとあるのも、おなじ説話である。東国の豪族の氏にはこのような伝承をもつものが多かったことは特徴的であるが、それが単なる伝承ではなくて、ヲワケ臣の系譜によって裏づけられたことは重要である。

第四節　『江田船山古墳大刀銘』の解釈

江田船山古墳は、熊本県玉名郡菊水町に所在する。その出土品は、明治六年の発掘によるもので、現在まですでに一〇〇年を経過している。そのうち銀象嵌銘大刀はことに著名で、他の装身具や馬具などとともに、東京国立博物館の所蔵に帰し、昭和初年に一度研ぎ出され、撮影が行われた。その写真は、『帝室博物館図録』第九輯に(133)おさめられているが、現在の所見よりはるかに鮮明であり、これにより解読が進んだ。ことに福山敏男氏によって作成された釈文は(134)、何回かの改訂をへて、ほぼ定説としてうけ入れられてきた。それに若干の説をあわせて注記して示すと左のとおりである。

(一)[治][天]下獲□□□鹵大王世、(二)奉□(事カ)典曹人名无□(利カ)(弖カ)工、(三)八月中、(四)用大錡(鍇カ)釜并四尺廷(廷カ)刀、八十練六十捃(据カ)三寸上好扣(校カ)刀、(五)服此刀者長寿、子孫注々得三恩(其カ)也、不失其所統、(六)作刀者伊太□(加カ)、書者張安也

(銘文を章句によって、便宜上(一)～(六)に区分した)

この釈文について、これまで、ことに(一)の「獲□□□鹵大王」を、タヂヒノミヅハ大王(反正)とよめるかどうか、疑義はあった。「獲」を「蝮」(タヂヒ)の異字とし、その次の不明部分□□□の三字を、「之宮水」また「之宮瑞」とするか、「比宮瑞」とするか、その下の文字は「鹵」とよめるかなどが解決されねばならなかったが、この銘文が総体として五世紀のものとして無理がないこと、このヨミにたいして他の代案のないことから、福山説は継承されてき

たのである。もちろん、「歯」とよむ文字は、カンムリが「止」でなく「上」であるためこれを「鹵」とよみ、百済の蓋鹵王にあてる説もあったが[135]、それはとうてい無理と思われた。

しかるに、前節でのべた『稲荷山古墳鉄剣銘』が発見されるにおよんで、この釈文はふたたび脚光をあびることとなった。これまで、反正天皇は、河内の丹比柴籬宮（タヂヒノシバカキノミヤ）に居を定め、瑞歯（ミヅハ）の諱でよばれたとの先入観があり、そのため「⿰犭复[之][宮][瑞]歯大王」（タヂヒノミヤミヅハ大王）とよんだのであるが、「⿰犭复」の文字は「獲」とよむ方がよく、「歯」の文字は「鹵」とよめることから、『稲荷山古墳鉄剣銘』とおなじく、「獲[加][多][支]鹵大王」であろうとの説が唱えられるにいたった。

亀井正道氏[136]は、東京国立博物館にある、この鉄刀の銀象嵌銘をあらためて検討し、実物について実体顕微鏡で、一〇～三〇倍に拡大し、またかつての数種の鮮明な写真と対比する作業を繰り返しながら、あらたな釈文を発表され、ワカタケル大王とよむことに異議を唱えられた。つまり、㈠の「⿰犭复」とされた文字は、「⿰犭隻」とあり、ケモノヘンは問題ないが、ツクリは、「卄」のようにみえる下は、「隹」のようなフルトリはなく、現状では「巨」で、「日」の右側縦棒のない形であり、横棒は三本で、中央の縦棒はない。フルトリの縦棒から下の「又」につづいているというのもむつかしく、要するに、この文字は「獲」とするのはむつかしく、「⿰犭复」となる可能性がつよいとされた。ついで「歯」とされた文字は、左端が欠損し、「止」の第三画の存否ははなはだ微妙で、ないとみる方がよさそうだが、断定はできない。なければ「㐫」とよめ、あれば「歯」とするヨミがふたたび浮き上がってくるかも知れないとされた。他は、㈡を「奉事典曹人」とされ、㈣を「用大錡釜」とされ、また「工」は、「五」となっているから「弖」でもよいとされるなど、これまでのヨミが一層はっきりしたといえる。

そして結論として、「埼玉県稲荷山古墳出土の鉄剣銘と、治天下・大王・奉事・典曹人・八月中・八十練など、あまりにも対応する似た語が多い。これを一つの根拠にすれば、心情的には、『獲□□□鹵』は、『獲加多支鹵』とよみたくなる。しかし事実の示すところは如何ともし難い」とのべられたのである。

筆者は、幸い亀井氏から拡大写真（赤外線テレビ写真をふくむ）を検討する機に恵まれ、文字の輪郭を写しとった(137)。亀井氏は、論文にはみずから解読した資料を提示するにとどめ、将来はやはり研磨して判読すべきであろうと慎重を期された。ことに船山の大刀は、稲荷山の剣のように、象嵌が刀身の平に施されているのでなく、棟にあるため、X線の透過は不可能で、効果を発揮しえないのであるから、筆者もそのとおりであると思う。ただ氏は、船山の三口の太刀は同一工房・同一作者の製作と推定してよく、この銘文から飛躍して、畿内の王からの分与・下賜を推定する現今の〝流行的学説〟が、東の稲荷山古墳、西の船山古墳の被葬者に、相前後して刀を賜与されたとするようなことはできないとされ、そのような風潮にたいする批判の意味がつよいように思われる。筆者も、同笵鏡の学説以来、このような分与・下賜説が安易に行われていることに同調することはできないし、少なくとも鉄剣銘はモニュメントとして当事者がみずから製作せしめたものであろうと推定している。しかし、『稲荷山鉄剣銘』が解読された以上、船山の太刀銘が従来どおりでよいとは考えない。

筆者が写真を検討した時間は短く、自信をもっていえるほどのものではないが、『稲荷山鉄剣銘』を頭においてみると、きわめて類似していると思う。これまで読めなかったものが、なるほどと首肯される部分の方が多い。亀井氏のあげられた㈢八月中（㈠七月中）、㈠治天下（㈤左治天下）、㈠大王（㈣大王）、㈢典曹人（㈢杖刀人）、㈡奉事（㈥奉事）、㈣八十練（㈤百練）など（（　）内が『稲荷山鉄剣銘』）の対比はもとより、㈠の大王名についても、書体は稲荷山を下敷きにして、はじめて文字が浮び上がってくると思う。筆者のトレースによって、両者を対比するとつぎのようになる。

江田船山　「獲□□□鹵大王也」

稲荷山　「獲加多支鹵大王寺」「世々」

両者ともにワカタケル大王に近侍した東・西の豪族が作成したものとみてよいとするのが、筆者の意見である。これは、筆者の雄略朝にたいする時代観と正確に一致し、何ら矛盾はない。

つぎに重要と思われるのは、㈡の「典曹人」である。「典曹」とは、「杖刀」が〝刀を杖つく〟ことであるのとおなじく、〝曹をつかさどる〟意味である。中国の古典においては、職務内容を示す章句の上に「典」の字を用い、その職務を司どる意をあらわしている。『後漢書』の「百官志」によれば、おなじ〝つかさどる〟意味でも、「掌」―「主」―「典」の序列があり、卿―令―丞などにより区分されている。たとえば、「少府」において、「卿一人、中二千石、本注曰掌中服御諸物、衣服宝貨珍膳之属」「大医令一人、六百石、本注曰掌諸医、薬丞、方丞各一人、本注曰薬丞主薬、方丞主薬方」「永巷令一人、六百石、本注曰宦者、典官婢侍使」「御府令一人、六百石、本注曰宦者、典官婢作中衣服及補浣之属」のごとくである。

『書紀』には、わずかに「雄略八年紀」に、「典馬、此云于麻柯比」とみえ、「典馬」をウマカヒとよんだことを示すが、これは、〝馬をつかさどる〟とおなじ意味である。律令において、「典」を冠するものは、中務省の「大・少典鑰掌出納管鑰」、内蔵寮の「典履掌縫作靴履鞍具」、大蔵省のおなじ「典履」と「典革掌雑革染作」、内膳司の「典膳造供御膳」があり、これがすべてである。もちろん、後宮の職員は除く。これらはおおむね四等官以下であるが長上官で、「典履」は「百済手部」を、「典革」は「狛部」をみずからひきいて生産にあたり、「典膳」は「膳部」を指揮して供膳を行った。いわば、下級の実務官というべく、典膳は従七位下、典履・典革は正八位上に位置づけられている。これによって、「典」を冠する職務の地位が知られるであろうし、そしてこれは、上にのべた中国の官制における、「掌」―「主」―「典」の用語の段階差にも対応するものといってよい。「典曹」の「典」も、このような視点から、まずとらえる必要がある。

ついで、「曹」とは何をさすか。これも中国の官制に言及しなければならないが、多岐にわたり、本論で十分な分析が行える自信はない。しかし、大要を考えてみる必要はあろう。

「曹」名を有する官司の特徴をあげると、つぎのとおりである。まず、『後漢書』の「百官志」によれば、「太尉」に東曹・西曹・法曹・兵曹など、〝十曹〟がみえる。「太尉」の職務は、「兵事功課」にあり、他には、司徒・司空とともに、「郊祀」・「葬礼」・「大疑大事」（断獄）などを分掌したとされる。これは『宋書』の「百官志」にも「太尉府」とあり、おなじ任を継承し、〝十二曹〟に分かれている。また同書に、晋景帝は、「大将軍」に〝八曹〟をおき、文帝は、「相国府」に、「中衛将軍」「驍騎将軍」をおき、そのもとに、東曹・西曹・戸曹・賊曹・兵曹・車曹・鎧曹・倉曹・戎曹・馬曹など、〝十六曹〟をおいたという。また、「鎮東大将軍」をして、〝諸曹〟をつかさどらしめたともある。東晋は、「鎮東丞相府」をおき、〝十三曹〟にわけ、宋高祖は、「諮議参軍」をおき、あわせて〝十八曹〟としたとされている。要するに、これらの「曹」は将軍府の部局であって、名のとおりの実務を担当したものといえよう。

他方で、『晋書』の「職官志」によれば、「列曹尚書」があり、〝四曹〟にわけられるが、この官は、はじめ漢武帝が「宦者」を用い、「中書」をつかさどらせたのに由来し、のち改めて「中書之職」とした。さらにこれを「掌侍曹」

などの〃四曹〃にわけ、通じて、「図書祕記章奏之事」をつかさどらせたが、成帝はその上に「三公曹」をおき、「断獄」をつかさどらせることとし、これを〃五曹〃にわけたとある。後漢光武帝も、「三公曹」をつぎ、〃六曹〃としている。これらはいずれも、君主に近侍する職で、図書・記録・上奏を扱い、やがて断獄におよんだものといえよう。また「侍御史」があり、前・後漢においては〃五曹〃にわけ、晋にいたり〃十三曹〃とし、「治書侍側」を任とし、「治書侍御史」ともよばれた。『宋書』の「百官志」にも、「侍御史」がみえ、順帝は、三曹を廃置統合して〃十曹〃(十御史)としたとあるが、総じてこの職は、「察挙非法、受公卿奏事有違失者挙劾之」を任としたものと記されている。要するに、「侍御史」は、はじめ君主に近侍する史官であったが、やがて奏劾、非違検察などの監察の任を加えたものといえよう。

このようにみると、「曹」を特色とするおもな官司は、軍事と断獄(非違検察)を扱ったもので、いずれも君主の近侍の職であると一応いうことができる。そして「曹」は、その職の実務を担当した。このことは、「典」の文字の示すところと、よく一致するといわねばならない。

筆者は、「典曹」とは、あえて推定すれば、断獄・非違検察を任とする職掌ではないかと思う。「典曹人」とは、その下級の実務官である。いわば文官ではあるが、武官としての将軍府のそれとおなじく、警察力などの〃威嚇的手段〃をもっていたのであって、この両者には共通する面も多い。

さて、『書紀』によると、敏達十二年十月、宣化天皇の代、火葦北国造刑部靫部阿利斯等が、わが君大伴金村大連によって、海外につかわされたとみえ、また、『豊後風土記』に、欽明天皇の代、日下部君の祖邑阿自が、靫部に仕えたとあり、このほか九州にいわゆる軍事的名代の多いことから、「典曹人」を靫負の前身ではないかとみる説もある。上記のことからすれば、その可能性がないわけではないが、「典曹人」は、「靫負部」のような低位の身分にとどまるものではない。それは断獄・非違検察をつかさどるものではないかといったが、もしそうならば、律令の刑部省の「解部」に近い。

「解部」は、争訟の鞫問をつかさどる実務官で、むしろ検察官と第一審の裁判官を兼ねたようなものである。刑部卿の職掌について、『義解』は、「謂覆審解部所鞫、与判事以上共断定」と記し、解部の上級者たる卿以下判事以上が、解部の罪定について覆審を行い、刑名を決定したのである。「解部」の官位は、刑部省大解部が従七位下、中解部が正八位下、少解部が従八位下であり、治部省大解部は正八位下、少解部は従八位下である。その身分は、典膳・典履・典革らにまさしく匹敵するであろう。かれらは、『義解』に、「拷掠」を用いることの可否が問われていることからも、何らかの威嚇的手段、武力を保持していたであろう。

ここであえて推定を加えれば、『筑後風土記逸文』にみえる筑紫君磐井の墓についての記述についてである。

当東北角有一別区、号曰衙頭（衙頭致政所也）、其中有一石人縦容立地、号曰解部、前一人躶形伏地号曰偸人

この文は、これまで国造みずからが、裁判権を有することの例証とされてきたが、この文は、まず墓の偉容をのべたあと、別区を「衙頭」と称し、石人が縦容として立っている状況におよび、この石人は「解部」で、「偸人」を鞫問するドラマを演じていることをのべたものである。石人すなわち「解部」は、当然国造自身であり、「衙頭」は朝廷ではないか。「解部」は、朝廷における国造の姿を誇示し、喧伝するものとなったであろう。もちろん、はじめにのべたようにこれは推定であるが、このように読む方がはるかに自然であり、国造にとって、記念碑的な意味をもつであろう。少なくとも、磐井は、継体二十一年六月、朝廷に叛し、壮語して、「今為使者、昔為吾伴、摩肩触肘、共

器同食、安得率爾為使、俾余自伏爾前、遂戦而不受、驕而自矜」といったと記されるのは、近江臣毛野にたいし、今、急に朝廷の使者と称して、余をいやしめ圧伏しようとしているが、かつては、朝廷における同輩として、身近にあり、生活をともにした仲ではないかと揚言した意味で、磐井が、かつて朝廷の職務につき、毛野と同様な身分であったことを明言しているのである。筆者はこの職務を、「解部」ではないかと推定したにすぎない。これは、武蔵のヲワケ臣、肥後の船山古墳の被葬者が、「杖刀人」「典曹人」として朝廷に出仕し、ふたたび故郷にかえっていたこととおなじであり、何ら不自然さはない。磐井乱までは、九州は〝独立王国〟であったとする論説は、このような事実をまずふまえねばならないし、地方豪族にとって、朝廷の官職につくことが、他から己れを区別し、身分を誇示する段階にすでに入っていたので、稲荷山・船山の鉄剣（刀）銘に共通してみられる「奉事」（ツカヘマツル）の語は、その意識をよく示しているであろう。

さて、船山古墳は、肥後北部の中心地である玉名郡に、磐井の墓とされる岩戸山古墳は、筑後平野の中心、八女郡にあり、これを築いた両豪族の勢力圏は、五世紀後半の段階では、相接していたであろう。肥後の最南部にちかい葦北郡や、豊後の山間部にある日田郡の豪族とは、おのずから異なるものがあった。後者が、〝靫負〟であれば、前者はそれ以上の身分を獲得したと考えねばならない。一試案として、船山の被葬者も、磐井も、後の〝解部〟にあたる官職にあったのではないかという推定を提出しておきたい。

註

（1）津田左右吉『日本古典の研究』（『津田左右吉全集』一、岩波書店、一九六三年）八〇ページ以下。

（2）水野祐『増訂日本古代王朝史論序説』小宮山書店、一九五四年、三三ページ以下。井上光貞『日本国家の起源』岩波書店、一九六〇年、二〇六ページ。
（3）林屋友次郎『天皇制の歴史的根拠』上巻、喜久屋書店、一九四六年、同『日本古代国家論』学生社、一九七二年、七四ページ以下。
（4）（5）水野祐・井上光貞論文（注（2）におなじ）。
（6）江上波夫・岡正雄・八幡一郎・石田英一郎「日本民族＝文化の源流と日本国家の形成」（『民族学研究』一三―三、一九四九年）。
この手法にただちに反論したのが、三上次男「日本国家＝文化の起源に関する二つの立場」（『歴史評論』四―六、一九五〇年）。
（7）直木孝次郎「応神王朝論序説」（『難波宮址の研究』難波宮址顕彰会、一九六四年、『日本古代の氏族と天皇』塙書房、一九六四年）。
（8）岡田精司「河内大王家の成立」（『日本書紀研究』三、塙書房、一九六六年、『古代王権の祭祀と神話』塙書房、一九七〇年）。上田正昭『大和朝廷』角川書店、一九六七年、一三〇ページ以下。
（9）吉井巌『天皇の神話と系譜』塙書房、一九六七年、八一ページ以下。
（10）直木孝次郎「応神天皇の実在性をめぐって」（『人文研究』二五―一〇、『飛鳥奈良時代の研究』塙書房、一九七五年）。
（11）西川宏「吉備政権の性格」（『日本考古学の諸問題』河出書房、一九六四年）に代表される。吉備の古墳は、ほぼ一〇の各地域集団に分かれる。古墳の大型化は、四世紀後半からで、各地域の首長が一定の専制権力の段階に到達したことを示すが、一〇〇メートル以上の古墳を有する各首長間の努力は伯仲し、互いの争闘よりは、並立と妥協の道を選んだらしく、そこに首長連合ともいえる体制が成立した。五世紀に入ると、巨大な首長墓は畿内の大王墓と肩をならべるほどのものとなり、なかでも、㈠造山・作山両巨墳をもつ高松・総社ブロック、㈡金蔵山・神宮寺山古墳をもつ上道・三野ブロック、㈢中山茶臼山古墳などをもつ中山ブロックというように、各地域集団のワクをはるかに超えた領域の上に君臨する首長墓が生まれる。かれら首長は、単一の地域集団から世代をかさねて輩出したのでなく、複数の各地域集団の首長が、その地位をおそったものので連合政権の確立を示す。㈠は下道氏、㈡は上道氏にあたり、㈢は、この両雄族をさらに連合せしめる役割をはたした。

ここにヤマト王権にたいする吉備政権ともいうべき連合組織が生まれ、㈠はその大首長たる権力を象徴する。それは首長連合の上にたつ大首長で、大首長の地位もまた単一集団によって世襲されず、特定の有力地域集団の首長が、いわば〝輪番的〟にその地位についたと主張されるのである。吉田晶『日本古代国家成立史論』東京大学出版会、一九七三年は、この主張を全面に押し出している。そこには問題もあるが、首長権が単に〝一系〟によって継承されるものでないことを示すことに注目すべきであろう。

(12)『稲荷山古墳出土鉄剣金象嵌銘概報』埼玉県教育委員会、一九七九年。
(13)佐伯有清・平野邦雄・黛弘道「古代日本国家と氏姓」(『歴史公論』九、雄山閣出版、一九八〇年)。
(14)義江明子「古代の氏と家について」(『歴史と地理』三二二、『日本史の研究』一一七)。
(15)三井寺所蔵『大師御系図』。
(16)『大唐開元礼』巻四、吉礼、皇帝冬至祀圜丘。
(17)『続日本紀』延暦四年十一月壬寅(十日)、同六年十一月甲寅(五日)。
(18)『文徳実録』斉衡三年十一月辛酉(二十二日)、同三年十一月甲子(二十五日)。
(19)楊寛著、西嶋定生・尾形勇・太田有子訳『中国皇帝陵の起源と変遷』学生社、一九八一年。
(20)『続日本紀』天平三年十二月乙未(二十一日)、天応元年十二月丁未(二十二日)。
(21)『続日本紀』延暦十年三月癸未(二十三日)。
(22)『続日本後紀』承和七年五月辛巳(六日)。
(23)関晃「律令国家と天命思想」(『東北大学日本文化研究所報告』一三)。関氏もこのなかで、円丘における昊天上帝の祭祀にふれられた。狩野直喜「我朝における唐制の模倣と祭天の礼」(『読書纂余』)、滝川政次郎「革命思想と長岡遷都」(『京制並に都城制の研究』角川書店、一九六七年)も、すでに円丘の祭天についてふれているが、そのなかで、延暦六年十一月の「告于昊天上帝」の祭文に、桓武は「孝子皇帝臣諱」の立場で、「昭告于高紹天皇」と奉告しており、唐では太祖を天に配しているのに、日本では桓武の父である光仁を配しているとのべられた。つまり天に配祀したのは、天照大神や神武天皇でなかったことになる。ただ、当初はそうであったかも知れないが、その後の「七廟」の観念からすれば、太祖にあたるのは、天智と考えられていたとすべきであろう。関氏の天智の和風諡号についての見解は、むしろそれを裏づけると思う。

(24) 末松保和『任那興亡史』吉川弘文館、一九四九年、四六ページ以下。

(25) 鮎貝房之進『雑攷』二上、朝鮮印刷株式会社、一九三一年、同『新羅王号攷朝鮮国名攷』国書刊行会、一九七二年、二三一ページに「神功紀四十九年、千熊長彦が征伏せし忠南及全羅南北の代表的四邑は、比利（全北全州）、辟中（全北金堤）、布弥支（忠南新豊）、半古（全南播南）なり」とある。

(26) 三品彰英『日本書紀朝鮮関係記事考証』上、吉川弘文館、一九六二年、一三八ページ以下。

(27) 末松保和論文（注(24)におなじ）。

(28) 池内宏『日本上代史の一研究』中央公論美術出版、一九七〇年、一二〇ページ以下。

(29) 旗田巍「新羅を襲った倭」(『日本の歴史』月報2、小学館、一九七三年)。旗田氏は、倭より渡海する季節について統計をとられ、朝鮮海峡を渡海するのに都合のよい季節を割り出された。

(30) 「倭人」「倭兵」は、軍事的侵入に対応し、「倭」「倭国」は、外交交渉に対応する主語として用いられていることは、つぎの『広開土王陵碑』においても、「倭人」が新羅の国境にみち、城池を潰破し、「倭冦」が潰敗し斬殺無数であるとし、これにたいし、百済が誓に違い、「倭」と和通したとあって、この用法と等しい。両者の中間的用法として、「倭」が辛卯年より渡海し、百済・新羅などを臣民としたというのは、「倭」が百済・新羅を臣民としたことに力点があるからであり、「倭」が新羅城に満ちたのを官兵がいたったので、「倭賊」退くとあるのは、「倭賊」に内実の主語があることを示す。いずれにしても、倭・倭国と、倭人・倭兵・倭賊が同一の主体を示すことにかわりはない。倭人・倭兵は、その本国である倭と不可分に結合しているといってよい。ただ、ここにのべたように、直接には、加羅から新羅の南辺に侵入したものと、倭本国ないし対馬から新羅の東辺を襲ったものがあったらしく、この意味では〝加羅の倭人〟という概念が成立するであろうが、本国と無関係な独立の政治集団としての〝加羅の倭人〟は存在しない。もしそのようなものが存在するとすれば、〝韓腹〟として長い期間の混血により、韓に同化したものであり、独立の政治集団とはなりえないであろうし、その他の倭人は何らかの意味で倭本国との関係下にあると考えねばならぬ。

(31) 津田左右吉論文（注(1)におなじ）九四ページ。

(32) 浅見倫太郎『三国史記』解題、朝鮮古書刊行会、一九〇九年。
(33) 末松保和「旧三国史と三国史記」(『朝鮮学報』三九・四〇合併号)、同「三国史記の経籍関係記事」(『青丘学叢』八)。いずれも、『青丘史草』第二、自家版、一九六六年、一ページ以下、二九ページ以下。
(34) 本編第一章第三節、第二章第一節でのべた『史記』の記事は、末松氏のいわれる『現三国史記』の編纂にあたって、能うかぎり中国史書の記事をとり入れ、『前三国史』の記事を捨て去った部分、つまり「古記」「古伝記」「国史」などを材料として用いた部分にあたるのである。これは『史記』のオリジナル部分といってよく、おなじく『書紀』のオリジナルな記事との共通性が注目される。本論はその比較の手法をとった。
(35) 坂本太郎「継体紀の史料批判」(『国学院雑誌』六二―九、『日本古代史の基礎的研究』上、東京大学出版会、一九六四年)。
(36) 三品彰英論文(注(26)におなじ)。
(37) 木下礼仁「日本書紀にみえる百済史料の史料的価値について」(『朝鮮学報』二一・二二合併号、『古代の日本と朝鮮』学生社、一九七四年)。
(38) 井上秀雄『任那日本府と倭』東出版、一九七三年、六九ページ以下。
(39) 末松保和論文(注(33)におなじ)一ページ以下。
(40) 井上秀雄論文(注(38)におなじ)三九〇ページ。
(41) 石母田正「日本古代における国際意識について」(『思想』四五四、『日本古代国家論』岩波書店、一九七三年)。西嶋定生「六―八世紀の東アジア」(『岩波講座日本歴史』2、岩波書店、一九六二年)。堀敏一「近代以前の東アジア世界」(『歴史学研究』二八一)。
(42) 金錫亨「三韓三国の日本列島内分国について」(『歴史科学』一、一九六三年、『古代日本と朝鮮の基本問題』学生社、一九七四年)、同『古代朝日関係史』(朝鮮史研究会訳、勁草書房、一九六九年)。
(43) 井上秀雄論文(注(38)におなじ)。
(44) 千寛宇「韓国史の潮流――三国時代――」(『新東亜』十二月号、一九七二年、一・二月号、一九七三年、『古代日本と朝鮮の基本問題』学生社、一九七四年)。

(45)『広開土王陵碑』(水谷悌二郎『好太王碑』書品一〇〇、一九五九年)、同『好太王碑考』開明書院、一九七七年。そのほか、『好太王壺杅』(『考古美術資料』第二輯、金石遺文、考古美術同人会刊、一九六三年、李蘭暎編『韓国金石文追補』中央大学校出版部、一九六八年)に、「国岡上広開土地好太王」とある。

(46)咸鏡南道利原郡、太昌元年歳次戊子巡狩碑＝磨雲嶺碑、咸鏡南道咸興郡某年八月廿一日癸未巡狩碑、京畿道高陽郡巡狩碑(葛城末治『朝鮮金石攷』国書刊行会、一九七四年)に、「真興太王」とあり、咸鏡南道咸川郡、太昌元年歳次戊子巡狩碑＝黄草嶺碑(李蘭暎編前掲書注(45))にも、「真興太王」とある。

(47)『宋書』九七、東夷伝、百済国。王族・貴族に将軍号をもとめたのは余慶にはじまり、その時期は宋世祖大明二年(四五八)である。その後、『南斉書』五八、東夷伝には、斉明帝建武三年(四九六)、牟大が部下に、王・侯号、将軍号をもとめている。

(48)坂元義種「古代東アジアの日本と朝鮮――大王の成立をめぐって――」(『史林』五一―四、『古代の日本と朝鮮』学生社、一九七四年)。

(49)『史羅紀』実聖尼師今六年(四〇七)、倭人が対馬島に営をおき、兵革・兵粮を貯えたとあるのもその一つで、これは後、那津官家を設け、九州とあわせて、尾張・伊賀などからも稲穀を運ばせたとあるように、王権によって兵革・兵粮が送られたであろう。

(50)平野邦雄「九州における古代豪族と大陸」(九州文化論集一『古代アジアと九州』平凡社、一九七三年)。

(51)金錫亨論文(注(42)におなじ)。

(52)井上秀雄論文(注(38)におなじ)。

(53)中野幡能『八幡信仰史の研究』吉川弘文館、昭和五〇年、二五ページ以下。

(54)宗像神社復興期成会『沖ノ島』『続沖ノ島』一九五八年・一九六一年、同会『宗像沖ノ島』Ⅰ・Ⅱ・Ⅲ、一九七八年、同会『海の正倉院沖ノ島』毎日新聞社、一九七三年。

(55)注(54)におなじ。田村圓澄「宗像沖ノ島祭祀の歴史的諸段階」(『九州歴史資料館研究論集』8、一九八二年)は、このような見解をまとめたもので、宗像神とヤマト朝廷との関係は第一段階までさかのぼりうるとされたが、それは四世紀末のa

巨岩上遺跡をさす。とくに田村氏は、〝海北道中〟は、朝鮮半島全体にいたる道でなく、新羅のみを目的とするもので、ヤマト朝廷が新羅にいたるための軍事的な海上の道であると結論している。

(56) 岡崎敬「安岳第三号墳（冬寿墓）の研究」（『史淵』九三）。

(57) 注(47)におなじ。

(58) 金錫亨論文（注(42)におなじ）は、倭五王の将軍号の対象となった「新羅・任那・加羅・慕韓（馬韓）・秦韓（辰韓）」等は、朝鮮にもとめるべきでなく、日本の地にもとめねばならぬとする。朝鮮ではすでに三国が成立しているのだから、秦韓・慕韓は存在しないはずということになる。

(59)『史羅紀』二、奈解尼師今十四年七月条、『史記』四十八、列伝八、勿稽子伝、『三国遺事』五、避隠、勿稽子伝にそれぞれみえる。それらによると、「八浦上国」は、骨浦（骨浦県―合浦県＝馬山付近）、染浦（漆吐県―漆原県＝馬山付近）、古史浦（古自郡―固城郡＝固城）、史勿（史勿県―泗水県＝泗川）、保羅（不詳）などをさすという。加羅（任那）の南海岸にそった地域である。

(60) 三品彰英論文（注(26)におなじ）一七三ページ。

(61) 菅政友「大和国石上神宮宝庫所蔵七支刀」「石上神宮宝庫所蔵六叉刀銘」（『菅政友全集』雑稿一・三、国書刊行会、一九〇七年）。神官の日記に、永禄戊辰年、信長の配下の尾張衆が乱入し、宝庫のものを尾張にもちかえったが、翌年に返納したとあり、この刀もその一つであるが、そのとき折損したのではないかとしている。鉄銹の下にわずかに金象嵌がみえたので、「ソノ上ナルサビヲ静ニオトシタルニ、始テ文字ノアラハレ出シナリ」「字ハ刀ノ正中ニ金モテ表モ裏モ一行ヅツニ彫リ入レタレド、ソノ金モ半バヌケ落テ僅ニ其跡ヲノコシ、或ハ字体ノサダカナラヌモアリ」とある。

(62) 福山敏男「石上神宮の七支刀」（『美術史研究』一五八、補考・再補の要旨を加えて、『論集日本文化の起源』2、平凡社、一九七一年）、同「石上神宮の七支刀銘文」（『日本建築史研究』墨水書房、一九六八年）。榧本杜人「石上神宮の七支刀とその銘文」（『朝鮮学報』三）、同「七支刀銘文再考」（『朝鮮学報』四九、『論集日本文化の起源』2、平凡社、一九七一年）。西田長男「石上神宮の七支刀の銘文」（『日本古典の史的研究』理想社、一九五六年）。三品彰英「石上神宮の七支刀銘文」（注(26)におなじ、一八六ページ以下）。

(63) 栗原朋信「七支刀銘文についての一解釈」(『日本歴史』二一六、『論集日本文化の起源』2、平凡社、一九七一年)。
(64) 栗原朋信論文 (注(63)におなじ)。
(65) 福山・榧本・西田・三品論文 (注(62)におなじ)。
(66) 金錫亨論文 (注(42)におなじ)。藤間生大『倭の五王』岩波書店、一九六八年、一〇五ページ以下。坂元義種「古代東アジアの日本と朝鮮」(『史林』五一ー四、『古代の日本と朝鮮』学生社、一九七四年)。上田正昭「石上神宮と七支刀」(『日本のなかの朝鮮文化』九)、同「七支刀銘文の解読」(『論集日本文化の起源』2、平凡社、一九七一年)。
(67) 栗原朋信論文 (注(63)におなじ)。
(68) 神保公子「七支刀研究の歩み」(『日本歴史』三〇一)。
(69) 倭と百済の間に、外交形式としての〝献上〟〝下賜〟の概念にあたる関係は成立していないとのべたことについて、佐伯有清『古代史演習七支刀と広開土王碑』吉川弘文館、一九七七年に、「宜供供侯王」を、「供供(うやうやしい=恭恭)たる侯王を宜しくす」とよみ下し、献上・下賜説はともに成り立たないとし、〝倭済対等説〟を主張された。それはともかく、神保(渡辺)公子「七支刀銘文の解釈をめぐって」(『東アジア世界における日本古代史講座』3、学生社、一九八一年)のように、「宜侯王」は、吉祥語としてしばしば用いられ、〝侯王のように身分の高い人にふさわしい〟、つまりこの刀を贈られる人は王侯貴族のような地位を享受できるという意となろう。
(70) 李進熙『広開土王陵碑の研究』吉川弘文館、一九七二年。佐伯有清『研究史広開土王碑』吉川弘文館、一九七四年。水谷悌二郎「好太王碑考」(『好太王碑』書品一〇〇、一九五九年、同『好太王碑考』付水谷拓本、開明書院、一九七七年)。末松保和「好太王碑と私」(『古代東アジア史論集』上、吉川弘文館、一九七八年)。
(71) 金錫亨論文 (注(42)におなじ) 三六六ページ以下。朴時亨「広開土王陵碑」(井上秀雄・永島暉臣慎抄訳『朝鮮研究年報』九、一九六七年)。
(72) 鄭寅普「広開土境平安好太王陵碑文釈略」(『白楽濬博士還甲記念国学論叢』一九五五年、『古代日本と朝鮮の基本問題』学生社、一九七四年)は、この部分を、「百済・新羅は、太王にとってはともに属民である。そして倭はかつて高句麗に来侵し、高句麗もまた海を渡って、倭に往侵し、たがいに攻撃し合った。そして百残が倭と通じたので、新羅は不利な情勢になった。太王は、百残も新羅も自分の臣民であるのに、どうしてこのようなことをするのかと思った」とし、よって、六年、「太王はみずから水軍をひきいて出陣した」としている。これは、金・朴説よりさらに複雑であって、文脈からも、事実関係からも理解しがたい。

(73) 末松保和「好太王碑の辛卯年について」(『史学雑誌』四六—一)。

(74) 浜田耕策「高句麗広開土王陵碑文の虚像と実像」(『日本歴史』三〇四)。

(75) 武田幸男「高句麗好太王碑文にみえる帰王について」(『古代東アジア史論集』上、吉川弘文館、一九七八年)は、高句麗と倭を相対する両極として、新羅はその間にあり、振幅大きくゆれうごいたとし、㈠辛卯年(三九一)まで、高句麗に朝貢し、「属民」の立場にあり、㈡辛卯年より倭の「臣民」となり、㈢永楽九年(三九九)より、高句麗にたいし「帰王」、㈣永楽十年(四〇〇)に、高句麗にたいし「朝貢」の関係に変化した。つまり新羅の立場はこの四段階をへたものとなる。これを整理すると、碑文に「土境」で表現される高句麗領があり、それを囲む外側に、安定的な隷属関係の「朝貢」=「属民」の形態、さらにその外側に不安定な隷属関係の「帰王」の形態がある。つまり、土境—朝貢—帰王の重層構造があると指摘された。百済もおなじ立場にあったが対応は異なる。つまり百済は、㈠㈡の段階では新羅とおなじく、㈢永楽六年(三九六)、高句麗に「帰王」、㈣永楽九年(三九九)、倭と「和通」と変化したが、それ以後、高句麗圏に復帰した形跡はまったくなく、結局、百済は高句麗にたいし、安定した朝貢関係に入ったことはないことになろう。このような武田氏の新羅・百済の立場についての解釈は、本論でのべたところとよく一致する。ただ、本論は、「属民」(朝貢)、「臣民」、「帰王」、「奴客」、「討滅」などの用語は、高句麗がわの用いた概念にすぎず、それによって、高句麗にたいする新羅・百済の関係の相違は、よく反映されているが、双方の間で、客観的にそのような外交形式が了解され、成立していたわけではないとのべたのである。

(76) 星野恒「那珂の上古年代考に対する回答文」(『文』一—一三)。那珂通世「上世年紀考」(『史学雑誌』八—八・九・一二)。菅政友「古事記年紀考」(『菅政友全集』国書刊行会、一九〇七年)。

(77) 久米邦武『古代史』(『大日本時代史』一、上・下、早稲田大学出版部、一九〇七年)。太田亮『日本古代史新研究』磯部甲陽堂、一九二八年。

(78) 橋本増吉『東洋史上より見たる日本上古史』大岡山書店、一九三二年が、アールグレンの音韻研究を利用してから、本格的研究が行われ、戦後の池内宏『日本上代史の一研究』近藤書店、一九四七年、中央公論美術出版、一九七〇年より、原島礼二『倭の五王とその前後』塙書房、一九七〇年などまで多くの研究論文がある。研究史は、笠井倭人『研究史倭の五王』吉川弘文館、一九七三年にまとめられている。

(79) 前田直典「応神天皇朝といふ時代」(『オリエンタリカ』創刊号)。

(80) 水野祐論文(注(2)におなじ)。

(81) 稲葉君山『朝鮮文化史研究』雄山閣、一九二五年、一二〇ページ以下。

(82) 栗原朋信「漢帝国と周辺諸民族」(『岩波講座世界歴史』4、岩波書店、一九七〇年、『上代日本対外関係の研究』吉川弘文館、一九七八年)。

(83)(84) 坂元義種「五世紀の日本と朝鮮」(『史林』五二―五)、同「五世紀の日本と朝鮮の国際的環境――中国南朝と河南王・河西王・宕昌王・武都王――」(『京都府立大学学術報告人文』二一)、同「古代東アジアの日本と朝鮮――大王の成立をめぐって――」(『史林』五一―四)。以上いずれも、『古代東アジアの日本と朝鮮』吉川弘文館、一九七八年。

(85) 池内宏論文(注(28)におなじ)。

(86) 将軍号と王号をどこまで分離的に考えうるかには疑問もある。しかし、たとえば、河南王・河西王・宕昌王などのばあい、将軍号の、西秦・河・沙三州諸軍事、河・涼二州諸軍事、涼・河・沙三州諸軍事と、王号に冠せられた西秦・河二州刺史、河・涼二州刺史、涼州刺史などが相応じていて、たがいに重なりあい、それぞれの支配領域を示し、その下に河南王・河西王・宕昌王を付している。坂元義種氏は、前者を〝軍事権〟、後者を〝行政権〟と見、形式的に両者は独立し、別個のもので、それぞれに支配領域をもち、各王のそれはたがいに排除しあう。河南・河西・宕昌三王のそれが重複するのは、中国の冊封が実質をともなわず、形式的に行われたためとされる。ところで、倭と朝鮮三国の王号には、この刺史号にあたる部分がなく、高句麗王・楽浪公、領楽浪太守・百済王のごとく、(郡)公・太守号を付するばあいがあるが、このばあいも、百済王が高句麗の平壌城にせまり、高句麗王を戦死せしめた翌年に授爵したので、両者は一見重複するが、やはり支配領域の変更を敏感に反映しているのである。新羅が中国通交に加わったのち、中国が、高句麗王を遼東郡公、百済王を帯方郡公、新羅王を楽浪郡公としたのも、各王の支配領域の変化に応じ、あらたに調整したものである。このようにみれば、(郡)公・

刺史号のないばあいも、高句麗王・百済王・倭王は、それ自体の支配領域を示すことになろう。それは行政権のおよぶ範囲ということになる。だから軍事権のおよぶ範囲を示す将軍号とおのおの別個に、各王間の支配領域を調整しなければならず、そこに整合性が生まれることになるであろう。以上のような理由によって、倭王が任那・加羅諸軍事の将軍号をもつのと、加羅王が加羅国王の王号をもつことは矛盾しないということになる。加羅王の輔国将軍は支配領域を欠いているからである。しかし、この将軍号と王号、軍事権と行政権の関係については、さらに分析が必要な点もある。

(87) 坂元義種論文(注(83)におなじ)。
(88) 藪内清「飛鳥奈良時代の自然科学」(『飛鳥・奈良時代の文化』武田薬品工業、一九五五年)。
(89) 金元竜「百済武寧王陵と出土遺物」(『仏教芸術』八三)。大韓民国文化財管理局『武寧王陵』三和出版社、一九七四年。
(90) 三品彰英論文(注(26)におなじ)、同「日本書紀所載の百済王暦」(『日本書紀研究』一、塙書房、一九六四年)。
(91) 軽部慈恩『百済美術』宝雲社、一九四六年、八二ページ以下、同『百済遺跡の研究』吉川弘文館、一九七一年、図版31。
(92) 注(89)におなじ、三五・四〇ページ。
(93) 樋口隆康「武寧王陵出土鏡と七子鏡」(『史林』五五―四)。
(94) 注(89)におなじ、七二ページ。
(95) 平野邦雄『大化前代社会組織の研究』吉川弘文館、一九六九年、二二一ページ以下。
(96) 末松保和『任那興亡史』吉川弘文館、一九四九年、二六六ページ。
(97) 津田左右吉『日本上代史研究』岩波書店、一九三〇年、四八五ページ。
(98) 井上光貞「部民の研究」(『日本古代史の諸問題』思索社、一九四九年)。
(99) 太田亮『日本上代に於ける社会組織の研究』磯部甲陽堂、一九二九年、一八二ページ、同『姓氏家系大辞典』磯部甲陽堂、一九三四年、三九八四ページ、舎人部条、一四六五ページ、膳大伴部条。
(100) 平野邦雄論文(注(95)におなじ)七一ページ以下。
(101) 直木孝次郎「伴と部の関係について」(『日本書紀研究』三、塙書房、一九六八年、『飛鳥奈良時代の研究』塙書房、一九七五年)。

(102) 津田左右吉論文（注(97)におなじ）五九〇ページ以下。
(103) 加藤晃「我が国における姓の成立について」（『続日本古代史論集』上、吉川弘文館、一九七二年）。
(104) 石母田正『日本の古代国家』岩波書店、一九七一年、一二八・一二九ページ。姓をもたないものとして、「第一にカバネ・ナの賜与の対象から除外されている奴婢身分であり、第二は王権に組織されていない周辺の『夷狄』であり、第三には地方首長層の支配下にあって、カバネをもたないいわゆる『無姓』の者である」とまとめられた。
(105) 平野邦雄論文（注(95)におなじ）三九三ページ以下。
(106) 山尾幸久『日本国家の形成』岩波書店、一九七七年、三一ページ以下。山尾氏が木劦満致に着目されたことは重要であると思う。この人物をはじめとする、木劦姓の活動の舞台はひろい。倭・任那・百済間にわたって足跡があり、倭と朝鮮の間の外交関係を知るうえに史料もあり、さらに追求せねばならぬ。
(107) 百済の二字姓を整理すれば、左のようになる。

雄略	継体	欽明	斉明・天智	天武・持統	元明以後
		阿屯得文			
		燕比善那			
		曰佐分屋			曰佐膳夫・曰佐真月
					曰佐若麻呂
			憶礼福留		憶頼子老
			鬼室集斯・鬼室集信		鬼室石次・鬼室乎人
			鬼室福信		鬼室小東人・鬼室虫麻呂
古爾解					
			谷那晋首		谷那庚受
		沙宅己婁	沙宅紹明・沙宅孫登	沙宅万首	沙宅家人・沙宅行金
			沙宅千福		沙宅山・沙宅万福

佐魯那奇 木劦満致 木劦斤資
姐弥文貴 木尹貴 木劦不麻甲背 木劦麻那
佐魯麻都 真牟貴文 真慕宣文 東城子言・東城子莫古 東城道天 木劦今敦・木劦文次 木劦昧淳 汶休帯山・汶休麻那 汶斯干奴
塞上忠勝 四比福夫 答㶱春初 木素貴子
木素丁武
佐魯牛養 四比信紗・四比忠勇 四比元孫・四比河守 刀利甲斐麻呂・刀利宣令 刀利康嗣 答他伊奈麻呂・答他乙万呂 答他乙虫・答他戸広麻呂 答本忠節・答本陽春 汶旦国嶋・汶旦才智

(108) 平野邦雄論文（注(95)におなじ）。

(109) 『稲荷山古墳出土鉄剣金象嵌銘概報』埼玉県教育委員会、一九七九年。

(110) 丈部から阿倍への改姓記事は多い。ただし地方的な姓であるが、阿倍氏と同祖で、かつその配下の氏であるという伝承に見合うものであろう。神護景雲三年、陸奥国の丈部大庭（信夫郡人）→阿倍信夫臣、丈部賀例努（標葉郡人）・丈部国益（賀美郡人）・丈部子老（白河郡人）→阿倍陸奥臣、丈部嶋足（柴田郡人）→安倍柴田臣、丈部庭虫（会津郡人）→阿倍会津臣の改姓例があり、ひろく陸奥一円にわたる。

(111)「帝紀」の成立について言及することはむつかしい。武田祐吉『古事記研究』一、帝紀攷、青磁社、一九四四年は、「帝紀」における歴代御記の構成は、「天皇の御名、皇居、后妃、皇子皇女、及び皇子皇女の説明にはじまり、次に御事蹟に関する記事があって、宝算、崩御の年月日、山陵に終るのを通例とする」とし、『古事記』より、これらにあたる部分を具体的に列挙された。坂本太郎「古事記の成立」（『古事記大成』四、歴史考古篇、平凡社、一九五六年、『日本古代史の基礎的研究』上、文献篇、東京大学出版会、一九六四年）も、「帝紀」は〝帝皇日嗣〟の別名であり、その内容は、「天皇の名、皇居の所在、治天下の事、后妃、皇子、皇女、皇子女に関する重要事項、治世中の重要事項、天皇の享年、治世の年数、山陵の所在などを含んだものであったろう」と、ほぼ同様の見解をのべられた。そのばあい、崇神天皇の「御記」に関する、『古事記』の三道に将軍をつかわす記事と、『書紀』の四道に将軍をつかわす記事とは共通し、ともに大毘古命、その子建沼河別命を、越と東方十二道につかわしたことをのせている。これは、「帝紀」の「治世中の重要事項」に入れてよいであろう。また「帝紀」は、『古事記』序にあるとおり、皇室のみならず「諸家」にも伝えられ、そのため、「正実に違い、多く虚偽を加」えるところとなったが、坂本説のごとく、それは自家に関係ある部分を主とし、祖先の功業を強調したものであったであろう。そのため、皇室や他家のものと相補うよりも相反する点が多くなり、これを国家の歴史として一本化する必要にせまられたと思われる。しかし、このように諸家が「帝紀」を保有したのは、武田・坂本説もふれるように、「帝紀」そのものが、天皇の系譜に諸家の祖先の系譜や伝承をもりこんだもの、いわば皇別・神別・諸蕃にあたる各氏族としては、皇室との関係を定めることによって、自家の立場を主張しえたことが原因となっているのであろう。阿倍臣の祖先伝承としての、大毘古命や建沼河別命の伝承もおなじであり、「帝紀」にも記されていたと思われる。と同時に、以下の本文でのべるヒコ（比地＝彦）、スクネ（足尼＝宿禰）、ワケ（獲居＝別）のような称号も、皇室との関係において氏族の身分を表示するものであり、一定範囲の豪族が祖先系譜のなかで使用しえたものといわねばならない。そこに称号としての画一性がある。

つぎに、各氏族の「家記」がある。坂本太郎「纂記と日本書紀」（『史学雑誌』五六―七、前掲書）は、『書紀』の重要な材料となった各氏族の纂記の例として、膳臣に関するイハカムツカリの伝承をあげ、『書紀』の景行天皇の東国巡幸にまつわる記述より、『高橋氏文』の記述の方がはるかに具体的かつ詳細であるのは、『氏文』が基になって『書紀』の記事ができたものと推定されるとした。持統五年八月、一八氏に詔して纂記を提出させたなかに、膳臣、阿倍臣が入っていることは周知のとおりである。これは、各氏に独特な伝承記録であって、「帝紀」「旧辞」との直接の関係はないが、上にのべた各氏族と皇室の関係からすれば、その基本に、「帝紀」「旧辞」をすでに織り込んだものと考えるのが至当であろう。〃先に帝紀ありき〃とでもいえばよいであろうか。

本論の論旨は、この意味で「帝紀」と「家記」にかかわりをもつ。関東の諸豪族が、共通して阿倍氏と同系の氏族たることを主張し、その祖を大毘古命とするのは、たまたま各氏が単独で主張したのでなく、その基盤としての「帝紀」の形成を考えないわけにはいかない。ヲワケ臣の系譜も、『高橋氏文』も、「世々」「大王」に仕えるという負名氏の思想がみられ、それらがともに阿倍氏の大毘古命の系譜につながっていることは見すごしえないところであろう。膳氏は、『高橋氏文』によれば、もとは上総の豪族で、「東方諸国造十二氏」が、膳夫を進めたとおなじ立場にあり、その統率者でもあった。そのため、「膳職乃長」とも「上総国乃長」ともいわれる両属の立場を維持したと考えるのがよいと思う。

さて、「帝紀」は、すでに記録され、おそらく成書化されたものを指すと思われるが、そのような形体にまとめられたのは六世紀であるとするのが一般である。そこで、もし筆者の推定が正しければ、その原型となる系譜思想そのものはヲワケ臣の八代にすでにあらわれていることになる。武田説が、「帝紀」がいつ成立したかは困難な問題であるが、応神天皇の「御記」に、若野毛二俣王の系譜をかかげ、それが継体天皇におよんでいないのは、継体の即位前に、まず古い部分は成っていたのではないかとのべられたことを想起するのである。

(112)(113) 木崎愛吉『大日本金石史』四、摂河泉金石文、歴史図書社、一九七二年、同『大日本金石史』一、好尚会出版部、一九二一年。竹内理三『寧楽遺文』下巻、東京堂、一九六二年。

(114) 和田英松・森克己『国書逸文』非売品、一九四〇年。

(115) 丹後籠神社蔵。

(116) 京都三井寺蔵、一名大師御系図。

(117) 太田亮『姓氏と家系』創元社、一九四一年、二四一ページ以下。

(118)(119)『姓氏録』逸文、第八巻、高橋朝臣、『太子伝玉林抄』所収、第十七巻、賀茂朝臣、『鴨脚家本新撰姓氏録残簡』所収。佐伯有清『新撰姓氏録の研究』本文篇、吉川弘文館、一九六二年。

(120)佐伯有清・平野邦雄・黛弘道座談会（注(13)におなじ）。

(121)佐伯有清『古代氏族の系譜』学生社、一九七五年。このなかで、『和気系図』を詳しく考証し、因支首は、貞観九年二月、讃岐国司解によって、因支首道麻呂以下四三名の改姓を申請したが、それは延暦十八年十二月に「本系帳」の提出を命ぜられ、同十九年七月に提出したものに則り、讃岐の「因支首」と伊予の「別公」を同宗としたものであった。それは、伊予の別君の忍尾が、伊予から讃岐にうつり、因支首の長の女と結婚したため、その子供たちから母姓を名のり、因支首となったものである。さらにさかのぼると、系譜の称号は、「別命」から「別君」、つまり〝別〟から〝君〟に変化しているのは、天皇・皇族が、「別」を称していた四世紀後半から五世紀のおわりごろ、地方豪族も「別」を称していたこと、地方豪族が「別」から「君」へ称号をかえていったとき、天皇もおなじように「別」から「大王」（オホキミ）に称号が変ったことと関係があるとし、「別」→「君」の変化を、五〜六世紀に現実に生じたものとして論ぜられた。

(122)義江明子論文（注(14)におなじ）。すでに高群逸枝『招婿婚の研究』一、理論社、一九六六年、一六八ページに、この系図について指摘されている。

(123)伴信友「高橋氏文考注」（『伴信友全集』国書刊行会、一九〇七年）。

(124)『大日本古文書』三、一五〇ページ。『寧楽遺文』下、九四七ページ。

(125)前川明久「日本古代氏姓制成立の前提——彦（比古）をめぐって——」（『古代学』一一—三）、同「足尼（宿禰）小考」（『法政史学』三三）。かつてヒコは、天皇あるいは地方豪族が共通して用いていた称号ではなかったかとし、スクネは、大和を中心とし、その周辺をふくむ地域に本拠をもつ畿内豪族に多いとしたのは、その通りであると思う。ただ前川説は、ヒコを天皇・豪族が共有したのは、四世紀後半以前とし、スクネは五世紀前半から後半にかけて、畿内豪族が人名につけていた称号であるとし、ともに現実のものとされている。さらにワケについても、ヒコを称号としたもののうち、皇系に近く、あるいは有力な地方豪族が、四世紀末から五世紀前半の天皇・皇族と共称したものとされている。国家組織として〝天皇〟と〝豪族〟あるいは〝豪族相互〟が、画一的な称号をもちうるのはいつかということを検討しなければならない。

（126）中田薫「韓国古代村邑の称呼たる啄評、邑勒、担魯及び須祇の考」（『史学雑誌』一六—八）。

（127）佐伯有清「日本古代の別（和気）とその実態」（『日本古代の政治と社会』吉川弘文館、一九七〇年）。
佐伯氏もまた、別についての結論として左のような図式を提示された。

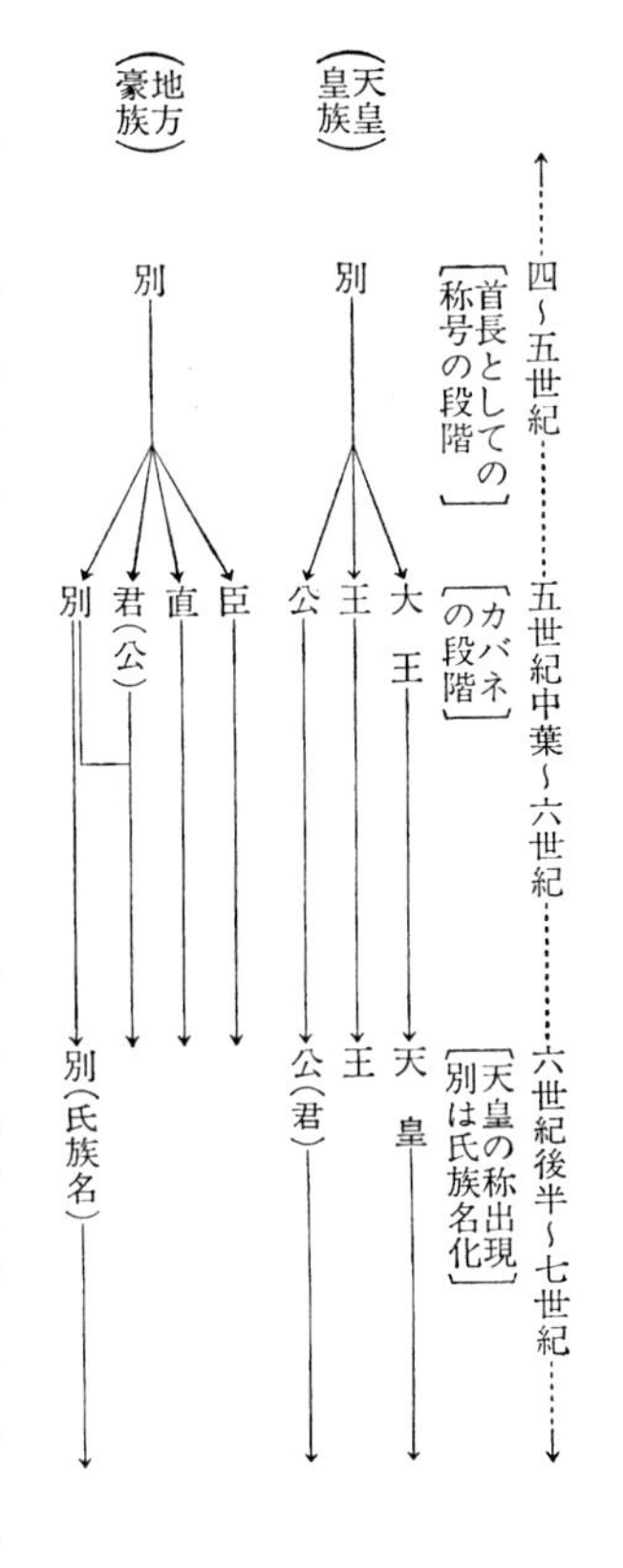

つまり、四〜五世紀に首長の称号として、天皇・皇族と地方豪族に、「別」が共有されたとされる点は、前川明久氏の発想とも等しく、その後これにたいする批判はあまりないように思う。四〜五世紀に、天皇と地方豪族が同一の称号を共有する国家組織が成立していたかどうかは改めて問われねばならない。佐伯氏は現存史料のままをまとめられたのであるから、この点は問われていない。

（128）『法隆寺金銅観世音菩薩造像記』（『大日本金石史』四二ページ、『寧楽遺文』九六三ページ、注(112)(113)におなじ）。辛亥年（白雉二年＝六五一カ）、「笠評君名大古臣」とあり、「笠評」は、吉備笠国造の名もあるように、吉備の地域名としての評（郡）であり、「笠評君」は、その〝笠評の長〟とでもいう意味で、氏姓ではない。氏姓とすれば、「笠臣」「吉備笠臣」などにあたる。したがって、右の表記には氏姓はなく、名の「大古」と、称号ないしカバネの「臣」より成るとみてよい。「大古臣」は「乎獲居臣」と表記上は共通している。「大古臣」の氏姓としての「笠臣」または「吉備笠臣」はすでにあり、「笠大古臣」のように記されたであろうが、在地では「笠評君」とよんだのであろう。

(129) 太田亮論文（注(99)におなじ）五五一ページ。
(130) 『寧楽遺文』下、九六一ページ。
(131) 『元興寺伽藍縁起并流記資財帳』（『寧楽遺文』上、三八三ページ）所引。
(132) 『大日本金石史』四一ページ。『寧楽遺文』下、九六二ページ（注(112)(113)におなじ）。
(133) 帝室博物館編『帝室博物館図録』第九輯、一九二七年。
(134) 福山敏男「金石文」（上田正昭編『文字』社会思想社、一九七五年）、同「江田古墳発掘大刀と隅田八幡神社蔵鏡の銘文」（『日本建築史研究』墨水書房、一九六八年）もあるが、『文字』所収のものが、もっともあたらしいのでそれによる。
(135) 朝鮮民主主義人民共和国、大韓民国の研究者の説に多い。
(136) 亀井正道「船山古墳と銀象嵌大刀」（『ＭＵＳＥＵＭ』三四〇）。
(137) 『帝室博物館図録』のものは、現在にくらべ写真がかなり鮮明にとれている。年月の経過は如何ともしがたいものであることを痛感するが、それにしても写真が小さい。さらに拡大した一字一字を撮影してあればと惜しまれるが、将来、稲荷山鉄剣とおなじく研磨が必要であろう。現在は、亀井氏のとられた手段しかないであろう。その拡大写真を拝見したことを感謝したい。

第二編　六世紀のヤマトの大王

第一章　継体朝の諸問題

第一節　学説史の問題

『書紀』によると、応神・仁徳王系の武烈は、〃悪逆無道〃の天皇で、継嗣なくして崩じたので、応神五世孫にあたる継体を、越前三国から迎えて王位をつがせたという。『古事記』も基本的にはかわらない。

これは、仁徳を、〃仁慈有徳〃の王として王系のはじめにおき、〃悪逆無道〃の武烈でこの王系がほろびるという中国の王朝思想によって脚色されているが、実際にも、継体は前王朝がほろび、〃易姓革命〃によって生まれた新王朝ではないかとする推測を生んだ。たしかに、応神五世孫といいながら、『古事記』は、応神が息長マワカナカ姫をめしてワカヌケフタマタ王を生み、この王がオトヒメマワカ姫をめしてオホホド王を生んだとして、応神──フタマタ王（一世）──オホホド王（二世）の三代の系譜を記しながら、それ以下にはふれず、『書紀』は、応神がフタマタ王を生んだとするが、オホホド王は記さず、逆に継体をヒコウシ王の子とし、応神──フタマタ王（一世）……ヒコウシ王（四世）──継体（五世）と記しながら、やはり中間を欠いている。この記紀の系譜を合成しても、なお三世は欠け、応神五世孫の主張は裏づけられていないのである。これは、記紀が天皇の世系については、歴代を克明にあげるという通則に反している。

よって、五世孫とは、「大宝継嗣令」に、親王・諸王の範囲を定め、「自親王五世、雖得王名、不在皇親之限」とし、さらに、慶雲三年の格で、「准令、五世之王、雖得王名、不在皇親之限（略）自今以後、五世之王在皇親之限、其承嫡者相承為王」と改めたように、まず五世までを王とし、さらにこれを皇親の範囲に入れるとした制度をうけて、記紀が〝応神五世孫〟という理由をつけて、継体の即位を正当化したのであるとの見方が有力となった。もしそうならば、応神と継体の王系はつながらないことになる。

さらに問題となったのは、「継体・欽明紀」の年紀の錯簡である。かつて平子鐸嶺・喜田貞吉氏ら(1)は、継体〜欽明の継承に問題があるとしたが、大きくわけると、問題は二つある。

一つは、「継体紀」は、「百済本記」にしたがって、継体二十五年、辛亥（五三一）を継体の崩年とするが、「安閑紀」は、安閑の即位を、甲寅（五三四）としていて、その間に三年の空位がある。他方、「安閑紀」は、安閑が継体の崩御の日に即位したとも記しているから、これは、「継体紀」の「或本」にいう崩年を甲寅（五三四）とする説に立脚している。しかも、辛亥崩年説は、「日本天皇及太子皇子倶崩薨」という、内乱か事件をにおわせるような異常な記事をかかげ、もしこれを「天皇」（継体）、「太子」（勾大兄＝安閑）、「皇子」（宣化）にあてはめれば、皇子欽明を除く三人が、ともに同年に死んだことになる。継体について即位したのは欽明ということになりかねない。

二つは、「欽明紀」は、仏教の伝来を、欽明四十三年、壬申（五五二）にかけているが、『上宮聖徳法王帝説』（以下、『法王帝説』）、『元興寺縁起』などは、これを戊午（五三八）とし、ことに後者は、「欽明七年戊午」と明記している。もし、欽明七年戊午説が成立すれば、欽明の即位は壬子（五三二）となり、継体が崩じたという辛亥（五三一）の翌年にあたる。つまり、この年紀でいえば、欽明は継体が崩じたのち、ただちに即位したのである。空位どころか、安閑・宣化の在位期間はなくなるであろう。もちろん、『書紀』では、戊午は欽明の治世にはなく、そのまえの宣化三年にあてているから、欽明の在位期間はそれだけ短くなり、三二年となるが、『法王帝説』は、四一年とし、欽明七年戊午説を間接的に立証したことになる。

この二つから、平子氏は、安閑・宣化の治世をくりあげて、「継体紀」に編入してしまう。つまり、辛亥（五三一）は、実は継体の崩年ではなく、宣化のそれにあたるとし、欽明七年戊午（即位は壬子＝五三二）をみとめようとし、喜田氏は、欽明は継体の崩後（辛亥）、ただちに即位（壬子）したが、他方二年をへて、安閑、ついで宣化が即位することによって、両朝が併立したとみるのである。

その後、この説を継承発展させたのは、林屋辰三郎氏である。[2] 林屋氏は、いわば〝紀年問題〟から脱却して、継体が畿外から大和に入って即位した異常さ、その死にさいしておこったらしい、いわば〝辛亥の変〟、その後の安閑・宣化と欽明の両朝の対立という、わが古代史における劇的な政情の変転を予測した。すなわち、継体は越前から大伴金村に迎えられ、擁立されたが、畿内勢力の反対によって、ただちには大和に入れなかった。越前三国―河内樟葉―山城筒城―山城弟国をへて、大和に入るのに二〇年の歳月を要し、さらに、在位中には、大伴金村の専断による〝任那問題の失政〟と、筑紫国造磐井の反乱にみられるような〝族長層の反乱〟をひきおこした。その結果、〝辛亥の変〟とでも名づけられる内乱状態のなかで、太子（安閑）、皇子（宣化）とともに異常の死をとげた。この変は、大伴を中心とする政治に反対する蘇我氏によっておこされ、継体の死に先立って即位したのは、太子勾大兄（安閑）でなく、嫡子欽明であり、前者は、地方豪族尾張氏を母とし、後者は皇女を母とする畿内勢力であった。欽明を擁立したのは蘇我氏であり、その后妃に、蘇我稲目の女堅塩媛と小姉君の二人を納れることとなったとされた。しかも、この変で死を伝えられた二皇子（安閑・宣化）は、わずかに死をまぬかれ、二年をへて別王朝をたて、欽明と対立するが、別に政策において本質的な対立があったわけでなく、結局は、大伴・物部と蘇我という両勢力の抗争にもとづくものにすぎないと推測されたのである。この説は、いわば〝紀年論〟を〝政変論〟にまで高めた魅力ある学説であったが、その後、坂本太郎・関晃氏らの批判を生むこととなった(3)。一つは、「継体・欽明紀」の史料批判に関するもので、両紀の記事内容をそのまま史実として扱う安易さを指摘するもので、ことに、大和に入るのに二〇年の歳月を要したというような年紀は、まったく信用できないとする。二つは、継体から譲位をうけた安閑を否定し、欽明をたてたのは、むしろ大伴氏とみることもでき、これにたいし、二年後に蘇我氏が別王朝をたてたという逆の推理も可能だというものであった。

林屋説は、興味ある仮説であり、この説が、その後の〝応神王朝論〟や、〝継体新王朝論〟などの、いわゆる〝王朝交替説〟に大きな影響をもつことになったのは事実である(4)。

しかしながら他方で、継体を、〝応神五世孫〟とする天皇の系譜について、黛弘道氏は(5)、『釈日本紀』にひく『上宮記』を検討し、それが『書紀』の作為とは言いがたく、少なくとも推古朝ごろには成立していたことを論証しようとされた。また、三品彰英氏は、『三国史記』（以下『史記』と記す）、『三国遺事』、『書紀』の王暦には、それぞれズレのあること、したがって、三年の空位も、単なる暦法上の操作の誤りにすぎないことを、別の視点から提供された。

まず、黛氏は、『上宮記』の逸文には、記紀に欠けている部分をもふくめ、〝応神五世孫〟の全系譜が記されている。すなわち、ホムツワケ王（応神）――（一世）ワカヌケフタマタ王――（二世）オホホド王――（三世）ヲヒ王――（四世）ウシ王――（五世）ヲホト大公王（継体）がそれで、『上宮記』の人名表記などにみられる用字法は、記紀よりも古く、推古朝の遺文とみて差支えなく、具体的な原史料があって作成されたものであると推定された。また、『聖徳太子平氏伝雑勘文』にひく『上宮記』のばあいも、法大王（聖徳太子）、尻大王（山背大兄）などの系譜に用いられた一連の人名表記は、推古朝の遺文にちかく、記紀の用字法とは一致せず、むしろ最近、発掘されている藤原宮木簡のそれと一致するものが多い。一致しないものも、もちろんあるが、一致するものは、推古朝遺文と共通性がつよく、一致しないものは、『上宮記』の方が木簡より古いとされたのである。このような点から、〝応神五世孫〟という表記は、前漢と後漢の両王朝に関して、後漢の光武帝は、前漢の景帝の六世孫にあたり、『後漢書』の「光武本紀」によると、景帝——長沙定王発（一世）——春陵節侯買（二世）——鬱林太守外（三世）——鉅鹿都尉回（四世）——南頓令欽（五世）——光武（六世）と世系を明示されたのに比べられ、中間に五世をはさむことになるのと似ているとのべた。

これを要するに、推古朝には、応神と継体は、中間の四世を介して、系譜的にはつながると考えられていたので、律令による造作ではない。ただ、それが史実であるか否かは分からないとし、継体の父系は、近江・美濃・越前地方に勢力をのばした地方豪族で、母系は、越前・能登をおもな地盤とする地方豪族であり、この両豪族の婚姻は、そのころの豪族の通婚圏からみて不自然ではないという程度の結論にとどまったのである。

三品氏の説は(6)、まとめていえばつぎのようになる。㈠『書紀』の「百済本記」、㈡『史記』の「百済本紀」、㈢『三国遺事』の三つの史料には、A・B二系統の王暦が用いられたらしい。㈡をA、㈢をBとすれば、㈠はA・Bを混用している。まず、㈠では、継体十八年、甲辰（五二四）、聖明王の即位を記し、㈢では、癸卯（五二三）の即位とするが、これは、第一編でしばしばのべたように、㈠が〝越年称元法〟を用いているためであって、本質的な誤差ではない。ところが、㈢は丁未（五二七）の即位をのべており、三年の誤差がある。つぎに、㈠では、欽明十五年、甲戌（五五四）、聖明王の戦死、同十八年、丁丑（五五七）、王子余昌（威徳王）の即位を記すから、この間に三年の空位があるようにみえる。しかし、㈡では、甲戌（五五四）に、威徳王の即位を記し、㈠にくらべ三年くりあげており、空位はない。㈢では、やはり丁丑（五五七）の即位とし、㈠とおなじく三年の誤差がある。結局、㈠は、A・Bを混用したのであろうが、㈠・㈡・㈢とも、聖明王の在位期間を三十一年とするのはかわらないから、㈠は、甲辰（五二四）より甲戌（五五四）、㈡は、癸卯（五二三）より癸酉（五五三）、㈢は、丁未（五二七）より丁丑（五五七）にあてることになる。このほかにも、㈠は、継体二十三年、己酉（五二九）、新羅の上臣伊叱夫礼智干岐が任那の四村を抄掠したとし、この四村とは、金官・背伐・安多・委陀であるとしているが、㈡の「新羅本紀」では、法興王二十九年、壬子（五三二）、「金官国主仇亥（略）以国帑宝物来降」としていて、ともに金官加羅の滅亡を記しているので、この間にも三年の誤差があることになろうとされた。

このように考えると、継体の崩年を辛亥（五三一）、または甲寅（五三四）とし、安閑の即位を甲寅（五三四）とすることも、㈠のとり入れたA・B二系統の王暦による別にすぎないと考えられることとなろう。

もちろん、これらの説は、問題をすべて解決しているわけではない。黛説でいえば、推古朝に〝応神五世孫〟の系譜がすでにあったとしても、いわゆる〝原帝紀〟ではどうなっていたか。継体が応神につながるならば、近江または越前の豪族という主張とどう連結すればいいのかは、依然残された問題である。三品説でいえば、「天皇・太子、皇子倶崩薨」と記された事態をどう説明しうるかということである。もっとも最近では、これを虚偽の情報で、欽明の即位には対外的に隠さねばならぬ事情があり、正統な継承者は、欽明であると百済王に認知させるための作為であるとの論もある。

さて、右の二説をとり入れ、応神五世孫の系譜や、継体・欽明の紀年などを整合的に解釈しようとした、川口勝康氏の説がある。(7)

ただ川口説はいかにも難解で、どこまでが系譜の〝作成原理〟なのか、それとも〝歴史事実〟を示すものなのか、その境界があいまいで、その主張をよみとることは容易でない。しかし、系譜論としては本格的なものと思うので、本論に必要な部分のみを、左に要約してみよう。

まず、応神五世孫の系譜は、記紀以前の史料によるものとみとめられるが、継体当初のいわば〝原系譜〟に記されていたのは、せいぜい継体とタシラガ皇女の婚姻をもとに、ホムツワケ（応神）……ヲヒ王（三世）――ウシ王（四世）――ヲホド（五世）（継体）ぐらいのものにすぎまい（仮にこれをAとする）。この〝原系譜〟には、そののち『宋書』の「倭国伝」に記された倭五王の系譜が〝一系的〟に結合され、〝原帝紀〟の成立をみた。結合された系譜は左のようになる。

┌ホムツワケ（讃）――○――○┬タシラカ
│　　　　　　　　　　　　　└シラカ
└ミツハワケ（珍）
の系譜（仮にこれをB_1とする）

ヲアサツマ（済）┬アナホ（興）
　　　　　　　　└ワカタケ（武）――ワカササキ
の系譜（仮にこれをB_2とする）

そのさい、AとB_1・B_2の〝結合原理〟として、ホムツワケとヲヒ・ワカタケ世代の中間に、ワカヌケフタマタ王（ホムツワケの子）と、忍坂オホナカツ姫（ヲアサツマの妃、ワカタケの母）の二人を、の形で挿入した。このフタマタ王は、AとB_1に共通するホムツワケを同時にうけ、これをAではヲホド（継体）にいたる男系系譜に接続し、他方では忍坂オホナカツ姫を介して、B_2のワカタケ（雄略）へもつなぐ〃分岐点〃、つまりフタマタ（二俣）に位置し、Aと、B_1・B_2をむすぶ〃原理的存在〃となりえた。同時に、〃原帝紀〃に設定されたオホサザキ（仁徳）は、このフタマタ王とともに、ホムツワケ（応神）の子として、同格的存在として〃策定〃され、B_1・B_2を結合する〃原理〃として機能した。

一世フタマタ王─┬─二世オホホド王
　　　　　　　　└─忍坂オホナカツ姫

なかでも、忍坂ナカツ姫は、AとB_2の系譜を結合するカナメに位置し、またB_1にゆかりの宮号〃忍坂〃を称するから、$B_1 \to B_2$への系譜の展開にも役割をはたし、文字どおりナカツ、つまり〃中継〃としての意味をもつ。そこで、〃原帝紀〃の成立において、「圧倒的に重要な位置を占めるものは、忍坂大中姫という原理的存在であった」となるのである。

川口説は、『書紀』と『宋書』というまったく成立の異なる史料を接合する仕方に異論があり、また〃分岐点〃〃中継〃という解釈にも疑問があるが、記紀をあわせても、なお欠ける五世孫の中間世代を埋めようとし、ことにフタマタ王・忍坂ナカツ姫の存在を重視し、それが〃原帝紀〃に記載されていたであろうことを推定した点が注目される。もちろん、〃原帝紀〃において、これらが〃原理的存在〃として〃策定〃されたものにすぎないならば、それは事実と関係ないことになり、天皇家は、もともとAと、B_1・B_2にあたるまったく関係のない系譜をもち、それを単に机上で接合したにすぎぬことになる。しかし、継体〜欽明の間に成書としてでき上った〃原帝紀〃（タテ系図の思想がすでに雄略朝に存在したことは、『稲荷山古墳鉄剣銘』より確実視される）が、その継体の系譜について、仮空のことをなしうるはずはなく、少なくとも、川口説のいわゆるAとB_1・B_2の系譜を結合しうる人格として、忍坂ナカツ姫を最優先にあつかったであろうことが推測される。筆者が第1図「息長氏関係系譜」を示すところも忍坂ナカツ姫こそ、天皇家と息長氏を結び、それ以下の天皇系譜を生み出す始祖的な役割をはたしている。それにつぐものは、フタマタ王でなく、忍坂ナカツ姫の兄弟であるオホホド王である。継体以下の王系は、この二人によって正当化され、もしそれが事実でなければ、王位の継承は行われえなかったであろうということである。川口説はこの点を追求しなければ、現実的な意味をもつ学説とはなりえないであろう。

さらに、川口説は紀年の問題にふれ、三品説をとり入れながら、辛亥に、天皇・太子・皇子がともに死んだというのは、継体・安閑・宣化をさすとしなければならず、しかも、安閑・宣化は継体について即位したのは事実であるから、この情報は、欽明側から出された作為的な外交主張であろうとする。当時、大伴金村と勾大兄（安閑）のいわば〝大兄ブロック〟と、蘇我稲目と欽明の〝大后ブロック〟（欽明の母はタシラガ皇女）の対立が存したからである。少なくとも、継体ごろから、大王・大后・大兄という皇室内部の権力主体が形成され、この傾向は、敏達――押坂ヒコヒト大兄――舒明ラインにいたって、いよいよ明確となり、王権は、「蘇我氏との対抗のなかで」「意識的にみずからの血統を純化」し、みずからの権力を確立しようとしたとする。この〝血統の純化〟というのは、薗田香融・塚口義信氏らの、息長氏に関する研究を一部継承されたものと思われ[8]、薗田氏は、それを〝皇親氏族〟ということばであらわし、息長氏をこれにあて、天皇家との婚姻形態を論ぜられた。川口説が、継体ごろから、敏達――押坂ヒコヒト大兄――息長タラシヒヒロヌカ（舒明）ラインによって、皇室内部の権力主体が確立するとみたのは、ことばをかえれば

まさしく〃息長ライン〃とでも言いかえられよう。そしてこれは、

舒明──┬天智
　　　　└天武

にいたって、蘇我氏の討滅にもつながるのである。ここでも、息長氏の始祖的役割を荷なう忍坂ナカツ姫の考察は不可欠のものとなる。

さて、筆者は、継体にはじまる大王家を考える前提として、息長氏と和珥（春日）氏をあわせて考察する。このような視角は、これまでにのべた継体・欽明朝に関する諸説にはなく、諸説は諸説として、まったく別個の観点からこの王系を分析することとしたい。

第二節　〃継体新王朝論〃批判
──王系と息長・和珥氏──

〃継体新王朝論〃は、〃応神王朝論〃の延長線上にある。応神王朝は、河内におこった新王朝で、これが大和の王朝を倒して、河内から大和に進出したというのとおなじく、継体王朝は、越前または近江の豪族が、大和の王権を倒し、皇位を簒奪したとするもので、〃万世一系論〃の否定として提起されたといってもよい。わが歴史において、男系をもってする万世一系の思想が、いつごろから成立したかはそれ自体、歴史上の問題としてとりあげねばならないが、

古代における族長権の継承にたいする省察のないまま、男系による継承を当然のこととして万世一系を否定するのは、自己矛盾といわねばならない。筆者はそのような万世一系は事実としても、理念としても存在しなかったと考える。天皇・貴族をとわず、族長権の継承はそのような形のものではないと考えるからであり、これは第一編第一章・第四章においてものべたが、今、ここに継体天皇の出現にいたる経緯をとりあげて、そのことを詳述することとしたい。

A　息長氏について

継体天皇の出自について、「継体紀」は、越前三国から迎えられたとする。しかし、『古事記』は、「自近淡海国令上座」と明記しているし、『書紀』の所伝も、父のウシ王は、「近江高嶋郡三尾別業」(『上宮記』は高嶋宮)にいて、「越前三国坂中井」(『上宮記』は坂井県)よりフル媛をむかえて妃とし、継体を生んだが、ウシ王の死後、フル媛は故郷にかえり、継体を養育したとしているのだから、もとは近江にいたことを主張しているのである。つまり、ウシ王は、近江息長氏の出であるといってよい[9]。

近江息長とは、敏達后の息長ヒロ媛の「息長墓、在近江国坂田郡」とあるように、近江坂田郡の地名である。息長氏の同族をみても、『姓氏録』の息長真人を中心に、山道・坂田酒人・八多・息長丹生の各真人、坂田宿禰、息長連らがあり、坂田・坂田酒人は、その名のとおり「坂田郡」、息長丹生は、『倭名抄』の「坂田郡上丹生郷」、山道は、不破関をひかえる「東山道」の拠点である坂田郡にちなむ名であり、いずれも坂田郡に関係している。また、『三代実録』には[10]、「近江坂田郡穴太氏」の譜図は、「息長、坂田酒人両氏」と同巻として太政官に提出せよと記している。

第1図　息長氏関係系譜

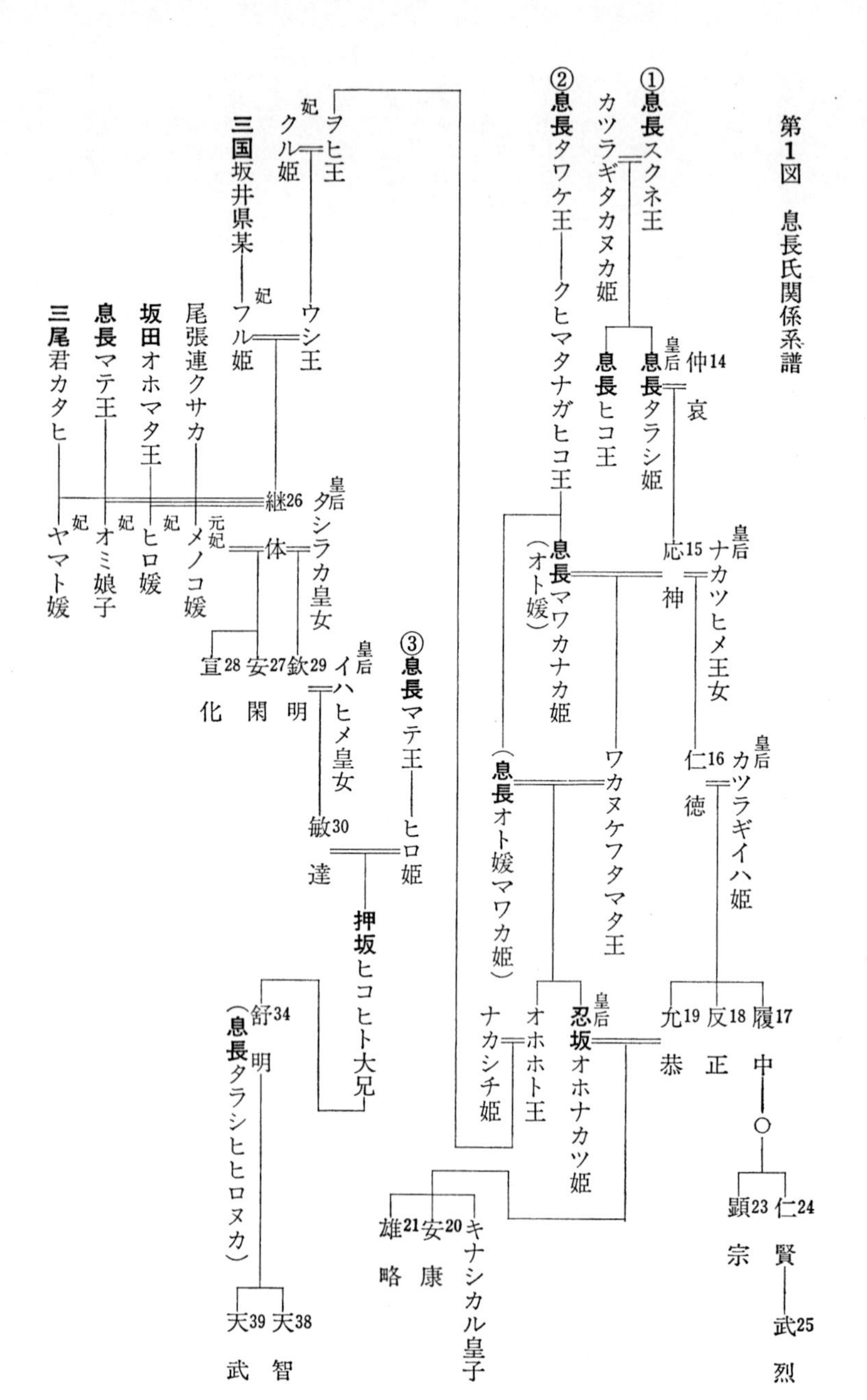
①息長スクネ王
カツラギタカヌカ姫
皇后 息長タラシ姫
息長ヒコ王
仲14 哀
応15 神
皇后 ナカツヒメ王女
②息長タワケ王
クヒマタナガヒコ王
息長マワカナカ姫（オト媛）
ワカヌケフタマタ王
（息長オト媛マワカ姫）
仁16 徳
皇后 カツラギイハ姫
履17 中
反18 正
允19 恭
○
顕23 宗
仁24 賢
武25 烈
皇后 忍坂オホナカツ姫
オホホト王
ナカシチ姫
雄21 略
安20 康
キナシカル皇子
ヲヒ王
妃 クル姫
ウシ王
三国坂井県某
妃 フル姫
継26 体
皇后 タシラカ皇女
尾張連クサカ
元妃 メノコ媛
坂田オホマタ王
妃 ヒロ媛
息長マテ王
妃 オミ娘子
三尾君カタヒ
妃 ヤマト媛
宣28 化
安27 閑
欽29 明
皇后 イハヒメ皇女
敏30 達
③息長マテ王
ヒロ姫
押坂ヒコヒト大兄
舒34 明
（息長タラシヒヒロヌカ）
天38 智
天39 武

これは、凡庸の徒は惣集して巻をなせと定めた結果であって、畿内貴族には比すべくもない在地の豪族で、同族が坂田郡にひろがっていた証拠である。事実、穴太村主や息長真人らは、八世紀に、「近江坂田郡司」などに任ぜられているのである。このような氏が、八色の姓の真人をあたえられたことが、継体以後の皇室と特別な関係にあった証左であるが、そのことは後にのべる。

今、『古事記』を中心に、『上宮記』や『書紀』を配して、息長氏の系譜を作成してみると、上記のようになる（第1図）。これは史料のままをとりあげたので、何の解釈も加えていない。

a　第1図をみると、名の上に「息長」と「忍坂」（押坂）を冠した両様の人名がみえる。息長が近江坂田郡の地名であることはすでにのべたが、忍坂は大和の忍坂をさしており、『倭名抄』の大和城上郡恩坂郷（現、桜井市忍坂）にあたる。この息長→忍坂の変化の過程をみると、たとえば「允恭紀」に、皇后忍坂オホナカツ姫が、大和忍坂宮に居住し、この宮号にちなむ「刑部」（オサカベ）を設定しているが、皇后ははじめ「随母在家、独遊苑中」とあって、忍坂宮に住むまえは、母の息長オトヒメマワカ媛の家にいたことになっている。これは、ナカツ姫の妹オト媛（衣通郎女）が、「時弟姫随母、以在於近江坂田」とあるのとおなじ意味で、母の「近江坂田」の家に住んでいたことを指している。そしてオト媛もまた天皇に召され、大和に藤原宮をつくり、宮号にちなむ「藤原部」を定めたという。

また、敏達の皇子押坂ヒコヒト大兄は、息長マテ王の女ヒロ媛の腹に生まれ、その王子舒明も、息長タラシヒヒロヌカと諡された。そして舒明の殯には、息長山田公が誄し、その陵墓は「押坂陵」と称され、『延喜式』には、「押坂内陵　在大和城上郡」とあるように、忍坂の地に営まれた。敏達の皇女で、押坂ヒコヒト大兄の妃となり、舒明を生んだ田村皇女の墓も、「押坂内墓」と称され、忍坂の地にあった。このような経緯をみると、敏達后の息長ヒロ媛も忍坂宮に住み、そこで押坂ヒコヒトを養育し、押坂ヒコヒトの妃田村皇女も忍坂宮に住み、そこで舒明を養育した。そのため、陵墓も、忍坂の地に営まれたと解するのが自然である。これとおなじ原理で、坂田の故地にヒロ媛の墓があり、おそらく忍坂ナカツ姫・ソトオリ郎女の墓も坂田に営まれたであろうと思われる。(11)

これらの例からすると、〃息長〃と〃忍坂〃は、〃近江〃と〃大和〃にあって、密接な関係を保った。それは、近江坂田の息長氏出身の后妃が、大和忍坂宮に住み、天皇家との関係を維持したからで、皇子女は坂田あるいは忍坂で養育され、陵墓も、坂田あるいは忍坂に営まれた。皇親化のすすんだものは、忍坂が拠点となったであろう。大和の忍坂宮は、坂田息長氏と天皇家との連続する婚姻関係によって、おそらく息長氏の手によって経営・維持され、そのために設立された刑部（忍坂部）も、薗田氏の研究にあるように、(12)息長氏によって管理されたのである。刑部は、皇后忍坂ナカツ姫のとき設定されたとされるのは、后妃の始祖的な地位にあり、息長氏出身とされる后妃のうち、「忍坂」の名を冠するのは、忍坂ナカツ姫をもって最初とすることからも肯定されよう。「忍坂宮」は、この后妃のときから経営されたと考えてもよい。

b　第1図の系譜は、一見して息長氏が、応神より敏達（または舒明）までの歴代に、后妃をいれる立場にあったことを主張しているのであるが、そのなかには三系がある。第一系は、息長スクネ王系で、息長タラシ媛（仲哀后）につながる。第二系は、息長タワケ王系で、息長マワカナカ媛（応神妃）、同オトヒメマワカ媛（フタマタ王妃）を介して、忍坂ナカツ姫（允恭妃・雄略母）にいたる。第三系は、息長マテ王系で、息長オミ娘子（継体妃）と息長ヒロ媛（敏達后）を輩出し、押坂ヒコヒト——息長タラシヒヒロヌカ（舒明）へとつづく。第一系は、仲哀后息長タラシ姫を介して、応神の出生を語るところで役割をおえている。そのあとの応神——仁徳——履中以下、武烈までの王系は、すでに息長氏との関係はなく、武烈で王系はたえ、この系譜の展開性はまったくない。第二系は、ふたたび応神にかえり、その妃息長マワカナカ媛にはじまり、允恭妃忍坂ナカツ姫の代にいたって、雄略と継体へ系譜が分岐する。そして雄略系は、息長氏との関係はたえ、それ以上系譜は展開しないが、継体系は息長氏との関係を重ねつつ、王位が継承されることになる。この分岐点に位置するオホホト王は、忍坂ナカツ姫の兄弟にあたり、祖母・母ともに息長氏であるから、息長オホホト王といってもよく、忍坂ナカツ姫が大和に進出したのに対し、みずからは近江坂田の息長氏のもとにいったん回帰しつつ、二代をへて、ふたたび継体を、氏族の胎内から輩出するにいたるのである。つまりこの系は、全体として、応神〜継体におよぶ系譜であるが、忍坂ナカツ姫・オホホド王で、前後の二段階にわかれる。この二人は、雄略・継体という二天皇の直接の始祖的地位にあり、かつ、允恭后ということで、第一系のあとをひきつぐ役割をも果たしているのである。第三系は、継体妃にはじまり、敏達妃が加わり、押坂ヒコヒトと舒明を直接に輩出することにより、これまでの大王家のバック・グラウンドであった息長氏が、王系そのものに密着した存在にまで前進し、そのため、舒明の殯に、息長氏が〝帝皇日嗣〟について誄するまでにいたるのである。天智・天武もこの系に属する。

このようにみると、系譜の確度は、第三系がもっとも高いのは当然として、そのばあいでも、継体妃と敏達妃の父をともに息長マテ王とするような未整理または混淆をのこしている。それについで第二系であるが、この系の始祖伝承はあいまいで、応神妃とワカヌケフタマタ王妃をともに息長マワカ姫・オト媛という同一人物とするなどあいまいで、一応存在の確度が高くなるのは、忍坂ナカツ姫からと考えてよいであろう。第一系は、応神を導出することで役割をおえており、息長氏の始祖的伝承を示すものとして、単に架上された疑いがつよいと思われる。

c　氏としての息長氏は、『姓氏録』に、息長・山道・坂田酒人・八多の各真人（左京皇別）、山道・息長丹生の各真人（右京皇別）の計五氏の真人姓と、これに坂田宿禰（左京皇別上）、息長連（右京皇別下）の二氏が存在する。これには若干の出入はあるにしても、天武朝の〝八色之姓〟において、真人をあたえられた坂田・羽田（八多）・息長・酒人・山道の五氏の真人に由来するものであることはいうまでもない。これに、三国真人を加えれば、〝八色之姓〟の真人一三氏のうち、実に六氏までが息長氏の系統に属し、この氏が〝皇親氏族〟の代表的な地位にあったことが知られる。

竹内理三氏は、[13]太田亮氏の研究をひき、「真人を賜わった十三氏の出自をわけると、息長公・羽田公・山道公は応神裔ではあるが、継体天皇の近親たる関係をもつ氏であり、酒人公・坂田公・三国公は継体裔」で、そのほかも、宣化・敏達・用明の裔である。[14]したがって、〝真人〟とは、「継体以後の皇別にあたえられたカバネであり、継体より数えて、五世以内の世代の氏にあたえられた」とのべられた。「大宝継嗣令」の五世王の規定は、この現実とかかわるものではないか。天武朝に、息長六氏が、〝真人〟をあたえられ、貴族姓を称したのは、いわば〝継体五世の氏〟という点においてであった。そのため、第1図で、舒明天皇までの息長氏出身者は、息長・忍坂（押坂）を冠しながら、すべて〝王名〟によって表記されている。

さて、『姓氏録』は、息長六氏の始祖をフタマタ王においているが、『古事記』は、オホホド王におき、「継体紀」は、継体の皇子をあてている。伝承にズレがあるが、いずれも、第1図の第一系・第二系の始祖にあたる息長スクネ王・タワケ王は問題とされず、第二系のポイントをなす、

フタマタ王──┬忍坂ナカツ姫
　　　　　　└オホホド王

以下においていることがわかる。それについで、第三系の継体とその妃息長オミ娘子から〝継体五世孫〟への現実的なプログラムに入るのである。これに対比される天皇の世系も、継体より数えて、天武は〝継体五世孫〟にあたっている。

継体──欽明（一世）──敏達（二世）──押坂ヒコヒト（三世）──舒明（四世）──天智（五世）・天武

天皇の代数でいえば、継体（26）より天武（39）までは十三代を数えるにもかかわらずである。

そこで、〝応神五世孫〟とは、この天皇系の〝継体五世孫〟と息長の〝継体五世氏〟という両系の系譜を、天武の時点で、継体を中心に折り返したものとみうる可能性はつよく、継体はやはり〝応神五世孫〟という理念に支えられており、現実的な系譜でいえば、天皇系・息長系の接点は、継体よりまえ二、三世代にはじまるとみてよいであろう。筆者は、それを忍坂ナカツ姫・オホホド王の世代にあたるとした。そのころから大王家との連続する婚姻関係が発生し、継体もそのなかで成育し、みずからもまた息長・坂田氏との婚姻を重ねたのであろう。

d　息長氏の姻族としての特徴は、大和の葛城・平群、さらに蘇我氏などの豪族が、子女を后妃にいれ、次代の天皇を生ませ、皇位継承に干渉し、いわゆる〝外戚〟としての政治権力を手中にしたのとは異なり、大王家との婚姻関係の反覆によって、いわば永続性のある〝皇親氏族〟としての地位をえたことである。したがって、息長氏が、外から皇位継承に干渉するような伝承はまったくない。〝皇親氏族〟の故に、成立の古い氏族でありながら、子孫は〝真人〟姓をあたえられ、また〝真人〟姓をえたことが、〝五世孫〟の思想を媒介として、その祖を〝某王〟で表示せしめた理由である。第1図をみると、后妃の父はみな〝某王〟とあり、〝息長〟の姓で表示されたものは一人もいない。

しかも、〃某王〃は、かならずその名に、〃息長〃〃坂田〃などを冠し、その子女、つまり后妃も、〃息長〃〃忍坂〃などの同族名をとどめており、さらにその所生の皇子にも、それがおよんでいる。これは、大王家との姻族関係が永続的で、〃皇親氏族〃の性格を有したことと関係があろう。このような現象は、一般の氏族にはみられない。后妃は、次代の天皇を生むばあいもあるが、それは少なく、所生の皇女・王女がふたたび后妃になるという反覆の関係があり、また数代をへだてて大王家との系譜的結合が復活し、皇子・王子が天皇になるといった現象がよみとれる。そのようにして、息長氏は、五世紀末から、大王家の根づよいバック・グラウンドを、近江において形成していたといえよう。

このような見方は、薗田香融氏もふれられたところであり、[15]「息長氏は、葛城氏・和珥氏あるいは蘇我氏のように、強大な外戚氏族として発展する道を選ばず、むしろ皇室の内部にあって、皇親氏族として存続する道を選んだ。ここに息長氏の氏族としての特色がみとめられる」と、概括された。ただこのなかで、和珥（春日）氏は、外戚氏族でなく、つぎにとりあげるとおり、息長氏と性格を共通にし、この両氏族をあわせて、皇親氏族として考察せねばならないし、それから〃皇親氏族〃としての立場を確立した時期を、無限定にでなく、時期を限定的にとらえねばならない。筆者は、それを雄略以後とみてきた。それは、葛城・平群氏らの没落と入れ替わる政治的変動期であり、専制王権の形成とふかいかかわりがあるということである。

B　和珥（春日）氏について

息長氏の系譜（第1図）とまったく重なる時期に、大王家に后妃を出した伝承をもつのは、和珥（春日・大宅）氏である。記紀にしたがって、その系譜を作れば、第2図のようになる。記紀とも、ほとんど所伝のちがいはないので、本論の趣旨に影響のないかぎり差異は省略する。

a　第2図には、和珥・春日・大宅などの氏族名がみえるが、いずれも同一氏族といってよく、たとえば、春日和珥臣フカメなどの姓をみてもそれがわかる。六世紀には、和珥（天理市和爾）よりさらに北方の春日（奈良市春日）の春日氏が族長的地位にあったらしく、雄略以後の后妃の名は、「和珥」より「春日」にかわり、天武朝の八色之姓でも、春日氏のみ「大春日朝臣」を称し、他は「粟田」「大宅」「小野」などの朝臣姓であった。そして八世紀に入ると、むしろ「粟田」「小野」など、山背から近江にかけての同族が主流を占めるところをみると、この氏の勢力はしだいに〝北方〟に移行したらしい。いずれにしても、六世紀には、春日氏によって代表されている。

そして、安閑后の春日ヤマダ皇女は、仁賢皇女にあたり、安閑が勾大兄の地位にあるとき、これを妃としたといい、そのときの贈答歌に、勾大兄が〝春日の国〟に麗しい乙女のあることをきき、〝檜の板戸を押しひらき〟妻問いすることが記されている。仁賢妃は、和珥ヒツメの女とされるから、皇女も母とともに、〝春日〟に居住していたことになる。〝春日宮〟とも名づくべき宮が経営されていたのであろう。奈良時代にも、春日宮・春日離宮・高円宮などがみえるが、石上英一氏は、これらはおなじ宮で、聖武別宮の名もあり、聖武天皇の離宮と思われるが、春日の地は、伝統的に皇室と関係ぶかく、敏達天皇の子春日皇子（母は春日臣老女子＝敏達夫人オミナゴ）のころから、宮の前身が存在したと推定された。これは肯定される見解であるが、本論のように、春日氏の全后妃を考察し、〝春日宮〟は、基本的に后妃を出す春日氏によって経営される宮であるとの観点からすれば、雄略妃春日オミナ君、安閑后春日ヤマダ皇女まで、さかのぼらせることもできよう。息長氏の〝忍坂宮〟の経営とおなじで、忍坂宮は、雄略母忍坂オホナカツ姫のとき、創始されたと推定したが、このばあいも、雄略妃春日オミナ君までさかのぼらせても、不都合はないであろう。さらに、忍坂宮には、その経営のための資として〝刑部〟が附属していた。春日宮にも、〝春日部〟が設けられていた。「安閑紀」に、勾大兄が即位して天皇になると、后のために、〝春日部〟を設定したことがみえる。筆者は、[16]かつて春日部について、それは春日氏の管理下におかれ、雄略妃春日フカメの女オミナ君の段階から設定されたのであろうとし、安閑の春日部は、これに加えて〝春日部釆女〟という名代を新設した記事とみなされ、春日部はさらに

第2図　和珥（春日・大宅）氏関係系譜

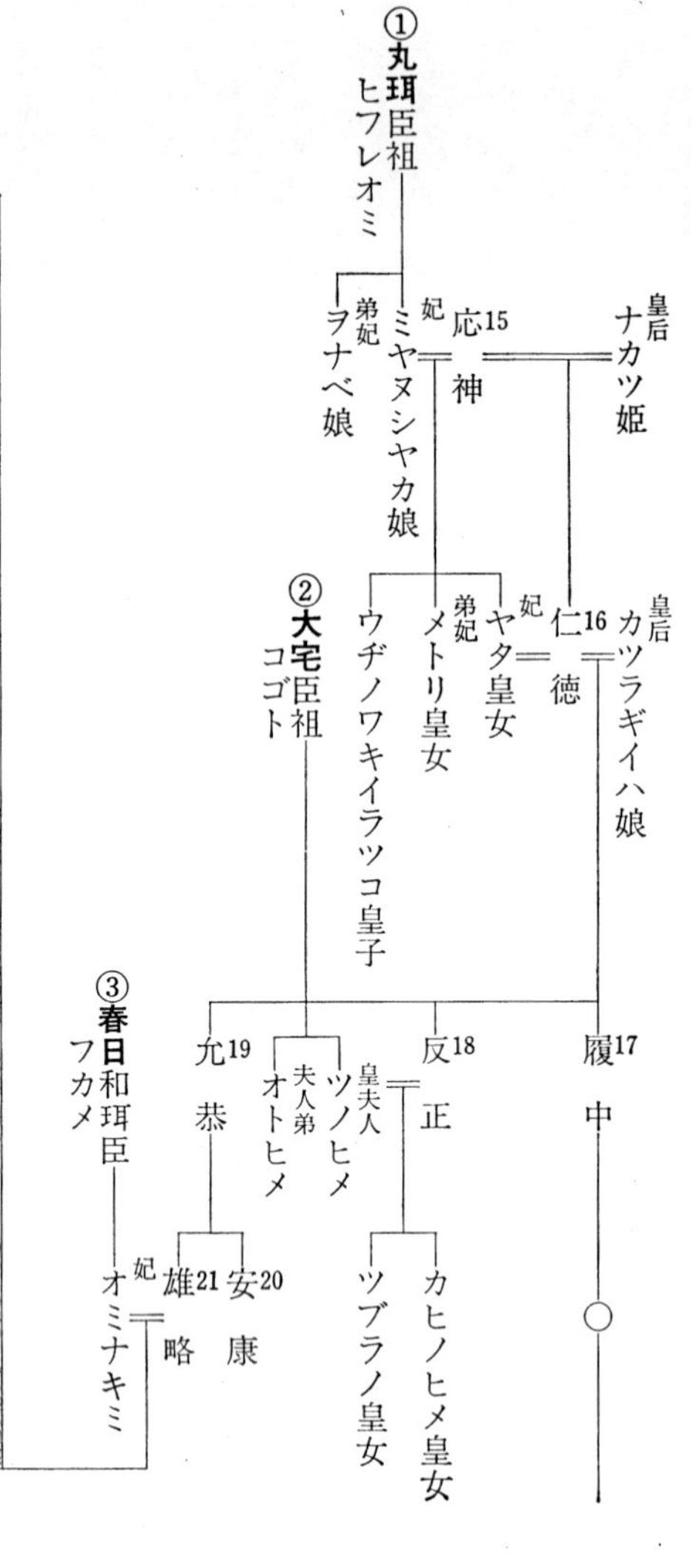

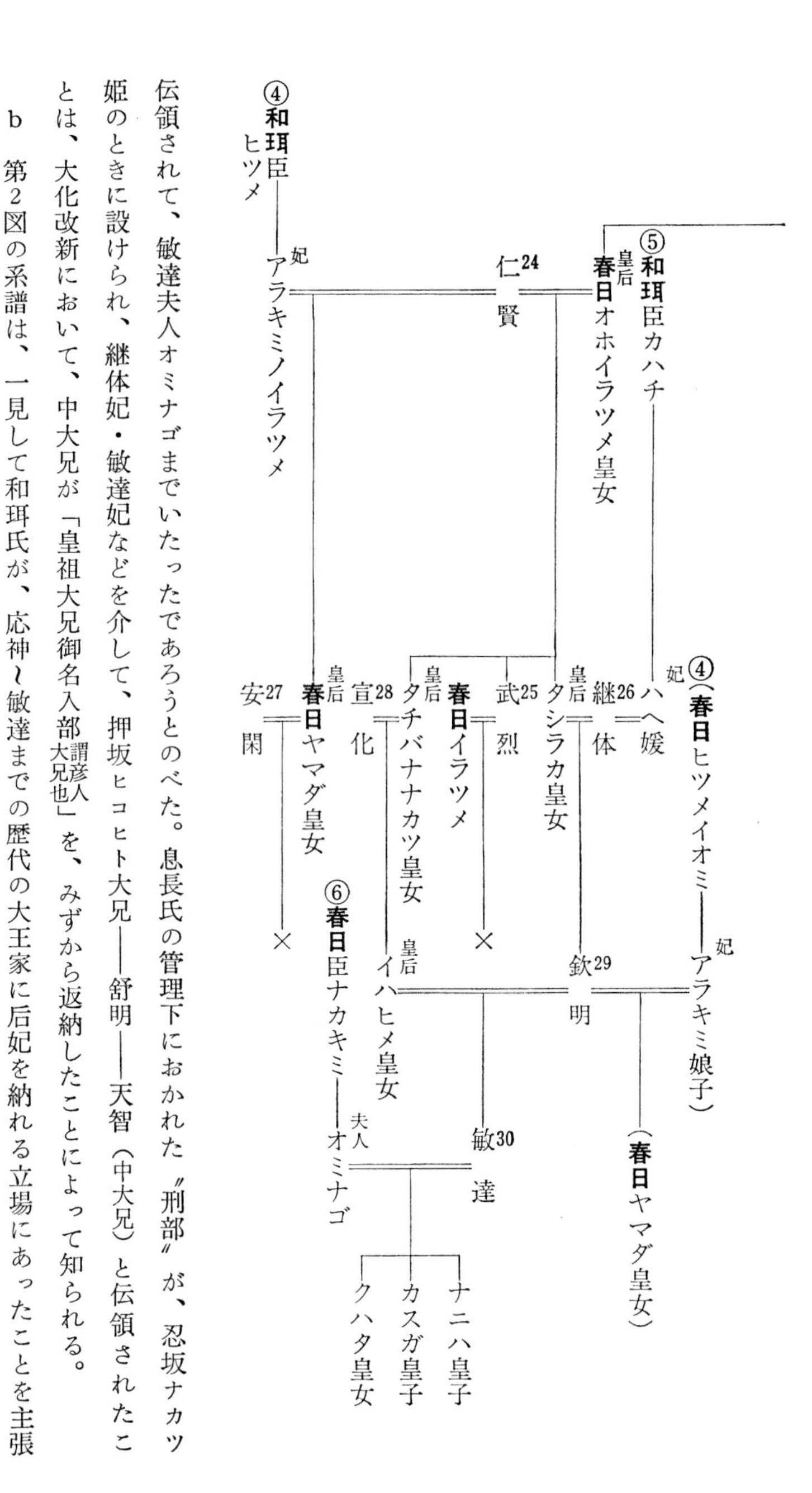

伝領されて、敏達夫人オミナゴまでいたったであろうとのべた。息長氏の管理下におかれた〃刑部〃が、忍坂ナカツ姫のときに設けられ、継体妃・敏達妃などを介して、押坂ヒコヒト大兄――舒明――天智（中大兄）と伝領されたことは、大化改新において、中大兄が「皇祖大兄御名入部謂彦人大兄也」を、みずから返納したことによって知られる。

b　第2図の系譜は、一見して和珥氏が、応神～敏達までの歴代の大王家に后妃を納れる立場にあったことを主張している。ことに、雄略よりあとは、すべての天皇が和珥氏の后妃とつながりをもっている。和珥氏の系譜は六系にわかれるが、第一系の丸珥臣祖ヒフレ系と、第二系の大宅臣祖コゴト系は、『書紀』でも、開化妃が、和珥臣遠祖ハハツノ命の女とされるのとおなじく、すべて、〃祖〃〃遠祖〃にすぎず、祖先伝承として、原理的に設定・架上された系譜にすぎまい。この第一・第二系を除くと、第三系は、春日和珥臣フカメの女オミナ、第四系は、和珥臣ヒツメの女アラキミからはじまり、雄略妃と仁賢妃という、現実性ある系譜となる。息長氏の忍坂ナカツ姫のばあいと共通するのである。そして、これ以後の系譜は、すべてこの二人の后妃から出ており、事実上の始祖的な立場を占めている点も、忍坂ナカツ姫と共通するであろう。しかも、雄略妃オミナ君の生んだオホイラツメが、仁賢妃アラキミと別に仁賢后となることによって、系譜の集中性を高めている。第五系は、和珥臣カハチの女ハヘ媛（継体妃）、第六系は、春日臣ナカ君の女オミナゴ（敏達夫人）で、これは確度は高いにしても、系としての意味はあまりない。むしろ、第三・第四系の補完的な位置を占める。第三・第四系による確固とした永続性ある姻族としての立場が、第五・第六系にもおよび、春日氏としての最終段階をかざったとでもいえるであろう。この系でも、和珥臣ヒツメと春日臣ヒツメというおそらく同一人格が、それぞれ仁賢妃と欽明妃の父となっていて、しかもこの妃はともに、春日ヤマダ皇女を生むという未整理が露呈されていて、あたかも、息長氏においても、息長マテ王が、継体妃と敏達后の両方の父とされていることと共通している。要するに、この系譜をよめば、雄略より敏達におよぶ間に真実性があり、息長氏の系譜と時代を共通にすることである。

c　和珥（春日）氏は、葛城・平群氏や、蘇我氏と異なり、子女を后妃に納れ、次代の天皇を生ませ、いわば〃外戚〃として権力をふるった伝承はない。女を后妃にいれ、その皇女・王女がふたたび次代の后妃を生むという形は、息長氏よりもさらに徹底している。所生の皇子・王子が皇位についた伝承はまずなく、后妃となるくり返しのあとに、明確な〝皇女〟として天皇を生むのである。それはもはや、春日氏という〝氏族の女性〟ではない。これは、息長氏の〝某王〟の資格と似ている。岸俊男氏が、[17]「葛城氏のばあいと異なり、その皇女が多くまた再び后妃となるというように、后妃関係が重複されている」と指摘されたのはそのためであって、第2図の系譜をみても、それが実証される。しかし、すでに〝氏族の女性〟でない后妃・皇女が、なおかつ〝春日〟の名を冠してよばれ、同族としての立場をとどめているのは、息長氏の后妃とその所生の皇子女が、やはり〝息長〟〝忍坂〟の名を冠してよばれたのとおなじであり、他の〝外戚貴族〟にはみられない点である。

それは、大王家との姻族関係が連続し、それだけ〝皇親氏族〟としての立場がすすんでいたからであろう。もちろん、和珥（春日）氏は、天武朝の〝八色之姓〟では〝朝臣姓〟をあたえられ、その意味では、葛城・平群・蘇我らとおなじ性格の大族である。したがって、息長氏が、皇親氏族として〝真人姓〟をあたえられたのとは異なる存在ではあるが、大王家との関係においては、共通性がつよく、雄略〜敏達間、すなわち五世紀後半より六世紀後半までは、この二氏が交互に后妃を出し、たがいに補完関係にあったといいうる。

d　和珥氏は、岸俊男氏がふれられたように、大和の和珥・春日を本拠地とし、六世紀の段階では、大和の北部春日（奈良市春日）に中心があったことは先にのべた。その後、さらに粟田氏（山背愛宕郡粟田郷）、小野氏（山背宇治郡小野郷・近江滋賀郡和爾村小野）などが主流化するので、大和の北部から山背、さらに近江南部に勢力のひろがりをみせている。息長氏は、近江坂田郡を中心に、南は山背愛宕郡から、大和の忍坂にまで勢力をのばし、北は越前三国を支えとしていた。いわば、ともに大和の〝北方勢力〟といってもよく、大和の王権を背後から支え、そのヒンターラントを形成した勢力とでもいったらよいであろう。息長氏より継体が輩出すると、継体は大和に入るのに日時を要しているが、岸俊男氏は[18]、「継体が越前から擁立され、近江三尾や河内樟葉・山背綴喜・乙訓を転々として大和に入っているが、そのコースをみると、ワニ氏同族やワニ部の分布、あるいは伝承の舞台と一致する点が多い」とされた。これは継体の基盤としての、息長・和珥の密接な関係を予測させるであろう[19]。

さて、本節では、息長・和珥（春日）両氏について、それぞれ相応し、共通する特性をとりあげ、a・b・c・dに分かって考察した。このような特性は、単なる〃地方豪族〃のものでないことはあきらかである。

黛弘道氏は[20]、継体の父系は、近江・美濃・越前地方に勢力をのばした地方豪族、母系は、越前・能登をおもな地盤とする地方豪族の一派とされたが、要するに、継体の系譜は、父方が近江の息長・坂田氏、母方は越前三国の三国氏と一応記されているのだから、別に問題はあるまい。山尾幸久氏も[21]、父方は、近江・越前に親族をもつ、近江坂田の息長氏、母方は、越前・加賀・能登に親族をもつ越前坂井の三尾氏で、のち近江高嶋に移ったとするから、小異はあるが大差はない。ただ山尾氏は、これらを純然たる〃地方豪族〃で、群臣が、〃地方豪族〃を特定の女性の婿として迎え、王位にたてることは不自然ではないから、〃大王家との婚姻関係を反覆した地方氏族〃とみる必然性はないと固執される。これは、これまでの〃継体新王朝論〃が〃王位の簒奪〃を前提としており、岡田精司氏らが[22]、継体は息長氏より出自したので、近江の地方豪族が大和に進出し、〃河内王朝〃を打倒したものとされたのを批判し、単なる〃地方豪族〃を次期大王に〃推戴〃したので、〃王権奪取〃を考える必要はないとすることになる。父方・母方とも大和の大王家と何ら血縁関係のない地方豪族を、畿内豪族が大王に〃推戴〃するとは、〃王権奪取〃よりかえって不自然であり、何らかの必然性を前提としないではそのようなことはおこりえないであろう。筆者は、このような意味での〃奪取〃〃推戴〃いずれにも賛成しかねる。

最後にもう一つ史実を加えておきたい。それは『隅田八幡宮人物画像鏡』の銘文である。そのなかに、「癸未年八月日十大王年男弟王在意柴沙加宮時」の章句がある。これまで、「癸未」について、三八三年説（高橋健自氏・西田長男氏）、四四三年説（水野祐氏・神田秀夫氏・小林行雄氏）、五〇三年説（福山敏男氏・藪田嘉一郎氏・乙益重隆氏）があったことは周知のとおりで、ことに小林氏の[23]、画像鏡が中国製の同笵画像鏡を模作したもので、形式から四四三年の模作とするのが適当とされた説によって、四四三年説が有力とされてきた。しかし、筆者は、旧著において[24]、銘文にある「開中費直穢人」なる人物は、カハチノアタヒとよむほかはないが、〃費直〃をアタヒとよむ一種のカバネが成立するのは、四四三年では不可能で、五〇三年説の方が妥当であるとした。「欽明紀」の「百済本記」に「加不至費直」、『元興寺露盤銘』に、「山東漢大費直・意等加斯費直」、『法隆寺広目天像銘』に、「山口大口費」があり、カフチノアタヒ・ヤマトノアヤノオホアタヒ・オトカシノアタヒ・ヤマグチノオホグチノアタヒとよまれ、すべて、東（ヤマト）・西（カハチ）の漢氏に関するものであり、六世紀以後に属するからである。〃開中〃はカハチでよく、「河内」「西」と記すよりは、「加不至」「山西」「開中」の方が古く、また〃費直〃も、〃直〃よりは古い。これは、最近、『稲荷山古墳鉄剣銘』において、最後の人物「乎獲居臣」にのみ、はじめて〃臣〃という尊称が見出され、これが辛亥、四七一年のものであることがあきらかになるにつれ、「費直」のようなカバネを四四三年におくことはやはり無理とされ、結局、画像鏡は五〇三年のものとする説が大半となったのである。

　これまで、五〇三年とするのに、論者が主張した障害が二つあった。

　一つは、「男弟王」は、古音では wötö また wötö で、継体の諱である「男大迹」は、wöfödö とあわない。よって男弟はヲホドとはよめず、〃男弟〃という普通名詞であるとする。

二つは、「意柴沙加宮」は、オシサカで、大和の忍坂をオシサカとよんだ例はなく、すべてオサカであるから、それは忍坂宮とは別のものであるという。

筆者は、一、二とも問題にはなるまいと思う。むしろ「男弟王」をヲホドとよんだ実例をこの銘文にもとめるべきだと思うし、忍坂にいたってはオシサカを約めたのがオサカにすぎず、人名をみても〝忍〟はオ・オシ・オサのいずれにも読んでいる。〝刑部〟を〝忍部〟〝忍坂部〟〝刑坂部〟など自由に表記するからである。無理な解釈をする必要はないであろう。

このような解釈が出る背景には、継体天皇は、越前三国または近江を拠点とする地方豪族で、大和に迎えられて大王位についたので、あらかじめ大和の忍坂宮に住んでいたはずはない。忍坂ナカツ姫を妃とした允恭ならば忍坂宮にあったと仮定してもよいが、継体はこの宮と関係ないはずだとする単純な思考があるからである。継体が大和への闖入者ならばそのとおりであろうが、本論で筆者はすでにそれを否定した。すでにのべたとおり、近江の息長氏は、大王家との反覆する婚姻関係によって、和珥氏とおなじく、大王家のいわば〝母族〟ともいうべき地位を確立してきた氏族であり、雄略朝には、忍坂ナカツ姫のために、大和に忍坂宮が経営され、姫は妹ソトホリ郎女とともに、もとは近江坂田の母家にあったが、大和忍坂に移り住んだ。そして継体もおなじく、近江息長氏のもとにあり、みずからも妃に坂田オホマタ王の女ヒロ媛、息長マテ王の女オミ娘子、三尾君カタヒの女ヤマト媛などを納れていたといい、王子の時代に、息長氏の経営する忍坂宮に、一時来住していたと考えることは、きわめて自然なことである。その後も、敏達后は息長ヒロ姫で、その皇子が押坂ヒコヒトとよばれたのも、ともに忍坂宮に住んでいたからであろう。この大兄の子舒明が、息長タラシヒヒロヌカとよばれ、陵墓がこの忍坂に営まれたのも、やはり幼少のころ、この宮に住んだ可能性がつよいとみてよいであろう。

このような一連の史実をみると、銘文を五〇三年のこととし、「男弟王」はヲホド王で、即位前の継体天皇、「意柴沙加宮」はオシサカ宮で、大和の忍坂宮とするのが、もっとも素直で、史実に合致したヨミ方である。つまり癸未（五〇三）は、『書紀』の紀年にしたがえば、継体の即位は丁亥（五〇七）であるから、その四年まえのことで、武烈五年にあたり、「大王」は武烈、「男弟王」は継体で、即位前の継体が、一時、息長氏の経営する忍坂宮に住んだことがあるということになる。ただし、筆者は、武烈天皇そのものの実在に若干の疑問を抱いているから、「大王」を武烈と断定しているわけではないが、要するに継体の前代の大王であればそれでよいであろう。

このような『隅田八幡宮人物画像鏡』の銘文にたいする視点は、これまで主張されたことはないが、以上のように解するのが、もっとも自然であるし、他の要素から、この銘文が五〇三年であることがほぼ確定的とすれば、「男弟王」は継体とせざるをえないし、そのことはさらに重大な推定にわれわれを導くであろう。

継体は即位前に、すでに忍坂宮に住んだことがあるということである。継体は、伝統的に大王家に后妃を輩出した、いわば大王家の〝母族〟ともいうべき息長氏の胎内に成長した王位継承の有資格者である。王位をはじめとする古代の族長権の継承は、単純に父系あるいは男系によっては説明がつかない。それに母系あるいは女系を加えた〝双系的〟なものを予測しないでは正しい理解はできないと考えられ、むしろ継体の即位は、その有力な一証であると見なされるが、いわゆる〝双系的〟なものの内容についてはさらに研究を重ねなければなるまい(25)。

第二章　政治体制の推移

第一節　大伴・物部氏の立場

「雄略紀」以後の諸豪族の記事をみてみよう。葛城・平群・吉備氏についての記事に特徴がある。

まず、葛城氏は、始祖的なソツ彦が、「神功・応神紀」に、平群氏は、ツク足尼が「応神紀」にまず登場し、ソツ彦の女イハ媛が仁徳后になったといい、この伝承は、八世紀に藤原氏が光明立后の唯一の先例として引用するほど、貴族には意識されていた。いわば皇女に准ぜられたことになる。つぎに葛城タマタ宿禰は、反正の殯にさいし、ひとり自家に男女をあつめ、酒宴をひらき、平群ツク宿禰は、仁徳と同時に生まれ、並びに瑞ありとして互いの産屋を取り替え、平群マトリ臣は、仁賢の死後、国政をもっぱらにし、日本に王たらんとして、太子(武烈)のためと偽って宮を造り、みずから住み、驕慢にして臣節がなかった。その子シビ臣も、太子の娶らんとしたカゲ姫を奸したという説話がある。これらは、葛城・平群氏が、大王家と同列にちかく、専横のふるまいがあったことを、ことさらに示す説話であり、このような性格は、和珥・息長氏にはまったくみとめられず、また大伴・物部氏の伝承にも存在しない。

かえって、それらは後の蘇我氏と共通性がある。

葛城氏は、「雄略紀」に、ツブラ大臣の殺害、平群氏は、「武烈紀」に、マトリ大臣の滅亡が記され、このような大王家と同列の豪族が、五世紀後半に没落することを『書紀』は印象づけるが、そのさい、マトリが大伴カナムラ連によって討滅されるように、両氏から大伴・物部氏へ政局の実権がうつることを暗示するのである。

さらに吉備氏があげられる。「雄略紀」に、吉備上道臣の妻ワカ媛は、上道臣が天皇に近侍しているとき、その美しさを自慢したので、天皇は上道臣を任那国司に任じ、その留守中に、かれの妻を奪い妃とした。上道臣はこれを恨み、任那にあって反旗をひるがえすのである。そしてワカ媛は星川皇子をうむが、つぎの清寧の即位にさいし、この皇子を皇位につけようとして大蔵を奪取した。妃の父上道臣は、皇子を救うため、吉備より船四〇艘をもって海上に出たが、すでに皇子が殺されたとき引きかえし、天皇はその罪をせめ、上道臣の領した〝山部之民〟を奪ったという。

おなじ「雄略紀」に、吉備下道臣は、一族よりさし出した〝官者〟(舎人＝とねり)が帰郷したとき、これをみずから役使して上京させず、また大・小女や、大・小鶏を、一方は天皇のもの、他方は自分のものとして戦わせ、天皇のものに見立てたものが勝つと、これを殺した。天皇は、〝物部三〇人〟をつかわし、下道臣の同族七〇人を殺させたという。

この説話に一貫する原理は、吉備氏が、中央にあって天皇に近侍し、妻を妃に納れ、「任那国司」に任ぜられ、所生の皇子に、皇位を継がせようとしたなど、むしろ大王家と併立する勢力であったことを誇示し、中央豪族とおなじ性格を示すことである。もちろん、一族を舎人として上京させたことなどは、地方豪族としての性格をもあわせもっている。この二つの性格は、「崇神紀」に、四道将軍の一人として西道に遣わされたという吉備津彦、「景行紀」に、倭建命の東征に従ったという吉備武彦、あるいは景行妃となった若建吉備津日子の女、倭建命の妃となった吉備武彦の妹大吉備建比売などの始祖伝承に、中央豪族的な性格を、「応神紀」に、天皇が吉備に幸したとき、吉備氏の祖御友別がこれを迎え、天皇はその兄弟・子孫を、吉備の各県の長として封ずることにしたという祖先伝承には、地方豪族的な性格を示しているといえよう。

しかし、吉備氏は、中央の葛城・平群氏とむしろ同等な説話が多く、中央豪族に准ぜられる氏族である。そしてその反乱もまた、大伴連・物部連によって討伐されるのである。この点は、おなじ雄略朝に、宮廷に出仕したという武蔵の「杖刀人首乎獲居臣」や、肥後の「典曹人无利弖」とは異なる存在といえよう。

このような説話は、葛城・平群・吉備など、いわゆる〃臣姓豪族〃の大王家との対等性を強調したもので、初期のヤマトの王権が、これらの豪族による連合政権的な性格のものであったことを暗示してもいる。この体制の崩壊は「雄略紀」にはじまる。「雄略紀」に、葛城ツブラ臣が罪を謝し、「葛城宅七区」を献じようとして、許されず、殺害されたとあるのについで、天皇の即位の儀にさいし、平群マトリ臣を「大臣」、大伴ムロヤ連・物部メ連を「大連」に任じた記事がある。「清寧紀」には、吉備上道臣をほろぼしたあと、大伴ムロヤ連が、臣・連をひきい、天皇に神璽を奉り、即位式をとり行い、ムロヤを「大連」、マトリを「大臣」とし、そのもとで、「臣、連、伴造」らがおのおのの職位をもち、朝廷を構成したことがみえ、ついで「武烈紀」に、平群氏が滅亡し、以後、大伴・物部の「大連」の時代に入るという順序となる。『書紀』は、旧族の滅亡によって、大臣・大連制が創始されたことをのべているのであり、大臣・大連制とは、「臣、連、伴造、百八十部」といわれる官人集団を統轄する組織が成立したことを示す。しかし、その内容はなお検討を要する。

大臣・大連の任命記事は、各天皇が、剣・鏡の神璽をうけて即位するとき、または新しい宮居を定めるという記事のすぐあとに記される重要な記事であるが、その記載順を示せばつぎのようになる。

(1)「雄略紀」 平群真鳥→大臣、大伴室屋・物部目→大連
(2)「清寧紀」 大伴室屋→大連、平群真鳥→大臣
(3)「武烈紀」 大伴金村→大連
(4)「継体紀」 大伴金村→大連、許勢男人→大臣、物部麁鹿火→大連
(5)「安閑紀」 大伴金村→大連、物部麁鹿火→大連
(6)「宣化紀」 大伴金村→大連、物部麁鹿火→大連
(7)「欽明紀」 大伴金村・物部尾輿→大連、蘇我稲目→大臣
(8)「敏達紀」 物部守屋→大連、蘇我馬子→大臣
(9)「用明紀」 蘇我馬子→大臣、物部守屋→大連
(10)「崇峻紀」 蘇我馬子→大臣
(11)「推古紀」 (厩戸皇子→皇太子)
(12)「舒明紀」 なし
(13)「皇極紀」 蘇我蝦夷→大臣(子入鹿→執政)

右の任命記事は、各天皇紀ごとに、その最初にかかげられる重要な記事であり、「雄略紀」からはじまり、実質上は、「崇峻紀」で終るといってよい。その記載順をみると、(1)~(2)で、大臣と大連の地位が逆転し、葛城・平群は政

界から姿を消し、(4)の許勢も一時のものにすぎない。代わって登場するのは大伴で、(3)〜(6)は、大連の独占時代といってよく、大伴が上位、物部が下位にあたるが、いずれにしても大連によって、政治が専決された。(7)で、蘇我氏が大臣に登場し、(8)で、大伴が大連より姿を消し、物部の時代に入るが、(7)・(8)ともに、大連が大臣より先に記され、地位が高かったことを示している。総じて、(2)〜(8)は、一貫して大連の時代といってよい。この大連・大臣の順位は、(9)で逆転し、(10)から物部が大連から姿を消し、蘇我氏の大臣のみの時代に入るが、このときは、大臣・大連の時代は終り、聖徳太子の〝執政〟、群臣の〝大夫〟合議制の時代に入ることを『書紀』は示しているのである。

このような経過をそのままみると、大臣・大連制は、(1)雄略に成立し、実質上は、(8)敏達、(9)用明の時代に終り、その成立当初から、大伴・物部の両氏、つまり大連を中核とする制度であったことになる。制度としては、大連・大臣制と名づけた方が正しい。蘇我氏は、稲目――馬子――蝦夷と、この制度をついだ形となるが、それは、蘇我氏の政治性格との本質的なかかわりはなく、本質的には、大伴・物部氏の主導する政治制度であった。大連制のもとで目指された国家組織は、臣・連・伴造・国造・百八十部、および部民制であったといえる。

さて、大臣・大連制がこのような意味で、雄略〜敏達・用明間に盛行した朝廷（外廷）の政治制度であり、大伴・物部氏によって荷なわれたものとすれば、ほぼおなじ時期に、宮廷（内廷）において、皇室を支えたのが、息長・和珥（春日）氏ということになる。第一章第三節で詳述したとおり、息長・和珥氏と大王家との婚姻関係も、雄略〜敏達間にみとめられ、少なくともほぼ確実には、雄略まではさかのぼれるであろうことはしばしばのべたし、その末期は、両氏とも敏達で終っている。両氏の系譜を示した、第1図・第2図をあわせれば、この雄略〜敏達間の后妃は、ほとんど両氏で埋めていることが分かるであろう。とくに系譜上のポイントとなる雄略は、母后が息長、妃は春日であり、継体は、息長より出で、母后は息長系の三国または三尾、皇后は雄略の皇女春日の所生、妃には坂田・息長・三尾・春日がそれぞれみえ、敏達は、皇后が息長、妃が春日となっている。そして、全体の流れをみると、雄略〜継体までは、息長は忍坂ナカツ姫のほかは直接大王家と接点をもたず、そのバックグラウンドにとどまったが、春日が后妃を埋め、二代をへて武烈が生まれ、その后にも春日が配されたが、皇系は杜絶えた。かわって息長が継体を輩出し、その后妃にふたたび春日・息長が名をつらね、以後、敏達まではおもに春日が后妃を出し、しかも〝皇后〟と表記される重要な立場を占めた。敏達にも、春日・息長双方から后妃を納れたが、息長ヒロ媛の系の、

押坂ヒコヒト――息長タラシヒヒロヌカ(舒明)┬天智
　　　　　　　　　　　　　　　　　　　　　└天武

が最後には重要な役割を果たすことになるのである。したがって、この両氏は、たがいに補完関係にあって、相互に排除しあうものではない。雄略以前の葛城・平群・吉備などとの性格のちがいがわかるであろう。〝皇親氏族〟といわれる所以である。(26)

大伴・物部の性格が、〝臣僚的性格〟にあることは、これまでにも指摘されてきた。それが〝部民制〟を本来の属性とするためであることは、旧著で詳述し(27)、本論では、第一編第四章にまとめてのべた。そして、名代・子代制や品部制の展開期は、雄略〜敏達・崇峻朝であり、それは上記の大臣・大連制の期間とまったく一致する。大伴はこのような体制の統轄者であり、オホトモとはその謂であって、その職務は部民制全体を覆うものであるから、かえって分かりにくいが、みずからの職務の中核は、宮城門を警衛するいわゆる〝門号氏族〟を代表し、建部・佐伯・丹比・犬養などの氏をひきいたことにあらわれているように、カドモリ(門部)、ユゲヒ(靫負・靫大伴部)などの宮廷軍、クメ

(久米・来目部)、サヘキ(佐伯部)などの地方豪族の軍隊を統属することにあった。一説では、クメ・サヘキなども上番してユゲヒの任につき、またカシハデ・ユゲヒといっても、天皇の供膳・警衛などの任はもと一体のもので、これらが総じて大伴の配下にあったともいわれる。物部も、宮廷の軍事・警察・刑罰などを分担し、また軍事を介して祭祀にも関与したといわれ、初期の朝廷のミタ(屯田)の経営も行ったという伝承がある。[28]

いずれにしても、大伴が〝内つ兵〟、物部が〝内物部〟といわれ、大王の宮廷に近侍する〝臣僚〟としての性格をながく伝承されたのはそのためであり、この両氏こそ、いわば〝負名氏〟の発生そのものを、みずから体現する氏であるといえよう。それは、内廷ないし後宮における息長・和珥両氏の〝皇親氏族〟としての性格と共通する。薗田・川口両氏の説のように、[29]この両氏は、大王家の内部に権力主体が確立し、旧族を排し、「王権が意識的にみずからの血統を純化」する時期に登場する。つまり、大伴・物部二氏は外廷にあって、息長・和珥二氏は内廷にあって、〝専制王権〟の成立にふかくかかわる存在となったということである。

第二節　息長・和珥氏の立場

大伴・物部二氏にたいする息長・和珥氏について、若干補足しておきたい。

すでにこの二氏と部民制についての関係にふれておいたが、少し詳しく観察するとつぎのようになる。

まず、息長氏は、「允恭紀」に、「是日為皇后定刑部」とあって、忍坂ナカツ姫の立后と同時に、子代として「刑部」を設定したことを記している。刑部はまちがいなく、忍坂宮に付属する部民で、その妹ォト姫の「藤原部」が新設の藤原宮に属する部民であったのとおなじであり、設定の記事に疑いをさしはさむ必要はない。ともに東国に多いが、おそらく藤原部が一回かぎりの設定であったのに、刑部は、忍坂宮がなかば永続的に存在し、后妃の代がわりによって、数次にわたって設定されたと思われ、東国のほか、畿内近国・山陰などにもかなりの分布が知られる。藤原部などとはあきらかに存在形態がちがうのである。このような名代・子代の〝増益〟に関する視点は、その〝伝領〟の問題とともに重要である。さて、刑部は、薗田香融氏のいわれるように(30)、忍坂ナカツ姫の母家の息長氏に伝領管理され、継体・敏達もまた息長・坂田・三尾氏などの女性を納れたので、刑部の増益・伝領はつづき、一世紀後には、敏達皇子押坂ヒコヒト大兄の有に帰し、そして大化二年三月の皇太子中大兄の奏に、「皇祖大兄御名入部謂彦人大兄也」を返納する旨がみえるのは、この「押坂部」のことで、押坂ヒコヒト――舒明（息長タラシヒヒロヌカ）――中大兄と、それが伝領されてきたからであると考えられよう。もちろん、伝領形態に問題がないわけではない。「敏達紀」に、宣化天皇の代、「火葦北国造刑部靫部阿利斯登」が、「我君大伴金村大連」によって朝鮮につかわされた記事があり、刑部が大伴氏の管理下に入っていたとされることである。もし、「刑部靫負」が、実際に宣化朝にすでに成立していたのであれば、もともと、某舎人部・靫負部などは、天皇・皇子宮や、朝廷に出仕するトネリ・ユゲヒの資養のために設定されたもので、后妃の宮としての忍坂宮に所属するものとは考えられないので、息長系の王子が、皇子（大兄）となり、また天皇に即位したとき、たとえば、雄略・継体・敏達・押坂ヒコヒトなどのときに、刑部に加えて、舎人部・靫負部などへの再編が行われたものとも考えられる。ことに、このばあいは、〝ベ〟でなく、朝廷に出仕した〝トモ〟としてのトネリ・ユゲヒを指しているので、それが大伴大連の配下に入ったのは当然である。この肥後の「刑部靫部阿利斯等」は、『豊後風土記』に、豊後の「日下部君祖邑阿自」が、欽明天皇のとき、「靫部」として仕えたとある説話と同系のものである。一方は、宣化、このばあいは欽明とされていて矛盾はない。

『姓氏録』には、大伴大連が、雄略朝に「入部靫負」を賜わったのが、大伴・佐伯の職掌のはじまりであるとし、また、『令集解』にひく弘仁二年官符[31]にも、大伴室屋大連が、「靫負」をひきい、衛門開闔のことを司ってから、大伴はこの職を世襲するようになったとしている。雄略朝に、大伴の靫負・門部の職掌の発生を記しているのは、上記の説話と整合性があり、かつ刑部→刑部靫負の展開とも矛盾はない。刑部が、〝内廷〟においては息長氏、〝外廷〟においては大伴・物部氏の管理に属したとおもわれることは興味ぶかい。

和珥（春日）氏の「春日部」は、「安閑紀」に、皇后春日ヤマダ皇女に、イホキベノキコユが贖罪のため、「春日部采女」を献じたとあるのが、初見である。この記事は、キコユが、「以女幡媛献采女丁是春日部采女也」とあり、直接には采女の従丁・従女をさしているらしい。大化改新詔に、采女に一〇〇戸の養戸を付し、その資養物（庸米）を負担させるとともに、従丁一人・従女二人を貢進させるという規定があり、春日部采女（采女丁）と春日部との関係は、この従丁・従女と養戸（一〇〇戸）との関係にあたる。だから、女を采女丁に献ずるというのは、春日部そのものを設定するということでもある。ウネメはトネリ・ユゲヒが天皇・皇子宮、朝廷に所属するのとちがい、后妃宮、後宮に属する。『大宝令』でも、後宮十二司に配属されたので、春日宮にそれが所属するのは当然である。ただし、「春日部」そのものは、これ以前から宮の経営・維持のため存在したであろう。和珥（春日）氏より歴代后妃を出し、ことに、雄略妃オミナ君、その皇女で仁賢后春日オホイラツメのときには創始されていたと考えても差支えない。この春日部采女は、先の刑部→刑部靫負とおなじく、春日部→春日部采女と展開し、増益されたものであろう。春日宮についてはすでにのべたが、春日部も春日氏のもとに伝領されたと思われる。息長・和珥（春日）氏が、単なる〃地方豪族〃でありえないということは、このような名代・子代を伝領・管理した点にある。

しかし、和珥氏は、さらに「和珥部」を領有した。これは通例でいう〃民部〃（部曲）の範疇に属し、畿内豪族の大伴部・物部・中臣部・忌部などと等しい。息長氏には、〃息長部〃などの属した形跡はないから、〃皇親氏族〃といっても、和珥氏の方が独立の豪族たる性格がつよかったことを示すであろう。和爾部・和邇部・和珥部・丸部を共通なものと考えると、それらは大和・山背を中心に、東は近江をへて、美濃・尾張・参河、北陸では、若狭から越前・加賀、山陰では、丹波、山陽では、播磨・備中・周防、それに讃岐など広汎に分布している。[32] その大きさは、大伴・物部にはおよばないにしても、この氏の基盤が部民制にあったことを十分立証している。というよりも、息長氏の「刑部」に比して、春日氏の「春日部」がめだって少ないのは、和珥氏が「和珥部」の領有を朝廷からみとめられていた故ではないかと思う。部民の範疇の区別というものは、名代・子代、品部、民部（部曲）と一線をもって両分できるほどのものではあるまい。臣・連・伴造らの政治基盤としての「品部」、経済基盤としての「民部」も、截然と区別されるものではない。朝廷の国家財政と、皇室・豪族の私経済は、大化前代において共存せざるをえなかったからであり、大化改新において、かつて天皇・皇族の設置した名代・子代、また品部が豪族の所有に帰しているとされたのもおなじことである。「和珥部」と「春日部」もそのような関係にあったと思われる。

要するに、五世紀後半、ほぼ雄略朝から、六世紀後半、ほぼ敏達朝までの一世紀にわたる政局は、大伴・物部と息長・和珥氏によって展開した。それはヤマトの王権が〃大王〃とよばれ、専制王権に成長する時期でもある。継体の即位は、このような雄略以来の四氏との関係を背景に考えれば、それほど突発的事件ではなく、〝新王朝〟などとよぶのにふさわしいわけでもない。もちろん、父系による王系がとぎれ、いわば母系による王系に転化するのであるから、そこに若干の変革があったことは事実であろうが、このような王権の基盤は、息長・和珥氏によって、継体以前からすでに形成されていた。つまり、継体は、大和となじみのない〝地方豪族〟などではなく、すでに〝忍坂宮〟にも居住した経験をもったであろう。おなじことは、継体よりのちの安閑・宣化に、蘇我氏によって、両朝が対立抗争する事態におちこんでいたとは思われぬ。当時は、大連制、つまり大伴・物部の全盛期で、国家体制は〝部民制〟を槓杆として前進をかさねていた。むしろ、そのような〝専制王権〟の成立こそが、〝国造〟の反乱をもよんだとみてもよい。蘇我氏が登場するのは、欽明以後で、ふたたび〝臣姓豪族〟が姻族として復活する。そして、大伴・物部氏と争い、外部から皇位継承に干渉するが、それは同時に〝部民制〟の再編をせまられる時期でもあり、敏達以後のことである。[33] しかも、政争が本格化するのは、舒明朝であるといってよい。このようにみると、国家体制として雄略〜敏達は一貫性ある時代として把えねばならぬ。したがって、継体・欽明の紀年問題は、これと別途に考えるべきであろう。

もう一つ、継体天皇の王系にふれておかねばならない。第一章第三節でのべたように、継体（26）から天智（38）・天武（39）までは、天皇の代数でいえば十三代であるが、世代でいえば、

継　体(26)――欽　明(29)――敏　達(30)――押坂ヒコヒト大兄――舒　明(34)┬天　智(38)
　　　　　　　　　　　　　　　　　　　　　　　　　　　　　　　　　　　└天　武(39)

となり、天智・天武は、〝継体五世孫〟にあたる。天智・天武にとって、継体は始祖的な地位にあり、その王系は、

継体にはじまるという意識があった。その理由は二つあるが、一つは継体天皇のとき、「大兄」の制度がはじめて記録されることである。勾大兄（安閑）がそれで、これは直接に天智・天武につながるわけではないが、おそらく大兄制の創始であることにかわりはなく、それは男系による直系相続の理念の萠芽であり、理念そのものは押坂ヒコヒト大兄で確立する。押坂ヒコヒト大兄は、中大兄（天智）にとって、直接に「皇祖大兄」とされ、その妃アラテヒメも「嶋皇祖母」とよばれた。(34) 押坂ヒコヒト大兄――息長タラシヒヒロヌカ（舒明）――天智・天武の直系の紐帯は、きわめてつよいものがあった。もちろん、大兄制の時代に直系相続がただちに実現したわけではない。大兄が皇位をつぐとはかぎらず、また一世代に複数の大兄が併存したとみる説に筆者は賛成であり、皇位継承資格者としての大兄が併存すれば、〃兄弟相承〃といわれる継承法がまだそこに生きていることになる。このような現象は、皇子の生母を通じて、〃母族〃との関係がつよいことを暗示してもいよう。それでもなお、天智・天武のとき、「不改常典」によって確立される〃直系相続〃は、突如としてそうなったのではなく、この大兄制に理念的な萠芽があったと考える。大兄制は、諸豪族の干渉を排除して、王室が主体性を確立しようとする努力を示すといってよい。その萠芽は、第一次的には、継体朝であり、第二次的には、押坂ヒコヒト、つまり敏達朝にあるといってよいであろう。そうすると、第1・第2図でのべた、息長・和珥（春日）氏が、后妃を出しているのは、敏達朝までであるから、敏達朝に大兄制が確立したとみれば、両者の関係はちょうど入れかわりの関係となる。それ以前の天皇系譜は、父系・母系の二つから説明しなければ、窮極的には説明しえないことになるであろう。

理由の二つは、これと関係あることであるが、継体から天武までの五世は、いわば〃息長系〃ともいえる王系であることである。雄略――継体――敏達間に、この息長や和珥（春日）氏らの、いわば〃皇親氏族〃によって、皇室の血統が〝純化〟され、〝専制王権〟が成立してきたとすれば、ちょうど、敏達（30）から舒明（34）までの中間の王系、つまり用明（31）・崇峻（32）・推古（33）は、ふたたび蘇我氏の二人の女、堅塩媛・小姉君を納れて生まれた〝異端の天皇〟である。実際にも、蘇我氏は、かつての葛城・平群臣とおなじように、皇位継承に干渉し、専制王権の確立を妨げたのであって、押坂ヒコヒト大兄の〝暗殺説〟もあるぐらいである。したがって、〝息長系〟の正統派からすれば、蘇我氏自身こそ異端であって、中大兄（天智）がこれを剪除しなければ、王権は確立できなかったことになる。天智・天武は、そのことによって、王権の正統制を回復したともいえよう。

継体天皇の王系についてのこのような見方は、これまであまり行われてはいない。しかし、継体天皇〝異端説〟や、大伴・蘇我の〝政治抗争〟を微視的に強調するのはおそらく正しい見方ではあるまい。本章でのべたような歴史的背景を明確に把握する必要がある。

そこで、継体・欽明の紀年問題にたちかえって、その解決法を試みる。本論は、基本的には三品説にたっているが、[35]仏教渡来にかかわる年紀についてのべねばならない。この問題を扱う態度としては、北条文彦氏の説が妥当であると思う。[36]

『元興寺縁起』『法王帝説』と『書紀』の両系の史料を調べると、[37]前者の欽明七年戊午説は、欽明天皇御世→歳次戊午、または欽明天皇戊午年→欽明天皇七年戊午のように変化したらしく、後者の欽明十三年壬申説は、欽明天皇御世→欽明天皇十三年のように変化したらしく思われる。いずれも、仏教伝来は欽明朝とする伝承が根づよく存在していたので、そのうちで前者は〝戊午〟という干支紀年、後者は〝十三年〟という数字紀年をとったらしく、それからすれば、〝欽明十三年戊午〟としても差支えなく、この計算でいうと、欽明元年は丙午（五二六）となり、欽明七年戊午

（五三八）のばあいの欽明元年壬子（五三二）より、さらに即位がさかのぼることになる。また、『古事記』は、継体の崩年を、「丁未年」と注している。これは『書紀』の日付の干支を年の干支としたのであるが、もしそうなら、継体崩御丁未（五二七）、欽明即位丙午（五二六）も成立しうるし、平子説では[38]、この丁未崩御を前提として、欽明壬子即位との間、つまり五二七年〜五三一年の間を、安閑・宣化の治世とし、事実上、「継体紀」のなかに、この両天皇の治世をくり入れてしまったのである。

他方で、「継体紀」は、同二十年（五二六）の磐余玉穂宮への遷都を、一本に七年としていて、これは丁未崩御（五二七）とすると、その六年まえということになり、七年壬寅（五二二）遷都、十二年丁未（五二七）崩御、つまり継体元年を丙申（五一六）とする紀年もあったらしい。また「欽明紀」には、同十五年に敏達の立太子を記すが、「敏達紀」では、二十九年のこととして、一四年の誤差があり、欽明丙午（五二六）即位説と、現行の欽明庚申（五四〇）即位の間にも一四年の誤差がある。これはそのまま、仏教伝来の欽明七年戊午（五三八）と、十三年壬申（五五二）の一四年間の差にもつながるのである。継体から四天皇紀には、この一四年の紀年の移動が行われていたふしもあるとするのである。

要するに、このような紀年の誤差は、「推古紀」以前においては防ぎがたいことで、それ自体を問題として、ただちに『書紀』の信憑性を問うたり、またそこから重大な仮説を導きだしたりすることはできない。欽明七年戊午説から、継体の辛亥崩後、ただちに欽明が即位し、両朝の対立抗争が発生したという結論を提示することも不可能であろう。『書紀』の文献批判が、意外に年紀の正しさを前提とする立論であるのは、論者の自己矛盾で、天皇の即位・治世年数・崩年などは、大体そのあたりであるというのに止めねばならぬ。そして、五世紀後半から六世紀後半にいたる王権の発展からすれば、継体・欽明・敏達には一貫性がつよく、権力の断絶や抗争が生ずる原因はとくに見あたらないということである。

第三章　継体・欽明朝の国際関係

第一節　「継体紀」の外交記録

「継体・欽明紀」の外交の基本史料は「百済本記」である。それは、『書紀』の分注ばかりでなく、本文をも構成し、むしろ両紀の大半は、外交関係の記事によって埋められているのであるから、本文のどこまでが基本史料に忠実なのか、その範囲を確定することがむつかしく、たとえ、ある程度確定しえたとしても、どの程度信頼できるかについては、別の検討を要するのである。つまり、「百済本記」を利用した記事のうち、㈠最少限、根幹となりうる史実は何か。㈡この根幹に付随して、どの範囲までは蓋然性がきわめて高いと考えてよいかということである。このような二重の作業を行いながら、㈠・㈡の範囲に属する記事を選定しなければならぬ。本論は、そのような方法によって、かなり禁欲的に史実を組み立てて行くから、大部分の記事は、意図的に捨象せねばならず、限定的、基本的な史実を連ねて、政局の推移を想定するから、所詮は大局的な筋道にとどまらざるをえないであろう。しかし、むしろ大局を把握するのが、本論の目的である。

「百済本記」によってたてられた記事を、さらに㈠・㈢の範囲に圧縮するには、『書紀』と『史記』または『三国遺事』(以下、『遺事』と略す)、さらに『魏書』『南斉書』『梁書』などの記事との比較を必要とする。この方法の有効性については、第一編第二章で詳述したとおりであり、本論では、このような比較研究によって、㈠・㈢にあたると思われる『書紀』の記事を、まず原文のまま、「」に入れて示し、それについての解説をつぎにかかげる。解説のなかに、「」に入れて示す語も、信憑性の高いと思われるものをあげた。もちろん、この種の作業においても、筆者みずからの選定による解釈が入るのはやむをえないが、これまで、このような基本作業が及ばないために、歴史家に共通の認識がなく、中には恣意的とも思われる研究がみられることに比べれば、かなりの進歩はあると考える。

A　諸博士の上番

a　継体七年(五一三)六月条

「百済遣姐弥文貴将軍、州利即爾将軍、副穂積臣押山(百済本記云、委意斯移麻岐弥)貢五経博士段楊爾、別奏云、伴跛国略奪臣国己汶之地、伏願、天恩判還本属」

この記事は、『書紀』が百済からの五経博士等の上番を記録した最初のもので、「百済本記」によっている。わが国の記録にある「穂積臣押山」は、百済がわから「意斯移麻岐弥」とされ、両者一致し、「委」は「倭」とおなじく〝ヤマト〟とよんだのであろう。「語訛、未詳其正」とか、「未詳也」など、一々わが史料と「百済本記」を照合する『書紀』の態度は、きわめて記録性を重んずるもので、信頼性がおけるが、このばあいは、照合が可能だったのである。段楊爾も、百済人名でなく、南朝人名といってよい。

さて、この記事は二つのことを物語る。一つは、百済武寧王は五〇一年に即位し、その翌年五〇二年(天監元)に建国された梁との通交を開始するが、最初の遣使は、五一二年(天監十一)であり、上記aの継体七年(五一三)の前年にあたることである。[39] このことは、武寧王につぐ聖明王が、五二四年(普通五)、五三四年(中大通六)、五四一年(大同七)と交渉をつづけ、『梁書』によると、五三四・五四一年の遣使朝貢にさいし、梁に涅槃等経義、毛詩博士、幷工匠、画師等を請い、これを給せられたとみえ、その結果が、つぎにのべるc・d・eなどのわが国への上番となったこととおなじであり、五一二年の梁への遣使の成果が、五一三年にあらわれたと考えてよい。[40] ともかく、済・梁間の交流の継続が、そのまま倭・済間の五経博士以下の上番となってあらわれているのである。二つは、このように武寧王と聖明王が、最新の梁文化を、しかも梁人の交替上番という、もっとも即決的な方法でわれに提供したのは、さし迫った政治問題の解決をめざしたからである。わが国が切実にもとめた梁文化は、百済の特定の政治的意図に裏づけられて提供されたといってもよい。aで、「別奏云」とあって、上番の目的が、伴跛に奪われた「己汶」の地の奪還という緊急課題の解決にあったのもそれを示しており、以下のb・c・d・eにおいてもおなじである。

b継体十年(五一六)九月条

「百済遣州利即次将軍、副物部連来、謝賜己汶之地、別貢五経博士漢高安茂、請代博士段楊爾、依請代之」

c欽明八年(五四七)四月条

「百済遣前部徳率真慕宣文、奈率奇麻等、乞救軍、仍貢下部東城子言、代徳率汶休麻那」

d欽明十四年(五五三)六月条

「勅云、所請軍者、随王所須、別勅、医博士・暦博士等、宜依番上下、今上件色人、正当相代年月、宜付還使相代、又卜書・暦本・種々薬物、可付送」

e欽明十五年（五五四）二月条

「百済遣下部杆率将軍三貴、上部奈率物部烏等、乞救兵、仍貢徳率東城子莫古、代前番奈率東城子言、五経博士王柳貴、代固徳馬丁安、僧曇慧等九人、代僧道深等七人、別奉勅、貢易博士施徳王道良・暦博士固徳王保孫・医博士奈率王有㥄陀・採薬師施徳潘量豊・固徳丁有陀・楽人施徳三斤・季徳己麻次・季徳進奴・対徳進陀、皆依請代之」

これらのb・c・d・eの記事は、aとまったく同質のもので、信憑性がある。

まず、bは、aと一体の記事で、aにおいて願った「己汶」の地の「奪還」をはたし、aの上番博士を交替せしめたものである。cもまた「救軍」を乞うためのものであるが、bとの間に三〇年のへだたりがあり、すでに汶休麻那は来朝していたのであるから、b・c間に上番記事の省略があったことになる。dは、cと六年しか違わないし、cとおなじ「請軍」のため、すでに医・易・暦博士らが来朝して、相代る年月にあたっていたのだから、cと一体の記事とみてよいであろう。そして、このdにおいて、わが方は、「救軍」を送る代償として、すみやかな博士の交替をもとめ、かつト書・暦本・薬物などの物品の貢納をもあわせて要求した。それが、eにおいて実現したとみてよい。つまり、eにおいて、百済はわが要求を納れ、かつそれに合わせて、大々的に五経博士以下、易・暦・医博士、採薬師・僧侶などをわが国に上番せしめたのである。このようにみると、c・d・eは、一連の関係ある記事としてよく、東城子言なる人物が、cとeで共通することも、その推測をたすけるであろう。eであらたに上番した多くの博士たちは、cでわれに上番し、dにおいて相代る月日に達していた博士たちに交替したのである。

このように、a〜eの記事は、まだ若干ふえるであろうが、等質のもので一貫性がある。諸博士の上番は、百済の武寧王・聖明王代、つまりわが継体・欽明朝における倭・済の政治関係の展開をきわめて的確に反映する。前半は、伴跛を中心とする任那情勢の急迫、後半は、あらたな高句麗の攻勢により、漢城・平壌を失うにいたる北方情勢の危機によって、百済はわれに〝援助〟と〝救軍〟をもとめ、われは閉塞した南朝通交にかわり、百済に最新の梁文化の提供をもとめたのである。〝別奏〟〝別勅〟また〝別貢〟〝仍貢〟などとあるように、諸博士の上番の目的が明瞭に語られ、かれらをひきいるのは、「真慕」「姐弥」「東城」「汶休」など、百済の貴族姓であらわされる将軍であり、副将は、「穂積」「物部」など倭より遣わされ、百済に駐在していた武将であった。そして、上番博士以下は、これらとまったく違い、「段」「王」「馬」「潘」「丁」など、すべて南梁の人名と思われることなど、記事としての確度はきわめて高いものといわねばならぬ。(41)

このののち、敏達六年(五七七)、百済王が、律師・禅師・比丘尼・呪禁師・造仏工・造寺工六人を貢進し、難波大別王寺(四天王寺の前身カ)に安置し、また崇峻元年(五八八)、百済より、法興寺(飛鳥寺)の造営のため、僧六人と、寺工太良未太・文賈古子、鑪盤博士将徳白昧淳、瓦博士麻奈文奴・陽貴文・㥄貴文・昔麻帝弥、画工白加を進めたとある記事も、これらと等質の記事である。後者は、『書紀』のみならず、現実に、『元興寺露盤銘』に記録されており(42)、南朝系のあたらしい工人をさしている。このような倭・済関係の展開は、先に示した五一〇年代にはじまっており、武寧王・聖明王代の熊津・扶余における南梁文化については、ここではふれないけれども、公州における武寧王陵や、宋山里六号墳を一見しただけでそれは知られるであろう。(43)

さて、欽明七年戊午(五三八)、同十三年壬申(五五二)のいずれにしても、百済聖明王から仏像・経論が献ぜられたという、いわゆる〝仏教伝来〟に関する記事も、上記のa〜eの博士交替上番の記事と同一の線上にある。年代からみても、a（五一三）よりe（五五四）の間におさまるであろうし、ともに、梁の最新の文化を伝えたものである点も共通する。これまで、ややもすれば、〝仏教伝来〟のみを抽出し、これを特殊かつ画期的な事件として『書紀』が記載しているかのようにのべたのは誤りであって、仏教は儒教とともに、また諸種の技術とともに、交替番上の制度によって伝えられたのである。

f継体十七年（五二三）五月条

「百済王武寧薨」

g継体十八年（五二四）正月条

「百済太子明即位」

このf・gの記事に対応する『史済紀』の記事は、武寧王二十三年（五二三）、王薨じ、謚して武寧というとあり、同年を聖王元年にあてている。『武寧王陵墓誌石』にいう「斯麻王」が、「癸卯年」に崩じたというのも、五二三年の干支であることはすでにのべた。(44) gが、聖明王の即位を、五二四年にあてたのは、『書紀』の越年称元法によるので矛盾は生じない。

B　南加羅の滅亡

h継体二十一年（五二七）六月条

「近江毛野臣、率衆六万、欲往任那、為復興建新羅所破南加羅・喙己呑、而合任那」

i 継体二十三年（五二九）四月条

「新羅王佐利遅、遣久遅布礼一本云、久礼爾師知干奈師磨里、百済遣恩率弥騰利、赴集毛野臣所、而二王不自来参、毛野臣大怒（略）

由是、新羅改遣其上臣伊叱夫礼智干岐新羅以大臣為上臣、一本云、伊叱夫礼知奈末率衆三千、来請聴勅」

j 継体二十三年（五二九）四月条

「上臣抄掠四村金官・背伐・安多・委陀是為四村、一本云、多々羅・須那羅・和多・費智為四村也、尽将人物、入其本国」

右のh・i・jの記事は一連のもので、「百済本記」をもととしたものであろう。近江毛野臣が、新羅に破られた南加羅（金官）を復興するため遣わされ、新羅王・百済王を召すが、新羅は武将をつかわして示威し、四村を抄掠したとするもので、国内でもこれに対応して、筑紫国造磐井の反乱が記されるが、これは国内の記録をもととしている。『書紀』が両系の記録を、「於是」というように、因果関係において結合したのは、撰者の見解によるもので、もとは別々の所伝であったであろうことは、池内宏氏以来の説であって、妥当性があるとおもう。(45)

さて、hをみると、「南加羅」と「喙己呑」は、五二七年の段階で、すでに新羅の支配下に入ったもののごとくであり、その結果、毛野臣を「安羅」につかわし、新羅と百済にすすめて、この二国の再建をはかるため、両国王を「安羅」に参集させる記事が生まれ、つぎのi・jにつながるのである。i・jでは、毛野臣がさらに「熊川」に屯して、百済と新羅を召すが、両国は下級の使臣しか出さず、改めて両国王みずからの来集をもとめたところ、新羅は「上臣」が多くの兵をひきいて「多々羅」まで進出し、毛野の軍と対峙し、ついに「上臣」は「四村」を抄掠するということになる。

このh・i・jを通じて、『書紀』は、「南加羅」（金官）を、「安羅」（咸安）はもとより、「加羅」（大加耶＝高霊）とも区別して使用している。つまり、ｉとおなじ、継体二十三年（五二九）の記事に、百済は「加羅」の「多沙津」（帯沙）を朝貢の津路として領有することを願い、「加羅王」は、この津がもともと「加羅」の津渉であり、「隣国」の百済にあたえるのは反対であるとしたが、結局は百済にあたえられたので、わが国を怨み、新羅と結ぶにいたったとあり、かつすでに「加羅王」は、「新羅王女」をめとり児息があり、王女の従者を国内に散置して、新羅の「衣冠」を着せしめたのを「阿利斯等」が怒り、新羅はそれに服して、王女を召還しようとしたが、「加羅」は肯せず、かえって北境の五城などを奪ったとある。(46)ここに出てくる「加羅」は、『書紀』の論旨からみて、当然、大加耶（高霊）のことである。(47)

一説には、ａ・ｂでのべた「伴跛」（星州）の記事の重出だといわれる。(48)すなわち、継体七年（五一三）、「伴跛」は百済が領域と主張する「己汶」の地を奪ったが、わが国が「己汶」と「帯沙」を百済にあたえたのを怨み、継体八年（五一四）、「子呑」と「帯沙」に城を築いてわれに備えたとあるからである。しかし、「己汶」「帯沙」は、全南と慶南の境、つまり蟾津江の中・下流にのぞむ地域で、任那と百済の中間領域であり、ことに「伴跛」（星州）と「加羅」（高霊）はともに百済と勢力圏を接していたのであるから、このような事件を通じて、五一四年の「伴跛」、五二九年の「加羅」と相ついで倭・済から離反する傾向を示したとみる方が政局の進展をみる上で妥当であろう。(49)

すでにこれより先、継体六年（五一二）、百済にたいし、任那の「上哆唎・下哆唎・娑陀・牟婁」の「四県」を割譲したという記事があり、この「四県」も全南の西南部に比定しうるとすれば、百済は、五一二・五一四・五二九年と、順次任那との中間領域を蚕食しようとしていたと考えられるであろう。(50)そしてこれらは、新羅による東からの「南加羅」（金官）、「喙己呑」（慶山）の併合とは別の動きであるが、逆に、「伴跛」（星州）、「加羅」（高霊）の新羅への接近という観点からすれば、共通性のある歴史現象といえるかも知れぬ。

ここで若干補足しておかねばならぬ。つまり、五二九年の「加羅」の新羅との通婚は、『史羅紀』法興王九年（五二二）に、「加耶国王」が新羅に遣使請婚し、王は伊湌比助夫の妹を送ったとある記事、ついで法興王十一年（五二三）に、王は「南境」に出巡して地を拓き、「加耶国王」が来会したとある記事に類似する。ことに『書紀』には、五二九年、すでに児息があったとしているのだから、年代的にも矛盾はない。この解釈は、『史羅紀』の「加耶」を、『書紀』の「加羅」とおなじく「大加耶」（高霊）と見なすことになる。しかし、『史羅紀』は、王が「南境」に巡狩して「加耶国王」に会ったとあるのだから、この「加耶」は「南加羅」（金官）とみるのが妥当との説もある。第一編第二章でのべたように、『史羅紀』をみると、倭の新羅への侵入には、「東辺」とあるもののほかに、「侵南」「侵南辺」と記されるものがあり、たとえば、慈悲麻立干六年条に、「倭人欲良城を侵し、克たずして去る（略）倭人屢々疆場を侵すをもって、縁辺に二城を築く」とあるのは、「欲良城」（草羅）の位置からみて、新羅の南辺（南境）をさし、「南加羅」（金官）との境界付近を示すことはまちがいない。『書紀』においても、この点はおなじで、神功摂政五年条に、新羅王子微叱己智（未斯欣）が、新羅よりつかわされた毛麻利叱智（毛末）の謀によって、わが国より逃亡したとき、沙至比跪（葛城襲津彦）は海をわたり、「蹈鞴津」（多々羅）を基地として、「草羅城」を攻めたという。つまり、任那四邑の一つである「多々羅」（多太浦）を基地として、新羅の領域に入る「草羅」を攻めたことをいうのである。この説話は『史羅紀』の実聖尼師今元年条、『遺事』の奈勿尼師今条にもあって、この両者では、新羅使人は卜好（朴堤上）で、堤上は、『史記』では「歃良州干」、『遺事』では、「歃羅郡太守」とあるから、沙至比跪は、堤上の本拠地である「歃良」（草羅）を南から攻撃したのである。いずれも、合理的に理解できるであろう。

そうすると、ここにみえる法興王が「南境」に巡狩して来会した「加耶王」も、「南加羅」(金官)の王と理解せねばならぬ。

そこで、『書紀』の五二九年、新羅と通婚した「加羅王」と、『史羅紀』の五二一年、新羅に請婚した「加耶国王」とは別であり、前者は大加羅、後者は南加羅をさすとの見方も可能となる。つまり、五二一年、南加羅はまず通婚によって新羅の勢力圏に入り、法興王は、五二三年、南境を巡狩した。そして、hにあるとおり、わが国は南加羅を新羅の支配下より脱却させる必要が生じたとみても、『書紀』の記事には整合性がある。これよりややおくれ、五二九年、大加羅(大加耶)も、新羅と通婚したが、このようなことは五五三年、百済が新羅のため、漢城を失ったとき、新羅は百済王女を小妃として迎えたことからみても珍しいことではなく、新羅勢力の浸透にともなって、このような周辺国との通婚政策はすでに普遍的なものとなっていたとみてよいであろう[51]。

つぎに、iの記事についてさらに検討する。継体二十三年(五二九)は、法興王十七年にあたる。文中の「佐利遅」は、王の諱「原宗」の音訳であり、「久遅布礼」は、『史羅紀』の真興王六年(五四五)条以下にみえる「大阿飡居柒夫」にあたり、「伊叱夫礼」は、同二年(五四一)条以下にみえる「伊飡異斯夫」にあたると考えてよい。『史記』の列伝を一応の基準とすれば[52]、「居柒夫」は、真智王元年(五七六)、上大等となり、老にいたり家で身をおえ、年七十八とみえるから、五二九年では、少なくとも年三十五に達しており、「異斯夫」はこれより年長と考えられる。したがって、iの五二九年における二人の活躍をみとめて矛盾はなく、少なくとも新羅においてこの二人は、同時期に協力した新羅の重臣であり、真興王六年には、ともに国史の編集を行ったといい、姓はともに王族の金氏とされている。また、大阿飡は、新羅官位の五等、伊飡は、おなじく二等にあたるから、五二九年の当時、異斯夫の方が居柒夫より上位にあったであろうし、ｉにおいて、居柒夫（伊叱夫礼）を退け、「上臣」の異斯夫（久遅布礼）を安羅につかわしたというのも、この順位に見合うのである。

さて、「継体二十三年紀」によると、この「伊叱夫礼智」は兵三〇〇〇をひきい、「多々羅原」に宿り、毛野臣は、「熊川」（一本に任那久斯牟羅）より「己叱己利城」に入り、両者が対峙することになる。前者の「多々羅」は、先にのべた「蹈鞴津」で、新羅の「歃良」（草羅）と向かいあう南加羅の一画をさし、新羅の武将が兵力をひきい、そこまで進出したことを示し、後者の「熊川」は、慶南昌原郡熊川面にあてるほかなく、かりにこれを一本の「久斯牟羅」とすれば、「己知己利」とおなじ慶南屈自郡馬山の地と考えざるをえないから、いずれにしても、「南加羅」（金官・金海）よりは、かなり西方の地域にあてるほかはない。「熊川」は、『史記』のいわゆる〃浦上八国〃の「骨浦」の付近にあてられ、〃熊川貝塚〃によって著名であり、「馬山」は、おなじく「柒浦」にあてられ、〃城山貝塚〃によって知られるとおり、かつての海岸国家である。当時の新羅と倭・済の対立点は、すでに「金海」をこえて、かなり西方に移動していたことは疑いようがないのである。

しかも、この記事は、つぎのｊによって、一応しめくくられている。つまり、ｊでは、「上臣伊叱夫礼智」が、その兵力をもって、「金官」あるいは「多々羅」以下の四村を抄掠して、捕虜を「本国」（新羅）につれかえったというのである。この状態は、おなじ「継体紀」に、新羅が封限に違い、「しばしば境を越えて来り侵す」とある叙述にも見合う。つまり、新羅は、封限である洛東江をこえて、しばしば任那の領域に侵入していたのであり、まだそれを最終的に、みずからの領土として併合していたわけではないということを示す。ｊの記事は、その辺の事情を的確にあらわすものといえるであろう。(53)

そこで、jの記事は、最終的には、『史羅紀』の法興王十九年（五三二）、「金官国主金仇亥、妃および三子、国帑・幣物をもって来降し」、法興王は、「これを礼待し、位上等を授け、本国をもって食邑となす」という記事となって完結する。このことは、『史記』地理志にも、「金海小京、古金官国一云加落国一云加耶」とあり、梁の中大通四年（五三二）、新羅に来降し、法興王はその地をもって「金官郡」としたと記されている。これらは、あきらかに、「南加羅」（金官）の最終的な併合を示すもので、jの「金官」以下の抄掠よりはあきらかに一歩進めた段階を示す記事と考えてよい。ただし、この五二九年と五三二年に三年の差のあることから、すでにのべたとおり、「継体紀」の崩年が三年繰り上げられたために生じた、同一事実の単なる暦法上の誤差とみる学説もある。[54] もしそうならば、『書紀』の五二九年、『史記』の五三二年の記事は、同一事実をさしていることになるが、筆者は、上記の理由で、そう考えない方がよいとおもう。

以上のように、ほぼ基幹的な事実を反映していると思われる、h・i・jの記事に、若干の許容範囲にある『書紀』の記事、および『史記』の記事を加えて、事実の経過を推定するとつぎのようになる。

まず、五二一年の「加耶国王」の「遣使通婚」、それにつぐ五二三年の法興王の「南境」への巡狩による、「加耶国王」の「来会」、そのため、五二七年の新羅のため破られた「加羅・喙己呑」の復興をはかる記事、五二九年の新羅武将による「金官」など四村の「抄掠」の記事、そして最後に、五三二年の「金官国主」の新羅への「来降」というように、五二一年から五三二年にいたる、南加羅（金官）の倭・済からの離脱から、最終的な新羅への併合にいたる政局の展開には、十分の整合性があるということである。しかも、五三二年の併合の時点でも、なお「金官郡」は、「国主金仇亥」の食邑とされている。

このように、南加羅（金官）の滅亡は、一時の決戦によってもたらされたものではない。こののち、欽明二年（五四一）、百済聖明王が、「南加羅」は、小さい国で卒に備えることができず、「託く所を知らざりき、是によりて亡ぼされき」とのべ、その滅亡を確認しており、おなじく「卓淳」（大邱）についても、「上下携れ弐あり、主自ら附はむと欲ひて新羅に内応す、是によりて亡ぼされき」とのべたことは注目される。また欽明五年（五四四）にも、「喙己呑」（慶山）がほろんだときにも、「加羅国に弐心ありて新羅に内応し、加羅外より合せ戦ふ、是によりて滅びたり、卓淳に至りてもまた然り」とのべ、これらをあわせて、「諸国の敗け亡びたる禍を歴観するに、皆内応弐心ある人によりてなり」としている。つまり、「南加羅」「喙己呑」「卓淳」、それから後の「大加耶」の滅亡は、新羅との「通婚」をふくむ、「託くところを知らず」「内応す」「弐心あり」などといわれる内部崩壊にはじまり、新羅の軍事的な侵入、そして領域の併合、置郡といった長い道程をへたもので、けっして、一時期の決戦によって、一挙に滅ぼされたものではないという『書紀』の論理は正当なものであると考えねばならない。これは、任那に設けられたわがミヤケ（官家・御宅）の性格を論ずるさいに忘れてはならぬ点であって、『書紀』みずからが、そのことをすでにのべていることになるのである。

第二節　「欽明紀」の外交記録

C　安羅の通計

k 欽明二年（五四一）七月条

「百済聞安羅日本府与新羅通計（略）別以安羅日本府河内直、通計新羅、深責罵之（百済本記云、加不至費直、阿賢移那斯、佐魯麻都等、未詳也）」

l 欽明五年（五四四）二月条

「別謂河内直（百済本記云、河内直、移那斯、麻都、而語訛未詳其正也）自昔迄今、唯聞汝悪、汝先祖等（百済本記云、汝先那干陀甲背、加猟直岐甲背、亦云那奇陀甲背、鷹奇岐弥、語訛未詳）倶懐奸偽誘説、為哥可君（百済本記云、為哥岐弥、名有非岐）専信其言、不憂国難、乖背吾心、縦肆暴虐」

m 欽明五年（五四四）三月条

「百済（略）乃遣使召日本府（百済本記云、遣召烏胡跛臣、蓋是的臣也）与任那（略）夫任那之不赴召者、非其意焉、是阿賢移那斯、佐魯麻都（二人名也、已見上文）奸佞之所作也（略）今的臣、吉備臣、河内直等、咸従移那斯、麻都指撝而已、移那斯、麻都、雖是小家微者、専擅日本府之政、又制任那、障而勿遣（略）仮使二人（二人者移那斯与麻都也）在於安羅、多行奸佞、任那難建（略）新羅毎春秋、多聚兵甲、欲襲安羅与荷山、或聞当襲加羅（略）佐魯麻都、雖是韓腹、位居大連、廁日本執事之間、入栄班貴盛之例、而今反着新羅奈麻礼冠、即身心帰附（略）今猶着他服、日赴新羅域、公私往還、都無所憚」

右のk・l・mは、五四一年から五四四年にかけて、引きつづき安羅が離反してゆく過程を示す。「百済本記」をもとに本文が作成され、ことに注は原史料の形態を示している。先にのべた「南加羅」「卓淳」「喙己呑」や、「加羅」の「通婚」「内応」「弐心」とおなじく、ここでも「通計」「帰附」と記されているのは正当で、新羅への併合にいたる基本構造はおなじであるというべきであろう。しかも、その「通計」の主体は、「阿賢移那斯」「佐魯麻都」という二人の安羅人で、「韓腹」（カラクニ生まれ）、「小家微者」（賤しい身分のもの）といわれながら、安羅の〝日本府〟の政治にくいこみ、わが国から遣わされた的臣（「百済本記」の烏胡跛臣）、河内直（「百済本記」の加不至費直）、吉備臣（吉備弟君臣）などの上級者を抱きこみ、操縦していた。二人の祖は、那干陀甲背（または那奇陀甲背）、加猟直岐甲背（または鷹奇岐弥）といわれ、かつて任那で姧偽をはたらき、高句麗に通計したとされる。これに対応する記事は、「顕宗紀」二年条に、「紀生磐」が任那によって高句麗に通じたのは、「左魯、那奇他甲背」の策にのったためとあって、この二人が「左魯麻都」の祖と、「移那斯」の祖の「那奇陀甲背」をさしていることはまちがいあるまい。しかるに、「欽明紀」五年条には、「紀生磐」にあたる人物を、「為哥可君百済本記云、為哥岐弥、名有非岐」とし、人名に異伝のあったことを示す。しかしまた、北野本では、「有非岐」が「有非跛」となっていて、「生磐」の訛がのこっているようである。いずれにしても、この二人は安羅人で、わが武将との混血児であったかも知れない。

さらに、「欽明紀」では、「安羅」（咸安）は、「南加羅」（金官）、「卓淳」（大邱）、「喙己呑」（慶山）の新羅への併合、また「伴跛」（星州）の離反後のこととして、「方今、任那の境新羅と接れり」とか、「新羅と安羅と両国の境に大きなる江水（洛東江）あり」といわれる状態にあったことが示される。そのため、mの記事に附随して、安羅は新羅に圧迫されて耕種することができず、安羅に近いところは安羅が耕種し、久礼山に近いところは新羅が耕作すると表現されるような緊迫した状況のなかでの一種の均衡が保たれていた。五四〇年代の時点で、新羅と安羅の関係はこのように直接的な接触下に入り、そして、そのような関係のもとで、新羅は「安羅」と「荷山」を攻撃する。「荷山」とは、慶北高霊郡斗谷面荷山（のむれ）の地名で、「安羅」と隣接している。攻撃は、春秋ごとに兵甲をあつめてとあるとおり、まだ完全な占領をめざしたものでなく、Bでのべたように、抄掠して引きあげるといったものであったろう。そして、すでに「加羅」（大加耶）をも襲う姿勢をみせていた。だから「加羅」は、「喙己呑」のばあいにも救援の兵を発していたのである。

このように錯綜した国際関係のもとにおいて、安羅の移那斯・麻都の二人が、新羅の「奈麻礼」の冠を着し、その服制に従う内応を示し、かつ新羅側へ自由に往来していたとされる。「奈麻礼」の冠が、『書紀』に記録されるのは、「継体紀」の二十三年（五二九）条からで、『史羅紀』の法興王七年（五一九）に、律令を頒示して、百官公服を定めたといい、『史記』雑志色服条に、法興王がはじめて六部人の服色と定めたとある記事と矛盾しない。これによると、「奈麻礼」は、官位十七等のうち、第十一等で、青衣と組纓を服制としたという。すでにのべたように、加羅王に嫁した新羅王女の従者が、加羅国内で新羅の衣冠を着したとあるのも、おなじ記事で、五二九年のこととされるから、『史記』の服制とも合い、『書紀』の記事には一貫性がある。いずれにしても、「安羅」と「加羅」は、新羅に併合される前段階にあったことを示すであろう。服制を一にすることは、〝外臣化〟を意味する。こののち、『史羅紀』に、真徳王二年（六四八）、金春秋が入唐して、その従者とともに中華の衣服を賜わり、同三年（六四九）、はじめて中朝の衣冠を定めたとあるのは、新羅の唐にたいする従属性をあらわす。「安羅」の指導層が、新羅に〝内応〟し、その〝衣冠〟を着したことは、五四〇年代の段階で、安羅の実体が空洞化したことを示している。

他方、「安羅」の滅亡について、『史記』地理志には、咸安郡条に、法興王が「阿尸良国一云阿那加耶」をほろぼし、これを郡とした記事がみえる。これを信用すれば、法興王代は、五三九年までであるから、五四一年に、はじめて安羅の〝通計〟〝帰附〟を記録した『書紀』の記事とは食い違う。少なくとも、五三九年までに、安羅は最終的に滅亡し、新羅が郡をおいたとされるからである。

これを、すでにi・jで記した継体二十三年（五二九）の「南加羅」（金官）の抄掠が、『史羅紀』の法興王十一年（五二三）の王の「南境拓地」と「加耶国王」の「来会」、同十九年（五三二）の「金官国主」の「来降」と年代的にもよく合い、また後にxでのべる欽明二十三年（五六二）の「任那官家」の滅亡が、『史羅紀』の真興王二十三年（五六二）の「大加耶」の滅亡とまったく一致するのに比べると、いささか年代的にズレを生ずることが気になる。しかし、『史羅紀』は、「金官」と「大加耶」については、いずれも本紀に年紀を明示して記録し、それが『書紀』と一致するのに比べると、その中間に位置する「安羅」の滅亡は、本紀に記録がなく、単に地理志に、法興王代と記すのにとどまるのであるから、正確な年紀は不明というほかはない。のみならず、法興王代は、二十七年（五三九）をもって終り、「南加羅」（金官）の滅亡が十九年（五三二）に記されるので、その後の八年間に、さらに「安羅」の滅亡をも入れるのは、『史羅紀』の本紀の論理としてはむつかしい。この間には、わずか四条の簡単な記事しか記されていないからである。むしろ、真興王代にズレ込むと考えた方が自然で、ことに『書紀』は、上に記したように「安羅」と「加羅」（大加耶）の新羅にたいする動向を一体のものとして扱っており、「加羅」（大加耶）の滅亡が、『史羅紀』に、真興王二十三年（五六二）とあり、『書紀』も一致しているのであるから、「安羅」の滅亡もそれに近い時期、ほぼ真興王初年におくのが妥当であろう。さらに『史記』地理志は、「来降」「滅亡」「為郡」などを一ヵ所にまとめて記載するが、すでにのべたように、「金官」にしても、「大加耶」にしても、「通婚」「来会」「内応」「帰附」などから、「滅亡」「為郡」にいたるまでには、一定の期間があり、「金官」でほぼ十余年間、「大加耶」ではつぎにのべるように三三年間にものぼっている。『書紀』は、「安羅」についても、上記のk・l・mのように、五四一年から五四四年にかけて、新羅への「通計」「帰附」の記事をのせ、その後も、「欽明紀」九年（五四八）条に、高句麗を「安羅」が招き入れて、百済をうたせ、そののち「安羅の逃げ亡びたる空しき地」に、倭・済が兵力を投入したといい、「欽明紀」二十二年（五六一）条にも、新羅が、「阿羅波斯山」、すなわち安羅の波斯山に築城したと解される記事がある。このような記事は、「安羅」が一時期の決戦で滅亡したのでなく、五四〇年代に、事実上、新羅の勢力下に入り、実体を失っていることを、『書紀』は巧まずして示しているものと見た方がよい。

この点からすれば、欽明二十三年（五六二）のいわゆる〝任那官家〟の滅亡に、『書紀』が「安羅」をふくめたのは、〝任那日本府〟という名分上の問題に固執したにすぎず、事実は、『史羅紀』のいうように、「大加耶」の滅亡を示す記事にすぎないとみうる。ともかく、『書紀』もまた、「金官」と「大加耶」の滅亡の中間に、「安羅」が空洞化した記事を挿入しているのは、大勢をまちがいなく反映するものといわねばならぬ。

これと関連してみるべきことは、『書紀』は、継体二十三年（五二九）までは、毛野臣を「安羅」につかわし、「安羅あらたに高堂をたて、勅使を引て昇り、国主後に随ひて階を昇る、国内の大人の預りて堂に昇る者、一、二、百済の使将軍君等、堂の下にあり、凡て数月再三、堂の上に謨謀る、将軍君等、庭に在ることを恨む」というように、日本が安羅に使をつかわし、安羅国主・大人をしたがえ、〝日本府〟の施設で協議し、百済の武将はその外で、これに従う形で叙述されているのに、同年の「金官」以下の抄掠を記したあと、欽明二年（五四一）よりは、安羅・加羅・卒麻・多羅・斯二岐・子他の「旱岐」以下と、「日本府臣」らは、いずれも「百済に往赴きて、倶に詔書を聴る、百済の聖明王、任那の旱岐らに謂りて言はく」というように、百済主体に一変している。しかも、聖明王は、往時を回想し、かつて百済は使臣をつかわし、「加羅に赴きて、任那の日本府に会ひて相盟ひき」とのべているのだから、その変化は明瞭となる。この欽明二年（五四一）は、同時に、「安羅」の新羅通計のはじまりとして位置づけられ、ここから、安羅の〝任那日本府〟の空洞化がはじまっているのであり、上記のk・l・mは、いずれも任那諸国の旱岐、日本府臣らが百済に召集される形式をとっていることに、『書紀』の時代観が的確に示されていることになるのである。

要するに、『書紀』と『史記』の記事は、一定の幅をもって歩みよることは可能であり、むしろ『書紀』の方が、より具体的であり、記録性にとむとみてよい。少なくとも、その記録性は、「百済本記」に由来するもので、この範囲では、『書紀』自体の作為性はまったくみとめられないといってよいであろう。

そして、このような政局の重大な変化にともなって、『書紀』は、「南加羅」（金官）の語にかえて、「南韓」、「下韓」（アルシカラ）の用語を用いはじめ、その「南韓」に、百済が直接に出先としての「郡令・城主」をおく記事となるのである。その初見は、欽明四年（五四三）で、「南韓」とは、新羅が「南加羅」を併合し、また「安羅」が事実上滅亡したあとに、百済が防衛の最前線の基地、いくばくかの軍事拠点を設定しようとした地点をさす。それはおもに、「帯沙江」すなわち蟾津江の流域をさしているらしく、安羅の後背地と考えてまちがいあるまい。

D　漢城・平壌の失陥

n　欽明五年（五四四）十一月条

「北敵強大、我国微弱、若不置南韓、郡領・城主、修理防護、不可以禦此強敵、亦不可以制新羅、故猶置之、攻逼新羅」

o　欽明六年（五四五）是歳条

「高麗大乱、被誅殺者衆百済本記云、十二月甲午、高麗国細群与麁群、戦于宮門、伐鼓戦闘、細群敗不解兵三日、尽捕誅細群子孫、戊戌、狛国香岡上王薨也」

p　欽明七年（五四六）是歳条

「高麗大乱、凡闘死者二千余百済本記云、高麗、以正月丙午立中夫人子為王、年八歳、狛王有三夫人、正夫人無子、中夫人生世子、其舅氏麁群也、小夫人生子、其舅氏細群也、及狛王疾篤、細群・麁群、各欲立其夫人之子、故細群死者二千余人也」

右のnも、o・pとおなじく「百済本記」による記事とおもわれ、n・o・pには一貫性がある。そして、pのつぎに、第一節、A〃諸博士の上番〃にかかげたc・d・eの百済のわれにたいする「救軍」「請軍」の記事を入れねばならぬ。これはつぎのq・rにもつながるであろう。つまり、nにはじまる記事は、これまでの百済と新羅の緊迫した関係と重なりつつ、一転して高句麗が出現し、これより百済は、高句麗を主とし、新羅を従としつつも、二面の軍事関係を強いられることになる。nにおいて、百済が郡令・城主を南韓におかなければ、北方の高句麗を防ぎえないし、また新羅を制することもできないとしたのはその現われで、これまでのもっぱら新羅への対抗手段という説明をかえているのは、高句麗を強烈に意識したからである。『書紀』はこのときから、「高句麗と新羅と通和ひ、勢を幷せ」とか、「新羅と狛国と謀を通はせ」「斯羅無道にして、狛国と心を同じくし」などの文言をしばしば用い、情勢の変化を的確に写しとっているといえよう。この情勢の変化とは、『史済紀』聖王十六年（五三八）に、百済が高句麗の圧迫によって、王都を熊津（公州）より泗沘（扶余）にうつした事件をうけていることはまちがいなく、『史羅紀』真興王九年（五四八）、高句麗は穢人とともに百済独山城を攻め、百済は新羅に救援をもとめたとあり、『遺事』には、真興王承聖三年（五五四）、王は高句麗と通じ、高句麗はその言に感じて新羅と通好したともある。また、このような高句麗の圧迫によって、『書紀』のc・d・eに示したように、五四七〜五五四年、百済はわが国にも「救軍」をもとめたのである。情勢の変化はまちがいないといえよう。そして、このような情勢の変化が、o・pのように高句麗の政変に関する情報をただちにわが国にもたらすことになった。o・pはおなじ事件を誤って二つに分記したのでなく、oは第一報、pはその続報ないしは詳報の形をとっており、真相が判明してから、さらにわが国に百済が通報したものと思われる。

この王位継承の争いは、『史麗紀』の安原王十五年(五四五)のことで、年紀はまったく一致し、安原王の長子平成が太子となり、陽原王となったとあり、「香岡上王」とはこの「安原王」をさしている。『姓氏録』右京諸蕃に、狛首を「高麗国安岡上王」の出とするのは、『書紀』の「百済本記」の王名をうらづけるもので、好太王も、『好太王壺杅』に、「国岡上広開土地好太王」、『広開土王陵碑』に、「国岡上広開土境平安好太王」、『牟頭婁墓誌』に、「国岡上大聖地好太聖王」などと記され、「百済本記」の「狛国香岡上王」と書法は共通している。(55)『史麗紀』は、内乱をまったく記していないが、これは『史記』の通則であり、かえって『書紀』の具体性ある記事によってそれを補わねばならない。

q 欽明九年(五四八)四月条

「馬津城之役(正月辛丑、高麗率衆、囲馬津城)」

r 欽明十二年(五五一)是歳条

「百済聖明王、親率衆及二国兵(二国謂新羅、任那也)往伐高麗、獲漢城之地、又進軍討平壌、凡六郡之地、遂復故地」

s 欽明十三年(五五二)是歳条

「百済棄漢城与平壌、新羅因此入居漢城、今新羅之牛頭方、尼弥方也(地名未詳)」

この三つの記事も、「百済本記」によるものである。済・麗の戦いの進展を示し、高句麗を主敵とする百済の足元をたえず掘り崩すのが新羅であることをよく示している。前記のnと、その説明文でのべたとおり、新羅は、済・麗の戦いを利用し、当面、百済にたいし漁夫の利を占めてゆくのである。

qは、このあと「欽明紀」十一年に、百済が「高麗奴六口を献じ、別に王人に奴一口を贈る」とあり、それらは、「爾林」を攻めて捕えたものであるとしているように、「馬津」や「爾林」の役ともに、『史済紀』の聖王二十六年（五四八）に記される、高句麗王平成による「漢北独山城」の攻撃を示すものであろう。上に記した『史羅紀』も、真興王九年（五四八）におなじ「独山城」の攻撃をのべている。「馬津」の古名〝孤山〟〝烏山〟は、〝独山〟と音通だからである。まず彼我の史料は一致すると見なしてもよい。百済が高句麗の捕虜をわが国に送ったこともありうべきことで、「救軍」を要求したのである。rは、『史済紀』の聖王二十八年（五五〇）、聖明王は兵をひきい、高句麗の「道薩城」を攻めとり、麗兵は、百済の「金峴城」を囲んだとある相互の交戦状況、ことに『史記』列伝の居柒夫条に、真興王十二年（五五一）、王命により、百済とともに高句麗を侵し、時に百済人が先に、「平壌」を攻めたとある記事にまことによく一致する。rの注に、「新羅・任那」の兵をひきい、高句麗をうち、「漢城」を手中にし、「平壌」に軍を進めたというのはそのことで、「六郡之地」というのも、『史羅紀』の真興王十二年（五五一）には、高句麗を侵し、「十郡」を攻めとったと記しているのとおなじ表現であろう。つぎに、sの記事をみると、『史羅紀』の真興王十一年（五五〇）、新羅は麗・済二国の兵の疲れに乗じ、「二城」を攻めとったとあり、同十四年（五五三）、「百済東北鄙」をとり、新州をおいたとする記事と合うのである。

『書紀』にいう「漢城」と「平壌」の地理関係をみても、『史済紀』近肖古王条に、王が高句麗を侵し、「平壌城」を攻め、軍をひき退いて「漢城」に都したといい、「平壌」が「漢城」の北にあったことを示しているし、『史記』地理志にも、「漢山」にたいし、「北漢山城一云平壌」と記している。つまり、北漢山（平壌）は、漢江の北岸京城の地をさし、南漢山（漢城）は、漢江の南岸広州の地をさすのである。したがって、このr・sの結果、『史羅紀』の真興王十六年

（五五五）、王は北漢山に巡幸し、封疆を定めるにいたり、現在にのこる北漢山の巡狩碑はこれにあたる。[56]平壌は、高句麗の王都平壌をさすことばではない。このようにみると、『書紀』と『史記』、また「金石文」の史料はよく一致するといわねばならない。

新羅は、その結果、『史羅紀』の真興王二十五年（五六四）、はじめて中国王朝、つまり北斉に単独で遣使入朝し、翌年（五六五）、北斉武成帝より、「使持節東夷校尉、楽浪郡公、新羅王」の爵号をあたえられた。これは、『北斉書』武成の河清三年（五六四）、新羅が高句麗・靺鞨とならんで朝貢し、翌河清四年（五六五）、「新羅国王、金真興」に、「使持節東夷校尉、楽浪郡公、新羅王」を賜わったとある記事をうけたもので、かつこの直接通交が、新羅が「漢城」「平壌」を占拠し、西海岸に進出しえた結果であることを示している。その後も、ひきつづき陳に入貢しているが、これを、『梁書』新羅伝に、普通二年（五二一）、新羅は小国のため、みずから中国に使者をつかわし、礼物を貢献することができなかったが、法興王がはじめて、百済使に随伴して使者を出すことができたとあるのと比べると、大きな飛躍である。『書紀』の叙述するところは、このような政局の変化を正しく指向しているといってよい。

E　明王の死

t　欽明十四年（五五三）十月条

「百済王子余昌明王子、威徳王也悉発国中兵、向高麗国」

u　欽明十五年（五五四）十二月条

「有至臣、帥軍以六月至来、臣等深用歓喜、以十二月九日、遣攻斯羅、臣先遣東方領物部莫奇武連、領其方軍士、攻函山城（略）焚城抜之（略）余昌謀伐新羅（略）其父明王憂慮（略）乃自往迎慰労、新羅聞明王親来、悉発国中兵、断道撃破（略）乃延首受斬一本云、新羅留理明王頭骨而以礼送余骨於百済（略）余昌及諸将等、得従間道逃帰」

v　欽明十六年（五五五）二月条

「百済王子余昌、遣王子恵王子恵者、威徳王之弟也奏曰、聖明王為賊見殺十五年為新羅所殺、故今奏之」

w　欽明十七年（五五六）正月条

「百済王子恵請罷、仍賜兵仗良馬甚多、（略）率筑紫国舟師、衛送達国、則遣筑紫火君百済本記云、筑紫君児、火中君弟率勇士一千、衛送弥弖弥弖津名」

x　欽明十八年（五五七）三月条

「百済王子余昌嗣立、是為威徳王」

右のt・u・v・w・xの記事も、「百済本記」をもとに構成されたもので、高句麗と新羅にたいする二面作戦が継続されていることを示す。そして、ついに、聖明王の死と王子余昌の嗣立にいたる事情が語られる。

t・vにおいて、余昌（威徳王）は、明王の元子、恵は、その弟とされるが、『史済紀』にも、威徳王の諱は昌で、聖王の元子とし、恵王の諱は季で、明王の第二子とあり、

明 ─┬─ 昌（威徳王）
　　 └─ 季（恵王）

となり、『書紀』とまったく一致する。uにおいて、聖明王は王子余昌が、高句麗、ついで新羅と戦い、新羅の戦線ふかく入ったため、みずから救援におもむいたが、これを知った新羅は全力をあげて、聖明王をうち、ついにその首

級をあげる。『史済紀』もまた、聖王三十二年（五五四）、王は新羅を襲おうとし、みずから軍をひきい「狗川」にいたり、新羅の「乱兵」に殺されると記し、両者一致するのみならず、『書紀』は、「乱兵」を「佐知村飼馬奴苦都」とより具体的に記している。また、その直前に、「東方領」たる物部連が、その「方軍士」をひきい、「函山城」を攻めた記事は、『周書』百済伝に、「東方曰得安城」「五方各有方領一人、以達率為之」とある「東方」と「方領」の具体例であり、さらに『史羅紀』の真興王十五年（五五四）に、王明襛（聖明王）が、「加良」とともに「管山城」を攻めた記事ともよく合うのである。五五四年という年紀、「函山城」と「管山城」の音通などは、両者がおなじ事件をさしていることを物語り、かつ、この軍は、なお「加良」（加羅=大加耶）との連合軍で、『書紀』にいう五六二年の「任那官家」、『史羅紀』にいう五六二年の「加耶」の滅亡よりまえの事件であることを明瞭に示している。また、uの五五四年に聖明王が戦死したあと、vにおいて、余昌がわれにそれを報じたことも正当である。ついでながら、「有至臣」は、「内臣」のことで、「百済本記」の表記法にしたがったのであり、佐伯連とともに、あらたにわが国より派遣された武将であるのに[57]、「物部莫奇武連」は、百済に駐在した武将であり、「欽明紀」四年条にみえ、百済官位施徳を有し、百済貴族の「真牟貴文」とともに来朝し、扶南財物を献じたとある「物部麻哥牟」と同一人と思われ、日系百済人とでもいうべき存在であった。そして、uにおいて同時に活躍した軍兵、「竹斯物部莫奇委沙奇」も、あるいは同族ではあるまいか。いずれにしても、具体性ある人物とみてまちがいない。

つぎに、vとwには連続性があり、余昌（威徳王）がわが国に、明王の死を告げる使者として、弟の恵をつかわし、翌年、ただちに救援の軍とともに、恵を衛送したということである。『書紀』では、古く壬辰（三九二）、阿花王の王子直支が修好のため来朝していたのを、乙巳（四〇五）、王の薨去によって、本国に送還した記事があり、これは『史済紀』の阿華王六年（三九七）、王は倭国と好を結び、太子腆支を質としてつかわし、腆支王元年（四〇五）、王の薨去によって、倭兵一〇〇人をもって衛送した記事と一致し、また『書紀』の雄略二十三年（四七九）、来朝していた王子末多を、筑紫軍士五〇〇をもって、本国に衛送し、東城王にたてた記事は、『史済紀』の三斤王三年（四七九）、東城王即位の記事にあてはまる。後の例としては、斉明七年（六六一）、百済の遺臣福信が王子糺解（豊璋王）を迎えようとし、天皇は軍五千余をして本国に衛送せしめた記事もあり、『史済紀』の義慈王条に、王子扶余豊（豊璋王）は、質として倭にあり、迎えられて王となったとある記事と一致する。このような諸例に照らしてみれば、wの記事にも十分の信憑性があろう。その文中にみえる「弥弖」も、慶南南海島（蟾津江口）の東南端の「弥助里」にあてられ、分注にいうとおりの津名で、恵の上陸地点としては、当時の倭・済関係からみて矛盾はない。xについては、『史済紀』に、威徳王の即位を聖王三十二年（五五四）とするので、三年の誤差がある。これは、三品彰英氏説の王暦上の二系統の史料によるものとしてよいかも知れぬ。(58)『書紀』も、聖明王の戦死を五五四年としているから、三年の空位をみとめたことになり、もし、ただちに威徳王が即位したとすれば、五五四年でよいわけである。本質的な矛盾とみる必要はない。

F　大加耶の滅亡

y欽明二十三年（五六二）正月条

「新羅打滅任那官家一本云、廿一年、任那滅焉、総言任那別言加羅国、安羅国、斯二岐国、多羅国、卒麻国、古嵯国、子他国、散半下国、乞飡国、稔礼国、合十国」

右のyの記事をもって、任那の最終的な滅亡が語られることになるが、実は、「百済本記」をもってする任那に関する記事は、欽明十七年正月条のwの記事をもって、分注の記事としては最後になる。しかし、「百済本記云」とは記されないまでも、このyの本文も、「百済本記」をもととして構成された記事であることはまちがいあるまい。この記事は、『史羅紀』の真興王二十三年（五六二）、百済は新羅の辺境を攻掠して敗れ、「加耶」は新羅に叛したので、異斯夫（継体二十三年＝五二九にみえる新羅上臣伊叱夫礼智干岐）をして討たしめたところ、「一時尽降」とある記事に該当する。『史記』地理志の高霊郡条に、この郡はもとの「大加耶国」で、真興太王がこれをほろぼし、「大加耶郡」をおいたとあるのもおなじである。yの「加羅国」とは、この「大加耶」にあたるのである。そのとき、「安羅国」はすでに空洞化し、実体を失っていた。上記のyの記事も、それまでは「安羅国」を第一においていたのに、「総言任那別言加羅国、安羅国」というように、「加羅」を第一にかかげ、「安羅」を次においた変化に注目しなければならぬ。すでにのべたように、「安羅」に固執しているのは、わが国からみた〝官家〟という名分上の問題にすぎまい。

yの記事をさらに分析すると、「任那十国」とある同列の書法は、欽明五年十一月条に、百済に召集された任那諸国として、「安羅・加羅・卒麻・斯二岐・散半奚・多羅・子他・久嵯」の八国をかかげ、さかのぼって、同二年四月条に、「安羅・加羅・卒麻・散半奚・多羅・斯二岐・子他」の七国をあげたことにみとめられる。yでは、これらに、乞飡と稔礼の末梢的な二国を加え、あわせて一〇国としているにすぎない。しかも、yでは、これらの記事に比べ、「安羅」と「加羅」の順位が逆転し、「加羅」（大加耶）を第一にかかげているのである。この系列の書法は、「神功紀」摂政四十九年にみえる加羅七国平定の記事に比べると、さらに大きな隔たりがある。すなわち、そこに掲げられた加羅七国とは、「比自㶱・南加羅・喙国・安羅・多羅・卓淳・加羅」であり、「比自㶱」（昌寧）、南加羅（金官＝金海）、喙己呑（慶山）などが最初に位置している。「南加羅」に代表されるこれらの国々は、Bでのべたとおり、五三〇年前後に、すでに新羅に併合されたとみてよく、「比自㶱」は、『史記』地理志の火王郡条に、「本比自火郡一云、比斯伐」というのにあたり、『史羅紀』の真興王十六年（五五五）に、完山州を「比斯伐」においたとあるが、事実上は、それ以前に空洞化していた。少なくとも、これらは、yに示す五六二年以前に消滅していたのである。『真興王巡狩碑』のうち、「昌寧碑」が辛巳年（五六一）に建てられているのはそのためである。

このようにみると、yの記事はもとより、欽明二年・五年など、『書紀』にみられる任那国名の変化は、その辺の推移をよく写しとっているものと見ねばならない。この時点で残るのは、「加羅」（大加耶=高霊）と「多羅」（陜川）の二国のみといってよく、この二国のみが、五六〇年代に余喘を保っていたのである。高霊・陜川の地は、慶南・慶北の境界に隣接し、任那としてはもっとも奥地の一画にすぎない。高霊古墳の壁画・天井画が、百済のそれに近似するといわれるのも、それと関係があろう。

第三節　〝任那日本府〟の問題

これまで、第一節・第二節を通じて、A諸博士の上番、B南加羅の滅亡、C安羅の通計、D漢城・平壌の失陥、E明王の死、F大加耶の滅亡という時代を追う六つの事件について、『書紀』に記録されたほぼ確実と思われる史料を、aよりyまで、二五項目をあげ、各項目について解説を加えてきた。解説は、各項目そのものについてのものを主とし、これに各項目の延長線上にあるもの、または密接な関連のあるものをもふくめたばあいがあり、ために多少拡大してのべた点もあるが、おおむね最少限にとどめてある。二五項目にとどめたのは、『書紀』と『史記』、または中国史料の間で比定可能なものに限り、それ以外はとりあげなかったためである。

第一に、もっとも明らかなのは、『書紀』の本文のなかに折り込まれた「百済王暦」である。f・g・t・v・w・xなどがそれにあたり、「百済本記」の転載であろう。第一編第一章にのべた、「応神紀」の史料となった「百済記」についてもおなじことが指摘され、これらは、『史記』『遺事』の王暦と、年紀・王系とも一致するものがほとんどで、信憑性あるものと考えるのは当然である。しかし、その際注意しなければならないのは、内容に立ち入ってみると、その記事のなかに、王暦に必然的に付随するわが国との交渉記事を内に秘めたものがあることである。それは「百済記」についても言いえたことであるが、「百済本記」においても、uにみられる余昌の新羅攻撃と明王の戦死にいたる経過、これにかかわる物部莫奇武連の立場、vにみられる余昌のわが国にたいする明王戦死の報告、wにみられる余昌によってわが国に遣わされた王子恵の筑紫軍士による本国送還などの事件がそれにあたる。その結果、はじめてxにあるように余昌の即位にいたるのであるが、これらは、核心においては、王暦に組み込まれた史実と見なすことができよう。

第二に、確実と思われるのは、羅・済・麗の三国間に、年次を追って展開される政治的事件である。たとえば、Bのh・i・jのように、新羅による「南加羅」(金官)の圧迫から滅亡にいたるまでの経過、Cのk・l・mにみられる「安羅」の新羅への通計と同化を示す諸事件、Dのn・q・r・sに示される百済と羅・麗との抗争による「漢城」と「平壌」の失陥にいたる経過、Fのyにおける「加羅」(大加耶)の滅亡という任那問題の結果などをみると、それらの諸事件の経過において、『史記』『遺事』『金石文』、あるいは中国史料と、年紀・内容の一致するもの、またはたがいに補完関係にあって、両者を組み合わせてはじめて全体の経過を具体的に知りうるものが多いことに気づくのである。

そして、このばあいも、それらの事件と、彼我の政治的交渉が分かちがたく結びついている。たとえば、h・iにおいて主役を演ずる「毛野臣」、k・l・mにおいて、移那斯・麻都と不可分の関係において登場する「河内直」「的臣」、uにおける「内臣」「物部連」などがそれである。これを『史記』と比較してみると、『史羅紀』は、五世紀末までの倭・倭人との頻繁な交渉を、五〇〇年を境にいっさい記しておらず、智証麻立干――法興王――真興王代の倭との交渉は空白であり、『史済紀』のばあいは、もともと倭との交渉記事は少ないが、四二八年、倭国使のいたったことを記したあとは、まったく通交の記録はなく、東城王――武寧王――聖明王――威徳王代も空白となっている。あたかも、本章でのべた「継体紀」「欽明紀」にあたる時期に、『史記』がそのような史料的空白を示しているのは、『史記』の記録としての不備を露呈するものであって、その理由は、改めて『史記』の文献批判として問わねばならないであろう。さしあたって、本論は、『書紀』を『史記』以下の記事と比較しつつ論を進めているのであるから、『史記』になく、したがって比較のできない記事はほとんど脱落せざるをえないことになる。にもかかわらず、『書紀』に記録されたaよりyにいたる羅・済・麗三国を中心とする記事のなかに、倭との交渉が分かちがたく結びついている記事がふくまれることは貴重といわねばならず、本論はそれをとりあげたのである。

第三に、Aのa・b・c・d・eに示された百済からの諸博士の上番記事は、「百済本記」をもとに構成された、『書紀』単独の記事であって、『史記』など直接に比較する対象をもたないが、その一貫性・具体性からおして、きわめて信頼度が高く、それのみで彼我の交渉のあり方を示しているのは、さらに貴重である。もっとも、間接的に、梁・済間の交渉の延長線上にあることが立証されるのは強味である。しかも、それらは、単に文化現象を示すにとどまらず、倭・済間に存在する特定の政治目的に随伴するものであること、つまり、そのころの百済が、まず新羅による任那への圧迫、ついで高句麗の攻勢にともなう北方情勢の急迫によって、わが国に緊要な援助をもとめるための政策でもあったことをおのずから示す点が貴重である。

さて、〃任那日本府〃の問題を扱う前提条件として、以上のような史実の確定作業が必要である。aよりyまでの二五項目のなかには、直接〃任那日本府〃を指示するものはk・m・yにすぎないし、これのみではその内容は分からない。他の諸項目をあわせて、それを推定するほかはないであろう。

まず、aよりyまでの朝鮮三国の勢力の推移をみると、三国とも、五世紀末から六世紀にかけ、王権を中心とする国制の整備があり、中では、高句麗がはやく長寿王よりそれがいちじるしく、新羅は法興王から画期を迎え、ことに真興王代に進展がめざましかった。これにたいする百済も、武寧王・聖明王代をそれにあてうるが、聖明王は国内文化の向上にもかかわらず、国力においては、他の二国に一籌をゆるし、泗沘(扶余)への遷都を余儀なくされる。その結果、高句麗の南下とならぶ新羅の西方への侵出をまねき、百済は次第に圧迫され、これに応じて、新羅と百済による任那の東西からの蚕食がはじまる。百済は、上哆唎以下のいわゆる〃四県〃、さらに帯沙・己汶といわれる蟾津江の中・下流の地域に進出し、新羅は、卓淳(大邱)・喙己呑(慶山)から南加羅(金官)を制し、洛東江の西岸に進出し、ついにその勢力は安羅(咸安)におよぶ。伴跛(星州)・加羅(高霊)・多羅(陝州)は、この両者の谷間に存在したが、新羅はついに、加羅と多羅をも併合するにいたり、この間、百済は北方において、高句麗と戦いつつも、劣勢となり、新羅によって、漢城・平壌をまったく失うにいたるのである。

これにたいする任那諸国の国制については、三国との対比で論ぜられなければならず、すでに、武田幸男・井上秀雄・坂元義種・鬼頭清明氏らによって、この研究は開拓されつつあるが[59]、ほとんどは今後の問題といってよく、ただいえることは、三国の国制の進展にたいし、任那諸国には、それらを統合する王権は生まれず、〝任那十国〟〝加羅七国〟などといわれる状態がつづき、それらの各国は個別に、新羅や百済の圧力をうけ、ことに新羅の攻勢のまえに従属、併合されるにいたったことである。

倭の国制の進展もまた、朝鮮三国のそれと密接にかかわり、ほぼおなじ段階を経過しつつ展開した。倭の王権がいちじるしく発展したのも五世紀末からで、倭王武、すなわち雄略天皇より後であることは、すでにこれまでに詳述してきたとおりである。その後、継体・欽明と国制は進展したが、この継体・欽明の段階は、百済の武寧・聖明王、新羅の法興・真興王代にあたることはいうまでもない。これを全体的にみれば、高句麗が先行し、百済・倭がこれにつぎ、新羅がもっとも遅れるものとみてよいであろうが、六世紀半ばにおいては、すべての国はほぼ雁行し、相拮抗する段階にあったのである。

いわゆる〝任那日本府〟は、このような情勢のもとに生まれた。もちろん、四世紀末以後の倭の朝鮮半島南部にたいする出兵は疑いなく、何らかの拠点が任那地域にあったであろう。そして、その後、新羅に対抗するため、それが南加羅（金官加耶）→安羅（阿那加耶）→加羅（大加耶）と西方ないしは内陸へ移動したことも、aよりyまでの記事から当然推定できるが、〝任那日本府〟という実体が成立したのは、そのうち安羅の段階においてであったと思われる。h・iにみられるごとく、〝日本府〟についての具体的な記録は、『書紀』においても、「継体紀」からである。〝日本府〟は、朝鮮三国と倭の王権の確立と、それにともなう対抗関係のなかで、倭の王権によって組織されたものである。

その理由は追々にのべるが、〝日本府〟について検証さるべき要点を左に列記してみる。

第一に、〝任那日本府〟の語である。〝任那〟は、彼我の史料に、〝加羅〟〝加耶〟の用語とともに用いられた語で、その適用の仕方に若干のズレはあるが、問題とするほどのものではない。〝日本府〟は、上記のk・mに、〝任那日本府〟とあるが、yは〝任那官家〟としており、他に、〝内官家〟の語もあり（「継体二十三年紀」「敏達十二年紀」）、さらに、『書紀』の原史料である「百済本記」には、〝弥移居〟と記している（「欽明六年紀」「同十五年紀」）。この〝弥移居〟がおそらくもとの名称で、〝官家〟とも記し、ミヤケとよんだとしなければならない。このことは、〝任那日本府〟を考える第一の要点である。

さて、それは「海北弥移居」とされ（「欽明十五年紀」）、国内のミヤケと区別されたが、それは『宋書』倭国伝の武の上表文に、「渡平海北九十五国」とある「海北」とおなじ概念で、その「海北九十五国」の範囲が、武が将軍号をみとめられた「新羅・任那・加羅・秦韓・慕韓」にあたるのであった。すでに第一編でのべたように、五世紀の倭王が、宋よりみとめられた爵号のうち、将軍号は、「倭、新羅、任那、加羅、秦韓、慕韓六国諸軍事」であり、このとき、高句麗は、「平営二州諸軍事」、百済は、「百済諸軍事」であるから、倭は朝鮮半島南部、高句麗は朝鮮半島北部から中国東北地方南部、百済はその本土の軍事的支配権をそれぞれ承認されていた。もし新羅が宋との国交をひらいていたならば、新羅は倭の領域から除外されたであろうが、実際には国交がなかったので、倭の領域に加えられ、しかも、高句麗や百済にはその支配をみとめなかったのである。そのようにして、宋からみた朝鮮半島の〝軍事領域地図〟は一応完結していた。少なくとも、「任那、加羅、秦韓、慕韓」の四国が、倭の軍事領域から除外される可能性は、五世紀末の段階では、現実的にも理念的にもなかったといえよう。このことが、倭王武が「渡平海北九十五国」

と称した所以であり、また「海北弥移居」の基盤でもあったと考えねばならない。

これにたいし、王号は、倭王には「倭国王」、高句麗王には「高句麗王」、百済王には「百済王」があたえられ、高句麗・百済は将軍号の対象範囲と一致するのに、倭王にいちじるしく食い違う。もっとも、「使持節、都督」が、将軍号のみにかかるのか、王号をもふくめるか、軍事権と行政権を峻別できるかなどの問題はある。第一編第二章でそのことにふれ、注(86)で詳しくのべたとおりである。しかし、通常王号には刺史、郡公・太守号を冠し、そこに地域名をかかげる。たとえば、河西・河南王のように、河・凉二州諸軍事または凉・河・沙三州諸軍事とともに、河・凉二州刺史、西秦・河二州刺史が記入され、高句麗王・百済王のばあいも、楽浪公、領楽浪太守が冠され、さらに新羅王が参加し、朝鮮半島における三国の鼎立が明白になると、高句麗王に遼東郡公、百済王に帯方郡公、新羅王に楽浪郡公が王号に冠され、相互に行政領域を排除しあうことが示されるのである。しかるに、倭王に関してはまったくそれがない。倭王の行政権が朝鮮半島にはおよばなかったことは、ほぼまちがいのないことであろうと思う。

宋が容認した国際的秩序をこのように理解すれば、倭の軍事領域は「任那、加羅、秦韓、慕韓」におよぶけれども、倭の行政権はそれらにはおよばないと解することができよう。ここに、「海北弥移居」、つまり〝安羅ミヤケ〟の基盤があり、それが〝将軍府〟ないしは〝軍事府〟として、アジアの国際秩序のなかで容認される根拠があった。高句麗、百済が形式的にもせよ、それを認めざるをえなかった理由もまたそこにあると考えねばならないであろう。『書紀』の記録において、百済聖明王が、かつて百済は使臣をつかわし、「加羅に赴きて、任那の日本府に会ひて相盟ひき」とのべたといい、加羅の国主らが、「安羅あらたに高堂をたて、勅使を引て昇り、国主後に随ひて階を昇る」といった状況も、文飾ではなく、一種の客観的な国際的秩序に支えられてのことであろう。

このことをまだ不明確とはいえ言及しているのは鬼頭清明氏の所説である。[60]

つまり鬼頭氏は、〃任那日本府〃の卿・執事は、倭からの派遣官僚であって、在地倭人の政治集団ではないとしつつ、「日本府のもつ権限は、任那諸国の外交権に関与、参加しているという点に大きな意味があるのではないであろうか。したがって任那諸国の内政は任那諸国の王にあったわけで、任那諸旱岐がそれにあたるものと考えられる」とされた。ただし、この外交権は軍事権と言いかえられねばならず、他にも多くの問題点はあるが、このような問題を分離して考えたのは、他の論文にはみとめられないと思う。

要するに、〃安羅ミヤケ〃とは、〃軍事府〃ないしは〃将軍府〃とでもいうべきもので、六世紀に設定されたが、短命かつ弱体に終るということである。その点はまた後にのべる。

第二に、〃安羅ミヤケ〃は、ミヤケであるかぎり、国内に設定されたミヤケと無関係に成立したものではない。制度としても概念としても、ミヤケとしての共通の性格をもつであろう。ミヤケについては、つぎの第三編において詳述するが、屯田・屯倉・御宅・官家などと記され、もともと畿内の供御田としての屯田に発し、全国の屯倉・官家に展開するという基本線は動かないであろう。六世紀以後、『書紀』に記載される全国的なミヤケは、分類すれば、(1)水田、(2)可耕地（墾田）、(3)採鉄地、(4)鉱山、(5)塩浜、(6)塩山、(7)港湾、(8)軍事基地、(9)牧場、(10)猟場などとなる。[61] これを〃安羅ミヤケ〃にあてはめれば、〃安羅ミヤケ〃は、〃軍事基地〃にあたると考えねばならぬ。それに類似する国内のミヤケは、「宣化元年紀」の「那津官家」である。この「官家」は、河内国茨田郡屯倉・尾張国屯倉・新家屯倉・伊賀屯倉の穀を、「那津之口」に運ばせ、あわせて、筑紫・肥・豊三国の屯倉からも穀を運ばせて、「官家」を設立したものだという。その理由は、筑紫国は、海外よりの使者の往来する関門であり、その資にあてるため と記されている。いわば、上記の分類の、(7)港湾、(8)軍事基地にあたる。使者の往来とあるが、要するに、外交・軍事のためであり、ことに軍粮としての意味は欠かせないものであったであろう。しかも、『書紀』が、ことさら「官家」の語を用い、「屯倉」と記さなかったのは、穀を集貯するためのヤケ・クラという施設の造営を中心としたからで、「任那官家」の語もこれに類している。

しかも、この「那津官家」について、「胎中天皇」（応神）より同様の目的によって、「穀稼を収蔵し、儲粮を蓄積」してきたことが記されていて、すでに何らかの施設はあった。その施設は、まだ「官家」とは称されず、宣化元年に、はじめて「修造官家、那津之口」とあるように、このとき、「官家」が設立されたのである。おなじく、「任那官家」も、「継体二十三年紀」に、「胎中天皇」（応神）が「内官家」をおいたという起源説話が語られている。それは、h・iにのべたように、このとき、毛野臣が安羅につかわされ、新羅は「蕃国官家」（となりのくにのみやけ）を破ったことをおそれて大人を毛野のもとに送らなかったとあるところに記載される。毛野は、新羅に破られた「南加羅」の復興のため派遣されたのであるから、このミヤケとは南加羅をさすのであろう。おそらくそれは、まだ「官家」と称される組織をもつものではなく、ミヤケの起源説話にとどまるものであった。毛野の〝復興〟のとき、安羅にミヤケが設立されたのではないか。

おなじことは、『史羅紀』の実聖尼師今七年（四〇八）、倭人が「対馬島」に「営」をおき、「兵革・兵粮」をたくわえ、新羅を襲おうとしているので、王は先制してこれを攻撃したとある記事にもあてはまる。もともと、新羅への侵入は、「東辺」と「南辺」から行われたと記録されているが、そのいずれにしても、〝倭人〟の背後には〝倭〟があり、倭国からの出兵が基本であることを第一編にのべた。そのため、対馬に軍事基地が設けられていたと解するのは、きわめて自然である。しかし、この対馬の軍事基地を〝官家〟と称した記録はない。少なくとも、その後も対馬に「官家」をたてる記事はないのである。

『書紀』は、全国に設けられたミヤケの起源を、「安閑紀」においている。〝安羅ミヤケ〟も、その延長線上にあると解する方が正しいであろう。それは、ミヤケとは何かという条件にかかる問題でもある。(62)

第三に、〝安羅ミヤケ〟は、h・i・jで示したように、継体二十一年(五二七)より具体的な記事がみえ、もう少しさかのぼれば、事実上、南加羅が空洞化する五二〇年前後に設立が考えられる。そして、k・l・mでのべたように、安羅の新羅への通計によって、欽明二年(五四一)には、その存在の意義を失っていた。存続期間は、ほぼ二〇年前後とみられよう。この間、継体二十三年(五二九)、毛野臣が安羅に使したとき、「安羅あらたに高堂をたて、勅使を引て上り、国主後に随ひて階を上る」とあり、百済・新羅の使人は堂下にあって、これを怨んだという。ミヤケの施設に改善が行われ、その機能も保たれていたことになるが、欽明二年(五四一)には、任那諸国は、「旱岐」「日本府臣」ともに、百済におもむき、聖明王から詔勅を聴くという事態に変っている。すでに、ミヤケの存在理由は失われていた。この間、ほぼ二〇年間である。

さて、ミヤケの条件は何か。『書紀』が、「官家」「屯倉」と表記したものの内容が問題となる。第三編でのべるところをまとめてみると、ミヤケの中核は、ミヤケの支配機構であるヤケ(宅)と、クラ(倉)であり、稲穀を収納する倉は、それに附属するタ(水田・耕作地)をともなう。倉は、水田から収穫する稲・穀・米を収納する施設であって、それ以外のものではなく、ミヤケには、かならず水田・耕作地が附属している。おそらく、この三者が最低の要件といえるであろう。畿内のミタ・ミヤケ(屯田・屯倉)は、供御稲料を生産・貢進するもので、いわば、ミヤケの原型を示すが、畿外に設定されたミヤケのうち、目的が多様化し、上に記した塩浜・採鉄地・鉱山・港湾・軍事基地などがあらわれても、ミタ（屯田）が、その耕作や穀米の舂運の労働力の対価として、稲・穀があてられたように、ミヤケ（官家）もまた、その生産活動、機能・施設の維持のために莫大な労働力を要し、その対価としておなじように稲・穀は欠かせないものであった。後の地方国衙・郡家の財政にもっぱら正税があてられたのとおなじである。

この観点から、〝安羅ミヤケ〟をみると、少ないながら、おなじような記事がないわけではない。

「欽明五年紀」の「百済本記」によると思われる記事のなかに、〝安羅ミヤケ〟の「烏胡跛臣」（的臣）らが、新羅に往来して、わずかに安羅の地を「耕種」しうる状況が語られ、「安羅に近きところは安羅耕種し、久礼山に近きところは新羅耕種し」と、一応、新羅との均衡が保たれていたが、それも新羅の攻勢にあって、耕種しがたい状態に追いこまれていたことがみえる。すでに、新羅・安羅の支配地が接し、〝安羅ミヤケ〟の滅亡寸前とでもいいうる事態を示している。『書紀』が、このような記事をかかげたのは、それまで、新羅・百済・任那における一般の農業にふれた記事はないのだから、いかにも唐突で、これは〝安羅ミヤケ〟に関する耕作と考えるのが妥当である。的臣が登場するのもそのためであろう。〝安羅ミヤケ〟も、それを維持するため、耕作が行われていたと考えられる。

しかし、〝安羅ミヤケ〟が、那津や児島屯倉のような展望をもっていたとは考えがたい。那津や児島屯倉は、その官家に付属する土地として、ほぼ後の一郡程度の領域を支配したと思われ、ミヤケは、何らかの意味で、律令の地方組織の原型となったと考えられるが、〝安羅ミヤケ〟はおなじような軍事基地としても、そのような展望をもつものではなかった。これは、第三編にのべる他のミヤケと比較していいうることである。

第四に、〝安羅ミヤケ〟は、軍事基地として設定されたが、その存続期間は短く、かつ国内ミヤケのような展望をもちえなかったとのべたことに関連して、つぎのような事実を省みる必要がある。

任那諸国の政情をみると、ミヤケが、各国の王・旱岐や、在地官人の主体的な行動を統制する政治権力をもちあわせず、またそのような立場にもなかったと思われる点についてである。

h・i・jの記事でも了解されるが、卓淳は、上下に「弐心」あり、「国主」みずから新羅に「内応」したため、亡ぼされ、喙己呑も、「喙国之函跛旱岐」が、加羅に「弐心」があり、新羅に「内応」したため滅亡したといい、南加羅も、新羅と「通婚」し、「国王」が新羅王の南境巡狩にさいして「来会」し、ついに新羅に「投降」するにいたったとある。また、k・lでのべたように、安羅においても、「阿賢移那斯・佐魯麻都」という二人の「韓腹」の現地官人によって、「日本府」は政を左右され、かれらは新羅と「通計」し、新羅の「冠」を着し、「新羅城」におもむくありさまであったという。それに応じ、「日本府」の責任者と思われる烏胡跛臣（的臣）、加不至費直（河内直）、吉備臣も、新羅と「往来」し、これに通じていたと記されている。これらをみると、任那諸国の王・官人らは、新羅への「通婚」「内応」「通計」によって、新羅に服属していったので、新羅による「併合」「置郡」までの経過は長く、けっして一時の決戦によって潰滅し、新羅への従属を余儀なくされたといったものではない。この間に、〝安羅ミヤケ〟が、任那諸国に有効な行政権力を行使した形跡はなく、ミヤケそのものが、倭・済にはさまれ、新羅へなびくありさまである。しかも、新羅が最終的には、任那諸国を「併合」し、「州郡」をおいたのに比べると、〝安羅ミヤケ〟には、当初から任那諸国を「統合」しうるような存在ではなかった。少なくとも、「州郡」をおくような行政目的をもって、ミヤケが設置されたとは到底思われないのである。

これを逆の面からみてみよう。当時、百済・安羅にはかなりの倭人が居住していた。

a〜eの「諸博士の上番」でふれたように、a百済から倭につかわされた「将軍」の「副」として来朝した「意斯移麻岐弥」(穂積臣押山)、b・eでおなじく「将軍」の「副」として来朝した「物部連」「物部烏」らは、いずれも百済の官位をもち、久しく百済に滞留した武将である。したがって、百済の「将軍」を送還するのに従った「物部至至連」(物部連)は、「舟師五百をひきい」、帯沙津に上陸したとあり(「継体九年紀」)、そののち、百済から「将軍」とともに来朝したという「物部連」「斯那奴阿比多」もおなじ武将としなければならぬ(「継体十年紀」)。その後の「紀臣弥麻佐」「物部麻哥牟」「斯那奴次酒」「津守連己麻奴跪」「物部連用奇多」「許勢奇麻」「物部奇非」「河内部阿斯比多」ら、百済から倭また任那につかわされた人物も、氏姓に共通性があり、同様と考えられ(「欽明二年・四年・五年・十四年紀」)、なかで、「物部麻哥武」は、百済の東方領で、方の軍士をひきい、函山城を攻めたと記されている。かれらのほとんどは、百済の官位を有し、かなり長く百済に滞留した武将で、「紀臣弥麻佐」のように、「蓋是紀臣娶韓婦所生、因留百済為奈率者也」とあり、駐留によって官位をあたえられた事情を明記したものもある。これらの人名は、「百済本記」に記されたものとしてよく、表記に原史料の面影をよくとどめている。

おなじことは、任那についてもいえる。「加不至費直」(河内直)、「烏胡跛臣」(的臣)、「吉備臣」らは、日本府の官人であるが、おそらく長期にわたって〝安羅ミヤケ〟に駐留した武将と思われる。かれらが、阿賢移那斯・佐魯麻都ら「韓腹」の策にのって行動したのも、すでに倭との距離を生じていたからである。的臣は、的戸田宿禰の伝承に、高句麗が鉄盾・鉄的を献じたので、群臣に射させたところ、的臣祖盾人宿禰のみがよく的を射通したので、その姓を賜わったとあり、かれみずから新羅へ問責使としてつかわされたという。的臣真嚙は、蘇我馬子の穴穂部皇子討伐のさい、攻囲軍をひきいた人物で、いずれも将軍である。吉備臣が、数多くの武将を出したことはいうまでもない。吉備臣小梨は、「任那日本府」の将となり、新羅王を高句麗軍より救出し、吉備臣尾代は、征新羅将軍となり、蝦夷をひきいて、戦地に向かい、吉備上道臣田狭は、「任那国司」に任ぜられ、その子の兄君・弟君の二人も、新羅に遠征したという記事がある。新羅・任那に遠征した伝承のことに多い氏族といえよう。これとほぼ同列の氏が紀臣である。いずれも配下に「海部直」があり、海上輸送をその伝承内容とする。吉備臣・紀臣は、海部直を従え、軍事遠征を行ったといえるだろう。先に、「紀臣弥麻沙」をあげたが、かれは父の紀臣と韓婦の間に生まれ、百済にとどまった武将であり、k・l・mでふれた「紀生磐」も、移那斯の祖那奇他甲背の策にのり、高句麗に通じたという。「吉備臣」は、この移那斯らの策により新羅に通じたとあり、両者の立場は似ている。移那斯らは韓腹とされる。「百済本記」は、生磐を「為哥岐弥」、名を「有非岐」と記している。紀臣もながく任那にとどまった武将といえよう。「河内直」も同様に考えられ、先にあげた「河内部阿斯比多」の名もある。(63)

以上にあげた人名もまた「百済本記」に記され、これらの人物にかかわる事件は、aよりyにいたる基本的記事から外したものが多いが、人名そのものとしては信頼度が高い。かれらはほとんど武将である。第一、百済・任那と倭の外交記事は、軍事に終始しており、諸博士の上番というような文化交流においてすら、その目的は、〝援兵〟〝救軍〟にあったのである。このことは、〝安羅ミヤケ〟の性格を基本的に規定するものとして、注意しなければならない。そしてかれらは、かなり長期に、百済・任那に滞留した。そのため官位をあたえられ、在地の王・官人との関係がふかく、韓婦をめとり、在地的な独自の政治的立場をもつにいたり、ヤマト王権とは、一定の距離を生じた様子が十分に伺える。

もちろんこれにたいし、ヤマト王権からも、毛野臣・膳臣（「欽明五年紀」）、内臣（「欽明十四年紀」）、阿倍臣・佐伯連（「欽明十七年紀」）などがつかわされ、統制を強化しようとしたが、それが成功したとは思われない。かれらもまた武将である。毛野臣はいうまでもないとして、膳臣は、刀を帯き、甲を擐して行軍し、自らの子に、父の業をつがしめようとしたとあり、内臣は、良馬二匹・同船二隻・弓五〇張・箭五〇具をもち、百済にわたり、援軍を承認している。阿倍臣・佐伯連は、筑紫舟師をひきい、百済王子恵を衛送した人物である。

要するに、〃安羅ミヤケ〃は、そのような立場にあったといえよう。それは〃軍事基地〃として設立され、ミヤケに付属する一定の耕地は有したが、それが州・郡などの地方組織に高められる展望はなく、任那諸国の王にたいし、行政権を行使しえた形跡もない。次第に、ヤマト王権より離脱し、結局は、新羅の行政組織のなかに埋没するにいたるのである。

最近、〃任那日本府〃についてのまとまった業績として、大山誠一氏の論文が発表され(64)、基本的に本論と共通する点があるので、共通点と相違点を記してみよう。

大山論文は、〃任那日本府〃の成立を、継体二十一〜二十三年（五二七〜五二九）の毛野臣の出兵にもとめ、毛野臣は、新羅の侵入をうけた「南加羅」以下の復興と、さらに百済が任那の下韓においた「郡令・城主」から任那の独立をまもるため派遣されたもので、〃任那日本府〃の設立の原因はそこにある。それはヤマト王権みずからが官人を送りこみ設置した出先機関で、忠実な日系組織を確立しようとしたものであるとされた。したがって、それ以前の任那・加羅への出兵は、西日本各地の豪族によるものである。もちろん、当時すでにヤマト王権とこれら豪族の間には、支配関係は成立していたが、王権はかれらを通じ、間接的に任那にかかわったにすぎないことになろうとされるのである。

〝任那日本府〟を、六世紀にヤマト王権によって設立されたものとする基本線は、本論と共通する。さらに筆者は、四、五世紀の倭の国制は、〝統一国家〟の語で表現されるようなものでなく、王と族長の政治関係を基本とし、朝鮮との外交や出兵に、ヤマト王権がツクシを足場としたとしても、北部九州における基地の設立と、在地豪族との提携があれば事足り、実際の兵力の多くは、それらの族長のひきいるものであったであろうとした。若干のニュアンスの差、すなわち筆者の方がヤマト王権の主導を強くみている点での差はあるが、考え方としては変らない。

しかし、観点のズレる点が二つある。

まず、継体以前からはじめるが、雄略八年二月条にみえる「日本府行軍元帥」の解釈である。大山論文は、これは西日本勢力が個別に任那に進出し、任那王の配下に属していた時代のもので、任那王は「行軍元帥」以下を統率した。それはヤマト王権の出先機関にあたるものではなく、〝日本府〟とかかわりはないと解している。そして、四八〇年前後における「加羅王」(大加耶)は強力なリーダーシップを握り、任那統一への動きを示していたとし、『南斉書』東南夷伝に、建元元年(四七九)、加羅王荷知が、「輔国将軍、本国王」に授爵されたことをあげる。しかし、それは、倭王武を「倭、新羅、任那、加羅、秦韓、慕韓六国諸軍事鎮東大将軍、倭王」に任じた記事とならべられており、「任那・加羅」は倭の軍事領域であったから、加羅王は、「輔国将軍」とのみあって、軍事領域を欠いたのである。また、輔国将軍は、四鎮—撫軍—四安—四平—征虜—冠軍—輔国とならべると、鎮東大将軍よりははるかに下位の将軍号であって、いずれにしても、「任那、加羅」にたいする軍事支配は、倭王に付せられていた。倭王武に関していえば、宋の昇明二年(四七八)の、「海北九十五国」を征したとあるときと変らず、さらにそれ以前にもさかのぼる。雄略八年を四六〇年前後とすれば、倭王の将軍号は定着していた時代である。「行軍元帥」という特異な官職の実在性はかなり高いことは同意見であるが、それは、倭王に認められた「任那、加羅」にたいする軍事権の代行者にふさわしい名称であって、『書紀』が、この雄略八年条に、はじめて「日本府」の名を用いたのも、それがヤマト王権に直接する官職であったからであろう。

一方で、四七九年に、加羅王が「本国王」に除されたのは、「倭王」と併立する称号であって、それは加羅（任那）全域を対象とするとしても整合性はある。つまり倭王の行政権は任那におよばないと考えうるからである。「雄略八年紀」の「日本府行軍元帥」に関する原文はつぎのとおりである。まず「新羅王」が「任那王」にたいし、「高句麗王」がわれを征せんとするので、「日本府行軍元帥」に救軍を頼んでほしいと請うた。そこで「任那王」は、「日本府」の膳臣斑鳩・吉備臣小梨・難波吉士赤目子に「勧」め、新羅を救うようもとめたというのである。ここでは、新羅王→任那王→日本府行軍元帥という伝達系路が知られ、任那王は行軍元帥と併立し対等の立場にあった故に、「勧」めての語が用いられており、この「任那王」は、『南斉書』のいう「加羅王」とおそらく同一で、南加羅（金官）王か大加羅（大加耶）王かであったであろうし、〝王〟とあるかぎり行政権は保有したことを示すであろうが、軍事権は倭に従属していた。したがって大山論文のいうように、行軍元帥は任那王に従属していたものではない。また膳臣・吉備臣・難波吉士はその氏姓からみても、九州勢力が個別に任那に進出したといったものではなく、あきらかにヤマト王権からつかわされた武将である。

ついで、筆者が継体以後に成立したとみるのは、〝任那ミヤケ〟であって〝日本府〟ではない。まして、雄略朝に、「日本府」が成立していたはずはない。それは、「倭」の「行軍元帥」とでもいうべきもので、まだミヤケの組織も形成されてはいまい。本論で〝安羅ミヤケ〟にもっとも類似するのは、「宣化紀」の〝那津官家〟であるとし、両者を相関関係にあるとしたのはそのためである。しかし、それ以前にも、『史羅紀』のいうとおり、対馬に軍粮・兵器は貯積されており、武将は南加羅や安羅にはつかわされていた。「行軍元帥」とはかれらの最高位のものであり、日本側の史料から出た用語ではない。おそらく新羅の古記・古伝記などに記載された用語であろう。この史料のユニークさはそこにある。この後の〝安羅ミヤケ〟に関する日本側史料にはまったくそのようなニュアンスの語はない。

最後に、国内ミヤケの統治組織についての史料ははなはだ乏しく、第三編においてのべたが、〝安羅ミヤケ〟の統治組織がそれによって類比されるほどのものではない。大山論文は、〝安羅ミヤケ〟には、「日本府卿」「日本府臣」「日本府執事」の三段階の構成があったが、これとは別に、任那諸国から派遣された「任那執事」が駐在し、両者の協議によって、任那全体の問題を処理したので、〝日本府〟がヤマト王権の出先機関であったとはいえない。それは〝合議機関〟として存在し、双方の統轄者が「日本府卿」と「加羅国王」で、かれらが最高の決定権を有したとみる。これは〝日本府〟を実は在地倭人の連合体であるというような解釈の影響かも知れないが、そのようなヤマトの官人と任那各国代表の協議体であるような形跡はこの程度の史料から伺いえないと思う。〝安羅ミヤケ〟自体は、ヤマトから派遣した武将の機関であって、それと加羅国王の間、あるいは百済国王との間には当然連絡があり、協議も行われていた。あたかも「行軍元帥」と「任那王」との間に似ているといえよう。しかし、それが行政的に任那各国の王を統制していたわけでなく、各国の王はそれぞれの立場で、個別に新羅との交渉を行っていたからである。

要するに、〝安羅ミヤケ〟の統治組織は、史料的に本論では保留した。このほかにも、「任那国司」や「哆唎国守」などその都度いろいろな用語が用いられ、それらを一貫する原理は発見できないからで、最終的に本論は、〝安羅ミヤケ〟と加羅国王は、軍事と行政において併立しうる存在であったと推定したにとどまる。大山論文は、はじめに史料批判を行い、「百済本記」にかなり高い信憑性をみとめうるとし、これによって考察するとされたが、結局は、「日本府卿」「日本府臣」「日本府執事」「任那国司」など、日本側の史料までとり入れ、「継体紀」「欽明紀」の本文を全体にわたり援用することになった。本論とズレのある原因もその辺りにあると思われるが、全体として参照すれば、多くの問題が提起されていると思う。

本論は筆者の考える〝任那日本府〟像である。この問題は古代史として重要な課題であるので、旧論より一歩すすめ、それをとりまとめておくこととした。(65)

註

(1) 平子鐸嶺「継体以下三皇統の錯簡を弁ず」(『史学雑誌』一六―六・七)。喜田貞吉「継体天皇以下三天皇皇位継承に関する疑問」(『歴史地理』五二)。

(2) 林屋辰三郎「継体欽明朝内乱の史的分析」(『立命館文学』八八、『古代国家の解体』、東京大学出版会、一九五五年)。

(3) 坂本太郎「継体紀の史料批判」(『国学院雑誌』六二―九、『日本古代史の基礎的研究』上、文献篇、東京大学出版会、一九六四年)。関晃「林屋辰三郎『継体欽明朝内乱の史的分析』について」(『歴史学研究』一六二)。

(4) 水野祐『増訂日本古代王朝史論序説』小宮山書店、一九五四年。直木孝次郎「継体朝の動乱と神武伝説」(『日本古代国家の構造』青木書店、一九五八年)。井上光貞『日本国家の起源』岩波新書、一九六〇年。直木孝次郎「応神王朝論序説」(『難波宮址の研究』難波宮址顕彰会、一九六四年、『日本古代の氏族と天皇』塙書房、一九六四年)。岡田精司「河内大王家の成立」(『日本書紀研究』三、塙書房、一九六六年、『古代王権の祭祀と神話』塙書房、一九七〇年)。吉井巌『天皇の神話と系譜』塙書房、一九六七年。

(5) 黛弘道「継体天皇の系譜について」(『学習院史学』五)、同「継体天皇の系譜についての再考」(『続日本古代史論集』上、一九七二年)、ともに同『律令国家成立史の研究』吉川弘文館、一九八二年に再収録。

(6) 三品彰英「日本書紀所載の百済王暦」(『日本書紀研究』一、塙書房、一九六四年)、同「継体紀の諸問題」(『日本書紀研究』二、塙書房、一九六六年)。

(7) 川口勝康「在地首長制と日本古代国家」(歴史学研究別冊特輯『歴史における民族の形成』一九七五年)。

(8) 薗田香融「日本書紀の系図について」(『古代学論叢』末永先生古稀記念会、一九六七年)、同「皇祖大兄御名入部について」(『日本書紀研究』三、塙書房、一九六八年)、ともに、同『日本古代財政史の研究』塙書房、一九八一年に再収録。塚口義信「大帯日売考」(『日本書紀研究』五、塙書房、一九七一年)、同「継体天皇と息長氏」(『日本書紀研究』九、塙書房、一九七六年)。

(9) 岡田精司「継体天皇の出自と背景」(『日本史研究』一二八)に、継体天皇は息長氏より出自したとしている。岡田氏は、継体の出身氏族は、つぎの条件をみたすものでなければならぬとし、(1)継体の出身氏族は、朝廷において特別の待遇をうけているのが当然であろう。(2)皇統系譜にも特別な関係が反映していないであろうか。(3)神話・伝承――特に王朝の起源にかかわる伝承にその痕跡はないか、をあげられた。そして、右の三条件をみたす氏族は、息長氏のほかにないとし、(1)天武八姓で最高の皇親のカバネ真人をうけ、(2)記紀伝承のなかで皇族としての「王」を名のり、(3)記紀の天皇家系譜にくりかえし何度も出現すると解し、右の条件をみたすものと結論づけたのである。

(10) 『三代実録』貞観五年三月十日。

(11) 陵墓と宮の関係を図示すると左のごとくになる。

広姫(息長真手王女) →(息長墓・近江坂田郡)
敏達(百済大井宮・大和広瀬郡)
菟名子(伊勢大鹿首小熊女)
押坂彦人大兄(水派宮・大和広瀬郡) →(成相墓・大和広瀬郡)
糠手姫皇女(田村皇女) →(押坂墓・大和城上郡)
舒明(百済宮・大和広瀬郡)(田村皇子)(息長足日広額) →(押坂内陵・大和城上郡)

この図からみると、敏達后広姫は、近江坂田の息長氏のもとより、大和忍坂宮に入り、押坂彦人を生み、養育したのであろう。忍坂大中姫のばあいと共通する。そのため、墓は故地の息長に営まれた。押坂彦人は成人後、水派宮に出、その妃糠手姫は、おそらく忍坂宮にあって舒明を養育した。舒明は母田村皇女の諱により田村皇子を名のり、息長系の皇子として息長足日と号された。そのため糠手姫の墓は忍坂に営まれた。忍坂宮は、広姫から糠手姫に伝領されたのではないか。そして陵は故地の忍坂に営まれたことになる。さて即位後、岡本宮・田中宮に一時住したが、結局、百済宮に落ち着いた。そして皇子は独立して、〝皇子宮〟をもち、即位すれば〝天皇の宮〟を経営するが、敏達は、百済大井宮、押坂彦人は、水派宮、舒明は百済宮とすると、この三宮は同一地か隣接してたてられたと思われる。いずれも十市郡と広瀬郡の境に近く、現在の地名でいえば、北葛城郡広陵町と推定されている。筆者は旧論「六世紀、ヤマト王権の性格」(『東アジア世界における日本古代史講座』4、学生社、一九八〇年)において、注に、水派宮は結局忍坂宮の一つではないかと記したが、これは改めるべきだと考える。息長系の王系をつぐ敏達——押坂彦人——舒明が、宮を同一地域にもち、宮においても継承関係にあったことを重視する方が正しいであろう。

(12)　薗田香融論文(注(8)におなじ)。

(13)　竹内理三「天武八姓制定の意義」(『史淵』四三、『律令制と貴族政権』上、お茶の水書房、一九五七年)。太田亮氏の研究は、『日本上代に於ける社会組織の研究』磯部甲陽堂、一九二九年、六七六ページ以下、真人の項。真人は継体天皇の近親か、それ以後の皇裔より出たものとされる。

(14)　注(11)にのべた王系に即していえば、『姓氏録』左京・右京皇別に、敏達の皇子難波皇子より路真人・守山真人・甘南備真人・飛多真人・英多真人・大宅真人、おなじく春日皇子より香山真人・春日真人・高額真人が出たという。

(15)　薗田香融論文(注(8)におなじ)。

(16)　平野邦雄『大化前代社会組織の研究』吉川弘文館、一九六九年、二九六・三〇二ページ。

(17)　岸俊男「ワニ氏に関する基礎的研究」(『律令国家の基礎構造』吉川弘文館、一九六〇年、『日本古代政治史研究』塙書房、一九六六年)。

(18)　岸俊男論文(注(17)におなじ)。

(19) 塚口義信論文（注(8)におなじ）に、継体の本拠は近江であり、その擁立にさいしては息長氏の並々ならぬ努力があったとし、さらに京に入るまでの経路を考え、木津川・淀川水系の諸豪族と予想以上に密接な関係があった。その有力なものが和珥氏であるとされた。和珥氏も息長・茨田氏とおなじく継体の有力な後背勢力であったと考えられるとするのである。これは筆者が旧稿「いわゆる『古代王朝論』について」（『国史学』一〇三）、「六世紀、ヤマト王権の性格」（『東アジア世界における日本古代史講座』4、学生社、一九八〇年）においてのべた、息長氏と和珥氏についての考察と共通するところがあるが、この両氏族は単なる継体の後背勢力として擁立につくしたのみではなく、継体の出身氏族が息長であり、この両氏族は、いわゆる〃皇親氏族〃として確固とした地位をもっていたことを、筆者は論証しようとしたのである。

(20) 黛弘道論文（注(5)におなじ）。

(21) 山尾幸久『日本古代王権形成史論』岩波書店、一九八三年。四五四・四五七・四六二ページ。

(22) 岡田精司論文（注(9)におなじ）。

(23) 小林行雄『古鏡』学生社、一九六五年、一〇三～一一三ページ。

(24) 平野邦雄論文（注(16)におなじ）六〇・六一ページ。

(25) 吉田孝「律令制と村落」（『岩波講座日本歴史』3、岩波書店、一九七六年）、「日本古代の親族組織が、父系・母系いずれでもなかったことは、親族称呼の双系的な性格にもはっきりあらわれている」「天皇の地位は父系で継承され、また天皇から与えられた姓も父系で継承されたが、天皇一族や氏が純粋な父系出自集団を形成していたかどうかは疑問視されている」「このように古代の日本では父系と母系が絡みあって機能しており、妻の親族や、姉妹や娘の子との関係も密接であった。一般に双系的な性格のつよい民族においては、明確な血縁集団は形成され難いので、日本の場合にも単系の親族組織をもつ民族に比べて、血縁関係のもつ比重は相対的には低かったのではなかろうか」という指摘がある。そのとおりであろうと思う。筆者が、王系における〃万世一系〃は存在しないとしたのもおなじである。ただ、筆者が、息長・和珥氏と継体王系の関係を論じたのは、この指摘と直接のかかわりはなく、具体的に息長・和珥氏と、王室の関係を立証しようとしたにすぎない。その結果、当然双系という重大な氏族制の問題に行きあたることになるが、この問題はまだまだ一律ではない多様な内容をもち、その一つ一つの例をあげて実証せねばならない。

(26)　本位田菊士「百済本記所載のいわゆる『継体天皇二十五年辛亥の変』について」(『歴史学研究』三七六)において、継体天皇は、母系によるかぎり、安康・雄略系の皇統と密接な関係があり、雄略天皇の意を体した大伴氏の尽力によって即位した。よって継体の即位は、大和政権内部の皇位継承争いの一つで、〃皇統簒奪説〃にはくみしえないとのべ、また、五世紀末の葛城氏の滅亡と相前後して、雄略系皇統の成立にともなう王族勢力の伸張と、連系の大伴・物部らトモノミヤツコ層の台頭がみとめられ、それらは、継体の大和入りと符節を合しているとものべている。本位田氏の指摘は、筆者の立場からみれば、やや文意に明瞭さが欠け、立証に不充分な点もあるようにも思われるが、筆者とほぼおなじことをのべようとされた唯一の文献である。

(27)　平野邦雄論文(注(16)におなじ)五〇ページ。

(28)　直木孝次郎『日本古代兵制史の研究』吉川弘文館、一九六八年。志田淳一『古代氏族の性格と伝承』雄山閣、一九七一年。

(29)　薗田香融・川口勝康論文(注(7)(8)におなじ)。

(30)　薗田香融論文(注(8)におなじ)。

(31)　「職員令」左衛士府条、『集解』所引弘仁二年十一月二十八日官符所引大同三年七月二十日官奏。

(32)　竹内理三・山田英雄・平野邦雄『日本古代人名辞典』第七巻、吉川弘文館、一九七七年。和爾部・和邇部・委邇部・丸部・丸爾部・丸邇部。

(33)　日野昭「蘇我氏の部民支配」(『日本書紀研究』一、塙書房、一九六四年)。大伴・物部が部民制をその本来の属性としたのにたいし、日野氏は、「蘇我氏は(中略)大伴氏や物部氏ほどには部民を領有しなかった」とのべ、「記紀にはソガ部の名がまったく現われないことも、その蘇我氏との関係が稀薄であったことを推察させるものであろう」と指摘された。この点は、第三編で、蘇我氏と屯倉制の関係をのべるさいに改めて述べるが、正しい指摘であると思う。つまり、大伴・物部氏から蘇我氏へ政権の主導権が移行する基盤の変化に注目せねばならない。

(34)　注(11)に系譜を示したとおり、中大兄が皇祖大兄と称した押坂ヒコヒトも、嶋皇祖母と称した糠手姫も、ともに敏達天皇の皇子女で、この系譜は、敏達に集約される。そして、王位継承者としての押坂ヒコヒトは、敏達と息長氏の女広姫との間に生まれた皇子である。このような重層関係を考えてみる必要がある。

(35) 三品彰英論文(注(6)におなじ)。

(36) 北条文彦「日本仏教公伝年代の問題」(『宮内庁書陵部紀要』九)。

(37) 『元興寺伽藍縁起幷流記資財帳』に、「大倭国仏法、創自斯帰嶋宮治天下天国案春岐広庭天皇御世、蘇我大臣稲目宿禰仕奉時、治天下七年歳次戊午十二月度来」、『上宮聖徳法王帝説』に、「志癸嶋天皇御世戊午年十月十二日、百済聖明王始奉度仏像経教幷僧等」とあるのをさす。これにたいし、『書紀』は、欽明十三年(壬申)、「百済聖明王(略)献釈迦仏金銅像一軀・幡蓋若干・経論若干巻」とある。

(38) 平子鐸嶺論文(注(1)におなじ)。

(39) 武寧王は、同元年(五〇一)即位するが、その翌年、『梁書』本紀第二、武帝天監元年(五〇二)、武帝(高祖)は即位とともに、百済王の爵号を、「鎮東大将軍」より「征東大将軍」に進めたとあり、さらに、天監十一年(五一二)、「百済、扶南、林邑国並遣使献方物」とある。しかし、列伝第四十八、諸夷百済に、普通二年(五二一)、「王余隆始復遣使奉表、称累破句驪、今始与通好」とある。この本紀と列伝の食い違いは、双方とも事実で、とくに後者は、百済が高句麗に対抗するため、際立った遣使を行い、武帝はこれを嘉し、「寧東大将軍」に爵号を進めたとあり、本紀には、普通二年の遣使を記すが、「始遣使」とは記していない。『史済紀』武寧王十二年(五一二)、「遣使入梁朝貢」、同二十一年(五二一)「遣使入梁朝貢」と授爵を記し、やはり、双方とも記録している。

(40) 聖明王も、同六年(五二三)即位ののち、『梁書』列伝、普通五年(五二四)、武帝より綏東将軍に除せられたとあり、中大通六年(五三四)、大同七年(五四一)、「累遣使方物、幷請涅槃等経義、毛詩博士、幷工匠、画師等、敕並給之」とある。本紀には、大同七年にのみ、「高句麗、百済、滑国各遣使献方物」とあって、他の二回はみえず、このばあいも、博士、工匠等を請うたとは記されていない。しかし、『史済紀』は、聖王二年(五二四)、綏東将軍号の授爵、同王十二年(五三四)、「遣使入梁朝貢」、同王十九年(五四一)、「遣使入梁朝貢」のすべてを記録し、さらに同王二十七年(五四九)の遣使をも記している。

(41) 末松保和『任那興亡史』吉川弘文館、一九四九年、二六七ページ以下。百済を介する南朝人の渡来は、「百済と日本の間に行はれた歴史的事件であるが、それらの事件が、単純また純粋に百済と日本の間に起ったことでなく、任那問題を仲介として実現したものであること」は、継体・欽明の記事をみれば分かるとし、「極言すれば、日本は任那に於ける権益と交換的に、百済の文化およびその指導者を輸入したとみなしうる」とされた。

(42)『元興寺伽藍縁起幷流記資財帳』所引。筆者は旧著（注(16)におなじ）二五一ページ以下においてすでに論証し、造寺・造仏の鑪盤博士、瓦博士、画工らは南朝人であり、五経博士、易博士、暦博士、医博士などと共通性のあることをのべた。もしそうならば百済とのこのような文化交渉は、文献上、五一三年から五八八年まで、連続したことになろう。

(43) 金元竜「百済武寧王陵と出土遺物」(『仏教芸術』八三)。大韓民国文化財管理局『武寧王陵』三和出版社、一九七四年。軽部慈恩『百済美術』宝雲社、一九四六年、同『百済遺跡の研究』吉川弘文館、一九七一年などに、具体的にのべられている。

(44) 第一編第四章。

(45) 池内宏『日本上代史の一研究』中央公論美術出版、一九七〇年、一四三ページ。三品彰英「継体紀の諸問題」(『日本書紀研究』二、塙書房、一九六六年)。

(46) 北境の五城を抜いた主体を、新羅とするのが一般であるが、文意からみて、加羅とした方が妥当であると思う。伴跛も、倭・済から離反しつつ、士卒・兵器をあつめ、新羅をせめ、村邑を抄掠した記事があるのとおなじく、加羅も、かならずしも新羅に領有されたわけではない。加羅の滅亡は五六二年のことで、五二九年の段階では、新羅と倭・済への両属の態度を持していたからである。

(47) 三品彰英論文（注(45)におなじ）は、加羅の通婚は、大加耶の異脳王、児息は月光太子に比定してよいとされる。これは、『東国輿地勝覧』高霊県条、「釈順応伝」を引用した部分に記される説話であって、一概にはいえないが、大加耶であることは確かであろう。

(48) 池内宏論文（注(45)におなじ）一四四・一四五ページ。

(49)「帯沙」は「多沙津」と同地名で、蟾津江の津港である。『史記』地理志の河東郡条に、もと多沙郡とあるのにあたる。もちろん、わが国古代史学の伝統的な位置比定に異論がないわけではない。千寛宇「韓国史の潮流——三国時代——」抄訳(『古代日本と朝鮮の基本問題』学生社、一九七四年)は、これを慶北の洛東江上・中流地域に比定し、むしろ百済がこの地を掌握し、新羅の首都慶州にたいし、直接の脅威をあたえるにいたったものと見ている。

（50）この「上哆唎、下哆唎、娑陀、牟婁」の「四県」の比定も、全南の西南部とするわが学界の比定にたいし、千寛宇氏（前掲論文）は、帯沙、己汶とならび、洛東江上・中流域とし、百済は新羅に脅威をあたえたとする。本来、地名比定の解釈がわかれるのはよくあることで、いずれも絶対視はできないが、帯沙は多沙津と考えざるをえず、また当時の羅済関係からみて、百済が洛東江上・中流地域まで進出していたとは考えられないので、本論文はその説はとらない。

（51）池内宏論文（注(45)におなじ）一四七・一四八ページ。池内氏は、『史羅紀』の通婚を、「金海の加羅」が新羅の属国となったことを意味するとし、「加耶」を「金官」にあてている。また千寛宇前掲論文は、通婚の「加耶」を「大加耶」にあて、拓地南境を「金海」（金官）とし、しかも来会したのは大加耶王で、このとき大加耶は新羅と提携し、新羅の金官への進出をやむなく援助する状況にあったとしている。同一文章の主語をこのように細分する方法は、『広開土王陵碑』の解釈にもみられるが無理であろう。しかし、千寛宇氏も、南境は金海との境に接する地域であると考えざるをえないことを示されたものである。また、今西竜「加羅彊域考」（『史林』五—一、『朝鮮古史の研究』国書刊行会、一九七〇年）は、そのすべてを「大加耶」とし、ちょうど池内氏の見解と反対の解釈となるが、あたらしく鬼頭清明『日本古代国家の形成と東アジア』校倉書房、二〇二ページも、『書紀』と『史羅紀』の加羅をともに「大伽耶」であるとみ、「法興王の巡南境拓地を金官国付近と考えることは、次の真興王の拓境碑が昌寧にあることから考えても不自然である」として、南境の金官との接近を否定しようとされた。ただ、拓境碑は、五五五年の比自体（昌寧）の滅亡によって、辛巳年（五六一）にたてられたもので、他の北方三碑も、五六八年前後のものである。つまり真興王は、五五〇年代に、百済の旧王都漢城を攻陥し、画期的な領土の拡大をなしとげたあと、北境へも巡幸し封彊を定めたので、同時に南境にも巡幸して立碑をなしとげたとみてよい。しかるに、金官加羅は、五三二年にすでに滅亡を決定づけられており、五二一・五二三・五二九年の、通婚・拓地の記事は、その過程上にあるもので、いずれも法興王代に属する。別に両者が矛盾するわけではないと思う。

（52）『史記』巻四十四、列伝第四、居柒夫、「姓金氏奈勿王五世孫」「真興大王六年乙丑、承朝首集諸文士修撰国史」「真智王元年丙申、居柒夫為上大等、以軍国事務自任、至老終於家、享年七十八」。この間、真興王の命により、八将軍の筆頭として、百済とともに高句麗を攻め平壌を破ったことがみえる。同、異斯夫、「姓金氏奈勿王四世孫」「真興王在位十一年　大宝元年」、百済・高句麗の戦いにより、両国兵の疲れに乗じ、王命をうけ、二城を奪取したとみえる。『史羅紀』真興王六年には、「伊飡異斯夫奏曰、国史者記君臣之善悪（略）命大阿飡居柒夫等広集文士俾之修撰」とあり、国史編集も、異斯夫が上奏し、居柒夫が筆頭となって撰したとあり、官位も異斯夫が上位にある。要するに、この両者は、真興王代の最重臣として、ともに活動した人物である。

(53)(54)　三品彰英論文（注(45)におなじ）は、この五二九年の金官以下の四村が新羅に抄掠されたという記事を、五三二年の金官の滅亡にあたるとされる。しかし、南加羅（金官）にしても、安羅（咸安）、加羅（大加耶）にしても、新羅への併合までに、数次の段階があり、けっして単一の年次に、一挙に滅亡したものではないとするのが本論の見解である。三品説における百済王暦にA・B両系があり、三年の誤差を示すとの主張は、本編第一章ですでにふれた。ただ加羅・新羅の諸事件は、『書紀』と『史記』に一致するものが多いので、五二九年の「抄掠」、五三二年の「投降」を同一事件とするわけにはいかない。王暦とは区別されるであろう。

(55)　『考古美術資料』第二輯、金石遺文、考古美術同人会、一九六三年。李蘭暎『韓国金石文追補』中央大学校出版部、一九六八年。水谷悌二郎『好太王碑』（『書品』一〇〇、一九五九年）、同『好太王碑考』開明書院、一九七七年。

(56)　今西竜「新羅真興王巡狩管境碑考」（『考古学雑誌』一二―一一、『新羅史研究』国書刊行会、一九七〇年）に、北漢山碑に、「南川軍主」の文字がみえ、「南川郡」の存続期間は、真興王二十九年（五六八）より真平王二十六年（六〇四）までであるから、建碑の時期はその間であろうとする説があり、今西氏は、他碑とおなじ、五六八年前後でよいとされる。軍主を設置したのも五六八年で、そのとき同時のものとしてよかろう。

(57)　欽明十四年六月、五経博士らを上番させるため、「内臣闕名」を百済につかわし、勅を伝えしめたとあり、同十五年正月、百済が使をつかわし、内臣、佐伯連らに援軍のことをはかったという。佐伯連もまた、同十七年正月、阿倍臣らと筑紫舟師をひきい、百済王子恵を衛送したとある人物である。つまり、内臣・佐伯連ともわが国より派遣された武将である。これにたいし、欽明十四年八月、「内臣徳率次酒」、つまり「科野次酒」がみえ、このばあいの内臣は百済の官職で、科野次酒は、すでに長期に百済に滞留した武将で、「内臣徳率」をあたえられていたことになろう。このような武将については、次の第三節でのべる。

(58) 三品彰英論文(注(45)におなじ)。

(59) 武田幸男「新羅骨品制の再検討」(『東洋文化研究所紀要』六七、一九七六年)。井上秀雄「朝鮮日本における国家の成立」(『岩波講座世界歴史』6、岩波書店、一九七一年)、同『新羅史基礎研究』東出版、一九七四年。坂元義種「古代東アジアの日本と朝鮮」(『史林』五一―四、『古代の日本と朝鮮』学生社、一九七四年)、同「五世紀の〈百済大王〉とその王・侯」(『朝鮮史研究会論文集』四、『古代の朝鮮』学生社、一九七四年)。上二篇『古代東アジアの日本と朝鮮』吉川弘文館、一九七八年に再々収録。鬼頭清明「加羅諸国の史的発展について」(『朝鮮史研究会論文集』一一、『日本古代国家の形成と東アジア』校倉書房、一九七六年)。

(60) 鬼頭清明『日本古代国家の形成と東アジア』(注(59)におなじ)二四六〜二四八ページ。

(61) 第三編を参照。

(62) 〝任那日本府〟をミヤケとしての特性から理解しようとした論文に、八木充『律令国家成立過程の研究』塙書房、一九六八年がある。同書七三ページ以下に、「大和国家の任那支配の形態を推定するのに、任那が弥移居=官家とみなされた点は有力な素材を提供する」とあり、その支配は、「いちじるしく軍政的直接的な形態の支配」であり、「軍屯制的支配」が行われたとされる。ただし、その後に〝任那日本府〟が成立したようにのべ、「任那日本府は、六世紀の二、三〇年代における新羅の南加羅攻略の結果、あらたな朝鮮情勢に対処するため、安羅に創立された大和国家の任那支配機関として理解しなくてはならない」とし、なかば行政府的な〝日本府〟を予想された。つまり「弥移居」(官家)から「日本府」への展開をのべられたのは賛成できない。

(63) これらの人名は、すべて「継体紀」「欽明紀」にみえる人名で、一々出典の年月はあげないが、『日本古代人名辞典』の各項目を参照。

(64) 大山誠一「所謂『任那日本府』の成立について」(『古代文化』一九八〇年九・十一・十二月号)。

(65) 平野邦雄「継体・欽明紀の対外関係記事」(『古代東アジア史論集』下、吉川弘文館、一九七八年)。

第三編　六世紀の国家組織

——ミヤケ制の成立と展開——

第一章　ミヤケ制の意義

第一節　問題の所在

六世紀に、あらたに国家組織として重要となるのはミヤケである。それは部民制と雁行する制度であるが、これと質を異にし、それだけにあたらしい国家組織であるということができる。しかし、ミヤケ制が一向にあきらかにされないのは、これまでの諸説が、部民制との質的な相違を把握しえないからであり、筆者としては、旧著で部民制についてふれたので[1]、ここではミヤケ制をとりあげ、その辺の事情について考察することにする。

ミヤケは、御宅・三宅・三家・官家と記し、また屯倉・屯宅・屯家とも表記される。これにたいするミタは、御田・屯田などと記すが、ミタはミヤケとも称され、歴史上の事象としては同一の系譜に属するものであった。つまり、ミタはミヤケの前身にあたり、ミヤケはミタの本質を継承しつつ、これを支配体系として全国に拡大した。畿内から全国へ、水田（ミタ）から領域的支配（ミヤケ）へと展開するさなかに、ミヤケはミタの本質を継承しながら、これを大きく変質せしめたといえる。この継承と変質の過程に、六世紀の国家組織の展開があるのであるが、これまでそれが十分に分析されたとはいいがたい。『書紀』の記事は、それを示していると思われるが、その辺のことを分析せねばならない。

つぎに、ミ・ヤケを、御・宅、三・宅と記すのは、訓読のとおりで、表記上の問題はなく、一般の貴族のヤケ（宅）でなく、大王のヤケという意味にほかならない。しかし、ミヤケを屯倉と記すのは、訓読上はそうよめないはずで、ミヤケの意味を示す語とせねばならない。それはクラ（倉）を意味する語であり、「屯」の文字は、〝あつめる〟〝たくわえる〟意と解するよりも、「倉」自体の壁体の構造を示すものと解した方がよいと思う。つまり、木材を積み重ねてつくるという建築手法を示す語と考えられるが、それはともかく、屯倉とは、まさにクラ（倉）のことである[2]。

このようにみると、ミヤケとは、ヤケ（宅）とクラ（倉）を一体とするもので、ヤケ（宅）は単なる施設でなく、一定の統治機能をもち、クラ（倉）はもっぱらタ（田）から収穫される稲穀をおさめ、貯える施設であった。クラ（倉）は、兵器・文書・布帛などをおさめるクラ（庫）とは異なった区分を示す。つまりその前提はタ（田）にあり、水田がなければ、倉は存立しえないであろう[3]。したがって、宅もまた第一義的には、水田の経営、稲穀の徴収とその運営を機能とするものといえる。ミヤケの最低の条件は、このような意味でのヤケ（宅）とクラ（倉）、それにタ（田）にあり、この三者を要素としてミヤケは成立するといえよう。ミヤケの原型がミタにあるのはそのためである。「仁徳紀」に、「倭屯田及屯倉」を掌るため、「屯田司」の出雲臣の祖にその来歴を問わしめたというのは、この意味でのミタ（田）とミヤケ（宅・倉）を称したので、別に屯田のほかに屯倉があったわけではない[4]。この三者は、ミタの最低の構成要素であって、これを総称してミタと称しても差支えないのである。この三つの構成要素は、ある意味では、律令制下の郡家における「郡庁」と「正倉」、さらに地方経済をささえた水田よりの収穫物、つまり「正税」の関係を連想させるが、それはまた後にのべる。

さて、ミヤケ（屯倉）は、このようなミタ（屯田）を継承しつつも、さらに進んだ段階にあり、多様な目的をもつ。それは水田ばかりでなく、採鉄地・鉱山や、軍事基地・港湾など、一定の地域を占有・支配するのもミヤケであり、ミヤケが朝廷の直轄領をさすといわれるのも、このような土地の概念に即したものだからである。しかし、そのような各段階のミヤケにおいても、ミタはミヤケの中核にあり、ミタの収穫物としての稲穀は、ミヤケの経営には欠くべからざるものであった。稲穀は、大王の供御稲を進めるミタにおいてはもちろん、その他のミヤケにおいても、徭役労働を徴発し、それを維持・再生産するための対価として必要であったからである。

要するに、ミヤケは、ヤケ（宅）・クラ（倉）とミタ（御田）を中心に、一定の領域を朝廷が排他的に占有するため設定されたものといえる。それはあくまで土地に密着した概念であるといってよい。

筆者は、旧著において[5]、ミヤケとトモ・べの制度には、基本的な相違があり、ミヤケ（土地区分）と、トモ・べ（人的区分）は、五、六世紀以来の国家における二元的な統治組織であるとのべ、その後において、タチカラ（田租）を土地を単位に、ミツギ（調）・エタチ（役）を人間を単位に徴収したのも、そのような伝統に由来するものであるとのべた。

当時、ミヤケについての先行論文であった岸俊男・井上光貞・関晃氏らの説を引用し、視点のちがいをのべたのも、このような点においてであった。

岸俊男氏は[6]、朝廷の領有する名代・子代には、租を徴収するミヤケがかならず設けられていたとされ、井上光貞氏は[7]、名代・子代が設けられたのち、クラを主体とする屯倉型のミヤケが設定され、また領内に直営田がつくられ、皇室領は、クラを主体として「某屯倉」、べを主体として「某部」とよばれるようになったとされるなど、いずれも、ミヤケとべをむしろ一体のもの、表裏の関係にあるものとしてとらえることが多かったといえよう。

関晃氏は(8)、たとえば「安閑紀」の竹村・小墾田・桜井・難波などのミヤケは、そのなかに田部をふくまず、「毎国」あるいは「毎郡」の田部とあるように、ミヤケの外にある地方豪族の領民の一部を、そのまま田部に指定し、そこから徭役労働を提供させたものとし、ミヤケとべ、つまり土地と労働力（人間）を二元的にとらえられたのであるが、結局、このミヤケから独立した人間集団を子代とよんだとされることによって、田部＝子代説を提起された。ここでも、ミヤケとコシロを一体のものとして把握される結果になったと思う。

これらの諸論文は、別にミヤケのみを論じたものではなく、他に特色をもつが、ミヤケとべの関係に限定していえば、その支配の二元性を見失わせる結果となるとして、筆者は批判したのである。『書紀』の記事において、田部は〝何々屯倉〟の〝田部〟であり、ミヤケに附属するものとして記され、名代・子代のように独立の人間集団として表記されたことはなく、名代・子代といわれたこともない。これとは逆に、名代・子代は、〝何々屯倉〟の〝名・子代〟とよばれた例もまったくないのである。

このことは、土地区分としてのミヤケは、すべてその所在する土地名をもってよばれたのに、人間集団としてのべは、すべて中央の領有者名を付してよばれたという違いにもあらわれている。たとえば、ミヤケは、小墾田屯倉（大和高市郡小墾田）、児島屯倉（備前児島郡）、那津官家（筑前那珂郡那津）のように、土地名で表記され、ナシロ・コシロは、刑部（允恭后オサカノオホナカツヒメ＝忍坂宮）、孔王（穴穂）部（アナホノ皇子＝安康天皇＝穴穂宮）、金刺舎人部（欽明天皇シキシマノ金刺宮）のごとく、領有する王名・宮号を付してよばれ、ほかにカキべも、物部・中臣部・秦部のように、例外なく領有する貴族の姓を冠して記されたのである。このような点を象徴的にあらわすのは、「安閑紀」に、春日皇后のため、イホキベ連が献上したという「春日部采女」と「廬城部屯倉」の関係であろう。前者は、湯人（ユエ）としてのイホキベ連が、配下の民を皇后の釆女部（ナシロ）にあて、伝統的に春日氏出身の后妃が領有伝領していた春日部に加えたものと思われ、〃春日某皇女〃とよばれた后妃の名、またはそれらの后妃のために春日氏が経営した〃春日宮〃という宮号を冠してよんだのである。後者は、これとは別個に設けられたミヤケの伝承で、その所在する〃安芸の廬城〃、つまり、のちの安芸佐伯郡伊福（イホキ）郷にちなむ名であり、もちろん朝廷の直轄領であるから、イホキベ連の名を冠したものでなく、また〃春日屯倉〃とよばれた形跡もない。それは一定の地域に設定されたのである。これにたいし、春日部は、河内・摂津・山背・因幡・美濃・駿河などの各地に所在しており、それぞれの地名でよばれたものでなく、また地名で全体を総括することも不可能であろう。

旧著でのべたのは、ほぼこのような論旨であった。

この点からいえば、弥永貞三氏が[9]、名代・子代と田部の一致する例は皆無であるとし、古代国家において、「人間の所有・隷属と、土地所有とは分離併存し、別個の範疇でとらえられていた」と指摘されたことに賛意を表したのは、当然のことである。

第二節　最近のミヤケ研究

ミヤケについて、最近にいたるまで研究は多い。しかし、前節でのべたような視点をふまえて、ミヤケ制の本質を考察しようとした論説には接していない。視点が多様なため、相反する学説が併存し、これをまとめるのもまた容易ではないように思う。

筆者として、それらのなかから、ミヤケの概念にふれた点をとりあげ、要約してみれば、つぎのようになる。

(一)　ミヤケの本義は、政治的軍事的拠点（A型）にあり、これが、稲穀を収取するミヤケ（B型）に発展した。つまりそれは、豪族の田地を割取して設けたもの（BⅠ型）、ヤマト政権がみずから田地を開発したもの（BⅡ型）があり、いずれも共通してミヤケとよばれたのは、中央から使者をつかわし、監督と収取を行わせたからである（館野和己氏[10]）。

(二)　ミヤケは、(一)のように、農業経営が二次的に発展したというようなものではない。はじめは倉庫でも、官衙的建物（政庁）でも、軍事的拠点でもよく、要するに、在地勢力の権力中枢を支配し、かれらを人格的に隷属させるために設けられた。朝廷の直轄するミヤケでは、租税徴収もありえたが、全国的規模のミヤケでは、租税徴収とミヤケを結びつけるのは必ずしも正しくない（本位田菊士氏[11]）。

(三)　ミヤケは水田と直結せず、また朝廷の大土地所有というより、いろいろな政治的・経済的施設または機関として設けられた（山尾幸久氏[12]）。

㈣　㈠〜㈢の説から、いわゆる〝前期ミヤケ〟、つまり畿内のミタは存在せず、ミヤケが実際に設けられたのは、欽明・推古朝、つまり六世紀よりのちであり、七世紀が中心である。〝前期ミヤケ〟とは、『書紀』の編者が、ミヤケの記事を四、五世紀にさかのぼらせて記したにすぎない（原島礼二氏・山尾幸久氏）[13]。

㈤　おなじように、ミヤケをあたらしいものとみることから、吉備白猪屯倉は吉備大宰の前身であり、筑紫那津官家も、大宰府の前身にあたるとみる（薗田香融氏・栄原永遠男氏）[14]。

これらの説はまことに多様であるが、概していえば一つの傾向がある。もちろん、そのような傾向で、学説の内容がすべて評価されるわけでないことを断わっておかねばならないが、ここで一応問題点を列挙してみよう。

第一に、ミヤケと水田・稲穀の関係、つまりミヤケにおける田租の収取と運営を単なる二次的属性とみるか、またはミヤケの本質とかかわりないとみる傾向である。ミヤケを政治・軍事の拠点、または施設・機関とみるのはそのためで、これらは単なる政治的概念ないしは機能を示すことばにすぎない。したがって、ミヤケがミタの本質を継承するという性格を否定することになり、したがって、ミヤケが土地そのものを占有し、支配するという意味も排除することにもなるのである。

第二に、ミヤケを六世紀以降の成立と見、七世紀にミヤケ制の中心をもとめるから、それ以前のミタの概念をすべて排除し、ミタはミヤケと関係ないものとみるか、またミタの記事は造作であるとみることになる。『書紀』が、屯田を屯倉とも記したのは、ミタは、ヤケ（宅）・クラ（倉）とタ（水田）というミヤケの最低の要件を満たし、それ以後のミヤケと内容上の連関のあることを主張しているのであるから、論者は、六世紀以後にミヤケの成立をみとめようとも、それ以前のミタの内容を検討しなければならない。造作説は、このような検討そのものを放棄するから、『書紀』の示すミタの点定や経営形態は、何らあきらかにはされないのである。

第三に、それらの結果であるが、ミヤケの初見は、「継体紀」の糟屋屯倉で、それは軍事的拠点であるというような主張が唐突としてあらわれる。それ自体がさらに検証を要すると思われるが、このことは白猪屯倉や那津官家が、吉備大宰や筑紫大宰府の前身であるとする見方にもつながる。つまりそれらもまた一つの機関であるからである。しかし、糟屋や白猪（また児島）・那津は、ミヤケの所在する地名であり、その地名であらわされる領域はのちの評・郡までであり、白猪屯倉ですら、〝吉備五郡〟と限定されている。したがって、ミヤケをかりに郡家の前身というならばともかく、それをこえて国衙の前身と見、さらに大宰（惣領）の前身と主張するには飛躍がある。ミヤケは一定範囲の土地、つまり領域を示しており、それ以上に出る概念ではない。

第四に、ミヤケの経営形態についてである。ミヤケが少なくとも土地を支配するものとすれば、在地勢力を人格的に隷属させることと直接の関係はない。したがって、在地首長の貢納制ともかかわりはないであろう。貢納制とは、もともとトモ・ベ制に関するもので、そこでは、族長制を介して、ミツギ（調）・エタチ（役）・ニエ（贄）が貢納されたことは周知のとおりである。また、トモ・べの概念そのものが、ある意味では人格的隷属をあらわすが、それは土地を中心とするミヤケには通用しがたい。ミヤケの基本は、タチカラ（租）にあることはいうまでもないはずである。

この点からいえば、たとえば〝前期ミヤケ〟は、政治的クラで、在地首長の生産関係に依存した貢納制にほかならず、その後、ミタが成立し、良田を点定し、徭役労働によって耕作される、王権による直接の土地支配がはじまり、これを媒介として、一定領域における徭役型ミヤケ、つまり〝後期ミヤケ〟へと展開するという説（小林敏男氏[15]）も、問題がある。ミタ・ミヤケの前に、在地首長の貢納制があったわけではなく、もしあったとすれば、それはミタ・ミヤケではない。ミタ・ミヤケとは、朝廷の直轄領をさすので、徭役労働は必須のものであり、別に、〝徭役労働型〟があったわけではあるまい。問題は、ミタ・ミヤケという土地の管理と稲穀の徴収、およびミタ・ミヤケを経営するための徭役労働の提供という二つの側面のかかわり方にあるのであって、そこに朝廷と地方豪族の政治的関係、ないし役割の分担があったとみてよい。

第五に、これとかかわりあることであるが、ミヤケからは田租ばかりでなく、調も京進されていたとの見方である。つまり、ミヤケのクラ（倉）には、稲穀のほか、地方族長に必要な器物・武器・交換物・貨幣なども収納されていたとする説（門脇禎二氏[16]）はこれとかかわりがある。すでにのべたように、屯倉とは、稲穀をおさめる施設であって、調・庸・贄の、布帛・雑物・雑器・生鮮食品などをおさめる施設ではない。それは正倉の前身ともいうべく、正倉には稲穀をおさめ、塩・未醬・酒はこれに加えられるが、他のものは収納されていない。ミヤケと調・庸の直接の関係はないであろう。

ミヤケにおさめられた稲穀・塩以下は、もちろん京進もされたであろうが、第一義的には、ミヤケを経営するための徭役労働の対価として用いられた。対価として用いられたのであるから、ミヤケには出挙の機能もすでにあったであろう。徭役労働は、ミタのばあいは当然水田を対象とするものであるが、他のミヤケのばあいは、採鉄地・塩浜・港湾、その他ミヤケの目的によってさらに多様性があったと思われる。

さて、第一から第五まで、最近の学説にたいする筆者の見解を列挙してみた。はじめにのべたように、これらの学説には、それぞれ特質があり、後に参考すべき点はのべるが、ミヤケについての基本的な視点をはっきりさせるために、まず掲げたのである。

そこで、筆者が、ミヤケとは土地そのものの支配を意味すると考えたとすれば、その土地とは何か、大まかな分類を示しておく義務があるであろう。それは、『書紀』の記事の範囲でいえば、ほぼつぎのようなものと考えられる。

(1)水田、(2)可耕地（墾田）、(3)山林、(4)採鉄地、(5)鉱山、(6)塩浜、(7)塩山、(8)港湾、(9)軍事基地、(10)漁場、(11)牧場、(12)猟場

ミヤケとは、これらの土地の排他的な占有をめざしたものといってよく、排他的な占有とは、(1)・(2)のばあいでも、水田には、池・溝・堤防・採草地などが当然附属しており、逆に、(4)・(5)・(6)以下のばあい、その経営のための水田・可耕地をも包括したはずであり、かならずしも、一元的な領有とはいいがたいからである。そしてそのいずれのばあいも、ミヤケの中核は、ヤケ（宅）・クラ（倉）、そしてタ（水田）にあったであろう。『釈日本紀』が、「屯倉、天子之米稟□」[17]とした意味は生きているといわねばならない。

第二章　いわゆる〃前期型ミヤケ〃

第一節　畿内のミタの特質

かつて井上辰雄氏は(18)、〃前期型ミヤケ〃を要約してつぎのように述べている。五世紀に入り、大和より河内にかけて、王権による水田・水利の開発がさかんになり、その結果、難波・茅渟山・茨田・桜井・依網・竹村などのミヤケ（ミタ）が河内平野に濃密に分布するにいたった。それらには、共同体の労働力がおもに族長層を通じて徴発され、ミヤケの管掌者も、依網連（依網屯倉）、狭山連（狭山屯倉）、大戸首（大戸屯倉）のように、河内の族長層が任ぜられ、かれらは朝廷で勢力をえた物部氏のもとにあり、物部氏と同族系譜をもつにいたった。このような事実は、初期のミヤケが、族長層を屯倉首とする間接的な経営にとどまっていたことを示すとされたのである。

この説は、『書紀』の記事が、畿内のミヤケ（ミタ）を朝廷の直轄領としているのであるから、直轄領の間接的経営をいうのは概念の矛盾といわねばならないが、井上説が、族長層を通じて、共同体の労働力が徴発されたとしているのは、直轄領の下地の管理や、租税の徴収とは別に、ミタの耕作と稲穀の舂運の労働力が、族長層によって提供されたことをさしているとすれば、肯定できるであろう。しかし、もしそうならば、間接的経営や貢納制を主張するのはあたらないことになる。先にあげた小林敏男氏の説もおなじことである。[19] しかし、井上説は、畿内のミタの経営を排除してしまうミヤケ論よりは、はるかに現実性があろう。

本節では、このような畿内のミヤケ（ミタ）について、さらに分析してみることとする。筆者のミヤケの分類では、⑴水田、⑵可耕地（墾田）がそれにあたる。

『書紀』をみると、ミタは倭国六県、すなわち高市・葛城・十市・志貴・山辺・曾布の地を中心に、河内・摂津・山背の各地に設けられ、天皇の供御稲の料田とされた。そのほか、神田や大臣・大連の水田もこれに准ぜられる扱いをうけている。

⑴　茨田堤を築き、茨田屯倉を定めた＝河内（「仁徳紀」）。

⑵　栗隈県に大溝を掘り、田をうるほした＝山背（「仁徳紀」）。

⑶　依網池によって、依網屯倉をつくった＝河内（「仁徳紀」）。

⑷　三嶋県主が、難波来目邑の大井戸田四〇町を、大連におくり、また田地を漢彦にも進めた＝摂津（「清寧紀」）。

⑸　阿閉臣が、歌荒樔田を月神（月読神社）に、おなじく磐余田を日神（天照御魂神社）に進めた＝山背（「顕宗紀」）。

⑹　大河内直が、天皇に良田を進めるよう命ぜられたが、その田地は灌漑しがたく、水没しやすいとして進めず、かわって三嶋県主が、良田として上御野・下御野・上桑原・下桑原、あわせて竹村の地四〇町を貢進し、大河内直は罪を謝して、大連に狭井田六町をおくった＝河内・摂津（「安閑紀」）。

右の⑴〜⑹の記事より、『書紀』が畿内のミヤケ（ミタ）としたものの特徴をいえば、ミヤケ（ミタ）は、河内・摂津・山背、そしてもちろん大和にも分布し、池・溝・堤などの水利施設の開発を前提に、数町から数十町という水田をひらいたこと、それは県そのものではなく、県のなかの小地域にとどまることを示している。たとえば、上御野・下御野のミヤケは、あわせて摂津西成郡三野郷にあてられ、またはこれに上桑原・下桑原を加えて、摂津島上郡高上（高生）郷にあたるとする説もあるように、律令制下でいえば、郡・郷より、さらに小地域をさし、来目邑も、三嶋県のなかの邑をさしている。そして、ミヤケの名はすべて地名である。

その他のミヤケをみても、大和の倭屯田及屯倉（「仁徳紀」）、村合屯倉・蔣代屯倉（「履中紀」）、大身狭・小身狭屯倉（「欽明紀」）なども、その指示するところは小地域名で、村合・蔣代などは、それがどこにあたるのかさえあきらかでない。

このような畿内のミヤケ（ミタ）の性格は、「推古紀」にいたって、倭国に高市池・藤原池・肩岡池・菅原池、山背国に栗隈大溝、河内国に戸苅池・依網池をつくり、この三国の国ごとにミヤケをおいたという記事にもなお継承されている。それらは、三国に池・溝をきずき、それに対応してミヤケ（ミタ）を増置したことを示し、(1)〜(6)の記事の延長線上にある。原文は左のとおりである。

是歳冬、於倭国作高市池、藤原池、肩岡池、菅原池、山背国掘大溝於栗隈、且河内国作戸苅池、依網池、毎国置屯倉、

これを畿内の倭・山背・河内三国に、池・溝をほり、それとまったく別に、全国の国ごとにミヤケを設けたと解することは到底できない。それは(1)〜(6)にのべた畿内のミヤケ（ミタ）についての『書紀』の論理にもとる解釈で、そのため、推古期に、全国の国衙の前身となるミヤケがひろく設定されたとし、さらに吉備や筑紫の大宰の前身となる

ミヤケが成立したというような誤解が生まれる結果になるのである。逆に、この「推古紀」のミヤケの記事がもとになって、五世紀の畿内のミヤケ（ミタ）の記事が造作されたとする説は、さらに恣意的であろう。

つぎに、畿内のミヤケ（ミタ）の経営についての記事がある。

(1) 大河内直は、罪を謝すため、钁丁を春に五〇〇丁、秋に五〇〇丁、天皇に進め、三嶋県主の貢進した河内の四屯倉、つまり竹村屯倉の耕作にあたらせることを誓った。これが河内県の部曲のはじめである（「安閑紀」）。

(2) 皇后・次妃のため、小墾田屯倉（大和）、桜井屯倉（河内）、難波屯倉（摂津）を設定し、毎国・毎郡の钁丁（田部）を供さしめた（「安閑紀」）。

(3) 茨田屯倉に秦人を役し（「仁徳紀」）、蔣代屯倉に淡路野島海人を役し（「履中紀」）、大身狭・小身狭屯倉では、韓人・高麗人を田部とし（「欽明紀」）、播磨越部屯倉の民は、但馬三宅から移住せしめたものである（『播磨風土記』）。

右の(1)〜(3)の記事は、畿内のミヤケ（ミタ）の耕作には、ミヤケの外から労働力を導入したことを示す。関晃氏が[20]、ミヤケの外にある他の地方豪族の領民の一部を、そのまま田部に指定し、そこから徭役労働を提供させたと指摘されたとおりである。逆に、このことは、在地豪族が、ミヤケ（ミタ）の土地の管理と、稲穀の収税は行わなかったこと、したがって、地方豪族による間接経営などとはいいえないことを示している。これがミヤケにたいする国造・県主の役割の正確な評価である。

『書紀』の記事からわかる畿内のミヤケ（ミタ）の特徴は以上のとおりである。これをおなじように、『書紀』にみえる畿外のいわゆる〝後期ミヤケ〟にくらべると、あきらかな違いがあることは後述する。したがって、畿内のミヤケが、それらの投影とは言えないのである。

畿内ミヤケ（ミタ）を考えるもう一つの根拠は、律令に遺制として継承された宮内省の官田にある。官田は、「三宅田」とも、ミタとも称され、大化前代のミヤケ（ミタ）を圧縮・再編したものであることは、おなじく大化前代のトモ・べ制が、律令に、「品部・雑戸」として、遺制的に残存したのとおなじである。

さて、第一に、「官田」は、『義解』に「謂、供御稲田、分置畿内者」とあり、『集解』には、「大和、摂津各卅町、河内、山背各廿町」とあり、さらに「宮内省式」には、官田の収穫を奏聞する詞として、「内国、今年供奉三宅田、合若干町、穫稲若干束」と記している。つまり、官田が、畿内の大和・摂津・河内・山背に設定されたことは、畿内のミヤケ（ミタ）の例とまったくおなじく、それは「三宅田」とよばれ、規模も数十町歩程度にとどまる。畿内のミヤケ（ミタ）は、総計すればこれよりはるかに広大であったであろうし、それを縮小・再編したのが官田であるが、存在の原理はまったくかわりないといえよう。

第二に、官田の役丁は、『集解』に、宮内省が年間の作物の種類、田の広狭をはかり、その員数を定め、それにもとづいて各国々司は役月の閑要にしたがい役使するとある。他方で、官田には田司（屯司）をおき、毎年交替させ、収穫の多少によりその考課を行うとあり、さらに「宮内省式」には、官田の管理のため、時に省丞以下が巡検し、収穫の多少を検し、省はそれをうけて奏聞する。各国々司は、穫稲から功賃をあて京に舂運せしめるとある。

これによると、官田は、宮内省が直接に下地を管理し、田司＝屯司をつかわして収税とクラの管理を行わせ、また省官人が巡検してこれを監検した。他方で、国司は、宮内省の算定にもとづいて徭丁の数を定め、耕作と舂運に従わしめたのである。

この二つの体系は、畿内のミヤケ（ミタ）における朝廷と地方豪族の役割と等しい。国司のそれは、官田の所在する郡司によって荷なわれたであろうし、地方豪族の参加の仕方をあらわすものであろう。

第二節　県主と稲置

県（アガタ）とミヤケ、県主（アガタヌシ）と県稲置（アガタイナギまたはコホリノイナギ）について、これまでいろいろな解釈が加えられてきた。本論は、それを論ずるのが目的ではないが、関係ある部分について簡単にふれてみることにする。

筆者は、[21]旧論において、「稲置はやはり県における屯田・屯倉の経営と関係ある職名としうる」とのべ、イナギの用語からみても、稲穀の収取とクラの管理をつかさどった職名にふさわしく、『釈日本紀』にひく「公望私記」に、稲置を「案、今税長也」[22]と解したとおり、税長でなければならぬとしたのである。

かつて中田薫氏は、[23]県によっては県主がおかれたものと稲置がおかれたものとがあり、国県制の県はコホリで、その長が稲置であるのにたいし、供御料地たる県はアガタで、その長が県主であるとされた。つまり、おなじ県を二元的に解されたのである。井上光貞氏は、[24]この説を拡大され、畿内の県（アガタ）は供御料地で、内廷と関係ぶかく、県主（アガタヌシ）が内廷の伴として出仕した。他方、全国の下部組織としての県（コホリ）はこれとちがい、その長が県稲置（コホリノイナギ）で、畿外の行政区分であったから、大化改新に、東国々司を任命したとき、詔に「国造・伴造・県稲置」があるとされたのである。

石母田正氏[25]は、おなじ構想を、さらに発展的にとらえ、旧来の国造（地方的伴造）―部民・屯倉（ミヤケ）という族制的支配から、国造（大国造）―稲置（小国造）―公戸・県（コホリ）という領域的支配が大化前代には成立していたとし、いわば、県主（アガタヌシ）から県稲置（コホリノイナギ）への展開を前提として論を進められた。

このような学説の方向は、県には畿内における古いアガタ＝供御料地と、その長としての県主があり、ついで畿外においてあたらしいコホリ＝国郡制の前身と、そのコホリの長たる県稲置が成立し、クニ（国＝国造）のもとのコホリ（県＝郡＝稲置）という一律の地方組織が形成されていたと見、稲置はのちの郡のように領域的支配を実現していたとするのである。はたして大化前代に、そのようなクニ―コホリという上下の地方組織が一律に形成されていたとみとめうるであろうか。

第一に、稲置（イナギ）は、ミヤケ（ミタ）をはなれて成立しうる概念ではあるまい。それはもっとも伝統的な名辞で、あたらしい行政区画とともに成立した語ではありえない。ミヤケ（ミタ）とアガタは異なる概念で、ミタはアガタヌシの領域内の一画に設定された水田をさし、その意味で、県主と稲置は併存しうる存在であるはずである。つまり、アガタは、アガタヌシの配下の人的集団であって、供御料地たるミヤケ（ミタ）そのものをさす概念ではない。アガタヌシは、宮廷に魚宍・蔬菜・薪炭・水氷・灯火料などを貢進し、みずから配下の民をひきい、内廷のトモとして出仕した伝承があり、これが水部（モヒトリ）・殿部（トノモリ）などの遺制となったが、アガタヌシがミヤケ（ミタ）の下地を管理した記録はまったくない。それを担当したのがイナギであろう。アガタヌシは、ミヤケ（ミタ）に配下の民をクワヨボロとして提供し、イナギが下地の管理と稲穀の収納・クラの管理を行ったもので、これを県主＝畿内、県稲置＝畿外というように区分するわけにはいかない。つまり、イナギとは、もとは倭六県以下の畿内のミヤケにおかれたものを原型としたと思われる。その意味で、「闘鶏国造」が姓をおとされ、「稲置」を称せしめられたというのも（「允恭紀」）、大和山辺郡都介郷にかかわる名で、「稲置」が「国造」より下位の身分であったことを示す。もちろん、いわゆる〝後期ミヤケ〟において、東国・西国にも多くミヤケが設定されたのであるから、在地豪族にイナギの職名を付し、その職務を行わせたことは原理的には考えられる。

しかし、東国々司の任命された尾張・美濃以東、あるいは近江・信濃以東の地域には、アガタ・アガタヌシ・イナギの遺存史料は皆無にちかい。したがって、「県稲置」をしいて東国にかける必要はないと思う。かつて上田正昭氏は、(26)アガタ・アガタヌシの分布を、記紀・『万葉集』・『正倉院文書』などから調査され、畿内がもっとも濃密で、以下、瀬戸内海沿岸、九州に集中し、東海・東山・南海の諸道においては、美濃・尾張・讃岐に数例を見出しうるのみで、他はまったくないと指摘され、その後、湯口（広瀬）圭氏は、(27)もっとも詳しい「国造・県主一覧表」を作成されたが、それによってみると、やはり東海道の参河以東、東山道の飛騨・信濃以東は完全な空白となっている。またイナギについても、氏姓化した印伎部・因支首をふくめても、大和・山背・伊賀・近江・尾張・美濃・但馬・出雲・讃岐の九ヵ国に、一四例をみるのみである。これは、イナギが古いため、栗田寛氏のいうように、(28)「史伝欠逸、全備ハラサルヲ以テ、稲置ノ書ニ見ル者、僅ニ七、八ニ過サルナリ」というためであろう。しかし、東海道では参河以東、東山道では飛騨・信濃以東に皆無であることは、アガタ・アガタヌシのばあいと一致している。これは、アガタ・アガタヌシ・イナギが相互に密接な関係にあったことを証し、それが大化の東国々司の任命範囲とまったく入替りの関係にあることに注目せねばならない。

したがって、大化の東国々司への詔の「県稲置」は、別個の観点から処理しなければならない。この詔は、あきらかに「東国等国司」とあって、つぎの「倭六県」につかわされたミコトモチをふくむもので、両者の使命も、造籍・校田にあり、最後に、「汝等国司」あきらかに聴いて退くべしと結んでいる。ゆえに、「県稲置」を「倭六県」にかけて理解することは十分可能であり、文章のつづき具合からみれば、その方に妥当性があるであろう。もしそうなれば、これをコホリノイナギとよんで、アガタヌシ・アガタイナギから区別する必要はない。

第二に、ここであらたな問題が生ずる。それはイナギが第一義的には畿内のミヤケ（ミタ）における職名としても、次章でのべる、いわゆる〝後期ミヤケ〟において、ミヤケが畿外に拡大され、水田を基盤としつつも、その領域をコホリ（評・郡）程度にまで拡大し支配する体制を成立せしめたとするのが本論の論旨であるとすれば、「県稲置」をコホリノイナギと解しうる余地が生ずるからである。しかし、そのばあいでも、原理的にであって、〝後期ミヤケ〟が全国一律に設定されたとは到底考ええないのであって、大化前代に、クニ（国）―コホリ（県・郡）制が、現実の国制として成立していたわけではない。さらに、東海・東山道に、コホリ（県）、イナギ（稲置）の史料がまったくないことも前述したとおりである。少なくとも、コホリといわれるような領域的支配は、先進的なミヤケ・部民制の支配原理の拡大によるものであって、六世紀に、ミヤケの田部の丁籍や、ナシロ・コシロにおける共同体の分割、戸の支配の成立に由来するものとせねばならない。国造が族長であるかぎり、国造みずからの側から、そのような領域的支配が実現される余地はないはずであり、八世紀においても、国造族・県主族などの共同体的な族民がひろく遺存したことを考えるべきである。

さて、イナギについての考察を進める。

直木孝次郎氏は[29]、『釈日本紀』のいうとおり、「稲置」を「税長」とみる説に賛成し、つぎのような根拠をあげられた。

弘仁十三年官符に[30]、「郡書生大郡八人 上郡六人 中郡四人 下郡三人……毎郡……税長、正倉官舎院別三人徴税丁郷別二人」とあり、『延喜交替式』には[31]、正倉の失火にたいし、「当時国司、郡司及税長」は正税を補塡しなければならないが、その際、「郡司已下税長已上」が差をなして行うよう定めている。これをみると、税長は郡司のもとに配され、徴税丁をひきい、収税と正倉の管理にあたった。正税は、専当郡司（郡）—税長（正倉）—徴税丁（郷）という系列によって、その収納・管理が行われたのである。そして税長は、郡司のもとにあり、徴税丁が郷別であるのに、これは院別とあるのは、正倉院別のことで、郡家に配されたことになる。郡家には、数十棟の正倉が、溝や土塁・築地に囲まれた一画をなして、所属していたからである。

直木氏は、「税長」を「稲置」や主稲の系譜に属するとされた。本論は、イナギも、まさに稲穀の収納とクラの管理を行ったとみるのであるから、上記の「税長」の職務とまったく一致し、税長が郡司のもとにあったことも、「稲置」が、国造より下位の身分にあったことと一致するであろう。ただ、律令制下の税長は、地方豪族を登用したものと思われ、いわゆる〝後期型ミヤケ〟において、畿外のミヤケでは、イナギの職務を地方豪族に付与することもあったであろう。そうすれば、イナギを直接税長の前身となしうるが、ミヤケは律令制下のコホリ（郡）のように、全国一律に設けられたものではないから、税長は、イナギの原理を拡大したものと評価するのが至当であろう。まして、〝前期ミヤケ〟においては、畿内のミヤケ（ミタ）のイナギは朝廷から派遣されたものと考えられる。このような変化は、畿内の「屯田司」から畿外の「屯倉首」への進展とも関係があり、それはまた次章でのべる。

最後に、原島礼二氏の説を取り上げる[32]。

原島氏は、アガタとミヤケは密接な関係にあるとし、両者の名称が異なるのは、本来両者の性格が異なるためであるとし、アガタとミヤケの併存を主張された。ただ氏は、ミヤケを六世紀以後の成立と見、「稲置」はアガタノイナギではなくコホリノイナギで、そのコホリとは、国造領内に設けられた中宮・皇太子の湯沐邑、つまり評・郡よりまえの小範囲の郷邑をさすとされるのである。これは山尾幸久氏の説をうけたもののようであるが(33)、山尾氏は、アガタはすべて存在せず、それは六世紀以後のコホリを投影させたものにすぎないとし、コホリとは、律令制下の公民に先行する田部集団をさし、その現地管掌者がイナギである。そして、アガタとは、このコホリノミヤケの所在地をさすとの論理を展開されるのであるから、原島説とも大きくズレるのである。

原島説が、アガタとミヤケの併存をみとめるならば、ミヤケ（畿内・外）のみを六世紀以後の成立とするのは合わないはずであるし、コホリを湯沐邑のような特殊な存在とすることもできまい。やはりコホリというからには、中田・井上・石母田説のように(34)、一律の一定の領域をさすとしなければならないであろう。まして、コホリを田部集団のような人的区分とはなしえない。田部はミヤケに付属する労働力で、ミヤケと区別されるコホリのような区分をこれに適用することはできまい。ことに、田部という人間集団を、中央がコホリとよび、朝廷の直轄地であるコホリノミヤケを在地でアガタとよんだという論理構成を納得するのは容易なことではない。

総じて、アガタにせよミヤケにせよ、すべてを六世紀、ばあいによっては七世紀まで引き下げ、ヤマト王権による国家組織の成立を遅くみようとするために、それらに時代的経過をみとめず、同時期に混在させることとなり、相互の区分に腐心することになるのであろう。原島氏は(35)、アガタとミヤケを区分し、かつアガタとアガタヌシの一体性をみとめ、畿内のアガタに居住する豪族が内廷に奉仕したことを、鴨県主・猛田（菟田）県主・高市県主・闘鶏県主・

葛城県主などを列挙して、内廷に貢納・上番していたことを一々検証されたのであるから、それはおそくとも五世紀以来のこととせねばならず、これと併存したはずの畿内のミヤケについてもおなじであろう。

以上によって概括すれば、アガタとは、アガタヌシにひきいられる人的集団で、アガタヌシは内廷のトノモリ・カシワデ・カニモリ・モヒトリなど、トモとして上番するとともに、魚宍・蔬菜・薪炭・水氷・灯火料などを貢納した。それはいわばエタチ（役）、ミツギ（調）、ニエ（贄）にあたるもので、アガタヌシがミヤケを管理し、稲穀を貢進した記録はない。ミヤケはアガタと併列し、その圏内に設定され、イナギによって下地が管理され、収税が行われ、稲穀が貢進されたとみるべく、それはのちの税長の職務と共通する。アガタヌシはミヤケの外から耕作のための徭役労働を提供する立場にあったと考えられよう。(36)

第三章　いわゆる〃後期型ミヤケ〃（その一）

第一節　畿外のミヤケの特徴

『書紀』は、ミヤケ制の画期を「安閑紀」においている。これは、おなじ『書紀』が、部民制の成立を「雄略紀」においたことと共通する。つまり前者は、畿内のミタから畿外のミヤケへ、後者は、宮廷のトモから全国的なべへの展開をそのように位置づけたのである。これが『書紀』の時代観であり、部民制と屯倉制の成立に時代的なズレをみとめ、いわば人的な支配と土地支配の成立には前後関係のあることを表出していることになるのである。

さて、「安閑紀」以後に記される〃後期型ミヤケ〃の特性を、記事のまま分析してみよう。「安閑紀」に、集中的に設定が記されるミヤケは、筑紫二、豊五、火（肥）一、播磨二、備中三、備後二、婀娜二、阿波一、紀二、丹波一、近江一、尾張二、上毛野一、駿河一、計二六にのぼる。つまり、ミヤケは畿内から畿外へ、九州・東国をふくむ地域にまで拡散されはじめたことを示す。そのなかで、地名を比定できるものをあげると左のようになる。

筑　紫　穂波屯倉（筑前穂波郡穂波郷）、鎌屯倉（筑前嘉麻郡）

豊　　桑原屯倉（筑後上妻郡桑原郷、または豊前築城郡桑田郷）、膽崎屯倉（豊後国埼郡国前郷カ）、肝等屯倉（豊前京都郡刈田郷）

播　磨　越部屯倉（播磨揖保郡越部郷）

備　中　後月屯倉（備中後月郡）

備　後　多禰屯倉（備後葦田郡都禰郷カ）、婀娜屯倉（備後安那郡）

上毛野　緑野屯倉（上野緑野郡）

このほか、肥後、春日部屯倉（肥後託麻郡三宅郷）、尾張、間敷屯倉・入鹿屯倉（尾張中島郡三宅郷・海部郡三宅郷）なども考えられる。

もちろん、（　）内に比定した地名が、一々そのミヤケに対応するかどうか、問題はのこるが、大勢は動かないとみてよいであろう。

これらをみると、穂波・嘉麻・後月・安那・緑野の各ミヤケのように、のちの郡名と一致するものと、刈田・桑原・越部の各ミヤケのように、のちの郷名と一致するものがある。これは、三宅郷の名のあるように、その郷がミヤケの中心で、ヤケ（宅）・クラ（倉）が設けられ、ミヤケの領域はほぼ郡程度におよんでいたとしてもよかろう。これらのほかに、「継体紀」に、筑紫国造が献上したという糟屋屯倉（筑前糟屋郡）、「安閑紀」に、武蔵国造が献じたという横渟・橘花・多氷・倉樔屯倉（武蔵横見・橘樹・久良久良岐郡）、「欽明紀」に、設定の伝えられる児島屯倉（備前児島郡）などは、すべて郡名に比定できる。

参考までに、これをもう少し拡大して、『倭名抄』や『平城宮木簡』[37]にみえるミヤケを名とする畿外諸国の郷名をまとめると、左のようになる。

伊勢多気郡三宅郷　　尾張中島郡三宅郷
尾張海部郡三宅郷（海評三家里）　　遠江麁玉郡三宅郷
相模大住郡三宅郷　　武蔵橘樹郡御宅郷
武蔵荏原郡御田郷　　上総天羽郡三宅郷
下総印幡郡三宅郷　　下総海上郡三宅郷
常陸鹿島郡三宅郷　　美濃国厚見郡三家郷
若狭小丹生評三家里　　備前児島郡三家郷
筑前那珂郡三宅郷　　筑後上妻郡三宅郷
豊後直入郡三宅郷　　肥後託麻郡三宅郷
日向児湯郡三宅郷

これらの三宅（御宅・三家・御田）郷に、八世紀に郡家がおかれた例はきわめて少ない。したがって、郡家（ミヤケ）の名によって三宅郷とよばれたものとはいえない。[38] 逆に、尾張海部郡・中島郡の三宅郷が、間敷・入鹿屯倉、武蔵橘樹郡三宅郷が、橘花屯倉、備前児島郡三宅郷が、児島屯倉、筑前那珂郡三宅郷が、那津官家、肥後託麻郡三家郷が、春日部屯倉に比定されているように、かつてのミヤケの伝承や、現実の遺制によるものと考えられよう。

このように、「安閑紀」にまとめて記録されたミヤケ、また「継体紀」以後にみえるミヤケ、『倭名抄』や『平城宮木簡』の三宅郷など、異なる史料を通してみても、ミヤケの設定区域、郡名との共通性などに矛盾がみとめられないことである。六世紀に、ミヤケは畿外諸国にひろく設定されたが、のちの郡名で表示される領域程度のものを、支配の範囲とするにいたったと一応考えておきたい。

この点は、律令制下の評・郡（コホリ）において、郡庁（ヤケ）と正倉（クラ）が、郡家のおかれた郷（里）に設定されていたこと、郡家をミヤケとも称したことと関係あるかも知れぬ。またイナギの職務が、郡の税長にひきつがれ、税長は稲穀の収税と正倉の管理に任じたことも参照されよう。そのさい、地方政治に必要な徭丁の徴発は、国・郡司が行い、対価として正倉に蓄積された正税をもってあてたのである。

しかしまた、上記を通観していえることは、ミヤケにはなお郡・郷名と一致しないものもかなりあり、郡の領域程度といっても、それは先進的なミヤケの到達点であり、またミヤケが全国一律に、国―郡制とおなじ形で設定されたものでもないということである。ミヤケの伝承のない地域も多い。これはあたかも、部民制において、朝廷・中央貴族の部民が全国を覆う存在でなく、国造などの地方豪族のもとには、まだ部民化されない人民がかなり残存していたと考えるのが、現在の学説であり、それと共通性があることになろう。

第二節　ミヤケの経営内容

『書紀』には、〝後期ミヤケ〟の経営内容を示す史料はほとんどない。もちろん、前節に対応する「安閑紀」「宣化紀」に関してである。ただわずかながらも、それを推定する手がかりがないわけではない。「安閑紀」の全国ミヤケ設定を堺にして、畿内・畿外のミヤケにおいて、経営に変化があったらしい記事である。

第一に、「安閑元年十月紀」に、小墾田・桜井・難波三屯倉と、毎国あるいは毎郡の田部を設定したとあるのは、ミヤケと田部が別個のものであることを示し、畿内ミヤケ（ミタ）の経営に、ミヤケの外にある地方豪族が配下の民をさいて田部とし、ミヤケに徭役労働を提供した実例とされてきた。しかるに、「安閑二年九月紀」にいたると、左の記事がある。

詔桜井田部連、県犬養連、難波吉士等、主掌屯倉之税

これを前記のミヤケ設定の記事に対応させてみると、小墾田屯倉＝県犬養連、桜井屯倉＝桜井田部連、難波屯倉＝難波吉士となり、これらの族長がそれぞれのミヤケに田部を提供してきたことになり、桜井田部連の名はそれを証し、また犬養連とはミヤケの守衛の労働力を供したことにもなろう。一説には、[39]この三氏は、それぞれ別のミヤケを司ったとするより、三者一体となって一ミヤケの運営管理にあたったとみる方がよいとされるが、ミヤケはそれぞれ別個の地であり、毎国・毎郡とあるとおり、それぞれのミヤケを管掌したとみる方がよい。いずれにしても、ここではじめてミヤケの収税の職掌が加えられた。つまり稲穀の収納とクラの管理を委ねられたのである。これを逆にいえば、各ミヤケの設定当初は、徭役労働（田部）の提供をもとめられたが、収税の職掌は族長から排除されていたとするほかはない。ここにいたって、在地族長に、田部（徭役労働）の編成と、土地の管理・収税というミヤケの一元的な支配の端初がひらかれたのである。

第二に、『播磨風土記』[40]に二つのミヤケ設定の記事があり、まず、餝磨郡の餝磨御宅は、仁徳天皇のとき、意伎・

出雲・但馬ら五ヵ国の国造に命じて、田を造らせ、これを意伎田・出雲田・但馬田などと称し、それによって田の稲を収納するミヤケをたてたという。これは畿内に准じて設定されたミタの伝承であり、むしろ第一でのべたミヤケの原型を示すものであるが、その際、水田（ミタ）が、外部の地方豪族の提供する徭役労働によってひらかれたという説話となる。ついで、揖保郡越部里の由来が記される。この里を皇子代ともいうのは、但馬君がきて皇子代君の姓をたまい、三宅を造ったことにはじまり、その故に、皇子代村というようになった。その後に、大化改新後、上野大夫が三〇戸の編戸を行うことによって、越部里と名づけられた。一説には、越部（コシベ）の名は、但馬国の三宅から〝越し来た〟故に発生したというのである。揖保郡には、出雲の神が来り、讃岐神が渡来し、また、出雲との人的往来が語られ、但馬出石郡人が来り家居し、筑紫田部をめして、土地をひらかせたなどの説話が多い。これらは、外部からの移住の多かった地域である証左であるが、先の越部里も、但馬君によってひらかれたミヤケとされ、第一でのべた但馬田の説話と共通している。そして、このミヤケが、「安閑紀」の播磨国揖保郡越部屯倉をさすことはあきらかであろう。しかも、田部が子代と同一視されたのは、但馬君もこの地に定住し、配下の役丁も田部としてミヤケに付属し、定住することによって、子代とおなじ性格のものとなった。したがって、皇子代君となった但馬君は、ミヤケの開発・耕作のみでなく、子代としての田部の支配ともあわせ行うようになったからであろう。この説話をそのまま理解すれば、「安閑紀」の越部屯倉の段階で、但馬君（皇子代君）は、ミヤケの土地と人民をともに支配したか、あるいはその後にこのような体制に入ったので、そのような説話が生まれたことになるであろう。

これと共通する説話は、「清寧紀」と『播磨風土記』[41]の双方に記される縮見屯倉首に関するものである。第四編第二章で詳述するので概括にとどめるが、要するに、縮見（志深）屯倉首の忍海部細目のもとにあった億計・弘計の二王を播磨国司としてつかわされた山部小楯が発見する。このシジムノミヤケは、「針間国山門領」、つまりヤマト王権の所領と称され、ミヤケを造ったところを「御宅村」、クラを造ったところを「御倉尾」といったというように、ミヤケの中枢としてのヤケ（宅）、稲穀を収納するクラ（倉）は、志深村（シジムラ）または御宅村（ミヤケムラ）にあり、このミヤケの管理者が「屯倉首」といわれた忍海部細目となる。忍海部は、播磨に多い韓鍛冶の系統に属する在地豪族とみてよい。播磨国司は「大嘗会料」の稲穀を屯倉首に命じて貢進させるためつかわされたのであり、この屯倉首は二王をクワヨボロ（钁丁）またはタベ（田部）として役使していたのであるから、屯田首は、田税の収納・クラの管理と、耕作の労働をともに管掌していたことになろう。これを「清寧紀」の説話として、「安閑紀」より以前におくことは適当でないと思われるが、いずれにしても、畿内のミタより畿外、ミヤケへとミヤケ制の進展にともない、「稲置」→「税長」、「屯田司」→「屯田首」への性格の変化があらわれたことを語る説話となろう。

第三に、「宣化元年五月紀」に、「河内国茨田郡屯倉」「尾張国屯倉」「新家屯倉」「伊賀国屯倉」の穀を、それぞれ、「阿蘇仍君」「尾張連」「新家連」「伊賀臣」に運ばせ、筑紫の「那津之口」に「官家」を修造させた記事がある。これは、第一でのべた「安閑紀」の小墾田・桜井・難波三ミヤケの記事と共通し、おのおの在地豪族が該当するミヤケの経営に参加していたことを示し、在地豪族がミヤケに徭役労働を提供していたことはまちがいない。徭役労働はミヤケの耕作だけでなく、稲穀の舂運もふくまれていたから、この記事の範囲内ではことさらあたらしい内容はふくんでいない。ただ、新家屯倉のみは、おそらく伊勢壱志郡新家をさし、ミヤケが特定されているのに、尾張国・伊賀国は特定されておらず、指定されたミヤケを、尾張連・伊賀臣という国造に委任し、いわば請け負わせていた可能性もある。河内茨田郡屯倉は、郡内の茨田屯倉をさすとも考えられるが、これまでは「茨田屯倉」とあるのみで郡字を付しておらず、ここでも、「新家屯倉」はそうなのであるから、郡字を冠したのは、郡単位にミヤケを表示する段階にいたったのかも知れぬ。河内国は、高安郡三宅郷、交野郡三宅郷、丹比郡三宅郷など、一郡一ミヤケを示すらしい地名もあり、前節でのべたように、畿内のミヤケ（ミタ）においても、〃後期ミヤケ〃への展開がみとめられるとしてよいのではないか。

第一〜第三までにのべたミヤケは、筆者の分類でいえば、すべて、(1)水田、(2)可耕地（墾田）にあたる。

鎌田元一氏は[42]、このようなミヤケについて、各国造の領内に拠点的に設定されたミヤケが、一定の展開をとげる段階で、ヤマト政権に直結する地方組織としての性格を明確にし、その土地と人民にたいする支配の総体として、コホリの名称を適用するにいたったとされ、このようなミヤケを評・郡制の前提と考えられた。この点においては、本論ときわめて近い視点といわねばならぬ。

さて、那津官家は、前記の四ミヤケと、筑紫・豊・肥の三国のミヤケから、穀を運ぶことによって成立した。それは、「収蔵穀稼、蓄積儲粮」とあるとおり、那津という軍事基地に、厖大な軍粮を集積したのであり、このミヤケは、何よりも稲穀を収納するクラ（倉）と、それを管理するヤケ（宅）の設定を当初の目的としたから、『書紀』も、「官家」の語を用い、「屯倉」とのニュアンスの差をあらわしたのであろう。これは「任那官家」の概念にもあてはまる。いわゆる〃任那日本府〃を軍事基地としてよいことは、第二編第三章でのべた。そのさい、『史記』に[43]、四八〇年のこととして、「倭人於対馬島置営、貯以兵革・資粮、以謀襲我」とあるのとおなじく、対馬にも、軍事基地、補給基地が設けられていたが、この営を、『書紀』がミヤケと称した記事はないことをあわせて指摘した。五世紀末に、畿外にミヤケと称せられる政治組織はまだ存在しなかったと思われる。ということは、「那津官家」は、単なる「営」

ではなく、その運営のために、おそらく筑前那珂郡が付属地として組織されたであろう。軍事基地を維持する費用は、当然、国・郡の正税――このばあいはミヤケの稲穀から支出されたと思われるからである。

このようにみると、那津官家は、(8)港湾、(9)軍事基地にあたり、畿内でそれをもとめれば、難波屯倉、瀬戸内では、児島屯倉に、その性格を見出すことができよう。

薗田香融・栄原永遠男両氏は、(44)那津官家を大宰府の前身と考えられた。薗田氏は、かつてミヤケを郡家の前身とされたのを改め、国衙の前身と見、さらに一歩を進め、このばあいは大宰府の前身とされたが、那津官家は、何よりも軍粮の集積のため、クラを中心に設立されたのであって、大宰府のように、九国二島にたいする行政権をもつものでなく、また外交権をもったという徴証もない。クラを維持・運営するのに、那珂一郡程度を領域としたであろうし、これと、筑紫・豊・肥の各ミヤケは別個のものとして、併存したからである。ミヤケが、地名に即するかぎり、その地名で表示される範囲を出るものではないであろう。

那津官家が、大宰府の前身と考ええないことは、難波屯倉が摂津職の前身ではなく、児島屯倉が吉備大宰の前身とは考えられないことと同義である。〝前身〟とは、その機能において、直接に連続する意味でなければならない。

第四章　いわゆる〝後期型ミヤケ〟（その二）

第一節　白猪・児島屯倉

「欽明紀」以後のミヤケの検討に入る。

「欽明十六年七月紀」に、「吉備五郡」に「白猪屯倉」をおくとあり、「欽明十七年七月紀」に、「備前児島郡」に、「屯倉」をおくとあって、以下、この両ミヤケについて計五ヵ所に記事がみえる。この両ミヤケについては、これまで多くのことが論ぜられてきた。ことに栄原永遠男氏の論文はもっとも詳しく[45]、その史料の成立にさかのぼって論ぜられた。この点は後にふれることとして、まず、その結論からのべてみたい。

薗田・栄原両氏は[46]、白猪屯倉は那津官家とおなじく、大宰の前身である。つまり、白猪屯倉をおいた「吉備五郡」とは、「吉備五県」（川嶋・上道・三野・波区芸・苑県）にあたり、ひろく備前・備中にわたる地域で、いわば吉備全域を覆うものとみてよいとされる。これは、かつて関晃氏が[47]、白猪屯倉とは、ひろい地域にわたり、散在的に設けられたミヤケの総称で、児島屯倉もその一部にふくむとされたのをうけ、児島におかれたミヤケを白猪屯倉とよんだので、児島・白猪両屯倉の「田令」が、正・副の関係とされたのも、両者が一体のものであったのを示すとみるのである。

これまでの筆者の見解は、これと食い違う。

第一に、「白猪」「児島」の名は、他のミヤケの通則にしたがえば地名であり、地名であるかぎり別個のミヤケである。

第二に、「吉備五郡」と「児島郡」は、ともに備前（美作の分離以前であるから、当然美作をふくむ）に属するはずである。なぜなら、すでに「安閑紀」に、備中・備後の七ミヤケが記載されており、その名は、後城・多禰・来履・葉稚・河音・胆殖・胆年部である。これらもすべて地名であって、備前（美作をふくむ）の地域のみが欠けている。もともと備前は、文武元年[48]、はじめて「備前国」の名がみえ、和銅六年[49]、備前の六郡を割いて、「美作国」をおいた地域で、この両国は一体性がつよく、吉備東部の一ブロックを形成していた。律令国造も、「美作・備前両国造」は、和気氏によって体現され[50]、和気氏は、備中の吉備氏と勢力を二分し、性格を異にする豪族であったといえる。「安閑紀」よりおくれ、「欽明紀」に白猪・児島屯倉の設定を記録したことは、備中・備後よりおくれて、備前・美作の地域にあらたな目的でミヤケを設定したこと、大胆に推定すると、吉備氏に対抗するヤマト王権の基地としての性格をもつと考えてもよかろう。「吉備五県」は、吉備氏の祖先伝承に登場する地域で、備中の高梁川と旭川の流域を占め、川島・苑は下道臣、上道・三野・波区芸は上道臣の勢力圏に属する。[51]和気氏の本拠地たる備前の吉井川の流域はふくまないのである。「吉備五郡」とは、この和気氏の勢力圏をあらわすとみてよいであろう。

第三に、白猪屯倉が「吉備五郡」におかれたことは、通常のミヤケ、つまり(1)水田、(2)可耕地（墾田）といった目的をもつものでなく、特殊な生産地を連結したものと思われ、しかも、このミヤケもまた地名に由来するとすれば、美作大庭郡をさすだろうことである。八世紀に、美作大庭郡人で大庭臣を賜わったという白猪臣大足や白猪臣証人がいることは、田令としてつかわされた白猪史の定住地を白猪と称したと考えられ、大庭の名を姓としたことは、大庭郡の代表的な豪族となったからであろうと思われる。ただ、このミヤケが五郡にわたるため、その中心地の地名をもって、白猪屯倉と称されるにいたったにすぎまい。

弥永貞三氏は(52)、白猪屯倉を美作大庭郡に比定し、交通・軍事上の要衝であるとともに、鉄生産に関係あるミヤケであるとされた。筆者も旧論において(53)、このミヤケは大庭・真嶋二郡を中心に、五郡といわれる備前・美作の山間部の各地に設定されたもので、鉄・銅の生産をおもな目的としたものであるとのべた。その後も、矢島栄一・西川宏氏らは(54)、これを改めて別の観点からのべておられる。角林文雄氏の所論にも共通性がある(55)。

さて、この地域は、神亀五年(56)、美作・大庭二郡が、綿・鉄の庸をおさめ、このころ美作英多郡に採鉄の山があり(57)、国司が徭役により採進したといい、また、延暦十五年まで(58)、備前国は調として鍫鉄を貢進していた。鉄のほかに、元慶元年(59)、美作大庭郡比智奈井山、真嶋郡加夫和利山、備前津高郡佐佐女山より銅を産出し、政府に進めた記録もある。このように、鉄・銅を産出し、政府に貢進した地域は、美作・備前の山間部にあり、大庭・真嶋・英多・津高の四郡を、「吉備五郡」に入れるとすれば、あとは美作久米・勝田郡、備前邑久郡あたりから、一郡を加えれば事足りるであろう。いずれにしても、この辺りに、鉄・銅の産地が散在していたからである。

白猪屯倉は、ミヤケの分類からいえば、(4)採鉄地、(5)鉱山にあてるのが妥当である。

律令制のもとでも、「雑令」に、銅・鉄は官採を先とすると定められ、ことに銅は政府の占有物であった。実例によっても、銅は、政府から採銅使がつかわされ、採銅所が設けられ、そのもとで国司が徭夫を役して採銅し、採進の料物、徭夫の食料などの経費は、正税から支出されている。鉄も、おなじように、国司が徭夫によって採進したのである。[60]これらは、ミヤケにおいて、水田の耕作や稲穀の舂運に、徭役労働が用いられ、その対価としてクラに蓄積された稲穀があてられたであろうことと共通する。白猪屯倉においても、おなじ方式がとられたことは想像にかたくない。

つぎに、児島屯倉はどうであろうか。

「欽明十七年七月紀」に、「備前児島郡、置屯倉」とある記事がはじめであるが、ミヤケをおくとあるのが、備前児島郡三家郷にあたるであろうこと、つまりミヤケは児島郡という地に設けられ、その中心となるヤケ(宅)・クラ(倉)は、三家郷にあたる地につくられたと一応解釈できよう。郡にあたる領域が、ミヤケとされたとみられる。

このミヤケが、海上交通の要地に設けられたとみる説は妥当である。「敏達十二年七月紀」に、日羅が、百済から召され、「吉備児島屯倉」にいたり、さらに「難波館」に到着したとあるのも、児島と難波の共通性を物語り、児島にも何らかの館(ムロツミ)が経営されていたであろう。ミヤケの分類でいえば、(8)港湾にあたる。しかし、延暦十八年の左の記事は注目される。[61]

備前国言、児島郡百姓等、焼塩為業、因備調庸、而今依格、山野浜嶋公私共之、勢家豪民競事妨奪、

つまり、児島郡の百姓は、製塩を伝統的な生業とし、塩を調庸として進めていた。これは先の白猪屯倉の鉄・銅の生産と共通性がある。『平城宮木簡』には左の例がある。[62]

備前国児島郡三家郷牛守部小成 山守部小広 二人　調塩二斗

備前国児島郡賀茂郷　鴨直君麻呂　調塩三斗

備前国児島郡賀茂郷　三家連乙公　調塩一斗

これは、上記の延暦十八年格を裏づけるとともに、児島郡が四郷よりなることを思えば、調塩を貢進したのは一郡全体にわたると思われ、三家郷や三家連の名をみても、それがミヤケに由来することが十分想定できよう。児島郡そのものがミヤケの領域であったであろう。(63)

このようにみると、白猪屯倉と児島屯倉は、備前（美作をふくむ）の山間部と海浜の双方において、備前のミヤケを二分する存在であったとすらいえる。両者は別個のミヤケであったことは確かと思われる。児島屯倉の性格に、(6)塩浜、(7)塩山を加えねばならない。そしてさらに加えるならば、(11)牧場（マキ）であろう。牛守部小成はそれを証するものともいえよう。

第二節　若狭のミヤケ

最近、『平城宮木簡』の史料によって、若狭のミヤケについて論ぜられることが多くなった。第三章第一節であげた若狭国小丹生郡三家里は、そのミヤケの拠点であると思われるが、小丹生評（遠敷郡）から貢進された調塩の付札をみると、この郡の領域が、かつてのミヤケであったであろうことを想起させる。狩野久氏が、(64)郡の規模におけるミヤケとして、小丹生評をとりあげられたのが、学説のはじめである。

さて、藤原・平城両宮の木簡から、代表的な例を左に列挙してみよう。

○藤原宮木簡(65)

丁酉（文武元）年若狭国小丹生評岡田里三家人三成（表）　御調塩二斗（裏）

己亥（文武三）年若狭国小丹□（表）　三家里三家首田末呂（裏）

庚子（文武四）年四月若狭国小丹生評 木ツ里秦人申二斗

若狭国小丹生郡手巻里人□（表）　□一斗（裏）

○平城宮木簡(66)

遠敷郡丹生里人夫膳臣□ 御調塩三斗

□□里戸主三家人石□戸 三家人勝万呂塩三斗

□□里戸主額田部方見戸 額田部羊御調塩三斗

若狭国遠敷郡青里戸主秦人麻呂戸 秦人果安御調塩三斗

若狭国小丹生郡野里 中臣部乎万呂御調塩三斗

若狭国遠敷郡玉杵里五百木部□波　調塩三斗

若狭国遠敷郡木津郷少海里 土師□御調塩三斗

若狭国遠敷郡玉置郷田井里三次君国依 御調塩三斗

若狭国遠敷郡野郷野里 秦人文屋調三斗

若狭国遠敷郡佐文郷三家人乙万呂戸口 三家人枚万呂御調塩三斗

若狭国遠敷郡小丹生郷三家人波泉 調塩一斗

若狭国遠敷郡木津郷壬生□足調［

若狭国遠敷郡野駅家大湯坐連御調塩［

玉置駅家三家人黒万呂　御調三斗

右の例は、比較的完形に近いもので、すべて遠敷郡に関するものをかかげた。『藤原宮木簡』は、文武～大宝、『平城宮木簡』は、神亀・天平のものが多いが、地名の表示も、評・里→郡・里→郡・郷・里→郡・郷と、年代による地方組織の推移をあますところなく、正確に記しており、疑問点はない。この小丹生評（遠敷郡）内の郷・里名を、『倭名抄』の郷名と比較すれば、左のごとくになる（（　）内に『倭名抄』を示す）。

小丹生郷（遠敷郷）、丹生里（丹生郷）、手巻里・玉杵里・玉置郷・玉置駅家（玉置郷）、岡田里（安賀郷カ）、野里・野郷・野駅家（野里郷）、佐文郷（佐文郷）、木つ里・木津郷（木津郷）、青里（阿桑阿乎郷）、三家里（？）

右のように整理すると、木簡にみえる遠敷郡の郷・里は九にのぼり、『倭名抄』の一一に比べ、ほとんどを網羅していることになる。そして、これらはすべて調塩の付札であり、一郡の規模で塩生産が行われたことを示す。狩野氏が、郡内で「かならずしも海岸に位置しない郷からも塩を輸している」とのべられるとおりである。そして、郡内には、三家首（三家里）、三家人（岡田里、□□里、丹生郷、玉置郷、佐文郷）という氏姓がみとめられ、おそらく三家姓は郡内を覆うていたと推定される。しかも、「三家首」は、「三家里」に限ってみられ、三家首―三家人という階層関係をかつてもち、「三家首」は「屯倉首」の職掌にあり、「三家里」に、ヤケ（宅）・クラ（倉）が営まれていたと考えられよう。屯倉首は在地豪族であり、すでに播磨の屯倉首についてのべたとおり、ミヤケの一元的な支配を委ねられていたものと考えられる。

森浩一氏によれば、(67) 三家里は遠敷郡のなかでも、もっとも広い平野部をもつ北川流域の上手に位置し、古墳時代前期後半の前方後円墳が集中するところであり、古くから遠敷一円の中心地であったという。ミヤケの中心がおかれたとしても妥当ではないか。

いずれにしても、若狭のこのミヤケは、少なくとも一郡の領域にわたり、塩生産のために設定されたことは疑いえないものと思う。(68) したがって、このミヤケは、(6)塩浜、(7)塩山に属する。ついでにいえば、天平年間の各国正税帳をみれば、正倉には、稲穀のほか塩も収納されていた。そのほか義倉の粟、兵粮の糒、酢、酒、醤なども収められた。これは、軍事基地としての那津官家、塩生産地としての児島屯倉、若狭のミヤケのクラ(倉)のばあいと共通するであろう。また八世紀の京の穀倉院には、稲穀とともに、鉄・銭も収納されていた。もし、備前・備中などの正税帳がのこっていれば、これとおなじ状況であったかも知れぬ。鉄・銅の生産地としての白猪屯倉のクラ(倉)のばあいもおなじであったであろう。

第三節　白猪屯倉の経営内容

白猪屯倉についての『書紀』の記事より、このミヤケの経営内容を推定してみる。前節でのべたところによって、筆者の考える白猪屯倉の輪郭はあきらかになったと思うが、栄原永遠男氏の研究は、(69)「欽明紀」「敏達紀」の計七ヵ所にわたる記事を批判された力作であるから、この批判を無為に通過することはできまい。

栄原氏によると、この七ヵ所の記事は、〝白猪史の家記〟と、〝蘇我馬子の復命に由来する記録〟の二つのグループからなり、両者を混成したため、記事に重複が生まれ、ことに前者は、『大宝令』や朝鮮史の知識による追記があるから、これらを整理しなければ、史料の原型はつかめないとされ、氏の整理の結果をつぎのように示された。

第一段階、欽明朝に、蘇我稲目らが吉備につかわされ、備前児島郡にあたる地に、白猪屯倉の拠点としてのミヤケをたてた。その後、このミヤケの田部となる部民を付置したが、そのさい、葛城山田直瑞子をミヤケを統轄する官人に任じた。

第二段階、敏達朝より推古末年までの間に、蘇我馬子の命により、白猪史胆津を白猪屯倉を管掌する実務者としてつかわし、部民を増益するとともに、はじめてかれらの丁籍を作成し、吉備の全ミヤケを統轄するため、田令を正・副に分けた。

まず、栄原説のとおり、「欽明紀」「敏達紀」の記事は、一々年紀を追って、事実が再現されるほど、年紀に信頼性がおけるものではない。「推古紀」以前にそれが可能なのは、外国史料との比較によって、年紀を確定できるもののみである。しかし、逆に栄原説は、この年次を配列し直そうとするのである。そこにどれだけの必然性があるかが問題であろう。蘇我大臣と白猪史は、いわば主家と配下の氏であり、利害が相反していたわけではなく、記録にさほどの食い違いがあるとは思われないし、その文脈に即していえば、白猪屯倉と児島屯倉は書き分けられているので、これは年次の問題ではないであろう。もし、両ミヤケが別個のものとすれば、同時代に同時に進行したとしてもよく、第一・第二段階を追い展開をあとづけることは根拠を失う。つまり、葛城山田直瑞子を児島屯倉に、白猪史胆津を白猪屯倉に、ほぼ同一の時期につかわされたとしても差支えなく、したがって、第二段階を第一段階よりことさらに下げて、敏達朝から推古末年におよぶ事象とする必要はなくなる。

さらにまた、推古朝に、栄原説にいう第二段階のごとき白猪屯倉の経営の革新が行われたとはなしがたい。「推古紀」にはミヤケの新設記事はなく、ミヤケ制がすでに終末期に入っていることを示す。推古から大化まで、ミヤケの記事としては、皇極元年五月、百済の翹岐を河内依網屯倉の前に召し、同二年十一月、山背大兄王を山背深草屯倉にうつるようすすめた記事があるのみで、これらはすべて既設の畿内のミヤケ（ミタ）に関するもののみである。これが『書紀』の文脈である。しかるに、推古朝がミヤケ制の最盛期であるような誤解が生まれたのは、すでにのべたように、「推古紀」に、畿内の倭・河内・山背三国に、池・溝を築き、「亦毎国、置屯倉」と記されたのを、「毎国」、つまり全国の国衙ごとにミヤケをおいたと読みまちがえたことに発している。この「毎国」とは、三国に池・溝を築いたのに対応して、三国にミヤケをおいた謂であって、畿内のミヤケ（ミタ）についての補完的な記事にすぎない。畿外ミヤケの最盛期は、安閑・宣化朝であって、欽明・敏達朝に、それらの組織上の整理と統合が行われたと解せられる。白猪・児島両屯倉のあたらしい組織はこの時期のものとしてよく、少なくとも推古朝以前のものとせねばならない。これは年次の問題でなく、『書紀』の時代観である。

さて、白猪屯倉の「田令」「田戸」「田部丁籍」などの組織をどう考えるか。

これまでにのべたところによって、畿内のミヤケ（ミタ）から畿外のミヤケにいたるミヤケの拡大の過程に、稲置→税長、屯田司→屯田首の展開があったのではないかとのべた。もともと畿内における県稲置は、朝廷の職名の一つで、ミヤケ（ミタ）の下地の管理と、稲穀の収取・クラの管理を行い、ミタの耕作・舂運の労働力は、在地の県主・国造らより徴したものと思われる。ミヤケ（ミタ）が畿外に拡大されると、稲置は、在地豪族をもって任用し、これが律令の郡司のもとにある税長に継承される。屯田司は、このような稲置の上に、中央からつかわされた臨時官とも思われるが、屯倉首とともに、六世紀以後に成立した官制と思われる。屯倉首は、畿外にミヤケが拡散し、多く設置されるにしたがい、おそらく稲置よりは上位にある地方豪族が、稲置の職務を吸収しつつ、徭役労働の提供をあわせて、ミヤケの土地と人的集団を一元的に把握し、一定の領域的支配を実現するにいたるのであろう。その領域は、ほぼ一郡程度を単位とするにいたるが、屯倉首は、国造とは系譜を異にする官職であり、国造の族長支配とは異なる体系を在地にもちこんだものといえよう。古代国家の統治組織においては、人的支配が土地支配より先行する。すでにのべたように、『書紀』が部民制の成立、すなわちトモ（伴）→ベ（部）の再編を「雄略紀」に記し、ミヤケ制の成立、すなわちミタ（御田・屯田）→ミヤケ（屯倉）の移行を、「安閑紀」に記録することによって、そのことを示したのは正確な時代観によるものといってよい。まず、国造は、配下の民を部民化されることによって、ミツギ（調）、エタチ（役）、ニエ（贄）を朝廷に貢進した。大化改新において、族長層が、「調賦」を進めるときに、「先自収斂、然後分進」といわれ、宮殿を「修治」し、園陵を「築造」するとき、「各率己民、随事而作」とされたのはそれをあらわす。しかし、土地そのものの支配はまだ族長層に委ねられ、タチカラ（田租）は朝廷に貢進されたものではなかったであろう。そのなかに、あらたに土地支配をもちこみ、「田租」を収取する体制をあわせて確立したのがミヤケであり、そのミヤケにおいて、土地と人の一元的な支配、いわば領域支配を実現するにいたるのである。まず、田租を朝廷が確保することによって、稲穀を中央に舂運させるミタのみならず、稲穀を財源として、あらたな種類のミヤケ、つまりミヤケの分類からすれば、(4)〜(12)にいたる採鉄地・鉱山・塩浜、軍事基地などの占有が可能となった。もともと田租は人でなく土地にかけられた租税であり、ミヤケは土地そのものの直接支配を意味する。これは水田・耕地でなく他のミヤケにおいても変らない。いわば朝廷による土地の占有を第一義とする。ここでは人の支配は従属的な要素にすぎない。しかし、ミヤケがひろく畿外に拡散するにいたって、このような土地支配をもあわせて、屯倉首で表示される地方豪族を登用するが、それは国造の族長支配とは異質のものであり、朝廷による直接の領域支配を意味する。

しかるに、「欽明紀」「敏達紀」の白猪・児島屯倉においては、ふたたび朝廷から「田令」がつかわされ、「田令」は、ミヤケの土地の管理、稲穀の収取でなく、逆に人的集団、すなわち労働力としての「田戸」の編成を第一の任務としたとされている。ここで、ミヤケにおいて、土地でなく人の編成に重点をうつしたことになる。それは、この両ミヤケが、水田を中心とするものでなく、鉄・銅や塩の生産、または港湾の建設、維持を直接の目的としたため、徭役労働の編成こそ重要であったことにもよるであろう。しかし、そればかりではあるまい。

欽明三十年正月、白猪屯倉に「田部」を設定して十余年をへたので、「脱籍免課」のものが多くなった。そのため白猪史胆津をつかわして、「田部丁籍」を検定せしめ、同年四月、「田部丁籍」の作成により「田戸」を把握できたので、胆津を「田令」に任命した。敏達三年十月、「白猪屯倉」と「田部」を増益することによって、その「名籍」を胆津に授け、同四年二月、一応事を終ることができたことを報告せしめたとある一連の経過をみると、まず、朝廷によってミヤケが設立され、田令を派遣することによってこれを組織化したことである。「田令」の語はここにはじめて登場し、「稲置」や「田司」と共通する用語であるが異なる。田令が編成した「田戸」はタベとよみ、「田部」とおなじ語であるが、田部は、地方族長が配下の共同体の一部をさいてあてたのに、田戸は田令が直接に戸を把握した意味で、この語を用いたのである。

先進的な部民支配においても、戸別支配が六世紀には成立していたといわれる。「雄略紀」に、「史戸」を「史部」

とかきわけて用いていること、また河内を主とする帰化氏族に、安宿（飛鳥）戸、史戸、楯戸、春日戸、宍戸、陵戸など、〝某戸〟を称する氏姓が成立していたことが指摘されている[70]。これらは朝廷の名代・子代や品部においてみられる現象で、豪族の民部や、地方豪族の配下の族民にはみられないといってよい。これまでミヤケに徭役労働を提供した地方豪族配下の田部も、豪族を介してミヤケに従属したにすぎず、共同体的な存在形態を維持しており、戸別に把握されたものではない。したがって、白猪・児島屯倉にいたって、はじめて「田部」は「田戸」となり、土地とともに、朝廷の直轄下におかれたのである。しかも、「田戸」を把握するとは、何らかの戸籍――ここでは「名籍」とも「丁籍」とも称している。丁籍とは鑁丁の籍という意味であろう――に登録し、徭役の台帳としたことであろうし、田部が増益されるにしたがって、この戸籍もまた拡大されるという手続きをとったのである。

これはミヤケの組織上の大きな変革であって、一般のミヤケにもおしおよぼされるはずであり、すでに土地については田租が徴収されたのであるから、当然土地の面積を検定し、台帳によって稲穀を収取していたと考えられ、これに加えて、遅れていた田部についての戸籍、つまり台帳がつくられたことになる。ここに律令の郡制とおなじ領域支配が成立する機縁がひらかれたと見うるであろう。

さて、「田令」「田戸」は、もともと(1)水田、(2)可耕地（墾田）を基盤としたミヤケの概念である。はじめにのべたように、白猪・児島屯倉は、この(1)・(2)を直接の目的としたものでなく、(4)採鉄地、(5)鉱山、(6)塩浜、(7)塩山、(8)港湾の開発・維持を第一義としたミヤケである。そのため何よりも朝廷による徭役労働の組織化、徭丁＝田戸の把握がめざされたのであり、そのためあたらしい支配方式を生み出すことになったと思われるが、このようなミヤケにあっても、その中枢は、ヤケ（宅）・クラ（倉）と、それを支えるタ（水田）にあったことはまちがいない。徭丁の食料、採進の料物はすべて稲穀でまかなわれたはずである。八世紀において、国司が採鉄・銅産のために徭丁の労働を徴発し、その食料・諸経費に正税をあてたことと基本的に共通性がある。律令国家の地方財政が田租によってまかなわれた原型はすでにミヤケにみとめられるとしてよいと思う。ミヤケにおける田租の収取と出挙による運用について、諸論文があるが、出挙も当然行われていたであろう。

ミヤケ支配がそこまで達したのは、白猪・児島屯倉の段階からであると思う。(71)

第五章　神郡と神戸

第一節　伊勢神宮の神郡と神戸

ミヤケ制と部民制の関係を考察するのに、もっとも伝統性のつよい神郡と神戸の関係をみるのは、一つの方法である。

まず、伊勢神宮のそれからはじめる。

『皇太神宮儀式帳』[72]（以下、『儀式帳』と記す）に、つぎのような記載がある。

(1) 垂仁天皇より孝徳天皇にいたる間に、度会の有爾鳥墓村（うにとつか）に、「神庤」（カンタチ＝神館）をつくり、神宮の行政を行った。

(2) 孝徳天皇のとき、天下に「評」をたて、伊勢では一〇郷を分かって「度会評」を設け、郡内の山田原に「屯倉」をたて、督領・助督を任じた。また一〇郷を分かって「多気評」を設け、郡内の竹村に「屯倉」をたて、おなじく督領・助督を任じ、神政を行った。

(3) おなじとき、はじめて太神宮司は「神庤司」といわれたが、ついで度会山田原に御厨をつくり、神庤の名を改めて「御厨」と号し、すなわち「太神宮司」と称した。

(4) 天智天皇の甲子（天智三年・六六四）になって、多気評のうち四郷をさいて「飯野評」を設け、郡内の高宮村に「屯倉」をたて、評督領を任じ、公郡とした。

(5) これが伊勢神郡のはじまりで、もとこの三郡は一処であり、太神宮の領していたものである。

『儀式帳』の文意をまとめれば、右の(1)〜(5)のようになるであろう。それによるとつぎのようになる。

大化前代、多気・度会・飯野三郡にあたる地域は一体のものとして、神領を構成したが、大化の立評にあたって、二神郡（評）に分割され、天智朝に、二神郡のうち一部をさいて飯野評を設け、これを公郡とした。つまり二神郡と一公郡の三郡に分かれたことになる（もちろん、飯野郡は、寛平九年[73]、神郡として伊勢神宮に寄せられたので、改めて三神郡となり、以後、「神三郡」と称せられた）。

孝徳朝には、この三郡に、おのおの統治機構として「屯倉」（ミヤケ）が設定され、評督（督領）・助督が任ぜられた。これは、神郡と公郡を問わない。

ついで、(3)の文意には不明のところもあるが、(1)との関連でいえば、「神庤」の語がふるく、「神宮司」があたらしい。神庤→御厨→神宮司と展開したことを指すものであろう。それは、文意からみて郡（評）の上部機関であることになる。つまり、神領全体が「神宮司」の所管であり、その下に三神郡の「屯倉」、つまり郡家（ミヤケ）がおかれ、督領と助督が任ぜられたのである。ここで、ミヤケとはコホリを指す。

さて、伊勢太神宮は、『延喜式』にあるとおり[74]、天照大神をまつる太神宮は、「度会郡宇治郷五十鈴河上」にあり、豊受大神をまつる度会宮も、「度会郡沼木郷山田原、去太神宮西七里」にあった。つまり、内宮・外宮とも、度会郡に所在したのである。一般にいわれているように、皇祖神たるアマテラスをまつる内宮はあたらしく、朝廷によって在地にもちこまれた祭祀であり、食物神たるトヨウケをまつる外宮の方がふるく、この地域の土着神である。したがって、内宮の神主たる荒木田氏はあたらしく、外宮の神主たる度会氏の方がふるいとする説は妥当であろう。ただ本論はそれを追求するのが目的ではない。

それはつぎのことからも裏づけられよう。

『神宮雑例集』に、[75]己酉（大化五年・六四九）、度会郡をたてて神郡とし、多気郡はこれよりやや遅れて立評され、はじめて二神郡となったとされている。飯野郡はさらに遅れる。そして最初の神郡となった度会郡の督造（督領）・助造（助督）が、ともに「度会神主」の祖とあるが、これは一方で、和銅四年三月、[76]伊勢国人磯部祖父と高志の二人に、「渡相神主」（わたらい）の姓を賜わったのをみると、この磯部姓こそ度会氏の本来の姓であったとみることができる。先にあげた『儀式帳』の(2)にかかげる度会評の助督磯連牟良、多気評の助督磯部真夜はこれにあたるであろう。

二神郡は、もともと度会氏の基盤であったといえよう。

また、督領として、新家連・麻続連の名がみえるが、新家連は、先にのべた「宣化紀」の新家屯倉の新家連にあたり、かつて〝屯倉首〟として、地名を負う豪族で、おそらくこれらも度会神主の祖としての在地豪族であったとみてよかろう。のちに、元慶三年五月、[77]伊勢度会郡太神宮神主は、荒木田の三字を姓としたが、もとは荒木田・根木・度会の三神主があったとしているのは、内宮の神主荒木田氏の勢力が、外宮の神主度会氏を圧倒していった結果を示すものと思われる。

いずれにしても、伊勢の度会・多気の地は、度会氏の本拠地であり、この氏が「神庤」や「評督」に任ぜられ、その郡家がミヤケとよばれたのは、神郡そのものが、その規模において、性格において、ミヤケの発展したものと意識されていたからである。慶雲元年正月(78)、伊勢国多気・度会二郡の少領已上（助督以上）に、三等親已上の連任を許すとしているのは、出雲の杵築・熊野大社のばあい、国造の出雲臣が連任を許され、神主と郡司をかねたこととおなじく、度会氏の伝統的な地位を継承したためである。このばあいも、神宮司と郡司は、事実上同一の氏によって荷なわれたものとみねばならない。これらは、神郡の発生が、大化前代のミヤケの実体をつぐものであることを暗示する。

神郡の支配を示すものに、弘仁八年十二月(79)、多気・度会二郡の政務をながく「大神宮司」に付せしめ、同十二年八月(80)、「大神宮司」に、神郡の田租を検納せしめ、その職務を、「一同国司」とした二つの格がある。これは、かつて大神宮司が行っていたものを、「中間」、すなわち『大宝令』の規定によって、国司の所管に改めた。これをふたたび故の状態に戻すとしているのだから、それらが律令以前の慣行であったことを示している。

このうち前者は、多気・度会二神郡において、神宮司のおこなう雑務を定めたもので、内容は、(1)神社の修理、(2)溝池の修理、(3)駅家・倉の修理、(4)桑・漆の栽培、(5)正倉・官舎の修理、(6)百姓訴訟の裁決が順次あげられているが、これらは本来、国・郡司の職掌である。なかでも、神郡内の田租（神税）を収める正倉・倉、また溝池・園池という農業政策が根幹で、これに訴訟の裁決が加わり、国・郡司の中核となる権限である。これを神宮司に代行せしめたのである。

つぎに後者は、「二神郡」と「七処神戸」、すなわち多気・度会二郡と、国内の七郡の神戸の田租（神税）に関するものである。つまり、神郡の田租はもちろん、神戸の田租についても、「神祇令」では、神戸の田租は、調・庸とともに国司の検校すべきものと定められていたが、それでは神宮の年中行事に支障を来すので、「旧例」によって、国司に預からしめず、神宮司に検納せしめることとし、これをさらに伊勢以外の七国の神戸にもおよぼしたものである。要するに、田租についてはすべて、神宮司が「依旧検納」することになったのである。ここでも「旧例」「依旧」とは、「神祇令」以前をさしている。

さて、宝亀五年七月、(81)多気・度会二郡の堺内に、寺田・王臣位田・他郡百姓の口分田が介在し、これらからは神税が徴収できないので、これらを他郡の田に代えるべきことがのべられ、さらに神郡内の逃亡百姓口分田の地子が問題とされている。同五年八月、(82)逃亡百姓の口分田地子も正税に混入せず、神税として収納すべきことを定めている。これらは、神郡内の一円化がはかられたことで、しかもこの官符は、伊勢大神宮司にあてられたもので、少なくとも神宮司は、神郡内の口分田の収授、田租の徴収についての権限をもっていたのである。

このような神郡支配にたいして、神戸はどうか。

『太神宮諸雑事記』(以下、『雑事記』と記す)によると、(83)垂仁天皇のとき、天照大神はまず大和宇陀郡に降り、国造が神戸(宇陀神戸)をすすめ、伊賀伊賀郡に降ったとき、国造が神戸をすすめ、伊勢安濃郡に坐したとき、国造が六ヵ所の神戸(安濃・一志・河曲・鈴鹿・桑名・飯高神戸)をすすめ、尾張中島郡に坐したとき、国造が神戸(中島神戸)をすすめ、三河渥美郡に坐したとき、国造が神戸(渥美神戸)をすすめ、遠江浜名郡に坐したとき、国造が神戸(浜名神戸)をすすめた。これより、大神は伊勢飯高郡にいたり、度会郡に到着し、宇治卿五十鈴川の川上に鎮座したという。

この伝承は、延暦二十年四月、(84)「大神宮封戸」の定数を記録し、「神戸四一三戸」(七ヵ国三五三戸、木神戸＝国造貢進、三〇戸、新神戸＝天慶三年符、三〇戸、新神戸＝文治元年符)と別記しているのにあたる。その内別は左のようになる。

伊勢国一五二（六処、飯高神戸・壱志神戸・安濃神戸・鈴鹿神戸・川曲神戸・桑名神戸）
大和国一五（宇陀神戸）
伊賀国二〇（伊賀神戸）
志摩国六六（伊雑神戸・国崎本神戸・鵜倉神戸・慥柄神戸）
尾張国六〇（本神戸＝中島神戸・新加神戸）
参河国三〇（本神戸＝渥美神戸、新神戸＝飽海神戸・新加神戸）
遠江国六〇（本神戸＝浜名神戸、新神戸＝中田神戸、新加神戸）

これをみると、本神戸→新神戸→新加神戸と次第に増加され、計四一三戸となったが、このうち本神戸三五三戸が、『雑事記』に記された神戸と、地域・戸数ともに一致する。つまり『雑事記』の伝承は、このような現実の神戸を基盤に作成されたものといえる。

しかるに、『続日本紀』の宝亀十一年五月には、(85)「伊勢太神宮封一千廿三戸」とあっていちじるしく数が食い違う。そこで「神戸」と「神社封戸」は異なるとの意見も成りたつ。しかし、『新抄格勅符抄』にひく大同元年牒によれば、(86)「伊勢大神一一三〇戸」（大和一〇一、伊賀二〇、伊勢九四五、志摩六五、尾張四〇、参河二〇、遠江四〇）とあり、数も近く、七国神戸の分布地域と等しく、さらに、『延喜式』では、(87)「封戸、当国六郡、諸国六国」とあり、これも神戸の分布と等しい。伊勢国内の六郡とは、飯野郡が寛平九年、(88)神郡となるまでは、飯野郡を入れて七郡に神戸が分布していたために、「七処神戸」とよばれたにすぎない。ただ、『延喜式』では、戸数が一八三一烟に増加している。

神戸と神社封戸を本質的に区別する必要はないと思う。いずれにしても、「本神戸」をみると、伊勢国六郡（六処）

と他の六国にあったので、神亀六年『志摩国輸庸帳』、天平二年『大倭国正税帳』、天平十二年『遠江国浜名郡輸租帳』(89)に、それぞれ「伊勢神戸」が記載されていることからも確認できる。この本神戸のばあい、伊勢六郡のうちには、神郡である度会・多気二郡、そしてこのときは公郡であったが、もとは神郡の性格をもち、のちには神郡に編入される飯野郡が入っていないことが注目される。これは、「神郡」と「神戸」が原理的に性格を異にするものであることを推測せしめる。

神戸における収取の基本は、課役、つまり調・庸にある。

先にあげた延暦二十年四月格(90)に、大和・伊賀・伊勢・志摩・尾張・参河・遠江の七国の神戸百姓が国司に愁訴して、国司は神戸の丁が死んでも除帳せず、帳に付したままのため、名目上の神戸の標準丁数である五、六丁をこえると、除丁と称して、その分を官戸＝公戸に編付し、課役をそのすべてから徴収するとのべている。これは、一般の封戸について、天平十九年(91)、正丁四人、中男一人をもって一戸の標準とし、神寺の封丁は、五、六丁の例より増減してはならないと定めた格によるのである。

寛平六年六月(92)、紀伊国司が、同国の有封神社一一処の封戸二三二烟、正丁一二七六人を数え、式によると、課丁の一戸平均は五、六丁と定められたのに比べ、神戸は一五、六丁から三〇丁にものぼる。これにたいし官戸＝公戸は、わずか二、三丁しかないとのべ、これは神戸の課役が、官戸より軽いためであるから、今後は、神戸・官戸を問わず、国内の課丁を総計して、戸ごとの課丁を同率として貫附したいとしている。紀伊の神戸の主要なものは日前・国懸両神のものであったであろうが、このばあいも、神郡と神戸は異なる扱いをうけていたことになる。

つまり、神戸で問題とされるのは、つねに課丁数であって、これは課役＝調・庸の徴収を目的としたからであり、この点については、あくまで国・郡司の管理下にあった。「神祇令」において、神戸の課役は田租とともに、神宮を造り、供神の調度にあてるべきもので、国司が検校するとあるが、田租と異なり、課役はその後も国・郡司の検校下におかれていたのである。

伊勢神戸の「封物」、つまり調・庸については、大宝二年七月[93]、「是神御之物、宜准供神事、勿令濫穢」とし、天平二年七月[94]、「斎宮年料」にもあて用いていたが、これよりそれを停止し、年料には官物を用いるとし、延暦二十年九月[95]、神封物を神祇官に送付させていたのを止め、そのうち、調絁三〇〇疋・庸米三〇〇石を「斎宮寮」に送り雑用にあてさせるとするなど、扱いに変遷はあるが、広義の神宮（封主）の用途にあてられるにしても、神宮司が直接に徴納したものではない。文言をみても分かるように国司が検納し送付したのである。

宇佐八幡宮の神封一四一〇戸の「封物」についても、大同三年七月の官符にあるように[96]、豊前国司が徴納し、すべて大宰府の「府庫」におさめたので、春秋の祭料にも事欠き、そのため、府官が検校して「神宮」に納めることとしたが、府官と宮司がともに出納すると、府が遠く、遣使に不便なので、以後は国司が神宮司とともに出納すると改めている。このばあいも徴納は国司の任であり、ただ府庫に納めず、神宮に収納して、国司が神宮司とともに出納したにすぎない。

これを先にあげた弘仁十二年八月[97]の伊勢神戸の田租に関する規定とは大きな隔たりがある。

そのばあい、二神郡の田租は、詞書にふれられてはいるが、神宮司の検納することは自明のこととして、本文では取り上げられず、もっぱら国内の「七処神戸」と「他国神戸」の田租のみが問題とされている。つまりそれらの神税あわせて三万六五八五束は、旧により、国司に預からしめず、神宮司に検納させるとし、国司から正税を借請することは停止するとしたのである。これはいわば、神郡の原理を神戸に拡大したものといってよく、田租については、神戸すら国司の支配を排除したことになる。

神戸の主たる目的は、このように封物（課役＝調・庸）の徴収にある。これにたいし神郡は、口分田の田租を収取することに目的があった。宝亀六年二月、[98]伊勢に遣使して、「渡会郡堰溝」を繕修させ、「多気・渡会二郡」の「耕種地」を視察させたのもそのためである。神郡は神の鎮座する土地であるから神域といってもよいが、ただ神域であり清浄地として設けたものではないし、また神領というのも適当ではない。神領であるならば、地子の徴収を基本としたであろうが、すでにのべたように、神郡内で問題とされたのは、逃亡百姓の口分田の地子であり、神郡の基盤は、百姓口分田の田租・地子にあった。神領・神田は『延喜式』にあるように、[99]これと別に大和宇陀郡・伊賀伊賀郡・伊勢七郡に散在し、当郡郡司が営種し、賃租によって地子を徴収している。

またこれにたいし、神郡内の課丁の調・庸の徴収はどうなっていたのか、少なくとも、神郡内の民戸は、神戸や封戸でなかったことは上述によって明らかであるが、『延喜式』[100]に、「凡三箇神郡幷六処神戸、及諸国神戸調庸田租者」とあって、神郡と神戸の調・庸と田租が一様に扱われている。すでに、持統六年閏五月、[101]伊勢国の「今年調役」を免じたとき、「二神郡」のみは、赤引糸を必要としたため、「調糸三五斤」の徴収を許可したのをみると、財源としての調・庸であるよりは、神事に直接必要な諸物品を、調・庸として徴収したのであろう。しかし、このばあいも、田租のように、神宮司が検納したのでなく、あくまで国司が検納し、神宮に送付したとみねばならない。

以上によって、神郡＝土地＝田租、神戸＝人身＝課役（調・庸）という本源的な図式は維持され、いわば土地（領域）支配と人身支配の二区分が潜在的に継承されていることがわかるであろう。もちろん律令制は、土地・人身をあわせた一元的な領域支配をめざすものであるから、神郡の課丁の「調・庸」、当国・他国神戸の「田租」がともに神宮に帰属することにはなったが、その支配系統にはなお差異が残っていることが知られるであろう。

第二節　鹿島神宮・杵築大社の神郡と神戸

『常陸風土記』によれば、[102]孝徳天皇の己酉（大化五年・六四九）、下総国海上国造の部内から一里、那賀国造の部内から五里をさいて、香島郡＝神郡を設け、中臣鎌子と中臣部兎子を郡領としたという。この香島郡は、「東は大海、南は下総と、常陸の堺なる安是の湖、西は流海、北は那賀と香島との堺なる阿多司奈の湖」という領域をさしている。この範囲が「神郡」とされ、あらたな「郡領」が任ぜられたのである。一方、このとき「神戸」は、大化前代の八戸に五〇戸を加え、さらに天武朝に九戸を加え、あわせて六七戸とし、庚寅（持統四年・六九〇）、二戸を減じて計六五戸と定めたという。

このばあいも、「神郡」は香島一郡をさすが、「神戸」はそうではない。『新抄格勅符抄』によると、[103]「鹿島神一〇五戸」（常陸六国神賤六八五人、不課二六七六人、延暦五年）とあって、延暦五年に、一〇五戸を数えている。「常陸六国」とは、「六郡」のことと思われるが、鹿島郡よりも他郡にひろく設定されていたことになる。このとき、「神賤」を従良せしめ、五〇戸に編し、「神戸」としたとあるのは、神社に直属し、しかもすでに戸をなして生活していたものを、神戸に編入したことを意味し、その丁数＝課丁六八五人とあるのは、一戸平均一三人余となり、先にのべた五、六丁を大幅にこえるが、これは戸の編成が公戸のばあいと異なっていたのであろう。しかも、ここでも神戸が、課・不課、つまり調・庸の負担を第一義としたことを物語っている。

また、鹿島神郡のばあいも、神宮司と郡司は同一氏族によって体現されていた。天平勝宝年中[104]、常陸国鹿島郡大領中臣連千徳が、鹿島神宮司中臣鹿島連大宗らと、鹿島神宮等をたて、神宮寺の禰宜・祝も、この大宗の子孫で、世々宮司に任ぜられたのは同氏であるという。おなじ、天平勝宝四年十月[105]、常陸鹿島郡擬少領中臣鹿島連浪足の名がみえるのは、神宮司と郡司が同一氏族であることを示す。そしてこの体制は、貞観八年正月[106]、鹿島神宮司解に、禰宜中臣部道継が弊帛料として、大神宮の封物を用いることを請うているように、長く継承されていた。このばあいも、神郡司には三等已上の親族の連任が許されたのはそのためで、延暦二十三年六月[107]、常陸鹿島神社などの宮司が譜第と称して、その職を競望することにもなった。神宮司と郡家はともに鹿島郡鹿島郷（里）におかれていたので、この点は伊勢大神宮司のばあいもおなじであったであろう。

出雲の杵築大社の神郡は、いうまでもなく意宇郡である。『延喜式』にも[108]、「以意宇郡為神郡、即言杵築神神封也」と記されている。しかるに、杵築大社の存在するのは出雲郡であり、意宇郡ではない。意宇郡に存在するのは熊野大社である。神郡は、もともとその神の所在する地域をさすのであり、伊勢も鹿島も例外ではない。そのため、神域の延長と考えられたのである。だから出雲大社はもと熊野大社であり、杵築大社ではないと考えてよい。大神をまつる宮司としての国造家出雲臣、郡司出雲臣の本拠もともに意宇郡にあった。また『出雲風土記』によると[109]、神戸の中核をなす「出雲神戸」も意宇郡にあって、熊野神と杵築神の二所の大神の神戸であるとされ、他郡にある神戸も、すべて「出雲なり、名を説くこと意宇郡のごとし」と注記されている。国造出雲臣が神吉詞を奏するため、朝廷に参向するとき、沐浴する忌里としての「忌部神戸」も意宇郡にあった。『延喜式』神名帳の出雲国一八七座の筆頭にかかげられるのは、「熊野坐神社」で、大二座とあるのはこの熊野と杵築の大社をさしている。『文徳実録』(110)『三代実録』(111)にいたっても、神階の授与の序列は、つねに熊野大社が杵築大社より先に記され、位階はならぶが、勲等はなお熊野大社が上位にあった。これらをみると、いわば伊勢の外宮にあたるものが熊野大社で、内宮が杵築大社と考えることもでき、杵築大社は、ヤマト朝廷との関係で、優位にたつにいたったが、なお出雲での一宮は熊野であったとみられるであろう。

熊野・杵築両神の関係については、これまでにもいろいろの説があり、解決にはほど遠いようにみえるが、神郡は熊野大社を中心に設けられたことを注視しつつ、神戸の問題に進むことにする。

「神郡」は意宇郡であり、「出雲神戸」もまず意宇郡に存在するが、神戸はこのほか秋鹿郡に「神戸里」、楯縫郡に「神戸里」、出雲郡に「神戸里」、神門郡に「神戸里」があり、この四つもともに先にのべたとおり、「出雲なり、名を説くこと意宇郡のごとし」とあるから、これらは意宇郡の「出雲神戸」とおなじく、熊野・杵築両大社の神戸でなくてはならぬ。『出雲風土記』の総記部分に、「神戸七里一十二」とあるのは、上記の神戸に、意宇郡の大和葛城加茂社の「賀茂神戸」と「忌部神戸」を加えたものである。

このような「神郡」と「神戸」の関係は、鹿島神宮のばあいと等しい。

ところで、出雲のばあい、神戸は「神戸里」と表記され、他の郷と併記されるのが特徴で、この点が伊勢・鹿島の神戸と異なる。ただ一般の郷は、意宇郡郷一一・里三〇、嶋根郡郷八・里二五、秋鹿郡郷四・里一二、楯縫郡郷四・里一二、出雲郡郷八・里二三、神門郡郷八・里二二、飯石郡郷七・里一九、仁多郡郷四・里一二、大原郡郷八・里二四とあるように、ほぼ一郷＝三里の構成であり、これは他の史料にみえる諸国の郷・里の構成と等しい。これにたいし、神戸は、意宇郡神戸三・里六、秋鹿郡神戸一・里一、楯縫郡神戸一・里二、出雲郡神戸一・里二、神門郡神戸一・里一のように、一〜二里をもって構成されている。これは神戸が「郷」でなく、「里」で表記されることと関係があろう。神戸里は、二〇〜三〇戸程度で構成されていたと考えられよう。

しかし、ともかく神戸が、「戸」でなく「里」で表記されたことに特徴がある。

もっとも、『新抄格勅符抄』の大同元年牒には、[112]「杵築神六一戸」（出雲、天平神護元年奉充）とあり、やはり「戸」で表記されている。「出雲」とは、出雲の諸郡をさし、このときあらたに加えられた神戸であろうから、『出雲風土記』の概算一三〇戸内外に加えると、二〇〇戸程度になるであろう。この「戸」と「郷」（里）の関係については後にのべる。

「神郡」における神宮司と郡司の関係も、伊勢・鹿島と共通する。神郡たる意宇郡司は出雲臣で、この地位は、出雲国造→評督→郡領と順当に継承されたものと思われるが、文献上、確実にたどれるのは、『出雲国造世系譜』に二十六代と記されている出雲臣果安からで、かれは和銅元年、出雲国造に任ぜられ、白鳳八年の国造帯評督の子と記されている。[113]『続日本紀』では、果安は、霊亀二年二月、[114]朝廷に国造として神賀詞を奏した記事にはじまる。その後は、果安——広島——弟山——益方——国上——国成——人長と国造の系譜がたどられ、延暦九年四月、[115]人長が出雲国造に任ぜられる記事にいたる。ことに広島は、『出雲風土記』を撰進した責任者であり、「国造帯意宇郡大領、外正六位上勲業出雲臣広島」と記され、[116]天平六年、『出雲国計会帳』にも、[117]「国造帯意宇郡大領、外正六位上勲十二等出雲臣広島」とある。

このように出雲臣は、国造・郡領であるとともに、熊野・杵築両大社の神主＝宮司でもあり、神賀詞を奏したのはそのあらわれである。『延喜式』によると、[118]出雲国造は、この両神に、「某甲我弱肩尓太襷取挂天……仕奉氏……神賀吉詞奏賜波久登奏」とあるとおりである。

すでに、文武二年三月、[119]出雲国意宇郡司の三等已上の親族の連任を許したのは、伊勢・鹿島とおなじく、神郡の郡司としての地位がいかに伝統的なものであるかを示している。それは、神主＝宮司をもかねたことをあらわすものであろう。『出雲風土記』によれば、[120]天平五年の時点で、出雲臣は、意宇郡大領のみならず、少領・擬主政・主帳をも占め、連任を示すが、このほかにも、島根郡の主帳、楯縫郡の大領、仁多郡の少領、飯石郡の少領はともに出雲臣であった。しかるに、杵築大社のある出雲郡の郡司には、出雲臣は一人もみえないのである。この点からも、出雲臣の伝統的な地位は、意宇郡において保たれ、意宇郡が出雲大神の中心であったことがわかるであろう。

さて、「神戸」を「神戸里」と記したことについて、さらに検討を加える。

延暦八年十二月、[121]皇太后高野新笠の崩御によって、諸国に所部の百姓をひきい挙哀せしめたとき、「但、神郷者不在此限」とし、「神郷」の語を用いている。これは出雲の「神戸里」もおなじで、もともと封戸は一郷（里）＝五〇戸を単位に設定されることが多く、二五戸・三〇戸のばあいも、地域にまとまって村里をなしていたものを指定したことが多いため、それらの戸をまとめて、里・郷の名で表記することもあったのであろう。しかし、寛平五年十二月、[122]越前国気比大神宮司が、神宮料のなかから、「足羽郡野田（村）封郷」を分かって神宮寺料とすることを請い、これを「神封郷」とした官符などは、神戸の性格の変化を感ぜさせる。寛仁二年十一月に、[123]賀茂上・下大神宮に、山城国愛宕郡の「八箇郷」を寄進し、これを四至で示し、「御祖社四箇郷、蓼倉郷、栗原郷、上粟田郷、出雲郷、別雷社四箇郷、賀茂郷、小野郷、錦部郷、大野郷」を記し、「田圃」を平均して定めるとしている。しかも郷中には、「神寺所領、氷室傜丁陵戸等田、左近衛府馬場」や、さらに「延暦寺領八瀬・横尾両村田畠」をふくみ、これらの所領は、「何為神哉」として、神宮司が租税を徴する範囲から除かれるとしているのである。これはあきらかに、「神戸」が所領を示すものとなっており、そのため「郷名」が記され、四至が定められたとみねばならない。

「神戸」はもともと「戸」であり、戸内の課丁から調・庸を収取するのが目的であったことはしばしばのべた。口分田の租も徴したが、はじめは租の半ばを入れるにとどまったように、租は第一義的なものではなかった。「神郷」「神封郷」の語は、このような「戸」の支配から「土地」の支配へとおよぶ過程を示す。神戸の調・庸というような戸や人身に即した賦課から、田租・地子という土地に即した租税に転換し、課丁数でなく田地面積にたいする賦課にかわったものと思われる。したがって、郷内の他所領は除かれたのである。

このような変化は、まず「神戸」について、田租が神宮司の支配下に入り、いわば「神郡」という土地＝田租の延長線上に位置づけられたこと、「神郡」において、伊勢多気・度会二郡のうちに「王臣位田、他郡百姓口分田」が存在し、その排除が問題にされたことは、「神封郷」において、他の所領が混在したことと事情が共通することなどをあわせて、「神戸」と「神郡」の支配原理が次第に同質化する傾向にあったとみてよいであろう。

第三節　神郡と神戸の関係

これまで、「神郡」と「神戸」の関係について、伊勢・鹿島・出雲を例としてのべてきた。「神郡」と「神戸」の支配原理が異なることにふれたものはほとんどないが、筆者とおなじような観点から論ぜられたのは、おそらく岩橋小弥太氏がはじめてであろうと思う。(124)

岩橋氏は、『古事類苑』に、「神郡ハ即チ神戸ノ大ナルモノニシテ、一郡悉ク神社ニ隷スルモノヲ云フ」とあり、神戸を神社の封戸、神郡を一郡すべてが神戸であるものをさすとしているのを退け、「神戸と神郡とは大小の別ではなく、少し性質が違ふのである」「神郡の百姓には、課戸も不課戸もあって、戸を単位としたものではなく、土地によって規制されてゐるのである」とのべ、伊勢・鹿島・出雲の諸神には、「土地による神郡と、百姓の戸による神戸とがともに隷属していたのである」とされたのである。そして、大化前代の系譜でいえば、神郡は神領、神戸は神民に由来するとされている。

これらは筆者の論旨と基本をおなじくし、それ以上の具体的な論証がのぞまれるが、ほぼ上述の範囲にとどまっているようである。

その後の他の論説は、(125)伊勢神郡はその全部が神戸であるものをいうとか、全部の民戸を神社の封戸とするのが神郡であるという理解の範囲にとどまっている。

最近、熊田亮介氏は、(126)伊勢の神郡と神戸について、かなり詳細に考察された。熊田氏の所論は、〝神郡全神戸論〟に反対されるもので、神郡内の民戸が「神戸」といわれたことはなく、「神郡人」「神郡百姓」といわれたことをまず指摘し、ついで「神郡」は「神封」ともいわれたので、その民戸は「神封」(神宮封戸)と考えられる。つまり「神戸」と「神封」(封戸)は異なり、「神戸」は少数のものが神社の周辺に設定され、公戸籍とは別の神戸籍に付貫され、戸ロの定率化がはかられたのに、封戸は公戸籍に付貫され、その実体は公戸と考えられるとされた。しかし、結局、租庸調を神宮に供する点においては、「神郡」も「神戸」もおなじであると見るかのごとくである。ここでは、岩橋氏のいわれた「神郡」と「神戸」の質的な相違が継承発展されているとはいいがたいようである。

本論は、神郡＝土地＝田租、神戸＝人身＝調・庸という一つの本質的な区分が根底にあることをのべた。それはつぎのような推定があるからである。

伊勢の神郡である度会・多気二郡と公郡である飯野郡は、もともと神領ともいうべき領域で、これが評に編成されてからも評（郡）家をミヤケ（屯倉）とよんだのは、神郡そのものがミヤケの原理を継承するものであったからであろう。ミヤケは土地（領域）の支配を目的とするもので、神郡もその性格をつぎ、田租の徴収を第一義とし、神宮司は郡司をかね、神郡の田租を直接に検納する権限を有していた。

これにたいし、神戸はミヤケ以外に設定された戸であり、かつての部民の支配原理を継承する。部民とは土地ではなく人身の支配で、したがって調・庸の徴収を第一義とする。神戸も同様であり、神戸の調・庸は国司が検納し、神宮の諸料にあてるのを原則とした。神郡に住する百姓は、神戸でなく、神郡の田地の耕作民であったが、その労働力部分、つまり律令制下の調・庸はやはり国司の支配下にあったとみてよい。

このような点は、かつてミヤケにおいて、土地の管理と田租の徴収は、朝廷が稲置・屯田司などを遣わしておこない、耕作、その他の徭役労働は、在地豪族がこれを提供するという支配構造にまでさかのぼるであろう。そして、ミヤケのばあいもこの両者は一元的に統合される傾向にあった。律令の国郡制はそのうえに展開するのである。この意味で律令制においては、人身と土地を統合する領域的支配が成立したといえようが、そこになお微妙な区分をのこしている。

律令の郡制をみると、たとえば『常陸風土記』に、[127]「新治郡」(東那賀郡堺大山、南白壁郡、西毛野河、北下野常陸二国堺即波太岡)、「筑波郡」(東茨城郡、南河内郡、西毛野河、北筑波岳)というように四至を示している。

これにたいし里は、五〇戸という戸の集合体であって、そのため編戸に余分が生じたとき、余戸里として、あらたな里をたてたのである。この点からいえば、先にのべたように、封戸・神戸を里を単位に設定したといっても、それは分割すれば戸にいたるのであって、地域的区分とはいいがたい。しかし、賀茂社の神封郷のごとく、四至で範囲を示し、所領を単位として設定されるようになれば、封戸・神戸も、戸から土地の支配に移行するであろう。

ミヤケ支配は前者の郡制に、部民支配は後者の里制と関係がある。領域的支配と人的支配がこれに対応し、前者は後者を克服するかたちで進められたとみてもよい。

もちろん、律令郡・里制の成立については論議が多い。

大町健氏は、[128]郷は五〇戸を原則とし、領域を前提としない行政組織であるが、郡もまたおなじく人間自体の区分である。ただ既設の郡の分割において、はじめて領域支配が問題となった。つまり、国造のクニが、国造自体であったのとおなじく、コホリも郡家という行政拠点と等置される概念で、郡の領域は、そうした人民の区分に付随した第二義的なものにすぎないとされた。

大町氏の説は、吉村武彦氏の見解[129]を踏襲されたらしい。ただ、吉村説は、律令国家の班田は一郡的な規模でまとまりをもつが、これは律令的な土地所有が、かつて国造層に体現される共同体的な土地所有をひきついだものであり、律令的国郡制は、国造の支配の上に覆いかぶさる形のものとしたにすぎない。これは郡の領域において、班田が整合性をもったという理由を、共同体的土地所有にもとめ、むしろその克服と再編をのべたものといえる。それは土地支配を郡の基礎としたことではあっても、人民の区分が郡であるといっているわけではあるまい。

しかも、筆者は、郡の支配原理は、国造のそれを継承するものでなく、ミヤケ制の土地（領域）支配を継承・発展せしめたものであると考えている。これは筆者が大化前代の国造に、いわゆる〝領域支配〟をみとめようとする説に反対することと同義である。

註

（1）平野邦雄『大化前代社会組織の研究』吉川弘文館、一九六九年。

（2）天平宝字六年、石山院に「板屋五宇　板葺倉三宇（一宇板屯 二宇椎屯）」があり、同年、さらに「板絞屋一宇、椎屯蔵一宇」を移建する記事がある（『大日本古文書』十五、二三六ページ、「造石山院所労劇文案」、同十六、二一〇ページ、「造石山院所解案」）。この「板屯」と「板絞屋」、「椎屯」と「椎屯蔵」が共通する建物であることは推定できる。村尾次郎『律令財政史の研究』吉川弘文館、一九六一年、一三三〜一三五ページにあるところを参照して仮説をたててみるとつぎのようになる。「板」とは、厚手の平板な板材、「椎」とは何らかの角錐をもつ材で、多分三角材とみてよいであろうが、丸太材でもよい。両者に共通する「屯」の文字は、それらの材を積みかさねてつくる意味であろう。そうすると、「板屯倉」は「板倉」であり、「椎屯倉」は「甲倉」のこととなる。ミヤケを「屯倉」とするのも、「板」「椎」いずれにしても、壁体を木材を横に積みかさね、四隅をたがいに交叉させてつくる、いわゆる〝あぜくら〟をさすのではないか。

（3）ヤケ（宅）とクラ（倉）について、吉田孝「ヤケについての基礎的考察」（『古代史論叢』中、吉川弘文館、一九七八年）に、妥当な見解がのべられるが、クラ（倉・庫・蔵）の実際の態様を機能についてまとめたものに、平野邦雄「クラ（倉・庫・蔵）の研究——大宰府、郡家の発掘調査によせて——」（『九州歴史資料館開館十周年記念大宰府古文化論叢』上、吉川弘文館、一九八三年）がある。

（4）日本古典文学大系『日本書紀』上、岩波書店、一九六七年、三八四ページ頭注に、「屯倉は、朝廷直轄領ともいうべきもので、天皇供御料田である屯田とは性質が違うから、ここに区別して書かれているのであろう」とあるのは、つぎの「屯田司」の職掌内に屯田・屯倉ともふくまれるのであるから適当でない。また朝廷直轄領と天皇の供御料田をこのような形で区別することも出来ないのではないか。

(5) 平野邦雄論文（注(1)におなじ）三一〇～三一九ページ。

(6) 岸俊男「光明立后の史的意義」（『ヒストリア』二〇、『日本古代政治史の研究』塙書房、一九六六年）。

(7) 井上光貞『大化改新』要選書、一九五四年、五一～五二ページ。

(8) 関晃「大化前代における皇室私有民」（『日本経済史大系』一、東京大学出版会、一九六五年）。

(9) 弥永貞三「大化以前の大土地所有」（『日本経済史大系』一、東京大学出版会、一九六五年、『日本古代社会経済史研究』岩波書店、一九八〇年）。

(10) 館野和己「屯倉制の成立」（『日本史研究』一九〇）。

(11) 本位田菊士「ミヤケの起源と本質」（『日本史研究』二二一）。

(12) 山尾幸久『日本国家の形成』岩波新書、一九七七年、一一六～一三四ページ。

(13) 原島礼二『日本古代王権の形成』校倉書房、一九七七年、二八六～三三〇ページ。山尾幸久論文（注(12)におなじ）。

(14) 薗田香融「国衙と土豪との政治関係」（『古代の日本』9、角川書店、一九七一年、『日本古代財政史の研究』塙書房、一九八一年）。栄原永遠男「白猪・児島屯倉に関する史料的検討」（『日本史研究』一六〇）。

(15) 小林敏男「県・県主制の再検討(一)」（『続日本紀研究』一八七・一八八）。

(16) 門脇禎二「七世紀の人民とミヤケの廃止」（『日本史研究』一三九）。

(17) 『釈日本紀』巻十、述義六。

(18) 井上辰雄「ミヤケ制の政治史的意義序説」（『歴史学研究』一六八）。

(19) 小林敏男論文（注(15)におなじ）。

(20) 関晃論文（注(8)におなじ）。

(21) 平野邦雄「国県制論と族長の支配形態」（『古代の日本』9、角川書店、一九七一年）。

(22)『釈日本紀』巻十、述義六。
(23)中田薫「我古典の部及び県に就て」(『法制史論集』三、岩波書店、一九四三年)。
(24)井上光貞「国県制の存否について」(『古代文化』五―四、『日本古代国家の研究』岩波書店、一九六五年)。
(25)石母田正『日本の古代国家』岩波書店、一九七一年、三六二～三七八ページ。このような見方は、八木充「古代地方組織発展の一考察」(『史林』四一―五、『律令国家成立過程の研究』塙書房、一九六八年)に、国造より大国造制が成立し、領域支配を実現したとする説にすでにみられる。
(26)上田正昭「アガタ及びアガタヌシ研究」(『国学院雑誌』五四―二)、同「国県制の実態とその本質」(『歴史学研究』二三〇)、ともに『日本古代国家成立史の研究』青木書店、一九五九年所収。
(27)湯口(広瀬)圭「県主・国造一覧表」(『古代の日本』9、角川書店、一九七一年)。
(28)栗田寛『職官考』上古篇、山一書房、一九四四年、稲置、四二九～四三一ページ。
(29)直木孝次郎「税長について」(『人文研究』九―一一、『奈良時代史の諸問題』塙書房、一九六八年)。
(30)『類聚三代格』六、公粮事、弘仁十三年閏九月二十日官符。
(31)『延喜交替式』凡焼亡官物条。
(32)原島礼二論文(注(13)におなじ)。
(33)山尾幸久論文(注(12)におなじ)。
(34)中田・井上・石母田論文(注(23)(24)(25)におなじ)。
(35)原島礼二論文(注(13)におなじ)。
(36)県・県主の研究論文は本文に多くかかげたが、具体的な研究成果の一つに、井上光貞「カモ県主の研究」(『日本古代史論集』上、吉川弘文館、一九六二年)があり、まず鴨県主の系譜の分布にはじまり、結局カモ県主はカモ神社の前身としての県神社をまつり、葛野一帯を支配国とする葛野県主に由来し、「行政的男君と宗教的女君の二重王権」にふさわしい段階、つまり後期古墳以前の原始的王権の態様を示すとされる。したがって五世紀には存在したこととなろう。ただ、県を朝廷の直轄領とされるのは本論の主張と異なる。

（37）『平城宮木簡』一・二・三解説、奈良国立文化財研究所、一九六九・一九七五・一九八一年。

（38）郡家は、『書紀』以下、一般にはコホリノミヤケと訓まれたようで、もっとも明確なのは、『皇太神宮儀式帳』に、神郡の度会評・多気評、公郡の飯野評を設け、それぞれ郡内に「屯倉」をたてたとあるもので、あきらかにヤケ（宅）とクラ（倉）を設けたことをさし、「郡家」にあたるとみてよい。第五章でのべる。

（39）黛弘道「大和国家の財政」（『律令国家成立史の研究』吉川弘文館、一九八二年）は、「この三氏が皆屯倉の税を掌ったというのでなく、適当に職務を分掌し、全体として屯倉の税の運用、すなわち屯倉の運営に当ったとみる方がよくはないか。桜井田部連は田部を管掌し、県犬養連は屯倉官舎の守衛に任じ、難波吉士は帰化系なるが故におそらく出納管理を職とし、三氏あわせて一屯倉を運営したのではなかろうか」とする。しかし、これは三氏が、それぞれの在地の豪族であるとしてよいから成立しかねる。このような解釈が生まれるのは、ミヤケにおける基本的な職務分担についての認識に異なるところがあるためで、黛氏がとくにそうであるわけではない。たとえば、本文であげた「仁徳紀」の「倭屯田及屯倉」についても、このミヤケは磯城郡から山辺郡にかけて存在し、大倭神社の所在地とおなじく、大倭神社を奉斎する氏は大倭国造＝倭直であるから、このミヤケは倭直の支配地域を割いて設定されたものとみられ、ミヤケの設定の由来は、倭国造＝倭直の方が詳しく知っていたはずである。しかるに、屯田司出雲淤宇宿禰にこれを問うのは不自然であるとして、倭屯倉を献上したのは倭国造、管理者は出雲臣とするのは、不自然の感を免れないが、政治体制の変化により管理者に変化を生じた故かも知れぬともされている。これも、「国造」と「屯田司」は職務内容を異にするので、「国造」は当然在地豪族で、ミヤケに徭役労働を提供し、「屯田司」は朝廷より直接につかわされ、下地を管理し、田租を徴収する任を負うたものとせねばならぬ。朝廷の直轄地として伝領されたのはその意味においてである。ミヤケを管理するという概念は、このように区分してとらえねばならぬ。

（40）『播磨風土記』餝磨郡、揖保郡条。

（41）『播磨風土記』美嚢郡条。

（42）鎌田元一「評制施行の歴史的前提」（『史林』六三―四）。

（43）『三国史記』新羅本紀三、実聖尼師今七年春二月。

（44）薗田香融・栄原永遠男論文（注(14)におなじ）。薗田氏は、大化前代に、「人的組織を中心としたものに、名代・子代・壬生部・私部があり、土地を主たる所有の対象としたものに、屯田・屯倉・県などがあった」とされ、また「屯倉と県とは、本来設置の由来、地域、年代を異にし、また経営、管理の方式においても異なったものがあったが、時代の経過とともにしだいに同質化され、分布的にも重なりあうことが多かった」とされた。これは、ミヤケと部民の区別について、本論と同一の見解にたつものであるが、ミヤケとアガタについてはまったく異なる。畿内のミタとアガタは重なるが、畿外のミヤケとアガタは重なってはいないし、管理方式もまったく異なるとせねばならない。さらに、「推古紀」の「毎国屯倉」を、かつては、「律令時代の郡衙、正倉の起源」とされながら（「律令財政成立史序説」〔『古代史講座』五、学生社、一九六二年〕）、この論文では、それを否定し、国衙の前身と見、那津・白猪屯倉は、大宰府・吉備大宰の前身とされるなどのズレがある。「毎国」を全国とされるのは誤りであるが、郡家の前身とみる方が正しいと思われることはすでにのべた。

（45）栄原永遠男論文（注(14)におなじ）。

（46）薗田香融・栄原永遠男論文（注(14)におなじ）。

（47）関晃論文（注(8)におなじ）。

（48）（49）『続日本紀』文武元年閏十二月己亥（七日）、和銅六年四月乙未（三日）。

（50）『続日本紀』延暦七年六月癸未（七日）。

（51）『日本書紀』応神二十二年九月。吉備諸県を、吉備臣祖ミトモワケの兄弟子孫に封じたという吉備臣の祖先伝承がある。これは川嶋県＝下道臣、上道県＝上道臣、三野県＝三野臣、苑県＝苑（園）臣、波区芸県＝笠臣のように割りあてられ、大きくいえば、下道臣と上道臣の勢力圏を示し、これをあわせて吉備氏となる。つまり、吉備五県は、旭川・高梁川の流域をさし、東部の吉井川の流域は除かれる。この吉井川流域が和気氏の勢力圏で、吉備氏とは区別されるのである。

（52）弥永貞三論文（注(9)におなじ）。

（53）平野邦雄「吉備氏と和気氏」（『古代の日本』9、角川書店、一九七一年）、同『和気清麻呂』吉川弘文館、一九六四年。

（54）矢島栄一「古代史における屯倉の意義」（『歴史学研究』六一一二）。西川宏「吉備政権の性格」（『日本考古学の諸問題』河出書房新社、一九六四年）。

(55) 角林文雄「白猪屯倉と児島屯倉」(『ヒストリア』七五)。
(56) 『続日本紀』神亀五年四月辛巳(十五日)。
(57) 『日本霊異記』下、十三。
(58) 『類聚三代格』八、調庸事、延暦十五年十一月十三日官符。
(59) 『三代実録』元慶元年閏二月二十三日。さらに、『日本紀略』延暦十五年六月壬戌(三日)に、備前の上道広成が同国の銀を採進した功により、外従五位下に叙せられており、備前は銀をも産出したことが知られる。
(60) 『日本霊異記』の説話は、美作英多郡の鉄山を、「国司」が「役夫」に掘らせたとあり、『三代実録』貞観十一年二月二十日、長門国の「採銅使」をやめ、「国宰」にあたらせるとあり、元慶元年閏二月二十三日、美作・備前の銅を「内匠大允」をつかわし、「国宰」とともに採らせ、元慶二年三月三日、豊前規矩郡の銅を、「彼郡傜夫」一〇〇人に採掘させたとある。『類聚三代格』十二、寛平元年十月二十一日官符には、備中の「採銅所」にたいし、「国司」が役夫の料物をあて、長門・豊前もこれに准ずるとある。これらは、「採銅使」「採銅所」、または技術官人のもとで、国司が傜丁をあて、料物は正税より支出し採進するもので、ある意味では、白猪屯倉の田令と在地豪族、ミヤケの稲穀と傜丁の関係とも共通するものがあろう。
(61) 『日本後紀』延暦十八年十一月甲寅(十四日)。
(62) 『平城宮木簡』一解説、奈良国立文化財研究所、一九六九年。
(63) 瀬戸内海沿岸の製塩については、渡辺則文・近藤義郎氏らによる数次の研究がある。そのうち児島半島沿岸部全域にわたる、おびただしい師楽式製塩遺跡の存在が報告されている。児島屯倉にふれたものに、渡辺則文・近藤義郎「海部と製塩」(『古代の日本』4、角川書店、一九七〇年)がある。
(64) 狩野久「御食国と膳氏」(『古代の日本』5、角川書店、一九七〇年)。
(65) 『藤原宮木簡』一解説、奈良国立文化財研究所、一九八〇年。
(66) 『平城宮木簡』(注(37)におなじ)。
(67) 森浩一「畿内およびその周辺」(『日本の考古学』4、河出書房新社、一九六六年)。

(68)　勝浦（神田）令子「律令制下贄貢納の変容」（『日本歴史』三五二）は、贄の貢納制全般にふれたものであるが、若狭について、御贄としての胎貝・伊和志腊・海細螺・水母など、すべて遠敷郡青郷より出されたことが木簡にみえ、貢進は国・郡単位に行われ、郷名を記したものは採取地を示したにすぎないとしている。当初、この贄には、調副物に発展した塩もふくまれていたであろうが、それらが郡単位であることは、ミヤケとの関連で注目される。ただし八世紀には、調塩として貢進者ごとに個人名で表記されている。

(69)　栄原永遠男論文（注(14)におなじ）。

(70)　岸俊男「日本における戸の源流」（『日本歴史』四八一六、『日本古代籍帳の研究』塙書房、一九七三年）。

(71)　なお、ミヤケの管理方式全般を論じたものに、直木孝次郎「屯倉の管理形態について」（『上代文学論叢』桜楓社、一九六八年、『飛鳥奈良時代の研究』塙書房、一九七五年）がある。本文で引用しなかったのは、この論文はミヤケの各論でなく、その全体の体系にかかわるからである。ここに改めて取り上げておく。この論文は、ミヤケを前期ミヤケ・後期ミヤケに分け、これを地方族長の管理から、屯田司・田令による中央支配の強化へと跡づけ、これを基本線としている。全体に無理がなく、本論の視点とも共通するところが多いのは一読してあきらかである。ただし、ミヤケの管理という概念があいまいで、土地（田地）・徭役労働（人間）の二要素を一元的にとらえたため、前期ミヤケにおいて、倭屯田の管理者は在地豪族でなく、天皇の派遣する屯田司であるのに、他のミタ・ミヤケの管理者は在地豪族、とくに国造が多いとし、したがって、直木氏の発展の基本線からすれば、倭屯田はさほど古くないとせざるをえない誤解を生んだ。また、後期ミヤケは朝廷の直轄型で、そのうち東国ミヤケなどは、国造が管理したと思われるが、これは東国々造が、天皇への隷属性のつよい直姓のものだから、直轄型に准ぜられ、前期ミヤケとはちがうというような釈明を必要としたのである。

直木氏の図式は左のようになる。

A　前期型ミヤケ（地方豪族管理）→郡（評）

B　後期型ミヤケ（中央官人管理）→国

しかし、前期ミヤケは畿内の、後期ミヤケは畿外のミヤケといってもよく、前者が地方豪族管理、後者が中央官人管理を分けるのはむしろ逆でなければなるまい。

(72)『皇太神宮儀式帳』一、初神郡度会・多気・飯野三箇郡本記行事条。
(73)『類聚三代格』一、神郡雑務事、寛平九年九月十一日官符。『神宮雑例集』一、所引同上官符。
(74)『延喜式』神祇四、伊勢太神宮。
(75)『神宮雑例集』一、伊勢国神郡八郡事条。
(76)『続日本紀』和銅四年三月辛亥(六日)。
(77)『三代実録』元慶三年五月二十三日。
(78)『続日本紀』慶雲元年正月戊申(二十二日)。
(79)(80)『類聚三代格』一、神郡雑務事、弘仁八年十二月二十五日官符。同、神封物幷租地子事、弘仁十二年八月二十二日官符。
(81)(82)『類聚三代格』一、神封物幷租地子事、宝亀五年八月二十七日官符。『神宮雑例集』一、宝亀五年七月二十三日官符。
(83)『太神宮諸雑事記』一、垂仁天皇。
(84)『神宮雑例集』一、延暦二十年四月十四日格。
(85)『続日本紀』宝亀十一年五月壬辰(二十九日)。
(86)『新抄格勅符抄』神宮諸家封戸、大同元年牒。
(87)『延喜式』神祇四、伊勢太神宮。
(88)注(73)におなじ。『日本後紀』弘仁三年五月辛酉(四日)、伊勢国多気・度会二神郡と、飯高・飯野等七郡神戸百姓のことがみえ、「七処神戸」であったことがわかる。
(89)『大日本古文書』一、三八五・三九六ページ。同二、二五八ページ。
(90)注(84)におなじ。
(91)『続日本紀』、『令集解』賦役令封戸条、天平十九年六月一日格。
(92)『類聚三代格』八、調庸事、寛平六年六月一日官符。
(93)(94)『続日本紀』大宝二年七月癸酉(八日)、天平二年七月癸亥(十一日)。

(95)『新抄格勅符抄』延暦二十年九月十三日官符。
(96)『類聚三代格』一、神封物并租地子事、大同三年七月十六日官符。
(97)注(80)におなじ。
(98)『続日本紀』宝亀六年二月丙子（十三日）。
(99)(100)『延喜式』神祇四、伊勢太神宮。
(101)『日本書紀』持統六年閏五月丁未。
(102)『常陸風土記』香島郡。
(103)注(86)におなじ。
(104)『類聚三代格』三、定額寺事、天安三年二月十六日官符。
(105)『寧楽遺文』下、七八六ページ。松島順正『正倉院宝物銘文集成』三〇一ページ、天平勝宝四年十月、調曝布銘。
(106)『類聚三代格』一、祭幷幣事、貞観八年正月二十日官符。
(107)『類聚国史』十九、神祇十九、神宮寺、延暦二十三年六月丙辰（十三日）。
(108)『延喜式』式部省。
(109)『出雲風土記』意宇郡。
(110)『文徳実録』仁寿元年九月乙酉（十六日）、「特擢出雲国熊野、杵築両大神　並加従三位」。
(111)『三代実録』貞観元年正月二十七日、「出雲国従三位熊野神、勲八等杵築神　並正三位」。同元年五月二十八日、「授出雲国正三位勲七等熊野坐神、正三位勲八等杵築神……並従二位」。同九年四月八日、「出雲国従二位勲七等熊野神、従二位勲八等杵築神　並正二位」。
(112)注(86)におなじ。
(113)出雲国造家に蔵するこの系譜については、鳥越憲三郎『出雲神話の成立』創元社、一九六六年、六一〜六六、九四〜一〇九ページ。
(114)(115)『続日本紀』霊亀二年二月丁巳（十日）にはじまり、延暦九年四月癸丑（十七日）まで、国造の相続と神賀詞奏上に関する記事がみえる。

(116) 『出雲風土記』巻末記。

(117) 『大日本古文書』一、五九三ページ。

(118) 『延喜式』八、神祇八、祝詞、国造神賀。

(119) 『続日本紀』文武二年三月己巳（九日）。

(120) 『出雲風土記』各郡末尾。出雲臣の分布については、『日本古代人名辞典』参照。
出雲臣の地位については、『類聚三代格』七、郡司事、延暦十七年三月二十九日官符に、慶雲三年格により国造が郡領を兼帯してから、神事にことよせて、ややもすれば公務を廃し、私門ますます栄え、公家に利なしとある。そのため、国造・郡領の職をふたたび分離するにいたっている。国造が神主であったことを示す。

(121) 『続日本紀』延暦八年十二月丙申（二十九日）。ただ『類聚国史』にのせる官符には、「神郷」を「神郡」と記している。

(122) 『類聚三代格』一、神封物幷租地子事、寛平五年十二月二十九日官符。

(123) 『類聚符宣抄』一、被奉公郡於神社、寛仁二年十一月二十九日官符。

(124) 岩橋小弥太『神道史叢説』吉川弘文館、一九七一年。神戸・神郡。

(125) 田中卓「伊勢神郡の成立」（『神宮の創祀と発展』田中卓著作集四、国書刊行会、一九八五年）。平野博之「神郡」（『九州史学』一一）。梅田義彦「神郡行政の特性とその変遷」（『神道の思想』二）。

(126) 熊田亮介「律令制下伊勢神宮の経済的基盤とその特質」（『日本古代史研究』吉川弘文館、一九八〇年）。

(127) 『常陸風土記』新治郡、筑波郡。

(128) 大町健「律令的国郡制の特質とその成立」（『日本史研究』二〇八）。

(129) 吉村武彦「律令国家と土地所有」（『大系日本国家史』1、古代、東京大学出版会、一九七五年）、同「律令制的班田制の歴史的前提について」（『古代史論叢』中、吉川弘文館、一九七八年）。

第四編　推古朝の政治

第一章　王系の諸問題

第一節　敏達朝より崇峻朝まで

継体天皇と、それ以後の王位継承については、第二編で言及した。そこで筆者は、継体から天武にいたる五世は、見方によれば〃息長・春日系〃ともいえる王系の実現過程としてとらえうるとのべた。息長氏・春日氏らの〃皇親氏族〃によって、王家の血統が〃純化〃され、ヤマトの豪族勢力の束縛から脱却する王権の端緒が生まれるのが継体であり、それが、敏達(30)——押坂彦人大兄——舒明(34)と展開していくとすれば、ちょうどその敏達から舒明の間に、彦人大兄を排除して、蘇我氏が、用明(31)——崇峻(32)——推古(33)を擁立するのである。この三代は、蘇我氏が、みずからの女を納れ、その腹に生まれた皇子女を即位せしめた、いわば〃異端の王〃で、かつての葛城・平群氏とおなじ手法により、外戚の立場で、王位継承に干渉し、王権の確立を妨げたのであって、〃彦人大兄暗殺説〃もこの文脈のなかでとらえれば、ある程度の確度はあると思う。

蘇我氏は、推古天皇ののち、舒明天皇をたてて妥協し、そのつぎに古人大兄を即位させて、外戚の立場を回復しようと期するが、すでにその道は閉されていたというべきであろう。舒明(34)――皇極(35)――孝徳(36)――斉明(37)――天智(38)――天武(39)の王系は、ふたたび〃息長系〃に戻り、ただちに蘇我氏は排除されるにいたる。舒明は、彦人大兄の子、宝皇女(皇極・斉明)・孝徳は、ともに彦人大兄の孫で、同母の姉弟、そして天智・天武は、舒明の皇子である。ここに、王権の正統性は回復されたというべきであろう。

薗田香融氏は、[1]王室の〃族内婚〃によって、〃純粋培養〃され、彦人大兄――舒明――中大兄(天智)・大海人皇子(天武)とつづく系譜は、蘇我氏の排除によって成り立ったとされ、門脇禎二氏は、[2]彦人大兄の〃系流〃のひとびとは、かたくななまでに蘇我一族との姻戚関係をこばみつづけたとされたが、それらもほぼおなじ観点にたつものであろう。門脇氏はさらに、舒明の殯宮において、はじめに誄したのは、亡き先王の叔父大派皇子で、ついで宝皇女(皇極)の弟軽皇子(孝徳)、蘇我大臣の順に誄し、最後に、息長山田公が「日嗣」を誄した。これは息長氏が、〃皇祖の騰極次第〃をのべたので、そのなかには、舒明の父である彦人大兄もふくまれていたであろうとされた。筆者は、それが敏達、さらには継体にまでさかのぼった可能性もあると思う。ただ門脇説は、視点を推古以後に限定しすぎるうらみがあり、彦人大兄の〃系流〃を生みだした背景は、少なくとも敏達以前にさかのぼるのであるから、推古朝には、まだ王室と蘇我氏の対立はなかったとみるのは誤りだと考える。

そこで、本論に入るまえに、敏達より推古までの王室と蘇我氏の関係をのべておくこととする。本論の前提にすぎないから、必要ある記事のみをかかげ、概要をのべるにとどめたい。

まず、敏達天皇(30)である。蘇我氏が勢力をうるのは、欽明(29)に二人の妃――堅塩媛と小姉君を納れ、所生の皇子女を即位させることにはじまるが、それに先立ち敏達が即位したのは、継体以来の〃息長系〃の正統をつぐからで、みずからも息長真手王の女広姫を「皇后」とし、彦人皇子を生み、これを大兄にたてるのである。〃蘇我系〃に対抗する大王といえる。その「即位前紀」に、ただちに「天皇不信仏法、而愛文史」と記しているのは異例であり、そのため、『書紀』は、つぎの用明の「即位前紀」に、「天皇信仏法、尊神道」と記して、両者のちがいをあきらかにしたのである。また、大連物部弓削守屋と、大臣蘇我馬子の順位が逆転するのも、この敏達・用明の間においてである。(3)

さて、敏達が、欽明以後の蘇我氏による仏法を排し、文史を愛したということは、つぎの二つの記事によって強調される。一つは、高麗使人が越より山背に召され、相楽館に放置されていたのを、天皇は、皇子(彦人)と大臣(馬子)に問い、大臣が奉答すると、「天皇聞之、傷惻極甚」とあり、使人の待遇を改めさせた。またそのもたらした「烏羽之表」を大臣にあたえ、「東西諸史」によませたところ、読解できず、天皇は、「汝等所習之業、何故不就、汝等雖衆、不及辰爾」と、これを叱責したという。「東西諸史」とは、蘇我氏の配下の東・西漢氏に属する。天皇が〃文史を愛した〃という意味は、このような形であらわれたといえよう。もともと、高麗使人は、「欽明紀」に、「東漢直糠児、葛城直難波」の二人をつかわし、相楽館に召したとあり、ついで、「東漢坂上直子麻呂、錦部首大石」の二人に守護させたとあるもので、この四人とも蘇我氏の配下の氏族である。それまで大臣の指示によって事が運ばれてきたものを、敏達が変更を命じたという記事である。

二つは、大臣馬子が、「三尼」を出家させ、「石川宅」に仏殿をつくり、「大野丘」の北に塔をたて、「仏法之初、自茲而作」とされるほど、仏法を進めるが、みずから病み、また疫病がおこったので、物部守屋大連と中臣勝海大夫はこれに反対し、廃仏を断行する。そこで大臣は、三宝の力により病を愈することを請い、天皇は、「汝独行仏法、宜断余人」と命じ、仏法を蘇我氏のみに限定したという。これが、〝天皇、仏法を信ぜず〟とある具体的な意味である。ここから、天皇の殯宮における大臣と大連の対立抗争が語られるが、天皇が、大連・大夫を基盤に、大臣を抑制したことはまちがいない。

用明天皇(31)は、堅塩媛の所生で、小姉君の女穴穂部皇女を「皇后」とした。〝天皇、仏法を信じたまふ〟とある意味は、「朕思欲帰三宝、卿等議之」と詔したとあるとおり、大臣のほか、「卿等」とあるように大夫に〝共議〟せしめたことで、蘇我氏以外の仏法が、政策として確立したわけではない。守屋大連と勝海大夫は、用明の即位に抵抗するため、小姉君の所生である穴穂部皇子を推し、「作太子彦人皇子像与竹田皇子像厭之」とあるように、彦人大兄を忌避した。穴穂部皇子は、敏達の殯宮に侵入し、炊屋姫を姧しようとしたという。炊屋姫は、堅塩媛の所生で、用明の同母妹にあたり、敏達后息長真手王の女広姫の死後、立后したもので、それ以来、大臣馬子の後援をうけていたことはまちがいない。大王の殯宮にこもるのは、女性たる皇后で、その期間中に日嗣が定められ、殯の終了によって即位儀礼が行われるのが原則であるとすれば、このとき橘豊日皇子(用明)が、この期間中に日嗣に擬せられたのを排除するため、穴穂部皇子が殯宮に侵入したとみるのがやはり正しいであろう。(4)

岸雅裕氏は、(5)『法隆寺薬師像造像記』に、用明は、丙午年(五八六)に不予とあり、その年のうちに崩じたとみられるのに、『書紀』には、丁未年(五八七)に発病して、年内に崩じたとあって、一年の誤差があり、あわない。前者では、用明の在位期間はほとんどなく、正式に即位したかどうか疑問であり、用明元年(丙午)、穴穂部皇子が侵入したとあるとき、暗殺されたとみるべきであるとされた。ともあれ大連と大夫は、ここで穴穂部皇子を見捨て、「帰附彦人皇子於水派宮」とあるとおり、彦人大兄をたてようとする。大兄は、敏達のあと、第一の王位継承者であったのは当然であり、大連・大夫が小姉君系の穴穂部を推したのは、大臣が堅塩媛系の橘豊日（用明）を推したのに対抗する意味を出でず、結局、大連・大夫は、〝蘇我系〟のすべてをすて、〝息長系〟に回帰したことになるのである。ここに、両者の対立は、より基本的なものとなった。

崇峻天皇（32）は、小姉君の所生である。大臣は、その同母兄穴穂部皇子を殺害したことの代償として、何よりも彦人大兄に対抗するために即位せしめたとみてよいであろう。やがて大臣は大連・大夫をともに討滅する。大連が河内渋川宅で殺されたとき、資人捕鳥部万は、「万、為天皇之楯、将効其勇」とのべたという。「天皇」とは彦人大兄をさし、大兄を守護することを行動の名分としていたらしいといわれている。よって、このとき大兄も殺されたとみうるかも知れない。なぜなら、大兄がもしこの後も生存していたとすれば、崇峻が大臣によって殺害されることは、まずなかったであろうからである。(6) 岸雅裕氏は、用明天皇とおなじく、「崇峻天皇なる一代は実在しない」とし、「泊瀬部皇子（崇峻）は、先帝の大后炊屋姫のもとで、〝臨時秉政〟していたのである」と主張される。つまり、当時はまだ敏達の殯の期間中だということになる。用明・崇峻二代にわたって、敏達の殯の期間中で、正式に即位しなかったとすれば、問題はさらに重大となろうが、それを明らかにするすべはない。

岸説はさらに、崇峻は反蘇我の豪族の意志を代表したから、大臣によって殺されたのであるというように、仮説を多くふくむのは事実である。しかし、この両代の王位がきわめて不安定で、抗争の渦中にあったことはまちがいあるまい。それが、彦人大兄の死により、はじめて推古朝が幕をあけるにいたる。彦人大兄の存在は、それだけ正統的なものであったことが考えられよう。

第二節　推古朝の成立

推古天皇(33)は、すでにのべたように堅塩媛の所生であり、敏達后の広姫にかわり立后してから、大臣と密接な関係にあったことはまちがいない。その即位により、蘇我氏は、はじめての安定政権をえたようにみえる。しかし、底流においてはさほど簡単ではない。

まず、蘇我氏が、はじめての女帝をたてざるをえなかったのは、やはり妥協の産物であり、厩戸太子と対(つい)をなすことによってのみ肯定されたとみねばならない。『書紀』が、「立厩戸豊聡耳皇子、為皇太子、仍録摂政、以万機悉委焉」と特記したのはそのためで、政務をことごとく太子に委ね、太子が天皇の大権を行使したことになる。しかし、『書紀』は、一方で、「詔皇太子及大臣」「皇太子嶋大臣共議」などと記し、天皇のもとにおける、いわゆる〝共同輔政〟を示す記事を各所にかかげている。この二つは簡単には結合しない。二つの概念は矛盾するとすらいえるであろう。ともかく、推古朝の政治は、この太子の立場をどう評価し、どう把えるかにかかっている。

これまでの代表的な説をみてみよう。

関晃氏は(7)、推古朝は、「蘇我氏の権勢が絶頂にさしかかったとき」で、「朝廷の実権者は、大臣蘇我馬子で」あり、太子が「独自の政策をおこなうというようなことは、ほとんどありえなかった」とされ、さらに、「天皇を中心とする反蘇我勢力の形成というような気配は、まだうかがわれない」とのべ、門脇禎二氏も(8)、蘇我氏の主導性をつよく主張し、「内治外交とも、政治的実権は蘇我馬子の主導した小墾田宮廷」にあって、太子の「斑鳩の宮廷」にはなく、「外交政策の重大転換も、大臣蘇我馬子の判断によって生じ」たとされ、さらに、「蘇我氏と皇室の対立は、いわゆる推古朝から強調されるのが常である」が、それはまちがいで、対立は皇極朝に入ってから生じたとみる。

このような見方は、太子が政務を総摂したというのは形式的にであり、〃共同輔政〃というのも、太子と大臣は立場がちがうのだから、両者の〃共議〃はあったであろうが、実質的に政策を決定したのは、大臣であるとするのである。そして、六世紀より、〃皇室〃の地位は相対的におとろえたにしても、豪族層を加えた朝廷の権力は、〃畿内集権〃という形で、はるかに増大してきたので、蘇我氏こそその推進者であり、太子がこれにたいして〃新政〃をうち出す余地はなかったともみるのである。

しかし他方では、太子と大臣の〃共同輔政〃について、竹内理三氏は[9]、「従前の大臣・大連の共同執政の形式を、大臣と東宮との共同執政としたもの」とし、両者の対立の可能性を予見され、井上光貞氏は[10]、推古朝の政治形態は、すでに〃天皇制〃なのであって、対立があったとすれば、「それは天皇と蘇我氏ではなく、東宮と蘇我馬子の間に予想する他は考えられない」とされ、大臣の紫冠も、貴族の冠位十二階も、天皇が授けたものであるとし、推古朝の〃国制〃の革新をみとめた。石母田正氏は[11]、推古朝を古代国家の画期とみなし、中央への権力集中の方式を〃新羅型〃と規定し、この後の善徳女王――金春秋――金庾信の関係を、推古女帝――厩戸太子――大臣馬子にあてはめ、そこに、律令制への展開を予見された。外交においても、太子は、親新羅政策をとり、あらたに対隋外交を打開することによって、大臣の親百済政策の転換をはかったと見、これが内政の革新に相応じているとみるのである。

これらはいずれも、関説のいうこれまでの〃皇室中心史観〃とは関係ないものであり、太子の新政を論じても、

〃奉讃〃の態度というわけではない。しかも、推古朝の政治にたいして、かなり観点の相違があることになろう。

筆者は、太子と大臣の立場が基本的に一致していたとは考えない。太子は、用明と小姉君の女穴穂部皇女との間に生まれ、穴穂部皇子、泊瀬部皇子（崇峻）の立場をも負うであろう。ひろくいえば、〃蘇我系〃に属するが、炊屋姫（推古）の立場とはおのずから異なるものがある。炊屋姫の子、竹田皇子がいつまで生存したかはわからないが、少なくとも用明朝において、竹田皇子は彦人大兄などとならんで皇位継承資格者であり、推古三十六年には、その陵に推古を合葬したのであるから、すでに死去していた。おそらく、厩戸太子が皇太子となったときは、まだ生存したであろうとすれば、その竹田をたてないで、厩戸をたてたのは、蘇我氏としての、止むをえない理由があったはずである。太子の立場が、炊屋姫、ひいては大臣馬子と齟齬がなかったとは思われない。

つぎに、井上氏[12]が、推古朝の政治形態は、すでに〃天皇制〃であるといわれるとき、すでにとは、継体〜敏達――彦人大兄――舒明とつづくべき王系の成立をさすものと具体的に理解せねばならぬと思う。この王系の成立によって、王室は、ならび立つ畿内豪族、さらにはその頂点にたつ大臣・大連の拘束から脱却しつつあったので、そのあらたな基盤となったのが大夫層であったことは、第二章でくわしくのべる。関晃氏[13]は、大夫は朝廷における最高の合議体を構成し、それが蘇我氏の支柱となったと推定されたが、大夫層の形成と展開の過程からすれば、大臣を制約する王室の基盤となったとみる方が妥当であろう。そして太子はその形成者である。

舒明天皇(34)は、彦人大兄の子である。王系はふたたび〃息長系〃に戻る。大臣蝦夷は、厩戸太子の子、山背大兄を排除するために、田村皇子（舒明）を推すが、それはつぎに〃蘇我系〃の古人大兄をたてるためで、山背大兄を拒否するのに、田村皇子ならば、大夫層との妥協が可能と考えられたからであろう。しかし、大夫層は、田村皇子と山背大兄の両派に分かれ、大臣は、大夫層との間に、延々たる〝共議〟をくり返さねばならなかった。この〝共議〟は、大臣の意を伝える形式的なものでなく、大夫層が大臣の支柱であったとは思われない。このような情勢のもとでは、すでに古人大兄の即位の可能性は失われていたと見ねばならぬ。(14)

第二章　厩戸皇子と蘇我大臣

第一節　大夫について

推古朝の政治の本質を具体的に理解するため、本編は、推古朝の政治全般に言及することはやめ、国制のもっとも基本である大夫（マヘツキミ）と、国司（ミコトモチ）の二つに焦点をあてて論ずることにする。

大夫（マヘツキミ）について、関晃氏の論文がもっとも標準的なものであろう。(15) それに若干加えてのべると左のようになる。

「大夫」の史料として、まず『書紀』の大化二年三月、「東国々司」の朝集にさいし、「良家大夫」を東方八道の「国司」に任じたとあり、この〝良家〟とは、『大織冠伝』に、「良家子」をえらび、「錦冠」をさずけ、宗業をつがせたとあるのとおなじ用法で、一定以上の地位にある家柄をさす。大化二年正月、改新詔に、「臣連伴造国造」らの部曲を廃し、かわりに食封を、「大夫」以上に賜うとした、その〝大夫〟も、たんなる文飾でなく、臣・連などの旧身分にかわって、あたらしく設定された一定以上の地位をさすとしてよい。その一定の地位とは、天武・持統朝にいたると、しばしば「小錦以上大夫」の語が用いられる、天智三年の〝甲子宣〟で改訂された小錦位以上の地位をさすものとなった。そして、これを大化前に折り返してみると、舒明即位前、大臣とともに、多くの「大夫」が、皇位継承を議し、即位の璽印を天皇に献じており、推古十八年十月、新羅・任那の使者が拝朝したとき、「四大夫」が、使者の奏旨をとりつぎ、庭中に進んで大臣に啓したとあるように、いずれも〝奏宣〟にあずかったことを示し、このときの四大夫の一人、大伴咋連は、「大徳」の位にあって、大夫は、冠位十二階の大・小徳位を、その資格としたらしい。『翰苑』巻三十にひく「括地志」に、冠位十二階をあげ、「一曰、麻卑兜吉寐華言大徳」と記しているのをみると、大徳はマヘツキミ（マヒトキミではない）とよんだらしく、推古朝に、大夫（マヘツキミ）が存在し、それが徳位にあたることが認識されていたと考えてよかろう。

さて、冠位十二階の大・小徳は、令制官位にあてはめると四位になり、天智三年の冠位の大・小錦も、四・五位にあてられる。ただ、大・小徳のばあいは、それ以上の冠位がなく、大・小錦には、それ以上の冠位、つまり三位以上が設けられているが、大臣のほかは任例がなく、天武十四年の改訂から令制にかけて、はじめて三位以上の任例がふえるというように、官位が変化し、貴族はより上位の官位をあたえられるようになるから、一概に官位のみの比較はできない。しかし、大化以来、食封をあたえられた〝大夫〟は、はじめ四・五位のものをさしたが、令制では三位以上に限定し、結局、慶雲三年格で、五位のみ除き、四位までを封限に加えるとしたのは、〝大夫〟の伝統的な地位が、ほぼ四位を境界としたことを示すであろう。つまり、大・小徳→大・小錦→正・従四位のように大夫（マヘツキミ）の地位はかわるが、ほぼそれらは均衡のとれた対等な地位といいうるであろう。

マヘツキミとは、天皇と臣下の間にあって、〝奏宣〟の職をおこなうもののことで、『大中臣延喜本系』に、「小徳冠」のものに、「前事奏官」と記しているのは、マヘツキミの地位にあることを示したものであろう。令制において、太政官は、主として左・右大臣、大納言という三位以上の卿によって構成されたが、まもなく中納言、参議という四位のものをも加え、いわゆる〝議政官〟を構成した。これは上記の食封制の変化にも応じているが、〝議政官〟とは、〝奏宣〟の職をいい、大夫（マヘツキミ）の職務をひきついだものといえよう。少なくとも、推古朝には成立していたマヘツキミの制は、令制の太政官にまで展開するといってよいであろう。

大夫（マヘツキミ）の概要はほぼ以上である。

そこで、もう少し具体的に、展開過程を考察してみよう。

a　推古以前について、『書紀』には、宣化元年、大伴金村連・物部麁鹿火連を「大連」、蘇我稲目宿禰を「大臣」、阿倍大麻呂臣を「大夫」に任じたとある。敏達十二年、日羅が百済より来朝したとき、阿倍目臣、物部贄子連、大伴糠手子連に政を問わしめたが、かれらを「数大夫」とよんだらしく、同十四年、物部弓削守屋大連、中臣勝海大夫が上奏している。崇峻即位前、蘇我馬子宿禰を「大臣」とすることもとのごとく、「卿大夫之位」ももとのごとしとある。

これらの記事の史実性については後で論ずるとして、文意をまずみると、〝大夫〟とは、〝大臣・大連〟につぐ位次にある個々人を示す。大臣・大連もおなじく個人をさし、したがって、物部氏のうち、守屋は〝大連〟、贄子は〝大夫〟であってもよい。ただ、その基盤はおのずから氏にあって、大伴・物部が〝大連〟、蘇我が〝大臣〟、阿倍・中臣が〝大夫〟を出し、大伴・物部が没落すると、この両者も〝大夫〟に編入される。ここに、唯一の〝大臣〟にたいし、〝卿大夫〟という複数者の地位が成立することになる。

b　推古朝において、『書紀』には、推古十六年八月、裴世清を迎えた朝儀に、導者となり、国書をうけた阿倍鳥子臣、物部依網連抱、国書を大門の机上におき、天皇に奏した大伴囓連の三人がみえ、これが〃大夫〃の地位にあったと思われ、難波に出迎えた掌客の中臣宮地連・大河内直・船史、海石榴市で礼辞をのべた額田部連らは、これより除外される。おなじく、同十八年十月、新羅・任那使を迎えた賓礼において、蘇我大臣に、使者の奏言を啓した大伴咋連・蘇我蝦夷臣・坂本糠手臣・阿倍鳥子臣が、「四大夫」といわれ、これにたいし、荘馬の長となった額田部連、膳臣、導者となった間人連・阿閉臣、秦造・土師連、共食者となった河内漢直、錦織首らは、これより除外される。このうち、大伴咋連は、大徳の冠位を有し、同姓の氏では、大伴連、物部依網連らに、小徳の例がある。

ここでも、〃大臣〃のもと、阿倍臣・大伴連・物部連・坂本臣らが、〃大夫〃を構成し、〃大連〃はすでに、〃大夫〃に編入され、大臣―大夫の関係が成立していることがわかる。それらが個人の位次を示すことは、大臣馬子―大夫蝦夷が併存していることによって知られ、大夫の職務は、〃奏宣〃にあった。〃大夫〃は、臣・連などの特定の氏から選任されて〃大臣〃につぐ位次を占めたので、大夫に選任されず、依然として臣・連のままとどまる氏の多かったことは、上記の例から知られるであろう。

c　舒明以後について、『書紀』には、舒明即位前、蘇我蝦夷大臣が、田村皇子と山背大兄のいずれを即位させるか、多くの〃大夫〃と〃共議〃し、そののち、「大臣及群卿共以天皇之璽印、献於田村皇子」とあるように、〃大臣〃と〃群卿〃が〃共〃に、天皇に即位のことを奏したのである。この一連の〃共議〃にみえる〃大夫〃はつぎのとおりである。

（1）　阿倍麻呂臣、「大臣……与阿倍麻呂臣議――」

（2）大伴鯨連、「進曰——」
（3）采女臣摩礼志、高向臣宇摩、中臣連弥気、難波吉士身刺、「四臣曰——」
（4）許勢臣大麻呂、佐伯連東人、紀臣塩手、「三人進曰——」
（5）蘇我倉麻呂臣、「独曰——」
（6）境部摩理勢臣、「曰——」

大臣の議に、意見をのべた大夫は、阿倍臣を筆頭とし、許勢臣・紀臣・大伴連・佐伯連・中臣連・采女臣・高向臣と、ほかに河辺臣・小墾田臣がみえ、これに蘇我系の二氏が加わり、計一二氏にのぼる。かれらと同姓の氏でいえば、巨勢・大伴・中臣・高向・河辺・境部らに、小徳を授けられた実例がある。これにたいし、大臣と山背大兄の間を、単に使者として往来した、三国王・桜井臣・身狭君・錦織首らは、大夫より除かれる。なお、当時の氏でいえば、右の一二氏のほかに、小野臣・平群臣・大宅臣・粟田臣なども、〃大夫〃の資格を有したことは、小徳の授位例があることから知られ、大夫はほぼ二〇氏近くにのぼったと思われる。ただこのばあいも、〃大夫〃は、個人の資格をさし、各氏からすべて大夫を輩出していたわけではない。大臣蘇我蝦夷にたいし、大夫蘇我倉麻呂・境部摩理勢のような同族が併存したのもそのあらわれであろう。

しかし、右の例では、「群卿」「群大夫」「群臣」と記されるほど人数がふえ、〃大臣〃のもと、〃卿・大夫〃といわれる一団のひとびとが、一つの組織体として出現したことを推定させる。そして、「大臣及群卿共以——」とあるとおり、このような組織体が、〃奏宣〃の任をおこなったのである。

さて、上記のa・b・cの例を通じて、大夫制の展開を分析してみよう。

まず、aをみると、大夫は、大臣・大連制と密接な関係があるらしい。その出発点は、臣連伴造国造という氏姓制のなかから、大臣・大連という最高位のものが特出されたとき、それにつぐ位次のものとして、おなじく臣連から大夫が選任され、大臣・大連・大夫という少数の権力体が組織されたのではないか。このときの大夫は、大臣蘇我氏、大連大伴・物部氏とおなじく、きわめて少数の氏から選任されたにすぎなかった。それが阿倍・中臣氏である。はじめ、大連が大臣の上位にあったが、やがてこの順位は逆転し、さらに大臣によって大連が排除されると、大連は大夫の一員となり、大臣—群卿大夫の関係が成立する。aからbへの展開は、そのような状況を示し、阿倍・中臣・大伴・物部氏らが、aにあるとおり、大臣にたいする「卿大夫之位」を形成する。bはこれを継承し、阿倍・大伴・物部らは、朝儀において有力な大夫として登場する。阿倍氏は、こののちcにおいても、舒明即位にさいし、大臣蝦夷が、最初に〝共議〟したのは大夫阿倍麻呂であった。a・b・cを通じて、阿倍氏がいわば大夫の筆頭として登場するのは、aの「宣化紀」の記事は意外に信憑性があり、大夫の原型を示すものかも知れぬ。また、大夫が、大臣・大連とおなじく、臣連伴造より特出されたものであることは、その後の用例、つまり「諸皇子、諸王、諸卿大夫、臣連伴造国造」(皇極四年六月)、「群卿大夫及臣連国造伴造」(大化二年三月)、「卿大夫、臣連伴造氏々人」(大化二年八月)などからも知りうるであろう。

このように考えると、『書紀』は、大臣・大連制の成立を雄略朝とするから、大夫制がこれと関連するとすれば、aにおいて「宣化紀」から、大夫を記すのは、全体からみて合理制があることになろう。ただその変化は、b以後にあらわれる。

大夫制が画期的な変化をとげるのは、推古の冠位十二階によるものと考えられる。黛弘道氏は[16]、冠位は、太子とならぶ大臣馬子は対象とせず、それ以下の豪族に授けられたとされ、これが定説となっている。これにつけ加えるとすれば、諸皇子・諸王と、地方豪族も対象から除かれたとしてよいであろう。つまり、冠位は、大臣のもとにある〝中央豪族〟にさずけられたもので、その最上位の大・小徳が、群卿大夫の位次にあたるのであるから、冠位の第一の目的は、群卿大夫の組織化にあるといえよう。この大臣—群卿大夫を裏づける紫冠—徳冠の関係は、原理的には、b・aにさかのぼり、aの「大臣」—「卿大夫之位」に発するといえるが、その結果を示すものは、cの舒明の即位に関する記事である。先にのべたとおり、この段階で、大夫は二〇近くの氏から選任されていたと思われるが、それは冠位制によって、中央豪族が組織されたからであろう。冠位十二階から大化の冠位改訂まで、大・小徳を授けられた実例は、二〇余にとどまるが、それは井上光貞氏もいわれるように[17]、冠位はもともと「外交交渉における賓礼の確立にともない」、国際間で、使者の位次を定める必要から制定されたと思われ、したがって冠位が登場するのは、ほとんど外交にさいする記事にとどまるからである。実際には、中央の群卿大夫にひろく、大・小徳位は授けられたと思われ、そのあらわれが、舒明即位前の〝群卿〟〝群大夫〟の記事であり、ここで大夫は、冠位制に裏づけられた、〝一つの組織体〟にまで高められたといってよい。

aにおいて、大夫の中臣勝海・中臣鎌子は、大臣の仏教政策に反対し、cにおいて、大臣は、群臣が従わないことをおそれたとあり、大夫層は、田村皇子と山背大兄の両派に分かれ、大臣は延々たる〝共議〟をくり返さねばならず、大臣は田村皇子を推すことによって、大夫層との妥協をはかったものとみるのが正しい。

舒明八年七月に左の記事がある。

大派王謂豊浦大臣曰、群卿及百寮、朝参已懈、自今以後卯始朝之、巳後退之、因以鍾為節、然大臣不従、

右の「群卿及百寮」とは、大夫を中心とする官人の総体をさし、冠位でいえば、大・小徳以下のすべてをふくむ。つまり、「群卿百寮」と「冠位十二階」の体系とはまったく重なりあう概念で、それが成立するのが推古朝であるのはいうまでもなく、そこで、「群卿百寮」は、それぞれの位次をもつ組織体となった。大派王は、この組織体としての「群卿百寮」の勤務についての制度化をもとめたのである。大臣は、この「群卿百寮」から除かれる。紫冠が冠位制と関係ないこととおなじである。したがって、大臣は、この朝参の規定に拘束されないのに、反対したのは、そのような規定そのものに反対したので、いうならば、大夫層の組織化に賛成しなかったとみるほかはない。この勤務の制度化をもとめたのは大派王で、王は敏達天皇の子、母は春日氏の女で、舒明の殯においても、はじめに誄した人物である。その立場はおのずから知られるが、その王が、大夫層とふかくかかわりがあったことが注目される。これを蘇我大臣が、みずからの支配下にあった大夫層の放漫な勤務に、大派王が干渉したのをよろこばなかったとするのはあたっていない。この規定は、憲法十七条に、「八曰、群卿百寮、早朝晏退」とあるのをうけ、はじめて具体的な勤務条件を指示したもので、大派王は、皇親として舒明朝に何らか大夫層を統率する立場にあったとみねばならない。

憲法十七条には、このほか群卿大夫についての規定が多い。「四曰、群卿百寮、以礼為本……群臣有礼、位次不乱――」「五曰、絶饕棄欲、明弁訴訟――」「七曰、人名有任、掌宜不濫、其賢哲任官――」「九曰、信是義本……群臣共信、何事不成――」「十一曰、明察功過……執事群卿、宜明賞罰――」「十四曰、群臣百寮、無有嫉妬――」というように、群卿百寮・群卿・群臣を、君―臣―民の三極構造のなかの〝臣〟として位置づけ、その任叙を正当に行い、上位の位次を正し、相互に協力せしめ、もって公正・厳格に勤務するようもとめている。〝群〟の文字を冠するのは、一つの集団をさすが、そのような組織体としてのマヘツキミの政治にたいする心得をのべているのである。このような理念は、a→bにおいてはなく、b→cにおいて成立したものとみねばならぬ。蘇我大臣がこれを歓迎した保証は何もない。そこには、王—臣、つまり王権と群卿大夫の関係が特記されているからであり、実際に、b→cにおいて指導的役割をはたした阿倍臣・蘇我倉臣・中臣連らは、大化改新において、中大兄皇子のもとで、左大臣阿倍臣内麻呂、右大臣蘇我倉山田石川麻呂、内臣中臣連鎌子を生んだではないか。王権と群卿大夫の関係がそこに語られているであろう。

さて、憲法十七条について、『書紀』は、「皇太子親肇作憲法十七条」と特記している。現在、〝偽作説〟は退けられているとすれば、この点を再考すべきであろう。これは、「推古紀」のはじめに、「仍録摂政、以万機悉委焉」とあるのに応ずるもので、これにたいし、「皇太子嶋大臣共議」とあるような、〝共同輔政〟を示す記事は、仏教政策についてのものが多く、その他は殯礼、天皇記・国記、祭祀に限定され、他におよんでいないことが留意されよう。(18)

冠位十二階についても、これとおなじことがいえる。冠位が蘇我氏を除外するものであったことは、明らかであるが、その意味についてである。黛弘道氏は、(19)「十二階冠位は、太子と蘇我氏とが授位者としての立場にあって、他の豪族に授与すべきもの」とし、太子と大臣が協力して推進したように記し、また他方では、「蘇我氏は、聖徳太子の制定した冠位を受け」ず、「紫冠を留用し、もって天皇の権威に対抗する実力を示した」とし、大臣は冠位制に反対の立場にあったようにものべられた。これは、解釈の仕方によっては矛盾しないともいえるが、やはり矛盾する面があるといわねばならぬ。冠位が大夫層の形成と不離な関係にあるのは明らかであるから、大夫層の組織化に蘇我氏が反対の立場にあったとすれば、冠位制についてもおなじであり、逆に、大夫層が蘇我氏の権力の支柱であったとみれば、冠位制も、太子の定めたものでなく、太子と大臣の協力によるもので、授与の決定権は蘇我大臣の手に握られていたとする見解となる。

これについて、次の皇極二年十月の記事がある。

饗賜群臣伴造於朝堂庭、而議授位之事、(1) 遂詔国司、如前所勅、更無改換、宜之厥任、慎爾所治、(2)
蘇我大臣蝦夷、縁病不朝、私授紫冠於子入鹿、擬大臣位、(3)

この記事を文脈から(1)・(2)・(3)に分けると、(1)・(2)・(3)はそれぞれ密接なかかわりがあり、因果関係にある。(1)の「群臣伴造」は、先にのべた「群卿百寮」とおなじく、大夫層を中心とする。つまり大夫層らが朝参して、「授位之事」を〃共議〃したのであり、その結果、(2)の「国司」についての処置におよび、国司を改任しないで、もとの任地にかえし、任務を遂行するように決定したということである。(1)・(2)の文意をつなぐ要点は、「授位」にある。門脇禎二氏は[20]、「授位」とは「国司」にかかわるもので、「冠位十二階の冠位でも、のちの律令制の位階の位でもなく、まして天皇位などではない」。むしろ、それは「律令制的な観念でいえば、官に近い。いうならば官位はまだ未分化であり、そのような官としての『国司』の地位が問題となったと解するほかはない」とされた。つまり、「授位之事」とは、国司新(改)任のことをさすとされたのである。この見解は、これまで「授位」を、文字どおり〃冠位を授ける〃ことと解したのでは、〃国司の改任〃との関連がつかめないので、(1)・(2)を一連の措置とする以上、正当な見解であると思う。筆者の意見もそれに近い。つまり、(3)において、「紫冠」をもって「大臣位」に擬したというのは、紫冠を〃大臣の位次〃に該当させたことで、おなじ用法は、「崇峻即位前紀」に、「以蘇我馬子宿禰為大臣如故、卿大夫之位如故」とあり、憲法十七条に、「四曰、群臣有礼、位次不乱」とあるのとおなじである。いずれも、群卿大夫の位次、つまりマヘツキミに誰を任じ、誰を任じないか、その序列を定めることをいう。

この位次は個人にかかわるものではあるが、当然に各氏の位次でもある。大夫（マヘツキミ）を出す資格を有する阿倍・中臣・大伴・物部……などの位次がそれである。(2)の「国司」は、大化の東国々司に、「良家大夫」が任ぜられた記事のあるとおり、大夫から選任されたもので、東国々司の名に、平群臣・巨勢臣・紀臣・穂積臣・羽田臣・河辺臣・阿曇連などがあるとおりである。中央の大夫も、地方の国司も、ともに氏の代表者、つまり氏宗・氏長にあたる人物が選定されたであろう。とすれば、おなじ大夫である「国司」を朝集させ、朝廷の「群卿大夫」とあわせて、その位次を定め、その位次に従って、従来どおり国司に任ずべきか否かが議せられたであろう。おそらく政局の動向とあわせて、その任務の重要性が着目されたにちがいない。その任務が何であったかは、次節でのべるが、このように考えると、門脇説の「官としての国司の地位」という解釈とは若干のズレがあろう。

そして、この群卿大夫の〝共議〟には、蘇我大臣は出席しなかった。(1)の文意からみれば、大臣は不在とみてよいと思うが、もしこのときは加わっていたにしても、(3)にあるとおり、(1)・(2)の決定には反対であったから、以後、病と称して朝参をとりやめたかのいずれかである。「縁病不朝」とは、〝病を口実に出仕しない〟ことで、おなじ用例は、大臣蝦夷が山背大兄の抗議をうけ、「大臣病動、以不能面言」とあり（「舒明即位前紀」）、軽皇子が蘇我氏討滅の計画に引き入れられ、「患脚不朝」とある（皇極三年正月）ことにもみとめられる。門脇氏は、[21] (1)・(2)の「国司不改任の大王の宣言条文につづけて」、(3)の大臣蝦夷が「勝手に紫冠を子の入鹿に授けた」という記事があるのに、今まで「それがつづけて記述されている意味が問われたことは、ほとんどない」として、〝国司不改任〟の措置が、〝皇室と蘇我氏の対立〟を生んだものと主張された。これも筆者の見解に近い。つまり、「群卿大夫」が、国司をふくめ、朝廷において位次を〝共議〟したのに対抗して、「蘇我大臣」は、自宅で大臣の位次を定めたのである。

このようにみると、この対立は、皇極朝に突然発生したものではない。冠位十二階によって組織化された大夫（マヘツキミ）の制と蘇我氏は、客観的に対立する立場にあったことを物語るものであろう。

第二節　国司について

国司（クニノミコトモチ）の制が、比較的具体性をもって記されるのは、「顕宗即位前紀」においてである。大夫（マヘツキミ）が、「宣化紀」より具体性をもつのと共通性があるかも知れない。さて、それによれば、清寧二年、「大嘗供奉料」を供進させるため、「播磨国司」として、山部連の先祖伊予来目部小楯を、播磨赤石郡につかわした。かれは「縮見屯倉首」の忍海部細目に会い、そこで億計・弘計二王を発見し、改めて、小楯は節を持し、赤石に二王を迎えたという。この伝承は、『播磨風土記』にもみえ、美嚢郡条では、「志深村首伊等尾」のもとに二王がおり、「針間国山門領」につかわされた「山部連少楯」がこれを発見することになる。そして、「屯倉」を造ったところを「御宅村」、「倉」を造ったところを「御倉尾」と名づけたというように、より具体的な地名伝承をのせている。中央と在地において、このように共通性がつよいのは、すでに「帝紀」に記載された説話であることを示すものであろう。

この両者を組み合わせると、播磨のヤマト朝廷の所領は縮見屯倉（シジムノミヤケ）とよばれ、ミヤケの行政中枢のヤケ（宅）、稲穀を収納するクラ（倉）は、志深村（シジムムラ）または御宅村（ミヤケムラ）にあり、このミヤケの管理者は忍海部細目（伊等尾もヨミはおなじ）といった。忍海部は播磨に多い韓鍛冶の系統に属する在地豪族で、『播磨風土記』に、「吉備の鉄の狭鍪持ち、田打ちなす」とあるように、二王をクハヨボロ（钁丁）またはタベ（田部）として役使すると同時に、タチカラ（田租）をクラ（倉）に収納・管理していたのであるから、すでにミヤケ（屯倉）を一元的に掌握していた「屯倉首」で、そこに中央からつかわされたのが国司（ミコトモチ）の伊予来目部小楯である。小楯は「大嘗会料」を供進させるのが目的であったということになろう。

これは、史実であるか否かでなく、「屯倉首」と「国司」の職務内容を知るのに格好の説話である。国司は、『古事記』には、「任針間国之宰」とあって、「国司」と熟していないように、中央から臨時につかわされる宰官（ミコトモチ）で、田令・田領のたぐいのものではないとする黛弘道氏の説は正しいが、したがって、田租の徴収や屯倉の確保などを任としたものでもない[22]。このばあいは、「屯倉首」が、耕作労働力の徴発、田租の徴収・管理をともに行っていたと解するほかはあるまい。「国司」は、「大嘗会料」の供進を、「屯倉首」に命ずるため下向したのである。

これについで、「国司」が記されるのは、推古十二年の憲法十七条である。「十二曰、国司国造、勿斂百姓――」とあるのがそれで、「国司」の語があるために、憲法偽作説を生んだ問題の条文であるが、現在では偽作説は退けられている。筆者は、憲法に、「群卿百寮」・「群卿」（マヘツキミ）にならび、「国司」（ミコトモチ）の規定があることに、むしろ注目するのである。

この国司・国造の上下関係は、大化の東国々司において、東方八道につかわされた「国司」が、部内の「国造」のみをひきいて朝集し、「国造」に「国司」の在任中の政治の得失を問うという相互関係によくあらわされている。つまり、朝廷は、「国造」が部内にたいし、行政権を有していたことを認めたから、かれらが、わが祖のときよりこの「官家」を領し、この「郡県」を治むと詐り称してはならぬとしたのであり、また、「国司」は国にあって罪を判わるを得ずとしたのは、「国造」に一義的な裁判権をみとめていたからであり、「国司」が、百姓の戸ごとにもとめ、他の貨賂を取るをえずとあるのも、「国造」が部内の徴税権をもっていたため、それに直接介入することをさけさせたのである。つまり、「国司」は、〃臨時宰官〃（ミコトモチ）として、必要に応じて派遣され、「国造」に指針をつたえ、これを監督することを任としたといえるであろう。これは前記の「屯倉首」にたいしても、ほぼ同様であったと思われる。

ついで、「国司」に関する重要な記事は、第一節でのべた皇極二年十月のそれである。この「国司」が、〃良家大夫〃より任ぜられたことは、大化の東国々司とおなじであり、一度、朝集せしめ、旧任地に戻したことも似ている。それでは、皇極二年十月に朝集せしめた「国司」とは、何を任としたものであるか。門脇禎二氏は、舒明以来の百済宮・百済大寺の造営に関するものとされた(23)。筆者も、そのとおりであろうと思う。

まず、舒明十一年七月、百済大宮と大寺を造作するため、詔して「以西民造宮、東民作寺」と造営の開始が示され、これをうけた形で、皇極元年九月、大臣に詔して、大寺を造るため「宜発近江与越之丁百済大寺」とあり、つづいて、九月から十二月以来をかぎり、大宮を造るため、「可於国々取殿屋材、然東限遠江、西限安芸、発造宮丁」とあって、これが記事のすべてである。そして、皇極二年十月、国司が朝集し、それまでの任のままに帰国せしめられる記事がつづくのである。

舒明十一年から皇極二年までに散見する百済大宮・大寺の造営記事は一貫性があるが、記事が少ないので正確な解釈はなかなかむつかしい。むつかしいが重要なので意義を推定してみよう。まず、舒明十一年に、宮・寺の造営がはじめられ、西民→宮、東民→寺にわりあてられ、皇極元年、これをうけ、近江・越丁→寺、東限遠江・西限安芸丁→

宮とさらに具体的に役民の徴発をさだめ、国々からは材木を採進せしめた。よって、東民とは、近江・越と、美濃・信濃・尾張・三河・遠江などにわたる地域の役民で、これを寺と宮に分け、西民とは、播磨・美作・備前・備中・安芸などにわたる地域の役民で、これを宮にあてたと一応解されよう。もちろん、律令制の「国」は成立していないので、これらの地域を数区にわけ、国司（ミコトモチ）をつかわしたと考えられる。このような地域区分が、国司（ミコトモチ）の派遣にふさわしいことは、石母田正・門脇禎二氏も指摘されている。[24]

大化の東国々司が「東方八道」につかわされたのとおなじである。「東方八道」とは、尾張・美濃以東の、東海・東山道に属する地域で、関東をふくむという説と、三関以東はすべて東国と解してよいとする説があるが、いずれにしても、八道とあるとおり、律令制の八国ではない。皇極元年のそれが遠江までで、相模以東、つまり関東がふくまれていない点は、大化のそれと対称的であり、逆に西国がふくまれている点は、大化とは異なる。このばあいも、国司は国造を介して、役民の徴発と、材木の採進を行ったと解さねばならず、〝臨時宰官〟であったであろう。

また、第一節でのべた、皇極二年十月の、「国司」の朝集にさいし、群卿大夫らが朝廷において、大夫・国司の位次を〝共議〟し、国司を改任することなく、先の職務のまま帰任せしめたことは、大化二年八月の「東国々司」の朝集にさいする左の記事ときわめて類似している。

(1)卿大夫臣連伴造氏々人等、咸可聴聞、今以汝等、使仕状者、改去旧職、新設百官及著位階、以官位叙、(2)今発遣国司并彼国造、可以奉聞、去年付於朝集之政者、随前処分、

（1）は、「卿大夫」（マヘツキミ）を中心とする人々に、あらたに官職と位階を設け、「官位」にしたがって任叙する。この方針が定まったので、（2）の朝集していた「国司・国造」を帰任させるとしたことになる。（1）・（2）は連続の

一貫した措置である。「国司」も「卿大夫」（マヘツキミ）より遣わされたもので、大夫とあわせて「官位」をもって任叙さるべき資格をもつ。その処置がおわったので帰任せしめたことになろう。(1)・(2)をつなぐのは、「以官位叙」の語であり、これは皇極二年の「議授位之事」とおなじ概念である。つまり、〃大夫層の位次〃にしたがって、あらたな官職・位階に任叙する意味と解するほかはない。

皇極二年十月と、大化二年八月の朝集国司の意味がきわめて似ていることがわかるであろう。

ついでにいえば、天武五年四月、諸王・諸臣に賜わった食封の税について、「除以西国、相易給以東国」とあり、東国・西国の区分は、舒明・皇極の役民の区分と共通する。この食封の税の変更が、改新詔で大夫に賜わった食封に関するものであると推定できるが、詳細は分からない。ただ、このような措置が、天武五年正月に、「詔曰、凡任国司者、除畿内及陸奥、長門国以外、皆任大山位以下人」とある、国司制の確立とかかわりがあると思われることである。天武五年の国司制は、このような官位相当制をもち、一定期間、各国に常駐する律令的な国司の起源をなすものであろう。

さて、百済大宮・大寺の造営は、舒明〜皇極と一貫した事業であった。『大安寺伽藍縁起并流記資財帳』[25]『大安寺碑文一首并序』[26]によれば、百済大寺は、聖徳太子が、羆凝村にたてた道場を、その死にのぞみ、大寺として営造してほしいと田村皇子（舒明）に伝えた。舒明は、「遠祖皇祖并大王、及継治天下天皇御世御世、不絶流伝此寺」と誓い、百済川のほとりに九重塔をたて、百済大寺と号した。舒明は崩にのぞみ、皇后（皇極）に造営をつづけるよう伝え、皇極は造寺司を任じて、事業をすすめ、天智・天武にいたり、百済の地より高市にうつし、高市大寺とし、さらに寺号を大官大寺と改めた。こののち、草壁皇子・持統とひきつぎ、文武は藤原京において、九重塔と金堂を完成させ、丈六像を安置したとある。このことは、『三代実録』元慶四年十月条にもみえ、一般に流布された伝承である。

はたして、伝承のように、聖徳太子の「平群郡熊凝道場」が、舒明〜皇極の「十市郡百済大寺」につらなるかどうか、史実としての確証はないが、少なくとも、百済大寺が、太子の意志をつぐという意識に支えられていたことはまちがいない。そして、はじめにのべた、舒明（34）——皇極（35）……天智（38）——天武（39）——（草壁）——持統（40）——文武（41）の王系によって、文字どおりうけつがれ、そして完成されたのである。皇極天皇は、造寺司として阿倍倉橋麻呂・穂積百足の二人を任じたという。阿倍倉梯麻呂は、大化改新の左大臣であることはいうまでもなく、二人とも大夫（マヘツキミ）を代表する人物である。門脇禎二氏[27]は、百済大宮・大寺の造営に、「当時の大臣蘇我蝦夷も入鹿も、ともに関与した形迹はまったくない」とされた。その造営のさなか、皇極元年、蘇我氏は、おのが祖廟を葛城高宮にたて、挙国の民、百八十部曲を役使して、今来に双墓をつくり、上宮王家の乳部の民をあつめ、ほしいままに使ったとある。そして、先にのべたように、皇極二年十月、大宮・大寺の造営のためつかわされていたと考えられる国司の朝集にさいし、大夫・国司の朝議を排斥して、私に紫冠を授け、入鹿は上宮王らをすてて、古人大兄を天皇にたてようとし、同二年十一月、山背大兄を攻めほろぼすのである。

以上によって、蘇我大臣と大夫（マヘツキミ）・国司（ミコトモチ）との政治関係についての考察をおえる。もちろん、大臣は大夫・国司の上位にあり、これを指揮する立場にあり、制度上対立関係にあるはずもない。だがもしそうであれば、太子と大夫・国司の間もおなじであり、太子と大臣は、〝共同輔政〟の関係にあったといわれるが、制度としてみれば、やはり上下関係にあったとすべきであろう。問題は、このような関係のなかから生まれるあたらしい貴族層の動向であり、その結果としての勢力関係である。もし、推古朝において、蘇我氏が朝廷の実権をにぎり、王室との間に何ら対立はなかったとすれば、それはこの動向を掌握し、みずからが推進者であらねばならず、もし太子がこの動向をとらえ、そこに政策の基点をおいていたとすれば、歴史の深部において、太子に主導性があったことになる。[28]このような意味で、筆者は後者をとる。当時はひきつづき氏姓制度にもとづく政治であり、蘇我氏の主導する氏姓制度を、根本から否定するような要素は、推古朝にはまだ生まれていないとしても、問題はその内容である。氏姓制度はさほど単一なものではない。臣連伴造国造の上部に、大臣・大連・大夫という少数の氏からなる権力体が形成される段階と、内外の政治的変転をへて、大連が没落し、大臣の独占が強化されるなかで、大臣にたいする大夫層という一群の組織体が成立する段階とではおのずから異なる。この段階では、おそらく二〇氏ちかい氏から任命される大夫(マヘツキミ)とかれらから任ぜられる国司(ミコトモチ)によって、朝廷の中央・地方における制度的基盤はいちじるしく拡充される。「卿大夫、臣連伴造」「国司、国造」の併称はそれを示し、このような組織化の槓杆となったのが冠位制であり、それは推古朝からはじまる。冠位に裏づけられる大夫の位次は、その後の〝畿内貴族層〟の形成の原型となる。このような大夫層は、むしろ蘇我大臣の対立物であって、その支柱とはいいがたいであろう。本論はそのことに言及したのである。

註

(1) 薗田香融「日本書紀の系図について」(『古代学論叢』末永先生古稀記念会、一九六七年)、同「皇祖大兄御名入部について」(『日本書紀研究』三、塙書房、一九六八年)。ともに『日本古代財政史の研究』塙書房、一九八一年に所収。「蘇我氏の血縁政策の浸透とともに、蘇我氏と全く血縁関係をもたない非蘇我系ともいうべき一群の皇族の存在することであり、それは敏達直系のグループに顕著に見出される。すなわち当時の皇室は、蘇我系と、非蘇我系ともいうべき敏達直系の二大系統にわかれ、そこに一種の分極化現象がみとめられる」とする。

(2) 門脇禎二『蘇我蝦夷・入鹿』吉川弘文館、一九七七年、八二ページ。
(3) 大臣・大連の上下関係については、第二編第二章で詳述した。
(4) これについては諸説がある。井出久美子「大兄制の史的考察」(『日本史研究』一〇九)は、用明のもとで彦人皇子が大兄とされるにおよび、王位継承に不満をもった穴穂部皇子が反対したとされるが、皇子は敏達のときから大兄であり、またはじめ物部守屋大連が、彦人大兄を退けたことから、炊屋姫と蘇我馬子大臣は、用明のもとで彦人皇子を大兄として推した、または厩戸・竹田両皇子が幼少であったので、用明在位中はとりあえず彦人を大兄とし、後これを差しかえる計画であったとするのも、いささか主観にすぎると思う。また厩戸皇子が蘇我氏の権力掌握をかけて擁立されたとするのも、この差しかえ説と関係がある。敏達在世中に彦人皇子が大兄の地位にあったことは、大臣とならび政務に預かった記事から知られ、同時に用明が大兄皇子であった形跡はあるまい。それに擬せられたのは、敏達崩後の殯宮においてではないか。
　中渡瀬一明「敏達朝から推古朝に至る政治過程の分析」(『日本書紀研究』一〇、塙書房、一九七七年)も、彦人皇子は敏達の死後、用明の即位とともに立太子した。それを支えた中心人物こそ蘇我馬子であり、ここに穴穂部皇子の立太子は阻止された。「馬子の兄弟継承の慣行を無視して強行した彦人皇子の立太子に対しては、当然のごとく穴穂部皇子側からの反論があった」とし、穴穂部の殯宮侵入はそれによって生じたとする。そして、馬子は、橘豊日(用明)——彦人皇子——竹田皇子の政権を構想したとみる。一体、太子とは舒明の父として追尊したものであろうし、大兄の称が正しいであろう。大兄ならば、敏達在世中からその立場にあり、政務を担当していたし、また守屋が彦人大兄に帰して、大臣馬子と対立したのであるから、馬子と彦人を同陣営とするのは、やはり不自然であろう。より基本的に彦人と馬子は相容れないことを認識せねばならぬ。
(5) 岸雅裕「用明・崇峻期の政治過程」(『日本史研究』一四八)。
(6) 薗田香融論文(注(1)におなじ)は、彦人大兄は推古の初年まで生きていたと考えられるとし、なぜなら彦人皇子の子舒明の崩年が年四十九とすれば、生年は推古元年(五九三)になるとされた。これにたいし、推古即位当時、彦人はすでに死没していたとする説が多いが、ことに山尾幸久「大化改新論序説」上(『思想』五二九)は、彦人皇子は、守屋討滅とともに、馬子らに殺害されたとし、岸雅裕論文(注(5)におなじ)、井出久美子論文(注(4)におなじ)も、おなじ説をとっている。筆者はこれに賛成である。『書紀』、ことに『本朝皇胤紹運録』や『一代要記』の年紀は、到底そのようには利用できるものではない。しかし、薗田論文のいう彦人大兄の即位の機会は、少なくとも二回あったとする、根づよい彦人の王系にたいする正統性の認識はあったと思う。蘇我氏がそれを超えるには相当の困難があり、結局永続しなかったのであるが、用明・崇峻の即位と死没の状況が異常であり、不可解さをともなうのも、そのためである。推古の即位は、少なくとも彦人大兄の死を前提としないでは考えられないであろう。

(7) 関晃「推古朝政治の性格」(『東北大学日本文化研究所研究報告』三、一九六七年)。

(8) 門脇禎二論文(注(2)におなじ)。

(9) 竹内理三「太政官政治」(『日本歴史』五六、『律令制と貴族政権』I、御茶の水書房、一九五七年)。大臣と東宮の共同執政は、「政治の大権を天皇に集中せしめようとする聖徳太子の一つの手段であったが、これは同時に天皇家と大臣家＝蘇我氏とを直接対決せしめることとなった。太子死歿後における山背大兄王一家が蘇我氏のために殲滅させられたのは、その一つの現われ」であるとされた。

(10) 井上光貞「冠位十二階とその史的意義」(『日本歴史』一七六、『日本古代国家の研究』岩波書店、一九六五年)。

(11) 石母田正『日本の古代国家』岩波書店、一九七一年、三〇・三四・五二・五三ページ。

(12) 井上光貞論文(注(10)におなじ)。

(13) 関晃論文(注(7)におなじ)。

(14) 舒明の即位が古人大兄の擁立を前提としたものであることは諸説が一致する。林幹弥「上宮王家」(『日本歴史』四一一)に、蘇我大臣が推古ののち独断で後嗣を決定しえず、大夫の群議によったこと、蘇我氏は他氏と協調せねば、事態の進展を期しえられないと判断したこと、そのためには、蘇我一族ともいうべき山背大兄をつき放しても、田村皇子(舒明)を推すほかなかったことなどがのべられている。山背大兄にたいする評価にはズレがあるが、舒明即位にたいする大臣と大夫の関係は至当であると思う。

(15) 関晃「大化前後の大夫について」(『山梨大学学芸学部研究報告』一〇、一九五九年)。大夫について、もっとも過不足ない解説である。

(16) 黛弘道「冠位十二階考」(『東京大学教養学部人文科学紀要』六、『律令国家成立史の研究』吉川弘文館、一九八二年)。
(17) 井上光貞論文(注(10)におなじ)。
(18) 太子と大臣のいわゆる〃共同輔政〃を示す記事は、推古二年二月、「詔皇太子及大臣」して三宝を興隆せしめ、同十一年二月、「召皇太子、蘇我大臣」して、来目皇子の殯を行わせ、同十三年四月、「詔皇太子大臣及諸王諸臣」して、元興寺の丈六仏を造らせ、同十五年二月、「皇太子及大臣」が百寮をひきい、神祇を拝し、同二十八年、「皇太子嶋大臣共議之」し、天皇記・国記などを録したとあるのがすべてである。これにたいし、同九年二月、「皇太子」が斑鳩に宮をたて、同十三年、この宮に移り住み、同十一年十一月、「皇太子」が「諸大夫」と議し、秦河勝に新羅仏をあたえ、蜂岡寺を造らせ、同三十一年七月にも、新羅仏などを葛野秦寺と四天王寺に納めさせたとある記事は、太子のみにかかり、太子と斑鳩宮、太子を支えた秦氏との関係からみて当然、太子独自の政策である。逆に、同三十二年十月、「大臣」が、阿曇連・阿倍臣らを天皇のもとにつかわし、葛城県を要求したことなどは、大臣の利害に発する。このなかで、『書紀』が、憲法十七条について、「皇太子親肇作憲法十七条」と記したのは、太子の方針に発することを明確に表示したのである。冠位十二階はその前提と考えてよい。これを単に『書紀』の作為とするのはあたらない。
(19) 黛弘道論文(注(16)におなじ)。また「冠位十二階の実態と源流」(『律令国家成立史の研究』)にもこの点についてふれる。冠位十二階の「制定者は誰か」とし、注(18)でのべた〃共同輔政〃の例をあげ、よって太子の摂政とは太子と馬子の共同統治と考えねばならぬとされるが、これは仏教・儀礼・文化事業に限定された記事である。冠位十二階や憲法十七条も共同統治の成果とする証にはなるまい。もちろん、黛氏も、「馬子と太子と並べて、冠位十二階制の制定者であると論断しようというのではない。蘇我氏が太子とともに冠位を授与する立場にあったことを暗示するであろうし、したがってこれは、かの十七条憲法にいう「国に二の君非ず」という太子の政治理念と矛盾するものであったといわなくてはならない。冠位十二階はこのような矛盾を抱えて制定・施行されたのであるが、しばらくは蘇我氏の強大な権勢がこの矛盾をともかくも抑え込んで、表面化するのを防いだのである」ともされる。これは冠位十二階は太子が主たる制定者で、蘇我氏も形式的には大臣として授与者の立場にあったが、王権強化に資するこの制度は、蘇我氏の立場を強化するものではなかった。しかし、蘇我氏は強大な権力でこの矛盾の表面化をしばらくは抑えることができたという意味ならば、本論と矛盾しない。

（20）（21） 門脇禎二論文（注（2）におなじ）。
（22） 黛弘道「国司制の成立」（『律令国家の基礎構造』吉川弘文館、一九六〇年、『律令国家成立史の研究』吉川弘文館、一九八二年）。
（23） 門脇禎二論文（注（2）におなじ）。
（24） 石母田正論文（注（11）におなじ）。門脇禎二論文（注（2）におなじ）。
（25）（26）『大日本仏教全書』寺誌叢書二、一一五〜一三〇・一三一〜一三三ページ。『寧楽遺文』中。
（27） 門脇禎二論文（注（2）におなじ）。
（28） 直木孝次郎「政治史上の推古朝」（『日本古代国家の構造』青木書店、一九五八年）、同「厩戸皇子の立太子について」（『聖徳太子研究』四、『飛鳥奈良時代の研究』塙書房、一九七五年）において、厩戸皇子はソガ氏出身以上に皇室の人であり、その政策はソガ氏の主導のもとに整備されてきた官司制を天皇中心に組みかえることを主眼としたとのべる。また、推古は皇位継承者をもとめるのに困難なとき、前帝の皇后が即位したので、そのもとで厩戸立太子し、政治に直接関与したことはみとめてよい。ただ推古即位と同時に立太子したとは考えがたく、数年をへて、推古は止むなく厩戸を太子とし、竹田皇子の即位をめざしたので、厩戸に王位をゆずる気はなかったと推定される。筆者は、本論でふれたように、大臣馬子と推古の立場は、厩戸のそれと齟齬があったとする点では共通するが、馬子が推古女帝をたてるため、厩戸の立太子と対（つい）でなければ、彦人大兄亡きあとの諸豪族を納得せしめえなかったと考える点で相違する。
なお大野達之助『聖徳太子の研究』吉川弘文館、一九七〇年は、太子を偉大な政治家の理想像として考える旧来の態度をすて、史料批判のうえに、客観的事実を解明すべきものとし、冠位十二階、憲法十七条は、現実に、太子の政治理念にもとづく内政改革で、「太子は群卿百寮と呼ばれる新制官吏の道義的自覚を促すことが最も重要であると考え」て行ったものとのべられる。

第五編　国際関係における〝帰化〟と〝外蕃〟

第一章　倭と朝鮮三国における国際観念

第一節　記紀における〃帰化〃の用例

現在、古代東アジア、いうなれば日・朝・中三国の国際関係についての認識には多くの齟齬があり、〃論〃は多い。古代の国際関係における〃帰化〃〃外蕃〃の用語についても、それを〃外国蔑視〃というような、一種の現代的観念にのせて論ずるものが多く、歴史学の用語として排除して事足れりというような思想がみうけられるが、古代におけるそれらの概念を、実態的に確定しようとする論文はほとんどないのである。観念的な歴史学は、過去においても多くの誤りをおかしたと思われるが、これは将来においても同様であろう。われわれは事実関係をあくことなく見定めるほかはない。まず『書紀』に多くの事例をのこす〃帰化〃の用法を検討してみよう。

『書紀』の用例のまま、左に列挙してみる（文末の（　）内に示すのは、〃帰化〃に対応する〃安置〃の記事である）。

a　応神十四年是歳条

秦氏の祖弓月君が「来帰」し、奏して「臣領己国之人夫百廿県而帰化」といったという記事（→「賜大和朝津間腋上地居之焉」『姓氏録』)。

b　応神二十年九月条

倭漢直の祖阿知使主と、その子都加使主が、「並率己之党類十七県、而来帰焉」とある記事(→「賜大和高市郡檜前村而居焉」『姓氏録』)。

c　雄略七年是歳条

西漢才伎歓因知利が、才芸の巧みなものが多く韓国にあるので、召して使うべしと進言し、天皇は使者を百済につかわし、これをもとめしめた。そこで使者は、「集聚百済所貢今来才伎於大嶋中」とある記事(→「遂即安置於倭国吾礪広津」「遷居于上桃原・下桃原・真神原三所」同条)。

d　雄略十一年七月条

百済より「逃化来者」があり、みずから貴信と称したとある記事(→「磐余呉琴弾壃手屋形麻呂等、是其後也」同条)。

e　雄略十四年正月条

身狭村主青らが呉国の使とともに、「将呉所献手末才伎、漢織・呉織及衣縫兄媛・弟媛」をつれかえり、住吉津に泊ったという記事(→「安置呉人於檜隈野、因名呉原」同年三月条)。

f　欽明元年二月条

「百済人己知部投化」とある記事(→「置倭国添上郡山村、今山村己知部之先也」同条)。

g　欽明元年八月条

「召集秦人・漢人等、諸蕃投化者」とある記事（↓「安置国郡、編貫戸籍」同条）。

h　欽明二十六年五月条

「高麗人頭霧唎耶陛等、投化於筑紫」とある記事（↓「置山背国、今畝原・奈羅・山村高麗人之先祖也」同条）。

i　天智四年二月条

百済よりの亡命者「鬼室集斯」の記事（↓「以百済男女四百余人、居于近江国神前郡」同条）。

j　天智五年各条

――（↓「以百済男女二千余人、居于東国」同条）。

k　天智八年是歳条

――（↓「以佐平余自信、佐平鬼室集斯等、男女七百余人、遷居近江国蒲生郡」同条）。

l　持統元年三月条

「投化高麗五十六人」とある記事（↓「居于常陸国、賦田受稟、使安生業」同条）。

m　持統元年三月条

「投化新羅十四人」とある記事（↓「居于下毛野国、賦田受稟、使安生業」同条）。

n　持統元年四月条

「筑紫大宰献投化新羅僧尼及百姓男女廿二人」とある記事（↓「居于武蔵国、賦田受稟、使安生業」同条）。

o　持統三年四月条

「投化新羅人」とある記事（↓「居于下毛野」同条）。

p　持統四年二月条
「帰化新羅韓奈末許満等十二人」とある記事（→「居于武蔵国」同条）。

q　持統四年八月条
「帰化新羅人等」とある記事（→「居于下毛野国」同条）。

これらは、『書紀』のなかから〝帰化〟を示すおもな記事を列挙したにすぎない。なかに〝献〟〝貢〟とあるc・eの例もあり、〝献〟〝貢〟については、第二節でのべるが、このばあいは、その前提となる〝帰化〟があり、あらためていわば第二陣として迎えられた説話であるから、おなじ例として扱う。

さて、用語としては、〝来帰〟〝投化〟〝帰化〟〝化来〟などの別があるが、ともにオノヅカラマウク・マウクと訓まれ、概念に差があるわけではない。オノヅカラマウクとは、みずからの意志によって参り来ったということで、つぎの〝貢〟〝献〟が、王によって差し出された意であるのとちがう。それらの概念については、第二章でまとめてのべる。もちろん、オノヅカラマウクとしても、a〜hと、i〜qの二群の間には段落があり、年代的にも、また記事の伝承性と現実性のうえでも差がみとめられる。ただ本論は、一々の記事の信憑性を問うのでなく、概念や論理を問題とするのであるから、それは追求しないでおくこととする。とくに、これらを通じて、いずれにも、〝帰化〟と〝安置〟（居住）の二つの記事を対応させていることが注目される。それは『大宝令』の戸令に、「化外人帰化」と、「所在国郡給衣粮」「於寛国附貫安置」とある法的手つづきの反映と思われるからである。

まず、i〜qの天智以後にあたる例をみると、i・kは「近江」、jは「東国」、lは「常陸」、m・o・qは「下毛野」、n・pは「武蔵」に〝安置〟されていて、まさに戸令の〝寛国〟にあたり、さらに、l・m・nに記される

「賦田受稟」「使安生業」は、戸令の〝給衣粮〟〝附貫安置〟の規定にあたるであろう。ということは、i〜qの記事に現実性をみとめるとすれば、これが『大宝令』の「戸令」の反映であるのでなく、むしろ「戸令」の帰化条文の前提をなす事実であったと理解せねばならぬ。あるいは『浄御原令』の規定にすでによっていたのかも知れぬ。これにたいし、a〜hの欽明以前にあたる例をみると、やはり〝安置〟〝居住〟〝賜地〟が記されているが、「戸令」とおなじ措置がとられたとは考えがたい。a・bのそれも、『書紀』にでなく、『姓氏録』に記され、いずれも先祖のこととしてかかれ、また、gの「安置国郡、編貫戸籍」も、あまりに律令的な用語であって、文飾が考えられる。

しかし、a〜hはすべて「倭」(大和)・「山背」・「河内」などの〝畿内〟に安置され、「戸令」のいわゆる〝寛国〟とはまさに対照的であり、「戸令」の単なる翻案とはいいがたい。後の事例から考えて、東漢・西漢・今来漢人・秦、そのほか、欽明以前に帰化したとされる朝鮮三国の渡来者が、畿内に居住したことが疑いない以上、ヤマト王権による何らかの政治的ないし法的手つづきなくして、それが可能であったはずはない。またgの「編貫戸籍」の用語も、部民制の進展によって、畿内の帰化氏族を中心に、すでに〝戸〟を単位とする支配が行われ、〝飛鳥戸・史戸・楯戸・春日戸・八戸・他戸・道祖戸〟など、〝某戸〟を称する部民が成立したことが指摘されており[1]、これも何らかの基底的事実を示すものとみてよいであろう。また、aの秦氏は、後の居住形態からいえば、まず山背葛野・紀伊をあげねばならないのに、大和朝妻に居住したとしているのは、『姓氏録』の材料となった、秦氏の提出した「氏族志」「氏族本系帳」の類に、すでにそのことが記録されていたからで、おそらく秦氏の主張する古伝承にもとづくと思われる。このようにみれば、〝安置〟の原型はやはりあったものとみねばならない。

さてはじめにのべたように、c・eは、〝投化〟〝帰化〟とはなく、〝貢〟〝献〟とあるが、cは、応神朝に帰化したという西漢の本系とは別に、それら同族の勧誘によってあらたに百済より渡来したという今来才伎についての説話であり、eは、おなじく東漢の本系とは別に、かれらが呉より迎え入れた才伎の物語である。『続日本紀』では、(2)坂上苅田麻呂の奏言として、東漢が「旧居帯方」の人民は、「百済」「高句麗」の間に住み、才芸があるので、これを召来することを願い、「人民男女挙落随使尽来」とあるのに相当する。やはり直接には、百済から渡来した今来才伎の物語と考えてよい。したがって、これらも、〝帰化〟の例として扱ってよいであろう。

これらの〝帰化〟の例は、a秦氏の祖弓月君といい、b東漢氏の祖阿知使主といい、秦・漢の皇帝の子孫と称したのは、かれらが一定集団の長であり、その族団とともに帰化したことを示す。aで、「己国人夫百廿県」と称し、bで、「己之党類十七県」と称したのはそれで、c・eに関する今来才伎も、「人民男女挙落随使尽来」とされ、また、gにおいても、投化者を戸籍につけたとき、「秦人戸数総七千五十三戸、以大蔵掾、為秦伴造」と記されているのはその集団性を示す。このようなa〜hに示される特徴は、i〜pにおいても変らず、iは、「男女四百余人」、jは、「男女二千余人」、kは、「男女七百余人」、lは、「五十六人」、mは、「十四人」、nは、「男女廿二人」とある。オノヅカラマウクという現象が、このような集団性をもつこと、特殊な個人でないことも注目しておきたい。

『書紀』に記されたa〜qの〝帰化〟および〝安置〟の記事にたいする、さしあたっての解説は以上のとおりである。

『書紀』にたいする『古事記』の記事はどうか。

a　応神巻

「秦造之祖、漢直之祖」と、酒をかもすことを知る人、名は「仁番」というものが、「参渡来」したとある記事。

b　応神巻

「新羅国主」の子で、名は「天之日矛」というものが、「参渡来」したとある記事。

c　雄略巻

「呉人」が、「参渡来」し、かれらを「呉原」に「安置」したとある記事。

以上の三例がすべてであり、いずれも、〃帰化〃〃投化〃にかえて〃参渡来〃の語を用いている。なかに、bにおいて、「天之日矛」の「参渡来」を記したあと、新羅より「参渡来」した理由はとして、日矛が妻をののしったので、妻は小船にのり「逃遁渡来」し、難波にとどまったので、日矛も後から「追渡来」とのべている。この部分の「渡来」は、「逃遁」「追」を冠したことばで、用法としては、この間に「参」を入れるのは不自然であるというにすぎない。要するに、bでは、正式には二度にわたって「参渡来」と記し、これをうける形で、特殊な形で、「渡来」に省略したのである。

〃参渡来〃を、『古事記』はマキワタリキツ・マウクと訓んでいる。それは〃参来〃でもよい。『書紀』のオノヅカラマウク・マウクと文字は異なるが、何ら概念に差はないことを明記しておきたい(3)。

第二節　記紀における〃貢〃〃献〃の用例

『書紀』から、〃貢〃〃献〃による渡来の記事を列挙すれば、左のとおりである。

a　応神十四年二月条
「百済王貢縫衣工女」、これを真毛津というとある記事（→「是今来目衣縫之始祖也」同条）。

b　応神十五年八月条
「百済王遣阿直伎、貢良馬二匹」によって軽坂上厩に養わしめ、阿直岐を掌飼となすとある記事（→「阿直岐史之始祖也」同条）。

c　雄略二年七月条
百済の池津媛を天皇が殺したのち、天皇は阿礼奴跪をつかわし、「来索女郎」せしめた。百済王は適稽女郎を、「貢進天皇」したとある記事。

d　仁賢六年九月条
日鷹吉士を高麗につかわし、「召巧手者」とある記事。

e　継体七年六月条
百済は将軍らを「遣」わし、「貢五経博士段楊爾」とある記事（以下に連続する諸博士の上番記事は、すべて「貢」とある。第二編第三章ですべてあげたので、ここでは省略する）。

f　欽明十一年四月条
百済の聖明王は、天皇が北敵強暴の故、矢三〇具を賜わったので、「因献高麗奴六口、別贈王人奴一口皆攻爾林所禽奴也」とある記事。

g　敏達六年十一月条

百済王はわが遣使に付して、「献経論若干巻、幷律師・禅師・比丘尼・呪禁師・造仏工・造寺工六人」とある記事（→「安置於難波大別王寺」同条）。

h　崇峻元年是歳条

百済王は僧をつかわして、仏舎利・調を「献」じ、あわせて「献僧聆照・律師令威・恵衆・恵宿・道厳・令開等、寺工太良未太・文賈古子、鑪盤博士将徳白昧淳、瓦博士麻奈文奴・陽貴文・㥄貴文・昔麻帝弥、画工白加」とある記事。

i　推古二十六年八月条

高麗は使をつかわし、方物を「貢」し、あわせて隋を破った記念として、「貢献俘虜貞公・普通二人、及鼓吹・弩抛石之数十物、幷土物駱駝一匹」とある記事。

j　斉明六年十月条

百済は使をつかわし、唐・新羅と戦った成果として、「献唐俘一百余人」とある記事（→「今美濃国不破・片県二郡唐人等也」同条）。

k　天智二年二月条

百済は使をつかわし、「上送唐俘続守言等」とある記事。

これらはおもな記事を掲げたのであるが、用語としての〝貢〟〝献〟〝上送〟〝貢献〟〝遣〟などは、すべてタテマツル・オクルで、これに対応するのが〝召〟〝索〟〝求〟であり、彼我の差はあっても、おのおの用語に概念の差があるわけではない。朝鮮三国の王が、倭王に〝贈与〟したもので、つねに何らかの政治的目的に随伴するものであった。

たとえば、eの五経博士の上番は、すでにのべたように、領土の獲得・救軍・援助などの要求と表裏の関係にあり、fは、百済の高句麗との戦いの戦果を示すため、iは、高句麗の唐との戦いの勝利を示すため、j・kは、百済の唐・新羅との戦いの戦果を示し、援助をもとめるためのものであった。したがってまた、c・d・g・hのように、倭王の請求に答えたものもある。そのため、〝貢〟〝献〟の対象は人とはかぎらず、物品をともなうものが多く、bの「良馬」、gの「経論」、hの「仏舎利」「調」、iの「鼓吹・弩抛石・駱駝」などがあげられるであろう。人としても、aの「衣縫工女」、bの「掌飼」、cの「女性」、dの「巧手」、eの「五経博士」、fの「奴隷」（生口）、gの「僧侶」「呪禁師」「造仏工」「造寺工」、hの「寺工」「鑪盤博士」「瓦博士」「画工」、i・j・kの「俘虜」（生口）のような特殊な専門家・工人などが中心となった。

それらは人数のきわめて少ないのは当然であり、特殊な分野において有用とされたのである。俘虜・奴隷はすべて朝鮮三国からのもので、jの「一百余人」はやや多いと思われるが、すべては戦いの成果を誇示し、あるいは援助をもとめるためのもので、わが国みずからが、大量の俘虜・奴隷をつれかえった記録は、『書紀』にまったくみとめられない。これは高句麗や中国の例にてらして、注目すべき現象であろう。それらはすべて朝鮮三国から〝貢進〟されたものにすぎないのである。

さて、『書紀』は、あきらかに、〝投化〟〝帰化〟、つまりオノツカラマウクと、〝貢〟〝献〟、つまりタテマツル・オクルを両様の、別の概念として使いわけている。前者は、みずからの、または同族や集団の意志・勧誘によって渡来したものに用いているのに、後者は、王の政治的強制によるもの、王と王の間の贈与によるものにあてはめ、また渡来者の圧倒的な主流は前者にあって、朝鮮三国の政治情勢による波状的な渡来を記録するのに、後者は、きわめて散発的で、継続性がなく、人数も少なく、個々人を中心とするものであることを示している。もちろん、後者も、上番にあるもののほかは、どこかに居住地があったと思われるが、a・bのごとく、〃帰化〃に類似する記事のほかは、〃安置〃を記したものは少ない。jのごとき集団性が他にはないためであろう。

第三節　朝鮮史料における〃来投〃〃亡入〃〃虜獲〃の用例

朝鮮三国間における人民の移動についての記録を、『三国史記』(以下、それぞれに『史羅紀』『史麗紀』『史済紀』と略する)から順に列挙すれば、左のようになる。

a　『史羅紀』奈勿尼師今十八年条

百済禿山城主率人三百来投、王納之、分居六部、

b　『史麗紀』故国川王十九年条

中国大乱、漢人避乱来投者甚多、是漢献帝建安二年也、

c　『史麗紀』山上王二十一年条

漢平州人夏瑤、以百姓一千余家来投、王納之、安置柵城、

d　『史麗紀』文咨明王八年条

百済民饑、二千人来投、

e　『史済紀』東城王十三年条

民饑亡入新羅者、六百余家、

f　『史済紀』東城王二十一年条

夏大旱、民饑相食、盗賊多起、臣寮請発倉賑救、王不聴、漢山人亡入高句麗者、二千、

g　『史済紀』武寧王二十一年条

蝗害穀、民饑亡入新羅者、九百戸、

このほか、『三国遺事』（以下、『遺事』と略する）にも、つぎのような記事がある。

h　楽浪条　国史云、赫居世三十年、楽浪人来投、

i　北帯方条　新羅弩礼王四年、帯方人与楽浪人投亡羅、

さらに、朝鮮史書ばかりでなく、『魏志』東夷伝にもつぎのような記事がある。

j　韓条　侯準既僣号称王、為燕亡人衛満所攻奪、将其左右宮人走入海、居韓地、

k　韓条　桓霊之末、韓濊彊盛、郡県不能制、民多流入韓国、

m　辰韓条　古之亡人避秦役、来通韓国、

このような例をみると、朝鮮三国間、あるいは楽浪・帯方郡との間における、人民の移動は、a・b・c・d・hには〝来投〟、e・f・gには〝亡入〟と記され、他に、iに〝投亡〟、kに〝流入〟、j・mに〝亡人〟〝走入〟〝来通〟などの語もみえる。〝来投〟とは、自国からみた他国人の入国、〝亡入〟とは、おなじく自国人の他国への出国を

さし、表裏をなすことばであり、同一の現象をさしている。その原因は、a・b・c・j・kは〝戦乱〟、d・e・f・gは、〝饑饉〟であって、この他も、これに准ぜられ、〝戦乱〟と〝饑饉〟は不可分の現象とみてよいであろう。

さて、〝来投〟(ライトウ)、〝亡入〟(バウニフ)は、人民の側からみれば、他律的な移動であって、みずからの意志によるものではない。このような形の人民の移動は、〝投化〟〝帰化〟(オノヅカラマウク・マウク)とは、文字が異なるだけでなく、異なった歴史現象をさすとしなければならない。したがって、中にはaのように、「王納之、分居六部」、cのように、「王納之、安置柵城」と記され、いわゆる〝安置〟を示すものもあるが、他にはまったくそのような記載はなく、人民の移動が〝緊急避難的〟な流出であることを示している。しかも、a・cは、城主や領主が配下の人民をひきいて、相手国に〝投降〟あるいは〝亡命〟したもので、〝帰化〟にちかい点もあり、一般人民の〝流亡〟とやや性格を異にするが、やはり武力にたいする屈服であったから、国王は相手国の王に返還を要求している。aにおいて、百済王は新羅に書をおくり、「今大王納我逃民、甚乖和親之意、非所望於大王也、請還之」とあり、また、唐の高宗が、永徽二年(六五一)、百済義慈王にたいし、「王所兼新羅之城、並宜還其本国、新羅所獲百済俘虜、亦遣還王」と璽書したというのもそれである。(4)

〝帰化〟〝投化〟のばあい返還をもとめた記事はまったくない。

つぎに、〝来投〟〝亡入〟のばあい、朝鮮三国間では、人民のそれは多いが、王・貴族の例はない。敵対する三国間に、王・貴族の〝亡命〟はありえないであろう。第三国にたいする〝亡命〟が、〝帰化〟の現象の一つの重要な要素をなしたことと相違するといってよい。わが国への百済王族・貴族の帰化をみれば、それがよく了解されるであろう。

要するに、〝来投〟〝亡入〟は、人民のいわば緊急かつ他律的・物理的な移動を示すものであるが、〝投化〟〝帰化〟

は豪族以下の意志的・計画的な移住であり、それには一定の政治的・法的手つづきを必要とした。〃安置供給〃や〃編貫戸籍〃はそれであり、したがって、それは〃来投〃〃亡入〃とちがい、いちじるしく政治的な概念であるといえよう。〃来投〃〃亡入〃の極限は、〃虜獲〃である。つぎに、その例をあげよう。

a『史麗紀』美川王三年条
王率兵三万侵玄菟郡、虜獲八千人、移之平壌、

b『史麗紀』美川王十四年条
侵楽浪郡、虜獲男女二千余口、

c『史麗紀』文咨明王二十一年条
侵百済、陥加弗、円山二城、虜獲男女一千余口、

d『史麗紀』嬰陽王十八年条
遣師攻百済松山城、不下移襲石頭城、虜男女三千而還、

e『史麗紀』嬰陽王十九年条
命将襲新羅北境、虜獲八千人、

f『史済紀』武寧王三年・六年条
靺鞨焼馬首柵、進攻高木城、王遣兵五千撃退之、
靺鞨来侵破高木城、殺虜六百余人、

g『史済紀』武王八年条

高句麗来攻松山城、不下移襲石頭城、虜男女三千而帰、

h 『史済紀』武王二十八年条

王命将軍沙乞抜新羅西鄙二城、虜男女三百余口、王欲復新羅侵奪地分、大挙兵出屯於熊津、

i 『史済紀』義慈王二年条

王親帥兵侵新羅(略)生獲男女一千余人、分居国西州県、

j 『史済紀』義慈王二十年条

唐兵(略)於是王及太子孝与諸城皆降、定方(蘇定方)以王及太子孝・王子泰・隆・演、及大臣・将士八十八人、百姓一万二千八百七人送京師、

右の例は、三国間の戦いによる〃虜獲〃の記事で、fのみは、「殺虜」とあるから〃生虜〃ではなく、またjは「唐」が加わった記事であるが、共通性があるから掲げておいた。この中には、dとgのように、年紀に若干のズレがあるが、同一の事実を指したと思われるものもある。これらの〃虜獲〃の記事は、その数においても数千におよび、〃来投〃〃亡入〃に見合うほど多量で、現象的にも共通性があり、もちろん〃戦乱〃によるものである。

朝鮮三国間の人民の移動は、記事としてほぼ〃来投〃〃亡入〃〃虜獲〃につきるといってよく、わが国のばあい、〃帰化〃〃投化〃が人民の流入の主原因であったのと相応じている。〃虜獲〃は、文字どおり人民の意志に反した強制連行であり、〃帰化〃の現象とは対極に位置することになろう。しかも、hに示されるように、一国の王が、敵対国の土地の取得とともに、人民の獲得をめざしたばあいもある。

わが国のばあい、『書紀』に、〃貢〃〃献〃と記されるなかに、三国の王からの〃俘虜〃の送付があったが、例外的

かつ少数にとどまり、倭王みずからが多量の〝俘虜〟の獲得を目的とした記録のまったくないことと対照されよう。もちろん『史記』は、中国的な歴史概念によって用語を統一しているから、他に人民移動の現象がなかったとは断定できないが、まず大勢は動かぬところであろう。

さて、われわれは、〝帰化〟の語を論ずるばあいの方法論として、A〝帰化〟〝投化〟(オノヅカラマウク・マウク)、B〝貢〟〝献〟〝上送〟(タテマツル・オクル)、C〝来投〟〝亡入〟(ライトウ・バウニフ)、D〝虜獲〟〝生獲〟(リョカク・セイリョ)の概念、およびそれらの示す歴史内容の相違をとりあげねばならないが、それらの手つづきが、これまで行われたとはいえないであろう。本章においては、それを逐一説明した。その結果、A・B・C・Dの用語は、用語が異なるばかりでなく、その示す歴史内容も異なることを論証しようとしたのである。〝帰化〟とは、単に一般的な人民の移動を示すことばではない。他律的・強制的な〝移動〟や、物理的な〝渡来〟は、この概念にふさわしい用語とはいえないであろう。

第二章　倭と朝鮮三国間の外交形式

第一節　『三国史記』に示された外交形式

『史記』をみると、朝鮮三国相互の間における外交形式を示す記事が多くみられる。倭と朝鮮三国間のそれを論ずる前提として、まず三国相互のばあいをみてみよう。

左に簡単に列挙する。

a　『史羅紀』

百済人来聘（奈勿尼師今条）、遣使高句麗修聘（訥祇麻立干条）、加耶王使請婚（法興王条）、百済遣使請和（真興王条）

b　『史麗紀』

遣使新羅修好（故国壌王条）、新羅遣使修聘（長寿王条）

c　『史済紀』

遣使新羅請和（古爾王条）、新羅遣使来聘（肖古王条）、新羅報聘（毗有王条）、遣使聘新羅（東城王条）、高句麗始与

通好（武寧王条）、与高句麗和親（義慈王条）

このように、a・b・cを通じて、朝鮮三国間には、〃来聘〃〃修聘〃〃報聘〃、〃請婚〃〃請和〃〃和親〃、〃修好〃〃通好〃などの外交用語が用いられ、いわば対等の〃隣対国〃としての関係であったことを示している。この用語もまた中国的な概念によって統一されたものといえるが、『史記』ばかりでなく、大暦六年（七七一）の年紀のある『新羅聖徳王神鐘銘』(5)に、王の徳をたたえ、「四方隣国、万里帰賓」と表記しており、その表現が、『史羅紀』文武王五年（六六五）に、「百済先王迷於逆順、不敦隣好」「結託高句麗、交通倭国」とある記事の延長線上にあることからみても、実際に、三国間の外交関係を反映する語であるとみて差支えあるまい。

もう一ついえば、『史記』は、これらの語を意識して使っていることである。それには少数ではあるが、左のような例がある。

a　『史麗紀』

扶余使来献虎長丈二毛色甚明而無尾……東海谷守献朱豹尾長九尺（太祖大王条）

b　『史済紀』

耽羅国献方物、王喜拝使者為恩率（文周王条）

c　『史羅紀』

耽羅自武徳以来臣属百済、故以佐平為官号、至是降為属国（文武王条）、耽羅国遣使朝貢（哀荘王条）

これらは、三国以外の「扶余」「東海谷守」「耽羅」などにたいしては、〃来献〃〃献〃〃臣属〃〃属〃〃朝貢〃の語を用いており、あきらかに〃隣対国〃以外の〃朝貢国〃または〃外臣〃として対処する意識をもっていた。そのような事例は少なく、現実にも〝朝貢国〟として位置づけられるものはあまりなかったと思われるが、〝隣対国〟とのちがいは決定的である。だから『史記』は、中国的な概念によって、この二つをはっきり使い分けているのである。この点からいえば、かの『広開土王陵碑』に、高句麗の立場で、「百残・新羅旧是属民、由来朝貢」などと記したのは、主観的な誇張としかいいようがないであろう。『史記』は、それをみとめてはいない。

さて、これら三国間の外交形式と対比されるのは、中国と日本にたいするそれである。『史記』は、中国にたいしては、歴代王朝ともに例外なく、〝朝貢〟〝献方物〟〝奉表〟〝入朝〟などの語を用いている。三国それぞれに相手国に選択はあるが、東晋・北魏・南宋・南斉・梁・周・陳・隋・唐と展開する外交関係において、一つの例外もない。実際に、三国は中国の冊封を継続してうけていたのであるから、それは当然のことと思われ、中国側の歴代王朝の用語も、これに相応していて整合性がある。

これにたいし、日本との関係を例示すれば、左のとおりである。

a 『史羅紀』

倭人来聘……倭女王卑弥乎遣使来聘（阿達羅尼師今条）、与倭国交聘（基臨尼師今条）、与倭国通好（実聖尼師今条）、与日本国交聘結好、日本国使至、王厚礼待之（哀荘王条）

b 『史済紀』

王与倭国結好（阿華王条）、倭国使者至、王迎労之特厚（阿華王条）、遣使倭国求大珠（阿華王条）、遣使倭国送白綿十四（腆支王条）、倭国遣使送夜明珠、王優礼待之（腆支王）、倭国使至、従者五十人（毗有王条）、王与倭国通好（義慈王条）

これらも、〝来聘〟〝交聘〟〝結好〟〝通好〟〝送〟などの語を用い、三国間の外交形式と同列にあてはめている。つまり、〝隣対国〟としての関係を貫いているのである。

ことに、『史羅紀』の哀荘王条に、先のcでのべたように、「耽羅遣使朝貢」と記しながら、ここではaに、「日本国使至、王厚待之、遣金力奇入唐朝貢」と記し、耽羅・日本・唐への用語を使い分けていることから、その意識は明白であるといわねばならない。中国でも、漢の楽浪郡との間では、『史済紀』始祖温祚王条に、「遣使楽浪修好」「楽浪太守使告曰、頃者聘問結好」としているのだから、これは三国間と同列においている。

これらを通ずる原理は明白であろう。ただし、倭にたいしては、aに、「王厚礼待」とし、bに、「王迎労之特厚」「王優礼待之」とあるように、新羅・百済が外交の実質において困難な時期に、倭（日本）をそのように意識せざるをえなかったことを示すものであろう。bの阿華王は、百済が四世紀末から五世紀にかけて、高句麗広開土王の南下政策に苦慮をかさね、新羅・百済とも、倭に王子を人質として送らざるをえなかった時期である。aの哀荘王は、平安初期にあたり、奈良時代にひきつづき、わが国と新羅の間に緊張関係が多発した時期で、やはり倭国への質が問題となっている。いずれにしても、これらの緊迫した国際情勢のもとでは、基本的な外交形式は維持しつつも、実際の態度に変更を余儀なくされたとみうるであろう。

第二節　記紀に示された外交形式

朝鮮三国と倭のあいだの外交形式を記紀の記事から列挙してみる。まず特色ある記事を掲げてみよう。

a　神功摂政四十九年三月条

わが国から遣わされた千熊長彦（「百済記」の職麻那那加比跪）が、百済の王都にいたったとき、百済王は「厚加礼遇、亦副久氏而送之」とあり、ここにはじめて倭・済の国交がひらかれたとある（同五十一年条に、ふたたび千熊長彦に久氏らを副えて、百済につかわし、「今復厚結好、永寵賞之」とのべたという）。

b　神功摂政五十二年九月条

百済より久氏らはふたたび千熊長彦に従って来朝し、七枝刀以下を献じたが、そのとき啓して、王は孫の枕流王に、倭にたいし、「汝当善脩和好」ことを誓わせたとある。

c　応神八年三月条

「百済記」に、阿花王は王子直支をわが国につかわし、「以脩先王之好也」とある。

d　雄略五年七月条

「百済新撰」に、蓋鹵王は弟の昆支君を倭につかわし、「以脩兄王之好也」とある。

e　継体十年九月条

百済は、灼莫古将軍らをわが国につかわし、高麗使安定らに副えて、「来朝結好」とある。

f　欽明二年四月条

百済聖明王の言として、その昔、安羅・加羅・卓淳の旱岐らは、「初遣使相通、厚結親好」とある。

g　敏達三年七月条

高麗使人が入京して奏するに、高麗は、大嶋首磐日らを、「准使人之礼」饗し、また高麗国王は、これを「別以厚礼々之」とある。

これらのa〜gの例は、「百済記」「百済新撰」「百済本記」によるもので、第一編・第二編で、それぞれ信憑性が高いとした記事である。そのなかでわが国と三国間の外交関係に、〝修好〟〝結好〟〝厚礼〟などの語を用いていることは、前節でのべた『史記』の三国間、あるいは三国と倭間の外交用語とまったくおなじく、これが実際に原史料の用語であることが知られる。(6)

しかるに、『書紀』は他方において、これと別の概念を適用している。つまり、aの記事につづけて、「百済王亦遣久氏朝貢」と記し、百済王父子は、「永為西蕃、終無弐心」を誓ったといい、bの記事のあとにも、百済は「奉貢不絶」とし、また「自是後、毎年相続朝貢焉」と記し、dにおいても、百済は、「日本国之官家」で、久しく「其王人仕天皇、四隣之所共識也」と記し、eでも、百済は、「海表之蕃屛、其来尚矣」とし、gでは、高麗はみずからを「臣蕃」と称したというのである。

これらは、『書紀』の本文において潤色された記事であり、〝朝貢〟〝西蕃〟〝蕃屛〟〝臣蕃〟〝仕天皇〟などの語が用いられている。

この二系列の概念はあきらかに矛盾するが、『書紀』ははばからず併記しており、『史記』が、中国的な概念によって画一的に用語を統一したのとちがう。かえって、文献批判の手がかりを残しているものといえよう。そのいちじるしい例は、応神二十八年九月条に、「高麗王」が使をつかわして、われに「朝貢」したとき、その表文には、「高麗王教日本国」とあったという記事で、そのためわが国は表文無礼なりとして、これを破り捨てたとわざわざ記している。

高句麗とはもちろん、百済・新羅が倭に〝朝貢〟するというような外交形式は確立してはいなかったであろう。(7)

ところで、このような矛盾する両概念が併記されるのは敏達朝までである。百済と新羅にかぎっていえば、a〜eの継体朝までの記事であるが、百済と加羅国間でもfの欽明朝で終りを告げるのは、『書紀』の材料となった百済三史料、この時期に即していえば「百済本記」が、「欽明十六年紀」まで用いられたことと関係があろう。しかし、敏達朝にも、高句麗との間で、おなじ語が用いられているのは、その後の推古朝における外交形式の転換と、何らかかわりがあるのかも知れぬ。

そこで、推古朝の外交形式をみてみよう。『書紀』と『隋書』から、隋使と、新羅・任那使にたいする〝賓礼〟の差を検討する必要がある。

『書紀』の記事はつぎのとおりである。

a　推古十六年四月〜八月条

「大唐使裴世清、下客十二人」が、「小野妹子」にしたがい筑紫にいたり、朝廷は、「難波吉士雄成」を筑紫に下向させてこれを召す。同年六月十五日、使人らは、難波津に泊し、この日、朝廷は「飾船三十艘」を仕立てて江口に迎え、「客館」に安置する。「客館」は、そのため新築したもので、「中臣宮地連烏摩呂、大河内直糠手、船史王平」ら三人を「掌客」に任じ、接待する。同年八月三日、使人ははじめて飛鳥京に入るが、これを「飾騎七十五匹」をつかわし、「海石榴市」の街に迎え、「額田部連比羅夫」が「礼辞」をのべ、同月十二日に、朝廷に参向する。

b　推古十六年八月〜九月条

隋使は、朝廷において、使の旨を奏するが、時に、「阿倍鳥臣、物部依網連抱」の二人を客の「導者」とする。唐の「信物」を「庭中」におく。使主の「裴世清」は、みずから「国書」をもち、両度再拝して、使の旨を言上して立つ。時に「阿倍臣」が進み、この書をうけ、「大伴連嚙」がこれを取りつぎ、「大門」の前の「机上」において奏する。儀式には、「皇子・諸王・諸臣」らがみな参列し、ことごとく金の髻花をもって頭にさし、衣服にはみな錦・紫・繡・織および五色の綾羅を用いている。四日後の八月十六日に、使人らを朝に饗し、九月五日、唐使を「難波大郡」に饗し、六日後の十一日、唐使らは帰国の途につく。この時、隋帝への「国書」を附した。

c　推古十八年七月〜十月条

「新羅使人沙㖨部奈末竹世士、任那使人㖨部大舎首智買」が、筑紫にいたり、二ヵ月後の九月、使をつかわし、これを召す。十月八日、使人らは京にいたり、同日、「額田部連比羅夫」を、迎新羅の「荘馬之長」とし、おなじく「膳臣大伴」を、迎任那の「荘馬之長」とし、使人を「阿斗河辺館」に安置する。同月九日、使人らは朝廷に参向する。

d　推古十八年十月条

新羅・任那使にたいし、「秦造河勝・土部連菟」を、新羅の「導者」とし、おなじく「間人連塩蓋・阿閉臣大籠」を、任那の「導者」とする。かれらが使人をひいて、「南門」より入り、「庭中」にたつ。時に、「大伴咋連・蘇我豊浦蝦夷臣・坂本糠手臣・阿倍鳥子臣」の四人が、ともに版位より立って、進んで「庭」に伏し、両国使は再拝して、「使旨」を奏する。よって、この「四大夫」は立って、「大臣」に啓し、時に「大臣」は版位よりたち、「庁前」にたって、これを聴く。

九日後の十月十七日に、使人らを朝廷で饗し、「河内漢直贄」を新羅の「共食者」とし、「錦織首久僧」を任那の「共食者」とし、同月二十三日、両国使は帰国の途につく。

右にあげたa・bは隋使、c・dは新羅・任那使に関する『書紀』の具体的かつ詳細な記録で、前後にその比をみない。a・cはそれぞれ来朝から朝廷参向まで、b・dは朝廷における〝賓礼〟と帰国までの状況を示す。

まず、a・cを比較すると、隋使は、筑紫と難波にそれぞれ迎使が出向き、難波の客館では、掌客によって接待が行われる。筑紫から難波まで二ヵ月足らずで到着したと思われるのは、筑紫に止めおかれた期間が短いことを示す。また、難波と海石榴市では、海上および陸上において、はなばなしい儀仗がくりひろげられる。入京して朝廷参向までは、九日間の休養と賓礼の準備が行われている。これにたいし、新羅・任那使は、筑紫に二ヵ月の滞在を余儀なくされている。その後の新羅使・渤海使などにおいても、大宰府からの着到の報告をうけ、そのまま大宰府で折衝し、帰国せしめるばあい、難波までで入京せしめるばあいがあり、このばあいも、大宰府での勘検に手間どったことを示す。入京はほぼ三ヵ月後で、難波での迎接、難波・阿斗での儀仗の記録はなく、しかも入京の翌日には、ただちに朝廷に参向し、賓礼が行われている。

つぎに、b・dを比較すると、使人はともに導者にみちびかれて、朝堂の「南門」から入り、「朝庭」において儀が行われるが、「導者」の身分は、隋使の方がはるかに高く、阿倍・物部両氏であり、大夫の身分に属する。そして唐使のばあいは、「使旨」を言上したあと、みずからもった「国書」を奏するとき、阿倍・大伴両氏がこれをうけ、「大門」のまえの「案上」におき、天皇に奏するのである。阿倍・大伴もともに大夫である。その場には、皇子・諸王・諸臣らが、冠位十二階ではじめて定められた服制を着し、すべて参列していたのである。これにたいし、新羅・

任那使のばあいは、「四大夫」が庭中に侍するまえで、使人が「使旨」を口奏すると、四大夫はその旨を「大臣」に啓するにとどまる。「大臣」はおそらくいずれかの朝堂の建物にいて、「庁前」に出てこれを聴いたのであろう。天皇は出席していないし、皇子以下がすべて参列したとの記録もない。おそらく「大臣」の蘇我馬子が賓礼の責任者であった。

「国書」を「大門」のまえの「案上」において「奏」するとは、最終的に天皇に奏することである。天平宝字七年[8]、渤海使王新福が来朝したときの記事に、天皇は「閤門」に御し、副使以下に位を授け、そのあと、官人とともに使人を朝堂に饗したとあるのも、「大門」が内裏と朝堂を仕切る「閤門」をさすかぎり、隋使のばあい、天皇が「大門」まで御していた証拠である。これにたいし、新羅・任那使は「国書」を持参せず、したがって、最終的に「四大夫」は「大臣」に、「使旨」を「啓」するにとどまった。「大臣」が「庁前」に出てこれをきいたのが、儀礼の最後に記録されているのはそのためである。天皇は、賓礼の最高主宰者ではなかったといえる。「奏」と「啓」のちがいは、公式令の論奏式・啓式の区別をまつまでもあるまい。

これからみると、飛鳥小墾田宮には、朝堂の正門である「南門」、内裏と朝堂の間を区切る「大門」（閤門）があり、両者の中間が「朝庭」であった。そして、朝堂は十二堂あったとは記されていないが、何らかの建物はすでにあったことになる。この宮の構造についての岸俊男氏の考察とも矛盾はない[9]。

a・b・c・dについて、このように分析してみると、a・bの隋使、c・dの新羅・任那使との間には、あきらかに朝廷の賓礼に差がある。中国と朝鮮の両者を対比しつつ、その間に賓礼の差等を設けえたのは、推古朝がはじめであり、そのため、『書紀』は、詳しく記録することにもなったのである。しかも、このような賓礼は、中国のそれを模したものである。『大唐開元礼』の「賓礼」をみると、[10]まず、「蕃使」は「典謁」がひいて、「承天門」より入り、「通事舎人」がこれを「朝廷」の版位につける。「朝廷」にはあらかじめ「蕃使」と「侍中」以下の唐官人の版位が設けられていた。「皇帝」は、内裏から「閤門」を通って出御し、「西房」より出て「大極殿」の御座につき、南向して座し、「国書」は「侍中」が「案上」において、これを奏するとある。ここにおける「承天門」は「南門」、「閤門」は「大門」をさすので、その間の「朝廷」が儀式の場である。皇帝は、内裏より「閤門」を通って出御し、「侍中」が「国書」を「案上」において奏するなど、右にのべた推古朝の賓礼とほとんどかわらない。ただ、「大極殿」に出御しないのは異なり、まだその施設はなかったのかも知れない。推古朝には、このような中国風の外交概念が成立したとみられよう。

推古二十九年条につぎの記事がある。

是歳、新羅遣奈末伊弥買朝貢、仍以表書奏使旨、凡新羅上表、蓋始起于此時歟。

これは、新羅使人が、前記のc・dまで「使旨」を奏するのみで、いわゆる〝口奏〟にとどまっていたのに、はじめて「表書」をもたらしたというのである。[11]それは、推古十八年の前記の外交が転機となったことを、『書紀』が示したことになる。もともと、「国書」は、相互の国王の称号の記し方にはじまり、用語・内容ともに外交形式にかなったものでなければならない。それだけに、両国の外交形式が確定しない限りは、〝口奏〟にとどめ、実質的な外交関係を成立させて、形式上の摩擦は最少限にとどめようとすることになるであろう。それが、推古十八年の外交で、隋との対比において、一応定まらざるをえなかった。新羅は、右の文中にあるように、朝貢の形式の表書をはじめてもたらしたのであろう。朝廷において、正式の賓礼が行われたのはそのためである。しかし、この関係は永続していない。

八世紀に入り、日・羅間の遣使・通交はしばしばみとめられるが、「表書」をもたらしたのは、大宝三年閏四月、天平十五年四月、勝宝四年六月の三回、記録された程度で、[12] 天平勝宝年度のものは、新羅王子金泰廉にたいして、「詔自今以後、国王親来、宜以辞奏、如遣余人入朝、必須令賫表文」とあり、国王（おそらく王子をふくむ）は、〝辞奏〟でよいが、臣下であれば、かならず〝表文〟をもたらすことを強要するものであった。この三回の表文から推定すると、その文言は、「新羅国王言、日本昭臨天皇朝庭」にはじまり、「謹以申聞」でむすぶ上表形式のもので、これにたいする天皇の璽書は、「天皇敬問新羅王」にはじまり、「長脩朝貢之厚礼」などの文言を入れ、「朕以嘉之」でむすぶ下行形式のものであったらしい。山田英雄氏が分析されたとおりであろうと思う。[13] ただし、それが成立した時期は、いずれも新羅が緊急の政治的必要性にせまられたときで、止むをえずそのような態度をとったと解されよう。推古二十九年のばあいも、おそらくこのような上表形式の文書をもたらしたもので、新羅側にそうせざるをえない条件が生じたからである。

それは一つには、わが国内に伝統的な親百済派と、これをおさえ、新羅とも通交し、あらたに隋との外交を切りひらこうとする改革派の対立があったことは確かで、新羅は後者と結び、みずからの安全を確保しようとし、しかも後者によって、隋との表面上の対等外交が一応の成功をおさめたためと思われる。このことは、第四編においてのべたとおりである。[14] したがって、新羅との外交には、隋との関係が分かちがたく結びついている。そこでその二つには、対隋外交の成立がある。新羅・任那使が、隋使の二年後に、わが国に来朝したことはそのためで、『書紀』が、隋使のばあいと同列にならべて、詳しい記録をのこしたのも、わが国の受取り方を示すものであろう。

そこで、隋との外交の内容を分析してみる。

わが国が、隋使の来朝をいかに重視していたかは、a・bにのべたとおりである。

しかも、最初に小野妹子が隋へもたらしたわが国書は、当時の外交形式の通念を破るものであった。『隋書』倭国伝には、大業三年（推古十五年）のその国書に、「日出処天子、致書日没処天子、無恙云云」とあったといい、さらに、翌十六年、bに記した裴世清の帰国にさいする国書にも、「東天皇敬白西皇帝」と記されたことが『書紀』にみえる。これは同一の事実を指すものでなく、両年度にわたって共通の一貫した文言が用いられたとみるのが至当である。栗原朋信氏の指摘されるとおり[15]、このような彼我の対等な王号の記し方、また国書をもたらすことを「致書」と称し、さらに、みずから「阿毎多利思比孤」「阿輩雞弥」など、王の称号を記しながら、王名はのべない書法など、すべて〝隣対国〟としての形式であり、わが国が、中国と匈奴・南越など、〝隣対国〟である周辺民族との外交に用いられた文言を知悉して、国書を起草したものと思われる。もちろん、このような国書が、隋の国際観にいちじるしく反したことはまちがいなく、隋の期待したのは、〝朝貢国〟としてのそれであったから、煬帝は「覧之不悦、謂鴻臚卿曰、蛮夷書有無礼者、勿復以聞」としたのは当然である。

しかるに、煬帝はただちに大業四年（推古十六年）、「文林郎裴清」を「倭国」に使せしめる。『隋書』の記した筑紫より難波、さらに京にいたる状況は、『書紀』のaに記した部分と一致する点が多い。そして『隋書』には、裴清が倭王に相見えると、王は大いによろこび、「我聞、海西有大隋礼義之国、故遣朝貢、我夷人僻在海隅、不聞礼義」とのべたとある。この点は、『書紀』に、裴世清のもたらした隋の国書を記し、「皇帝問倭皇（王カ）」にはじまり、「朕欽承宝命、臨仰区宇、思弘徳化、覃被含霊、愛育之情、無隔遐邇」のときにあたり、倭王が海表より「深気至誠、遠脩朝貢」ことを知り、その丹心を「朕有嘉焉」としているのと一致している。つまり隋はわが国を〝朝貢国〟として遇し、わが国もその国書をそのまま記録しているのである。この国書は、先にのべたわが天皇が新羅におくった国書と文言が似ているといってよい。

さて、bでふれたとおり、わが国は、このような隋の国書をうけとり、隋使を厚遇しながら、ふたたび「東天皇敬白西皇帝」の国書をおくったことになる。彼我の外交は、外交形式を相互に固執したまま成立したのである。それよりも、『書紀』が、わが国の隋への国書と、隋のわが国への国書という、相反する内容のものを、そのまま併記してはばからないことが重要である。ことに、隋の国書は原文に近いものを記事として掲げたものといえよう。これは、第二節でのべた、わが国と朝鮮三国との通交において、〝結好〟〝来聘〟〝通好〟と、〝朝貢〟〝奉献〟などの相反する用語をそのまま併記した『書紀』の態度と共通する。

ともかく、倭・隋は、このような意識のズレのまま、外交関係を成立せしめた。隋もまた倭にたいし、〝外臣〟たることを強要した形跡はない。

これにたいし、隋と朝鮮三国間には、このような外交関係の成立する余地はなかった。まず、『史羅紀』によれば、真平王十六年（推古二年＝五九四）、「隋帝詔拝王為上開府楽浪郡公新羅王」とあり、『隋書』の記事と一致する。(16)こののちも同王二十四・二十六・三十三・三十五年（推古十年より推古二十一年まで＝六〇二〜六一三）と連続して、「入隋進方物」「朝隋」の記事があり、同王四十三年（推古二十九年＝六二一）より、「遣使大唐朝貢方物」にはじまる唐への〝朝貢〟にかわる。

つぎに、『史済紀』でも、威徳王二十八年（敏達天皇十年＝五八一）、「王遣使入隋朝貢」によって、「隋高祖詔拝王為上開府儀同三司帯方郡公」とあり、『隋書』の記事と一致する。(17)こののち、同王三十六・四十五年、武王八・九・十二年（崇峻二年より推古十九年まで＝五八九〜六一一）、「遣使朝貢」の記事があり、同王二十二年（推古二十九年＝六二一）より、「遣使入唐、献果下馬」にはじまる、唐への〝朝貢〟にかわる。

このように、新羅・百済の倭と同時代における隋・唐との通交は、例外なく、〝朝貢〟〝冊封〟の関係においてであり、疑問の入る余地はない。

倭のばあいは、倭・隋の外交とおなじ関係が、唐との外交にももちこされている。外交形式におけるズレはそのままにして、外交関係は成立しているのである。舒明四年（六三二）八月、唐の使人「高表仁」が対馬に渡来し、同年十月、難波に到達したとき、「大伴連馬養」をして、これを迎えさせ、船三二艘を飾り、儀仗をととのえ、「難波吉士小槻、大河内直矢伏」を「導者」として、客館のまえに至らしめ、「伊岐史乙等、難波吉士八牛」を接待にあたらせた。ここまでは、まったく裴世清のばあいに准じて事が進行し、記事も具体的で、わが国の態度のかわらぬことを示すが、その後は、同五年正月に、「高表仁」の帰国が記されるまでの記事がまったく空白である。これは、『書紀』の記録としては、はなはだ不自然といわざるをえないが、その理由、つまり朝廷における賓礼を叙述できなかった理由は、『旧唐書』倭国伝の記事をみると了解できる。

『旧唐書』によると、倭は、貞観五年（舒明三年＝六三一）に入唐した。「遣使献方物、太宗矜其道遠、勅所司無令歳貢」とあるように、唐は歓迎してうけ入れ、毎年朝貢するには及ばないとしたのである。これが『書紀』の舒明二年（六三〇）に唐につかわされた犬上君三田耜、薬師恵日らにあたることはいうまでもない。しかも、唐はただちに、「新州刺史高表仁」を倭に派遣してこれに答えている。しかるに、高表仁は、「無綏遠之才、与王子争礼、不宣朝命而還」と記され、朝廷における賓礼にさいし、外交形式上の齟齬が生じ、表仁はそれにこだわって、使命を果たしえなかった。それが太宗の意にそわないので叱責されたのである。礼を争い、朝命を宣べえなかったことは、彼我の意識にズレがあったからで、双方が形式を固執したからである。しかも、太宗はそれを黙認して、外交関係の成立をもとめたことを示しており、またそれゆえに『書紀』は、記録から削除したと考えられる。

最後に、推古朝の外交転換について、一、二の史料を補強しておきたい。それは、『隋書』に、[18]「新羅、百済皆以倭為大国多珍物並敬仰之、恒通使往来」とある記事である。これは、隋が百済と新羅が倭を「大国」と見なし、「敬仰」したと認識したことを示し、ここにいう「大国」とは、国際関係上の特定の概念である。そのゆえ、隋が倭につかわした裴世清は、河東の大族で、文林郎―鴻臚寺掌客―主客郎中―江州刺史を歴任し、唐の高表仁もこれに類するもので、池田温氏は、[19]両者ともに、家門・官歴からみて、隋・唐の貴族官僚では上位の四品以上にあたるとされている。これにたいする朝鮮三国への使者は、五・六品であったと推定されたのである。隋の立場を示すものであり、そのような認識を背景として成立した倭の対隋外交が、すでに隋の冊封関係にあった新羅と百済、ここではとくに新羅をして、倭への朝貢形式の外交をとらしめた原因であろう。しかし、この関係に永続性はなく、安定性ある国際関係には成長しなかった。『史記』は、八世紀の日・羅外交についても、〝結好〟〝通好〟の語をかえていないし、そのことは『続日本紀』の外交記事にもよく反映されているといわねばならない。

第三節　朝鮮三国と倭の外交の実態

これまで概観してきた日・朝・中相互の外交形式は、国際関係の客観的な手がかりをあたえるものではあるが、それ自体かなりあいまいなものであり、かつ流動的で安定せず、また国家相互に認識のズレがあって、客観的な事実にまで高められたものでもないことが分かるであろう。そこで、外交形式でなく、実際の国家関係を考えてみる必要がある。もちろん、それが外交形式にも微妙な変化をもたらした原因でもある。ここでは、本論の目的である〝帰化〟という歴史現象の発生に関係ある範囲にとどめたい。

A 『史記』をみると、高句麗の南下は、美川王十四年(三一三?)の楽浪郡、ついで帯方郡の滅亡にはじまり、故国原王によっても継承されるが、その傾向が決定的となるのは、広開土王からであることがわかる。すでに平壌は高句麗の軍事領域に入っており、高句麗の「南辺」は、百済との交戦の場となっていた。『史麗紀』には、広開土王元年(三九二)・二年・三年・四年とひきつづいて、百済とのはげしい戦闘が記録され、その結果、広開土王は「与百済戦於浿水之上大敗之、虜獲八千余級」と記録されるほどであった。新羅にたいしても、故国壌王九年(三九二)、「遣使新羅修好、新羅王遣姪実聖為質」とあり、『史羅紀』にも、奈勿尼師今三十七年(三九二)、「王以高句麗強盛、送伊飡大西知子実聖為質」とあるように、むしろ、新羅は、高句麗との同盟によって、その南下の圧力をかわそうとしたが、一方、倭にたいしても、実聖尼師今元年(四〇二)、「与倭国通好、以奈勿王子未斯欣為質」とあり、その後援をもとめるなど、二面外交を展開した。百済は、高句麗と戦いながら、もっぱら倭とむすび、『史済紀』に、阿華王六年(三九七)、「王与倭国結好、以太子腆支為質」とあるように、新羅と相前後して倭に王子を人質として送った。これらは双方とも、『書紀』にも記録されていて、疑いのない史実である。しかも、百済のみは、先王(阿華王)の死により、腆支は丁重に倭より本国に送還された。『史済紀』に、腆支王元年(四〇五)、「倭王以兵士百人衛送」と記され、

『書紀』にもおなじ記録がある。そのため、『史済紀』に、阿華王十二年（四〇三）、倭国使が百済にいたったとき、「王迎労之特厚」とあり、また腆支（直支）王五年（四〇九）、おなじく「王優礼待之」とあるような、倭・済の外交関係を生んだのである。

『広開土王陵碑』は、『史記』と直接関係のない史料であるが、この辺の事情はまったく一致している。それは、広開土王の辛卯年（三九一）から、高句麗の南下と倭の出兵によって、朝鮮半島南部が激動の時代に入ったことを示しているが、百済は、積極的に倭と連合して高句麗と戦い、新羅は、高句麗と倭に両属する態度をとり、高句麗は、百済を討つため倭兵を追って、「任那・加羅」を攻め、そのため、「安羅人戍兵」が前後三回にわたって、この戦いに参加したことが記されている。倭が、南加羅（金官）と安羅（阿那加耶）を足場に、三国間の戦いに介入していたことは確実である。[20]

B　高句麗では、広開土王の功業をついだ長寿王が、『史麗紀』の同王十五年（四二七）、王都を平壌にうつす。その結果、ふたたび羅・済との緊張関係を生みだすことになる。

まず、『史麗紀』の長寿王十三年（四二五）、「遣使如魏貢」とあり、それから王の在位の終る七十九年（四九一）までの六六年間に、三七回もの北魏への〝朝貢〟を記録している。これは毎年あるいは隔年に朝貢したことになる。ついで、文咨明王のときにも、在位二九年間に、二三回も北魏に通交した記録がある。これは毎年といってよい。この間に、南宋へは一回、梁へは二回の〝朝貢〟を記録するのみであるから、いかに北魏との関係を重視したかを示す。その理由は、羅・済との対立にあって、この長寿・文咨明王の両代に、『史記』は、羅・済との戦闘を無数に記録し、なかでも、『史済紀』は、蓋鹵王十八年（四七二）、魏に上表して、百済が高句麗と戦うこと「三十余歳」「豺狼隔路」

ために、北魏との通交をさまたげられることを訴えるが、結果は、「乞師於魏不従、王怨之遂絶朝貢」に終るのである。北魏との通交をたった百済は、文周王二年（四七六）、「遣使朝宋」するが、このときも「高句麗塞路不達」と記されている。このような事情はただちに倭にも波及している。『宋書』倭国伝に、昇明二年（四七八）、倭王武が、宋に上表し、百済に道をとり通交しようとするが、「句麗無道、図欲見呑、掠抄辺隷、虔劉不已、毎致稽滞」とのべたのはそれで、事情はまったく百済と共通することが知られよう。

このようにして、『史済紀』は、蓋鹵王二十一年（四七五）、「麗王巨璉帥兵三万来囲王都漢城」と記し、同年に、「移都於熊津」と記録している。つまり、百済は、高句麗に攻められ、漢城より熊津に遷都せざるをえなかった。『書紀』の雄略二十年条にひく「百済記」に、「蓋鹵王乙卯年（四七五）冬、狛大軍来、攻大城七日七夜、王城降陥、遂失尉礼、国王及大后、王子等、皆没敵手」とあるのは、まったく『史済紀』の記述と一致する。この間、倭が百済を後援し、『書紀』の雄略五年条にひく「百済新撰」に、「辛丑年（四六一）、蓋鹵王遣弟昆支君向大倭、侍天王、以脩兄王之好也」と記し、ついで雄略二十三年（四七九）、百済文斤王の死により、この昆支王の第二子末多王を百済王とするため、「賜兵器幷遣筑紫国軍士五百人、衛送於国」とあり、「東城王」とした記事などのような、同盟関係を結ばざるをえなかったことは注目される。(21)

C　新羅は六世紀より台頭し、高句麗・百済を圧迫しはじめる。はじめ新羅は、高句麗にたいし、和戦両様のかまえをとり、百済を攻撃する。六世紀半ば以後における漢城の失陥、聖明王の戦死など第二編で詳述したが、ついに高句麗にたいしても、決戦の態度をとる。

『史羅紀』の真平王四十七年（六二五）、「遣使大唐朝貢」し、「高句麗塞路、使不得朝、且数侵入」を訴え、さらに、善徳王十二年（六四三）、「遣使大唐上言、高句麗・百済侵凌臣国、累遭攻襲数十城、両国連兵之」とあるのが、大規模な決戦の前ぶれとなった。『史済紀』にも、武王二十八年（六二七）、新羅をうち、「遣王姪福信入唐朝」せしめ、「与新羅世讎数相侵伐」する状況を奏し、唐太宗は、三国の和親を説き、兵革を停めよと諭告したが、百済は陳謝したものの、内実では仇敵たることをつづけたとあり、ついで義慈王三年（六四三）、「遣使入唐朝貢」したが、王は高句麗と和親して、新羅を攻めたとあって、解決のきざしはみえなかった。新羅は、唐との関係をさらに強め、真徳王四年（六五〇）、「遣使大唐」し、百済の衆を破ったことを告げ、皇子法敏を唐につかわし、はじめて唐の「永徽年号」を行うにいたるのである。

このような経過のもとで、『史羅紀』によると、新羅は毎年唐に入朝しつつ軍略をかため、ついに、太宗武烈王六年（六五九）、「王坐朝以請兵於唐」と、唐に出兵をもとめ、翌年、唐高宗は蘇定方を大惣管、新羅の金仁問を副惣管として、水陸一二万余の軍を動員した。それに対抗し、百済は、『史済紀』に義慈王十三年（六五三）、「王与倭国通好」とあり、さらに同王二十年（六六〇）、「王子扶余豊嘗質於倭国」とあって、すでに扶余豊璋がわが国に質として送られていたが、このとき帰国して即位したことを記している。百済は、もっぱら倭と同盟し、この難局にあたろうとしたのである。このことは、『書紀』にも、舒明三年（六三一）、「百済王義慈、入王子豊章為質」とあり、ついで、斉明七年（六六一）、百済の遺衆をあつめ戦っていた鬼室福信は、豊障を迎えて王に立てんことを請い、天皇は二人の武将に命じ、「率軍五千余、衛送本郷」と記録している。両文献において、事実関係はまったく一致するといってよい。

この戦いによって、百済は滅亡し、ついで高句麗も亡ぶことは周知のとおりである。

さて、以上にのべたA・B・Cは、朝鮮三国間と倭の外交関係の実際を、ごく概略のべたにすぎない。

高句麗と新羅・百済、また高句麗・新羅と百済、さらに新羅と高句麗・百済など、それぞれ組合わせのパターンは異なるが、三国間にはたえざる戦闘がつづき、なかでも、A・B・Cの時期に、激動ともいえる戦乱が発生したことを物語る。その時期に、羅・済、あるいはそのいずれかと倭の同盟、王子を人質として倭に送らねばならぬ緊急な関係が成立した。ことに百済は、そのいずれの時期にも、倭との同盟・後援を必要としたのである。Aは、四世紀末、Bは、五世紀後半、Cは、七世紀半ばにあたり、その前後一定期間、このような状況が継続したとみられよう。

本論の主題にかえると、このA・B・Cの各段階が、〝帰化〟〝投化〟が集中的・波状的に行われた時期にあたっている。第一節において、記紀に示された〝帰化〟〝投化〟の記事を列挙したが、そのうち、a・bは、Aの時期、b・c・d・e・f・g・hは、Bの時期、i・j・k・l・m・n・o・p・qは、Cの時期にあたることが知られよう。この三時期の〝帰化〟はまとまっており、各グループの間の時期には、〝帰化〟の記事はほとんどないのである。(22)

これはもはや外交形式の問題をこえて、外交の実態の所産であるといわねばならない。その主原因は、朝鮮三国の政情にある。

第三章　〃帰化〃〃外蕃〃の概念

第一節　律令における〃帰化〃〃外蕃〃の規定

これまで述べてきたことにたいする総括として、『大宝律令』に規定された〃帰化〃〃外蕃〃の概念を検討してみよう。往々にして、このような概念は、『大宝律令』において成立し、それが唐と新羅を差別する概念となったといわれてきたことと関連する。

A「戸令」

a凡没落外蕃得還及化外人帰化者、所在国郡給衣粮、具状発飛駅申奏、化外人於寛国附貫安置、没落人依旧貫、無旧貫任於近親附貫（下略）

b凡化外奴婢、自来投国者、悉放為良、即附籍貫、

B「賦役令」

c凡没落外蕃得還者、一年以上復三年（中略）外蕃之人投化者、復十年、

d凡以公使外蕃還者、免一年課役、其唐国者、免三年課役、

C 「公式令」

e凡駅使至京（中略）其蕃人帰化者、置館供給、

f詔書式

明神御宇日本天皇詔旨謂以大事、宣於蕃国使之辞也、

明神御宇天皇詔旨謂以次事、宣於蕃国使之辞也（中略）古記云、御宇日本天皇詔旨、対隣国及蕃国而詔之辞、問隣国与蕃国何其別、答隣国者大唐、蕃国者新羅也、

律令の〃帰化〃〃外蕃〃の規定は、ほぼ右のa～fの六条と考えてよい。

aは、『唐開元令』とほぼ同文で(23)、唐令では、「帰化」が「帰朝」、「国郡」が「州鎮」、「衣粮」が「衣食」、「発飛駅申送」が「送省奏聞」、「寛国」が「寛郷」、「没落人」が「落蕃人」となっていたらしく、用語に少しずつズレがある。わが律令がそれを改めたことは、それぞれ国家制度とかかわりがあり、それ自体としては意味があるが、〃帰化〃の観点からみれば、文意はまったくおなじである。bは、aの良民にたいし、奴婢を対象に規定したもので、おなじ趣意である。いずれも、「外蕃」＝「化外」から「帰還」するか「帰化」したものの「供給」「安置」「附貫」、つまり、第一章でのべた「賦田受稟、使安生業」＝〃安置供給〃と、〃編貫戸籍〃を定めたものである。

cは、『唐開元令』とまったく同一文で(24)、aに対応する規定である。すなわち、aでは、「戸令」の故に、「供給」「附貫」を扱ったのに、cは「賦役令」の故に、「復除」を扱ったにすぎない。a・cを比べると、「化外」は「外蕃」、「帰化」は「投化」とおなじ用語であることがわかる。dは、cのように「没落人」でなく「公使」のばあいをのべ

たもので、「外蕃」と「唐国」を区別したのは、「唐国」を「外蕃」の概念から除いたのではなく、唐が後の用語でいえば、〃遠蕃〃であるため、唐に使した「公使」を優遇したのである。

a・b・c・dともに、「化外」「外蕃」の概念に、新羅・渤海はもとより、唐をもふくむものとしなければ、法条としては成立しないであろう。

eにおいて、「蕃人」が、唐人をふくむ「帰化」をさしていることは、a〜dの「外蕃」「化外人」が、唐（唐人）をふくむ概念であるのとおなじで、この点は、「職員令」の治部省卿の職掌としての「諸蕃朝聘」、玄蕃頭の職掌としての「蕃客辞見」、「軍防令」の「蕃使出入」、「関市令」の「諸蕃交易」、「雑令」の「蕃使往還」などの用語にみられる「諸蕃」「蕃客」「蕃使」も唐をふくむことは、後の例にてらしてもあきらかである。もしこれから、唐を除けば、条文そのものが成立しえないことになる。

これにたいし、fに引用する「古記」の説は、令の本文とはかかわりがない。本文としては、「大事」「小事」とも、「蕃国使」にのべる際の天皇の称号を規定したのだから、〃隣国〃と〃蕃国〃の別はないのである。もし、「古記」の説を生かすとすれば、「穴説」や「令釈」のいうように、「此式」は、すべて〃蕃国〃（新羅）にたいするもので、〃隣国〃（唐）は、「此式」によらず、「別勘」せねばならなくなるであろう。そのようなことは、法条の解釈としては成立しえない。ただ、このような解釈が生まれるのは、第二章でのべたとおり、推古朝に、隋と新羅にたいし、〃隣対国〃と〃朝貢国〃の外交形式が一時成立し、その後、観念としてそれが遺存し、八世紀にも、時として実現したことがあるためである。とくに、fは、公的文書（国書）に関する規定で、そのような「詔書」は文章化されたものであるから、中国流の世界秩序のなかでの文言の整合性がつよく要求される。〃隣対国〃と〃朝貢国〃とでは、形式・用字を異にする文案を起草せねばならなかったであろう。「古記」の解釈はそれを意識したのである。しかし、逆にこのことから、新羅はわが国に国書をもたらさないことが多く、わが国は唐に国書を呈しえなかった。外交関係として、客観的に〝隣対国〟〝朝貢国〟としての形式が維持されたわけではないのであるから、「古記」の解釈は、法条の解釈としては意味がない。のみならず、中国の観念でいえば、〝隣対国〟もすべて〝蕃・夷〟であって、〝朝貢国〟との区分は、〝蕃・夷〟のなかでのそれにすぎない。わが国でも、正史では唐を〝蕃国〟と記しているのだから、「古記」のように、「蕃国」と「隣国」を対立させるのは誤りである。

実例をあげてみると、延暦十四年(七九五)[25]、「唐人五位授官、以優遠蕃人也」とあり、同十七年[26]、「唐人十人遠辞本蕃、帰投国家」とあるのは、上記のdにおいて、「外蕃」に使したものと、「唐国」に赴いたものとに、帰国後の復除に差を設けたのとおなじで、唐国は〝遠蕃〟と考えられたからである。また、貞観十二年(八七〇)[27]、唐人崔勝の言として、「帰化之後廿八年、於茲矣」ため、ながく右京五条一坊に宅を賜わり、私居したことがみえ、延喜三年(九〇三)[28]、「唐人商船」の来航にさいし、院宮王臣らが、官司の交易前に、「私共蕃人交易」するのは違反であるとし、「関市令」の「諸蕃交易」の条を引用して禁止している。こののちも、唐人の「帰化」「参来」を記録した例は多い[29]。

このようにみると、律令の法条にいう「外蕃」「蕃国」「蕃人」「化外」、あるいは「帰化」「投化」「来投」などの用語が、唐にもおよぶ概念であったことがわかる。これは正史にも一貫して用いられ、『姓氏録』における「諸蕃」もこの概念をついだものである。

第二節　問題の整理

第一章から第三章におよび、〝帰化〟〝外蕃〟の概念について、ほぼすべてのケースをとりあげ、検証を加えてきた。ただ、事実に即して、各ケースごとに解説してきたため、統一に欠けるうらみがあった。ここでは、それらを整理し、総合的に解釈してみよう。

これまであげた実例は、記紀・『史記』・律令ともに文献のままをあげたので、なかには文献批判を必要とするものもある。しかし、本論の目的は、それらの事例に内在する論理を追求することにあるのだから、事例はそのまま用いてきたのである。

まず、はじめに、〝帰化〟と〝外蕃〟の二つの概念は、つねに対応しており、表裏の関係にあることである。〝外蕃〟は、〝化外〟とも記され、『書紀』はトナリノクニとよむ。トナリノクニとは、中国流にいえば、〝隣対国〟〝朝貢国〟〝外臣〟（冊封国）のすべてをふくむ概念で、ばあいによっては、〝内臣〟化された諸侯国をも対象とする。つまり、〝化内〟の外がすべて〝化外〟なので、外交形式上の差等は捨象されている。日本からいえば、唐も、新羅・渤海も、ともに〝化外〟、つまり〝外蕃〟にほかならぬ。この論理は、『大宝令』にも貫かれていて、『大宝令』にいたって、ことさら新羅を〝蕃国〟とし、唐を〝隣国〟に位置づけたというのは誤解である。〝隣国〟も〝外蕃〟であり、トナリノクニである。[30] ついで、〝帰化〟〝投化〟はオノヅカラマウクとよむ。〝参来〟もかわりはない。〝化外〟から、その国の王化を慕い、これに帰附するという意味で、もう少し具体的にいえば、〝化外人〟(トナリノクニノヒト)が、その国の王化を慕い、みずから王化・王法の圏内に投じ、王もこれをうけ入れ、安置供給・編貫戸籍という内国化のための手つづきを経て、その国の礼・法の秩序に帰属するまでの一連の現象ないしその行為をいうのである。

つぎに、〝帰化〟〝投化〟の事例が、〝貢〟〝献〟〝上送〟、あるいは、〝来投〟〝亡入〟〝虜獲〟〝生虜〟と書きわけられているのは、その歴史内容を異にするためである。これらは異国間における人民の移動を示す点では共通する面をもつが、むしろ、〝帰化〟〝投化〟の特徴は、他の〝貢〟〝献〟や、〝来投〟〝亡入〟〝虜獲〟などの概念を排除するところにより明確となる。もちろん、これらすべての根底には、戦乱や饑饉があり、それが多数の人民の移動を生む原因ではあるが、〝帰化〟はオノヅカラマウクとされたように、外的強制によるものではなく、したがって、統率者による集団的な移住や、王族・貴族の亡命がみとめられる。ここで、オノヅカラとある観念について、若干補足しておきたい。『姓氏録』に、秦氏の祖は、一二〇県の百姓をひきい帰化したとき、「金銀玉帛等物」を献じたとあり、また和薬使主の祖は、「内外典、薬書、明堂図等百六十四巻、仏像一軀、伎楽調度」をもって入朝したとあり、また、多々良公の祖は、「金多々利、金乎居」を献じ、調連は、「蚕織献絁絹之様」もたらしたとあり、さらに、東漢氏は、「東国有聖王、何不帰従乎」とし、もし帯方にあれば、一族が覆滅するのをおそれ、「帰化来邦」したとある。これらの記事は、『姓氏録』が、各氏族の提出した「氏族志」や「氏族本系帳」をもとに編纂されたものであるかぎり、かれらが自主的に渡来したこと、みずから王化に帰したことをのべたものであって、誇張や迎合があるのはもちろんであるが、オノヅカラマウクという観念をよく表現したものといわねばならない。

さて、つぎに、オノヅカラマウクという現象にたいする王権側の対応が必要となる。これが〝安置供給〟〝編貫戸籍〟の手つづきとなるが、『大宝令』は、法条としてこれを規定し、『書紀』や『姓氏録』の記述も、まさにこの線に沿うものとなっている。すでにのべたとおり、天智以後の例のように、律令制の直接の前提となった措置に比べて、欽明以前の例は、おなじ理念にしたがって、遡及的に記したばあいがあろう。しかし、むしろ、『書紀』や『姓氏録』が、この〝安置〟を、〝帰化〟に対応する記事として、克明に記録していることは重要である。それは現にその地域に居住する氏族が、己等の祖先もまたそこに安置されたことを主張したことが基底になっているであろう。ことに、天智以後の帰化人が、東国などの〝寛国〟に安置され、律令の規定と共通するのに、欽明以前では、すべて〝畿内〟に安置されたことになっており、その後の居住状態からみて、個々の地名はともかく、畿内に安置された事実はまちがいないとすれば、律令の反映であるはずはなく、畿内がヤマト王権の基盤であるかぎり、王権の対応という政治概念をぬきにして、帰化は成立しないであろう。ヤマト王権は、何らかの政治的・法的な手つづきを経て、帰化人をみずからの基盤に居住させたのである。それは単に物理的な移動や渡来によって、行われうるものではない。したがって、記紀が、応神以前に、帰化の現象を記録していないのは、その理念においては正しい。記紀は、応神朝を、ヤマト王権の画期としてとらえ、あらたな倭の統合者とみているらしいからである。帰化は、王権の対応なしに成立しうる概念ではない。問題は、それ以前にも九州を中心とする西日本には、渡来者がかなりいたことは十分推定され、ことに、辰韓・弁韓（弁辰）との密接な関係からすれば、それらの地域からの渡来者が多かったと考えられることである。それを、記紀は帰化とは捉えていない。かつて、筆者は、それらの渡来者を、秦・漢二氏が、みずからの配下に組織したのは、雄略朝以後であろうとのべたことがある。それはともかく、このような政治組織に包含される段階で、かれらは帰化人となったのである。

最後に、帰化は、外交の理念や形式とは関係なく、国際関係の実体から生まれた現象であり、この実体をとらえるのは容易ではないが、少なくとも、四世紀末、五世紀後半、七世紀半ばに、国際関係に大きな変動があり、帰化の現象が集中的にみられることである。最近、帰化の年次を下げ、六世紀以後とする説もあるが、その根拠は明らかでなく、古代史の全体像にそぐわないと思う。帰化が、かなり波状的であるのは、このような国際関係が基底にあるからであり、それは外交形式とは何らかかわりはないといえよう。

〔追記〕 現代歴史学における〝帰化〟の用語を、〝渡来〟といいかえることは、本論でのべたオノヅカラマウクの歴史内容からすれば、適当でなく、「帰化」に代わる用語はないであろう。〝蕃国〟は〝隣対国〟〝朝貢国〟とかかわりなく、トナリノクニであって、「隣国」と表記すればよく、この用語は不用であると思う。ただし、本論は、その主張のために起草したものではない。

註

（1） 岸俊男「日本における戸の源流」（『日本歴史』一九七、『日本古代籍帳の研究』塙書房、一九七三年）。
（2） 『続日本紀』延暦四年六月癸酉（十日）。
（3） 記紀とおなじく、律令でも、〝帰化〟と〝投化〟は両用されている。中国史籍もおなじである。『魏書』巻二十七、列伝第十五、穆亮伝に、北魏の高祖が亮に語った文中に、「徐州表給帰化人稟」「計万戸投化」のように両用しているのもその例である。
（4） 『旧唐書』巻一、百九十九上、列伝第一百四十九、東夷百済国。
（5） 葛城末治『朝鮮金石攷』国書刊行会、一九七四年。
（6） 木下礼仁「日本書紀にみえる百済史料の史料的価値について」（『朝鮮学報』二一・二二、『古代の日本と朝鮮』学生社、一九七四年）。

(7) 平野邦雄「ヤマト王権と朝鮮」(『岩波講座日本歴史』1、岩波書店、一九七五年)に、この点を指摘したのち、栗原朋信『書紀』神功・応神紀の貴国の解釈からみた日本と百済・東晋の関係」(『古代東アジア史論集』下、吉川弘文館、一九七八年、『上代日本対外関係の研究』吉川弘文館、一九七八年に再収)で批判をよせられた。栗原氏は、七支刀において、〝東晋下賜説〟をうち出され、東晋が百済の窮状を救った倭にたいし、百済を通じて賜物としてあたえたものとされたが、それは七支刀の文面が下行形式であるとの認識から、倭に朝貢した百済が、下行形式をもって、倭王に刀を贈りうるはずはないと考えられたからである。筆者は、百済王が倭王に贈ったもので、献上説・下賜説ともに成立せず、単に贈与したにとどまるとし、文面から下行を示すものはないとのべた。その際、百済と倭の外交形式は、倭の主観にもかかわらず、隣対関係で、『書紀』にひく百済系史料も、「修好」「通好」の語を用いていることを指摘したのである。栗原氏は、これをうけて再論されたわけであるが、たしかに『史記』では、百済は倭にたいし、「称臣」の例はなく、「交聘」「通婚」「結好」「修好」の文字を用いているが、『書紀』の百済系史料には「貴国」の語があり、「天朝」は君臣関係にある垂直の立場の用語であるが、「貴国」は傾斜関係の用語であるとのべられた。そして、「修好」「結好」の語も、水平的な対等者ばかりでなく、傾斜関係にあるばあいは用いてもよい。「外客臣」「外賓臣」でも、賓客の性質が残っていて、殊礼の処遇をうけるばあいは用いられる例があるので、雄略朝までは、倭・済関係は、この傾斜関係にあるものとされた。そして欽明朝からは、この種の用語がなくなり、『史記』が倭のことを記録しなくなるのは、百済が倭の「外臣」の立場におかれたためで、聖明王の上表文はそれであると見、倭・済は、朝貢という上下関係におかれるようになったとされたのである。

しかし筆者は、外交形式上、そのような明確な変化はないと考えている。原理的には、あくまで隣対関係を超えないであろう。さらにいえば、外交形式に捉われることなく、外交の実質をみることが必要ではないかとのべたのである。

(8) 『続日本紀』天平宝字七年正月庚戌(七日)。

(9) 岸俊男「朝堂の初歩的考察」(『創立三十五周年記念橿原考古学研究所論集』吉川弘文館、一九七五年)。

(10) 『大唐開元礼』巻第七十九、賓礼受蕃国使表及幣条。

(11) 栗原朋信「上代日本の文書外交と口頭外交」(『教科研究』社会 no. 5)、同「上代の日本に対する三韓の外交形式」(『古代』五〇、『上代日本対外関係の研究』吉川弘文館、一九七八年)。

(12)『続日本紀』大宝三年閏四月辛酉朔。新羅使の上表は、「寡君不幸、自去秋疾、以今春薨、永辞聖朝」とあり、天平十五年四月甲午(二十五日)、新羅使の表文はないが、「調改称土毛、書奥注物数、稽之旧例、大失常礼」とあり、国書が常礼にあわなかったことをのべる。天平勝宝四年六月己丑(十四日)、新羅王子拝朝のときのものは本文のとおり、大宝三年閏四月のときと同形式のものであった。

(13) 山田英雄「日唐羅渤海間の国書について」(『日本考古学古代史論集』吉川弘文館、一九七四年)。

(14) 推古朝の外交路線に対立はなかったとする説もあるが、筆者は旧著『大化前代社会組織の研究』吉川弘文館、一九六九年、一九〇ページ以下で、このことにふれた。その後も、石母田正『日本の古代国家』岩波書店、一九七一年、三二ページ以下において、聖徳太子が隋・新羅の外交に主導権をとったことをみとめ、三品彰英「聖徳太子の任那政策」(『聖徳太子論集』平楽寺書店、一九七一年)は、太子は百済における日系官人たる日羅の献策によって、継体・欽明以来の百済親近政策を変更したとされ、井上光貞「推古朝外交政策の展開」(同上書)も、聖徳太子の新羅―隋の外交路線についてくわしく分析された。筆者の考えを変更する必要はまったくないであろう。

(15) 栗原朋信「日隋交渉の一側面」(『中国古代史研究』三、吉川弘文館、一九六九年、『上代日本対外関係の研究』吉川弘文館、一九七八年に再収録)。筆者もおなじ認識にたっている。なお、本論で、外交形式上の隣対国・不臣の朝貢国・外客臣・外臣・内臣の諸侯国など、中国からみた蕃夷の分類は、栗原氏の分類に負うものである。

(16)『隋書』巻八十一、列伝第四十六、東夷新羅、「高祖拝真平為上開府楽浪郡公新羅王」とある。

(17)『隋書』同右、東夷百済、開皇初(五八一)のこととして、「其王余昌遣使貢方物、拝昌為上開府帯方郡公百済王」とある。

(18)『隋書』巻八十一、列伝第四十六、東夷倭国。

(19) 池田温「裴世清と高表仁」(『日本歴史』二八〇)。

(20) 四世紀末～五世紀はじめの朝鮮三国と倭の外交関係については、第一編第一・二・三章でそれぞれふれた。

(21) 五世紀後半の朝鮮三国と倭の外交関係については、第一編第四章で詳述した。

(22) 関晃『帰化人』至文堂、一九五六年、上田正昭『帰化人』中公新書、一九六五年などの論説にはじまり、帰化人の渡来時期について、さほどの異論はない。たとえば、上田氏の上掲書、六八～六九ページに、「四世紀の末葉における朝鮮の動乱の過程で、一種の俘人としてわが国にきた朝鮮の人々もあったであろうし、四世紀から五世紀にかけての日朝交渉の密接化によって、多くの技術者が渡来した場合も大いにありえたことである。(略) 五世紀の前後に、朝鮮からかなりの人々が来朝したことは、否定できない」とのべ、また八六ページに、「五世紀以来の渡来の波がいちだんとたかまったのは、五世紀後半の雄略天皇の時代であった。この時には、多数の技術者(才伎)たちが、わが国土へ移住してきた。そのことは、『雄略天皇紀』にみえる今来の漢人らの伝承からもうかがえる」とあるとおりである。平野邦雄「畿内の帰化人」(『古代の日本』5、近畿、角川書店、一九七〇年)は、畿内に定住するにいたった帰化氏族の系路を分析したが、渡来の時期については変っていない。

しかるに、最近、ヤマト王権による統一的な国家組織の成立を六世紀にズレ込ませる論説と表裏して、帰化人の渡来時期を、五世紀後半以後とする傾向がつよいようである。山尾幸久『日本国家の形成』岩波新書、一九七七年は、そのような傾向にたつものと思われる。山尾氏は、「倭王権」が、南部朝鮮の小国と直接また継続的に接触するのは、五世紀前半からで、「朝鮮系移住民」の渡来は五世紀後半からであるとする。これを本論と照合すると、Aの段階はなく、Bの段階からであることになる。それは、「雄略紀」と「応神紀」の比較において、第一編第一章でのべたように、対外関係記事のうち、始源を語る記事を、「応神紀」に集中しているが、もっとも多いのは「雄略紀」と重複する記事で、「雄略紀」の方にオリジナル性があるとした文献批判を、むしろ機械的に拡大したものと思われる。文献批判からいえば、「雄略紀」もまた部民制の始源を集中的に記し、「安閑紀」は、屯倉制の拡大を集中的に記録していることとおなじであって、ほぼそれに前後する時代に画期があったことを否定するものではない。帰化人についても、五世紀前後に画期があったことは、本節でのべた点からも肯定できよう。

(23) 仁井田陞『唐令拾遺』戸令第九、一九〔開二五〕条。
(24) 仁井田陞、同右、賦役令第二十三、一六〔開二五〕条。
(25)(26) 『日本紀略』延暦十四年七月辛巳(十六日)、同十七年六月戊戌(二十日)。
(27) 『三代実録』元慶元年六月九日所引貞観十三年八月十三日太政官処分。
(28) 『類聚三代格』十二、禁制事、延喜三年八月一日格。

（29）『権記』長保五年七月二十日戊申、唐商が「重以参来、雖陳帰化之由、於安置可無拠」、『小右記』寛仁四年九月十四日壬戌、「申感当今之徳化、参来之由、宜被安置也」、万寿四年八月二十七日、「数度参来経廻当朝、深蒙徳化」、『左経記』長元元年十一月二十三日癸巳、「感聖化頻参来之間、已如土民者」などとみずから称したという。ここでも唐商が、王の徳化・聖化により、参来したと自称した旨が記され、参来の語が、帰化と同義であることを示している。

（30）外蕃・諸蕃・蕃国の概念は、古代国家の理念からいえば、まず君主を中心に、内廷と外廷の区分を生じ、これを中核として、さらに王畿（畿内）と外国（畿外）の別、また官人にも内官と外官の区別が生じ、さらにその外周に、外蕃や外臣の層が設定されるといったもので、君主を中心とする礼・法の世界が、同心円的に拡大されるものと見なしてよいであろう。外国とは、もともと王畿の外であろうが、今日流にいえば、外国が外蕃にあたる。トナリノクニの訓はそれを現わすものであろう。したがってまた、国内においても、たとえば、『南斉書』巻九、礼上に、帝位の継承にさいし、「嗣位即位」にたいし、「蕃支纂業」が対比されている。これは、皇太子の即位にたいし、支庶のものの王位継承をさしており、要するに、嫡流にたいする支庶のものを、「蕃支」と称したのである（金子修一「中国古代における皇帝祭祀の一考察」〔『史学雑誌』八七—二〕）。〝蕃〟の使用法がわかるであろう。「外蕃」だけに用いた語ではない。

中国では、夷狄と外蕃は事実上の区別はなかったと思われる。しかし、わが国での用法はかなり異なる。「職員令」では、治部省の被官である玄蕃頭の職掌として、「蕃客辞見讌饗送迎、及在京夷狄、監当館舎事」とあり、「古記」は、「在京夷狄、謂堕羅・舎衛・蝦夷等」とし、一般に夷狄とは、唐・新羅・渤海などの外蕃から区別する概念であったらしい。大宝元年正月、天皇が大極殿に御し、朝賀をうけたとき、「文物之儀、於是備矣」とあるとおり、律令制に見合うはじめての儀式であったが、「蕃夷使者、陳列左右」とあり、蕃と夷は、左と右に分けられていた。つまり、蕃とは、諸外国使臣—新羅使、後に渤海使などをさし、夷とは、蝦夷・隼人などをさしている。この後も、大宝三年正月、霊亀三年正月、宝亀三年正月の受朝の儀を通観すると、蕃とは、「新羅使」「渤海蕃客」などと表記され、夷とは、「陸奥出羽蝦夷」「南嶋奄美・夜久・度感・信覚・球美等」「隼人」などをさしたことがわかる。

第六編　大化改新とその後

序章 〃大化改新論〃

大化改新について、かつて津田左右吉氏と坂本太郎氏による、否定論と肯定論の対立があり[1]、その後も、この基本的な対立はつづき、否定論に、門脇禎二氏・原秀三郎氏[2]、肯定論に、井上光貞氏・関晃氏[3]などが位置づけられよう。肯定論には、修正的肯定論・全面的肯定論とでもいうべき立場の相違がある。その前後にも、多くの改新論が展開されたが、この基本形はかわらないといえるだろう。ただ、それらの論文の争点は、大化二年正月のいわゆる〃大化改新詔〃にあり、改新詔の肯定・否定ともに、かつての津田・坂本時代ほど明快な対立はなくなり、幅はせばまり、陣営は錯綜し、論議はいわば矮少化してきたことが指摘できよう。

これらを、もう一度単純化してみる必要がある。現状での対立は、否定論と修正的肯定論との間にあるといってよいが、否定論は、改新は蘇我討滅のクーデターであり、改新詔にみられるように律令制へのプログラムは組まれず、それは、天武朝以後の律令制の知識によって逆に作成された。したがって、改新詔は虚構である。律令制とは、白村江の敗戦と壬申乱が重大な契機となって、はじめて成立したものであると考える。肯定論は、改新詔は『浄御原令』ないしは『大宝令』によって、文章が修飾され、内部の一部にも転載されたものはあるが、〃原詔〃は存在した。すなわち〃現詔〃は、〃原詔〃に内容規定があって、それを令文で修飾したもの、しかも〃原詔〃に対応する令の条文があって修飾したものと、対応する令条がなく、令文らしく整えた独自の内容のものがふくまれる。その後の律令制は、郡（評）制・戸籍制にしても、この〝原詔〟を起点として展開した。展開の過程に、ただちに実施に移しえないような曲折はあったが、実現への道を歩み、天武朝にいたって、律令制は一応の完成をみたとするのである。

しかし、これらの否定論・肯定論は、改新詔を中心に、改新関係史料のみを対象として立論しすぎるきらいがある。もっとも、それは、改新詔の研究が、これまでに比べてはるかに進んだからいいうることではあるが、そのために論議が矮少化した責めも負わねばなるまい。大化改新はあらためて、古代国家の展開過程という俎上にのせて、大局的に位置づける必要がある。

それには、まず、大化前代の氏姓制や部民制の成立過程と、これをもとに発展してきた国制の到達段階を正しく把握せねばならぬ。この点について、筆者は、かつて論じてきたが[4]、否定論は、その到達段階を過少に評価しすぎる傾向がある。五、六世紀のヤマト王権の国家統一は、すでに五世紀末の段階において、あらたな国家組織の形成に進んでおり、六世紀には、第一次の古代国家ともいうべきものが成立したと考えられるが、最近の傾向はこれをかなりあいまいに把えていると思う。つぎに、大化改新を境とし、これらの国制の変革がいかに行われたか、その変革の過程、いうならば律令制の成立にいたる政治プログラムの解明が必要である。これも、最近、天武朝を重視するあまり、すべての変革を天武朝におこうとする、いわば〝天武一元論〟とでもいいうるような傾向がつよい。律令制は、いわば第二次の古代国家組織と考えるが、律令制こそ古代国家であり、それ以前に、古代国家の組織はなかったとする歴史論は、その古代国家の成立の時期をも遅らせることにもなるのである。しかし、筆者は、まだ大化以後の政治過程について論及したことはない。そこで、本論ではじめて大化以後の政治過程をとりあげたいと思う。ただ、そのすべてを一挙に解明することはできないので、ここでは、天智三年二月の、いわゆる〝甲子宣〟と、大化改新との関係、および〝甲子宣〟と、その後の天武期・『大宝令』にいたる継受関係をとりあげてみることとする。この一連の改革は、大・小・伴造氏の氏上と、その民部・家部を定め、いわば氏姓制を再編して、律令の官僚制に適応せしめるまでの重大な措置をふくんでいるからである。それが大化改新を抜きにして語りうるものかどうかは、結果としてあきらかになるであろう。

本論では、便宜上、天智三年二月の宣を、〝甲子宣〟とよび、これをうけた天武四年二月の詔を、〝乙亥詔〟、大宝二年九月の詔を、〝壬寅詔〟とよぶこととする。

第一章　大化改新と〝甲子宣〟

第一節　「大氏・小氏・伴造之氏」の認定

天智三年二月に、天智天皇が、太皇弟大海人皇子（天武）に下した〝甲子宣〟の原文は左のごときものである。

a　宣増換冠位階名、及氏上・民部・家部等事、

b　其冠有二十六階、大織・小織・大縫・小縫・大紫・小紫・大錦上・大錦中・大錦下・小錦上・小錦中・小錦下・大山上・大山中・大山下・小山上・小山中・小山下・大乙上・大乙中・大乙下・小乙上・小乙中・小乙下・大建・小建、是為二十六階焉、改前花曰錦、従錦至乙加十階、又加換前初位一階、為大建・小建二階、以此為異、余並依前、

c　其大氏之氏上賜大刀、小氏之氏上賜小刀、其伴造等之氏上賜干楯・弓矢、亦定其民部・家部、

これをみると、aは総論、b・cは各論である。〝甲子宣〟は、この総論と各論から成り、各論のbは、総論の前半、すなわち「増換冠位階名」をうけ、cは、総論の後半、すなわち「氏上・民部・家部」をうけることはまちがい

ない。

まず、bの「官位」の系列の改革で、「増換」とあるのは、大化五年二月に制定された「冠十九階」にたいするものであるのはいうまでもなく、なにゆえ、大化五年に冠位を定めたかといえば、改新において、「臣・連・国造・伴造」を、「大夫以上」に再編し、いわゆる〃部曲〃を〃食封〃に切りかえる旨を宣したとき、この「大夫以上」の差等を定める必要があったからである。それをうけた〃甲子宣〃では、大化五年の制で、大・小織、大・小繡、大・小紫とあった六階は、そのままうけつぎ、大・小織、大・小縫、大・小紫の六階とし、ただ「繡」を「縫」と名称をかえたのにとどまるのに、大・小花、大・小山、大・小乙の十二階は、なかに「中」を入れ、十八階に改めた。bに、「十階」を加えたとしているのは、「六階」の誤りか、または、各階に中を入れ、等級をましたので、「中階」の誤りかのいずれかであろう。しかも、「花」は「錦」と改められた。これは、後の事例でいえば、「大夫以上」を「小錦下」より以上にあてたので、その上・下の冠位の階等をふやし、大夫の身分差をより明確にしようとしたのであろう。〃甲子宣〃で、「増換」とした、その「増」にあたるのは、この部分のみであるといってもよい。これと同時に、初位の「出身」も、大・小建の二階に分かっているので、「二階」を加えたとしたのである。この「錦位」についてはまた後にのべる。

いずれにしても、〃甲子宣〃の冠位は、その起点を、大化五年の冠位におくことができ、それはさらに、改新詔の「大夫以上」にさかのぼる。大化五年の冠位の制定がなければ、〃甲子宣〃での改訂はありえないであろう。そこに継承関係がある。

つぎに、cの「氏上・家部・民部」の系列の改革について、文意を整理すれば左のようになる。

其大氏之氏上賜大刀
小氏之氏上賜小刀　　亦定其民部・家部
其伴造之氏上賜干楯・弓矢

このうちで、「小氏」のはじめにのみ、「其」を付していないのは、大・小を連称するからにすぎない。また、「民部・家部」を指示する「其」は、「大氏・小氏・伴造之氏」の三者をうける語である。したがって、「民部・家部」を定めることを、諸氏の「氏上」にたいする措置と切りはなして、氏族対策とはまったく別個の政策などとすることはできない。[5] また、「其」をその直前にある「伴造之氏」のみにかけ、「大氏・小氏」と無関係の政策とすることもできない。[6] なぜなら、これをうけた〝乙亥詔〟は、「諸氏被給部曲」としているからで、「諸氏」とは、大・小・伴造氏のすべてを包括する概念と考えるほかはないからである。

さて、この諸氏に定められた「民部・家部」も、aの「官位」とおなじく、改新において、〝部曲〟を〝食封〟に切りかえ、「大夫以上」に与えた措置と密接に関係している。大化の方針をうけ、さらに「大夫以上」の身分を冠位制によって細かく定め、その身分（冠位）に応じて、「民部・家部」の一定量の保有をみとめようとしたものといえる。ここにも継承関係がある。この点は、後に詳しくのべる。

〝甲子宣〟では、大・小・伴造氏が、いかなる氏を特定しているのか、何ら示されてはいない。『古語拾遺』[7]は、〝天武八姓〟についてのべた部分に、朝臣＝中臣＝大刀、宿禰＝斎部＝小刀、忌寸＝秦・漢・百済文の各氏のごとくこれを比定している。〝壬寅詔〟で、〝甲子宣〟において定められた諸氏の追加登録として、〝天武八姓〟により「伊美吉」以上を賜わった氏をことごとく申請させたのをみると、たとえ〝甲子〟と〝壬寅〟の間に、氏の勢力に変化があったとしても、原理としては、「忌寸」以上にあたる氏を、「伴造」以上に指定したと推定してよかろう。『古語拾遺』の説を、忌寸＝秦・漢・百済文＝干楯・弓矢として、これを〃甲子宣〃の伴造氏にあてることは可能である。

ここで、〃甲子宣〃から〃天武八姓〃にいたる移行措置を概観してみる。

まず、天武九年正月、忌部首首に「連」のカバネを賜わったことを、首は弟とともに悦び拝したという記事にはじまり、同十年正月、草香部吉士大形を、「小錦下位」に叙し、「難波連」を賜わり、同十年四月、錦部造小分のほか、田井直・次田倉人・川内直・忍海造・大狛造・倭直・門部直・宍人造・山背狛など、一氏に一人ないし三人、あわせて一四人に、「連」のカバネを賜わり、同年十二月には、田中臣鍛師はじめ、柿本臣・田部連・高向臣・粟田臣・物部連・中臣連・曾禰連・書直など、一氏に一人ずつ、あわせて一〇人に、「小錦下位」を授け、このうちの書直智徳と、別に舎人造糠虫の二人に、「連」のカバネを賜わり、糠虫は、その直後に改めて「小錦下位」を授けられる記事が相ついでみえる。このような例は、天武十年までの賜姓は、授位とおなじく個人にたいして行われ、諸氏の「氏上」またはそれに准ぜられるものが対象となったらしいことを示す。なお、天武五年六月、物部雄君「連」が、「氏上」に任ぜられた記事のあることも、つけ加えておきたい。そして、「小錦下位」と「連」がほぼ対応関係にあり、「小錦下位」を授けられて、はじめて「連」のカバネを与えられ、また「連」のカバネをもつものが、「小錦下位」を授けられたことをも示している。天武十年九月、「諸氏」の「氏上」で、まだ定まらぬものは、定めて申請せよとした「氏上」とは、これらの総括であるから、「連」＝「小錦下位」＝「氏上」という関係が次第に明確になってきたことになろう。これが、〃甲子宣〃における「伴造之氏上」に指定される最低の条件である。とともに、大化改新詔の「大夫以上」の基準を具体化したことにもなるであろう。

つぎに、これらの個人への授位と賜姓のあと、天武十一年五月には、倭漢直らに「連」のカバネを与え、同十二年九月、倭直以下三八氏、さらに同十二年十月、草壁吉士ら一四氏に「連」のカバネを賜わった記事などがつづき、そのなかには、上記の個人の属する氏が多くみとめられる。つまり、かれらは、自己の氏に先立って授位・賜姓されたもので、八世紀の賜姓が、まず個人への授位・賜姓にはじまり、ついでその個人をふくむ一定範囲の族員に賜姓が行われるのが通則であったのをみれば、すでにこの通則が成立していることを示すであろう。(8) 氏上の資格を定めたことによって、それに連動しうる氏の範囲が問題となる。ここに氏姓制の再構成が当然行われねばならないことになろう。

さて、〃甲子宣〃は、冠位制をまず掲げ、ついで大・小・伴造氏の認定におよんでいる。(9) この点は重要であって、律令制における〃授位〃と〃賜姓〃の関係に等しく、官位が氏の資格の規準とされたことを示している。「小錦下位」と、「連」の対応関係はここに発しているのである。このような対応関係は、先にあげた天武十年正月に、草香部吉士大形に、「小錦下位」を授けたとき、「仍賜姓難波連」と記し、〃授位〃と〃賜姓〃を、「仍」の語で連結したことに、端的にあらわれていよう。このような、〃甲子宣〃にはじまるあたらしい理念を最初に示すのは、天智八年十月の藤原鎌足の死去にさいする記事である。

天皇遣東宮大皇弟於藤原内大臣家、授大織冠与大臣位、仍賜姓為藤原氏、自此以後、通曰藤原内大臣、

つまり、「大織冠」と「大臣位」を授けたことによって、藤原氏を「賜姓」されたのである。

〃甲子宣〃における冠位制を前提とする氏の区分は、大化前代の〃臣・連・伴造〃の区分とは原理を異にするものである。それはこのような三区分法を踏襲しながら、それを再編するもので、それは大化改新において、少なくとも推古朝には成立していた〃大夫〃制を制度化し、〃部曲〃を廃止して〃食封〃にかえるとしたことに発している。推

古朝の大夫制も、推古十一年に成立したとされる〝冠位十二階〟とふかいかかわりをもつであろう。しかし、大化に制度化された大夫制は、〝甲子宣〟においてより明確となり、具体的に内容をもつものとなった。それは錦位の設定によるものである。この新冠位制が、大化の冠位ともっとも異なる点は、この錦位の設定にあり、それ以下の冠位は、「小錦位下」以上のものを特定するための付随的要件と考えることができる。それは、天武十四年正月の冠位の改訂にいたるまでの諸氏の冠位が、ほとんど大錦位（四位）と小錦位（五位）であり、紫位以上は、特別の功賞か贈位によるもののほか、みられないことからも分かるであろう。そして、この「小錦位」以上にのぼりうる氏が、「大・小・伴造氏」であり、その資格として、「連」のカバネをあたえられることとなった。氏もまた冠位制を前提に、あらたに序列化され、いわゆる律令的氏族に再編されることになったのである。大夫が、はじめ五位以上のものを称し、それに食封があたえられていたのは、この小錦下位に発する。同時に、「連」のカバネをあたえることは、〝天武八姓〟において、「忌寸」以上に位置づけられるための重要な前提条件となったのであるから、〝八色之姓〟における〝朝臣・宿禰・忌寸〟の区分は、〝甲子宣〟の〝大氏・小氏・伴造氏〟の三区分に発していることになる。もちろん、この間にも、実際の氏族勢力には変遷があったが、原理として〝甲子宣〟は、〝天武八姓〟の出発点ということができる。

〝甲子宣〟における大・小・伴造氏は、その選定につれて、何らかの台帳に登載された。天武十年九月、「諸氏」のうちで、「氏上」のまだ定まらぬものは、これを定めて「理官」に申請せよとしているのは、台帳が理官＝治部省に保管されたことを示し、大宝職員令の治部省の職掌とも一致するが、さらに〝壬寅詔〟は、「甲子年」に「氏上」を定めたとき、「所不載」で、現在「伊美吉」以上の姓をもつものは、ことごとく申請せよとしていて、〝甲子宣〟の措置がひきつづき進展していることを示す。すなわち、大宝二年九月のいわゆる〃壬寅詔〃は左のとおりである。

　詔、甲子年定氏上時、所不載氏今被賜姓者、自伊美吉以上、並悉令申、

この詔の文意は、山尾幸久氏が、[10]〃甲子宣〃で氏上を決定し、台帳に記載したが、なお記載されなかった氏で、〃天武八姓〃とそれ以後に、「忌寸」以上のカバネをあたえられたものは、すべて治部省に申請させて、追加登録をしたものと解された程度でよく、これを、〃甲子宣〃で、伴造の氏以上の資格がありながら、事務上のミスで記載もれしたものを申請させたとか、または登録は、大・小氏だけで、伴造氏は登録されなかったためであるとするような解釈は過剰であろう。[11]〃甲子宣〃は、基本方針を定めたもので、実際の措置は、その後に進行しているからである。天武朝に、個人あるいは氏への授位・賜姓が進み、右の天武十年九月の詔も、その一環である。進行状況は、本編末の別表にすべて記入してあるので参照されたい。

そして、治部省の台帳に記載された大・小・伴造氏とは、すべて〃中央豪族〃である。これは、『古語拾遺』の文や、実際に進行した氏への賜姓などをみれば明らかであるが、同様に、〃天武八姓〃の「忌寸」以上も、〃中央豪族〃をさしている。八姓において、「朝臣」を与えられた下道臣・伊賀臣・下毛野君・道守臣・笠臣や、「忌寸」を与えられた大倭連・凡河内直・山背連・難波連・紀酒人連・大隅直など、一見、〃地方豪族〃であるかにみえるものも、すでに中央官人化し、大和を中心とする畿内に本拠をもつものをさしている。要するに、〃甲子宣〃は、〃地方豪族〃にはふれていないのである。同様に、〃天武八姓〃において、「忌寸」を与えられたものについて、帰化氏族と国造などの地方豪族とするのも誤りである。〃地方豪族〃については、〃壬寅詔〃とおなじ、大宝二年四月、左の詔が出されている。

詔定諸国々造之氏、其名具国造記、

これは、〃甲子宣〃で、〃大・小・伴造氏〃を定めたとおなじく、「諸国々造之氏」を特定したのであって、このばあいの原簿は、「国造記」であり、やはり治部省に保管されたものであろう。この国造の氏について、これまで郡司に任ずる必要から旧国造の氏を公認し、登録したものとみる説と、新国造（律令国造）の資格のある氏を政府に登録したものとする説の二つに分かれていたが[12]、本論のようにみれば、その観点にはズレがある。旧国造から新国造に再編していくためのもので、大・小・伴造氏が、臣・連・伴造の再編であったことと等しい。

以上からすれば、〃甲子宣〃において、「民部・家部」を定められたのも〃中央豪族〃であって、この措置を大化改新後に、いまだ官人化されぬ〃地方豪族〃を対象とするものと解するのは誤りである[13]。関晃氏が[14]、〃甲子宣〃は、中央豪族の利益を、国家権力によって確保するところに目的があり、それが同時に朝廷の強化につながったものとされたのは、正当な見方である。ただそれはまだ、大化改新から律令にいたるまでの過渡的措置であり、後にのべるように、食封制の前身とでも評価すべきであろう。

第二節 「氏上」の申請

〃甲子宣〃において、大・小・伴造氏の「氏上」を定めるとは、その地位を国家政治上に位置づけ、かつ保証することであり、そのため、氏人に氏上を申請させ、これを公的に認定する手つづきをとったのであるから、当然、「氏上」によって代表される氏の範囲、つまり氏人ないしは同族の範囲を確定することでなければならない[15]。しかし、〝甲子宣〟においては、「氏上」と、これに対応する「民部・家部」を設定したが、いわば〝氏人〟については、何ら規定していない。

この点は、〝甲子宣〟ののち、まず賜姓が行われたのは〝個人〟であることと関係あるであろう。すなわち、先にのべたとおり、天武十年までの賜姓は、すべて個人名で記され、氏を対象とするものでなく、それを総括する天武十年九月の詔も、諸氏の「氏上」のなお定まらないものは申請せよとしているのである。しかるに、天武十一年からの賜姓は、すべて〝氏〟を対象とし、天武十一年八月には、その「族姓」の定まらぬものは、考選の色でないとし、同十一年十二月に、「諸氏人」が「氏上」を定め申請するにあたり、「眷属」の多いときは、各々別に「氏上」を定めてよいが、「己族」にあらざるものを、たやすく編付してはならぬと定めるなど、氏の族員の範囲を問題とするにいたっている。ここに、「氏上」の認定が、必然的に氏の族員の範囲を確定することにつながり、氏上より「氏人」の認定へと、事態が進展したことを示す。

そのばあい問題となるのは、氏の族員を定める基準である。氏上といかなる親等関係または同族関係にあるものを、同一の氏姓をもつ氏の範囲に属せしめるかという問題である。天智九年の〝庚午年籍〟以後の戸籍において、氏姓の継承は父系の原理にもとづき、氏上と、これに連なる一定範囲の戸主が、おのおのその直系親に伝えるのを通則としたことが参考になる。しかし、このような通則は、わが古代に無制限に古くから存在したとは思われず、やはり〝甲子宣〟を画期として成立したと考えうる余地は十分あるであろう。

この辺りを傍証する史料として、つぎの二つをあげておきたい。まず、天武八年正月の詔である。

詔曰、凡当正月之節、諸王諸臣及百寮者、除兄姉以上及己氏長、以外莫拝焉、其諸王者、雖母、非王姓者莫拝、凡諸臣亦莫拝卑母、雖非正月節、復准此、若有犯者、随事罪之、

つぎに、文武元年閏十二月の格である。

禁正月往来行拝賀之礼、如有違犯者、依浄御原朝庭制決罰之、但聴拝祖父兄及氏上者、

この二つはたがいに関連し、「氏上」を中心とする親等関係のあり方を示している。天武八年の詔は、「諸王・諸臣」以下に命じ、正月にあたって、「兄姉以上親及己氏長」のほかは拝礼してはならないと規定したもので、「兄姉以上親」とは、男女を問わず二等親以内の年長者をさす語と思われ、祖父母・父母・兄姉がこれにふくまれようが、諸王は、「母」であっても、「王姓」でないもの、諸臣は、「母」であっても「姓」の低いものは拝してはならぬとし、上級者にたいしては、「姓」の異なる女性、つまり母への制約をきびしくした。つまり母系の氏族への断絶ないし制約を加えたものといえよう。文武元年の格は、天武の制をつぎながら、「祖父兄及氏上」のほかの拝礼を禁じたのは、二等親内の年長者でも、祖父・父・兄を許し、祖母・母・姉を排除して制約をきびしくしたものと思われ、拝礼を男系にしぼるという趣意であろう。いずれにも、「氏上」は加えられている。「氏上」を中心とする男系の親族関係を重視し、これによって、「氏上」に代表される氏の輪郭をはっきりさせようとする目的をもつものではないか。おそらく、当時の社会慣習としては、祖父母・父母・兄姉・舅姑・従父兄姉・外祖父母など、父系・母系を問わず、年長者を拝する風があり、氏姓の継承にも、なお〝双系的〟なものを残していたと思われ、国家がこれらの慣行に統制を加えはじめたことを示すものであろう。

このことは、つぎの〝複姓〟の問題にもつながる。氏姓制度のうえで、物部弓削・蘇我石川・阿倍普勢・春日小

野・倭漢文・東漢坂上・河内書などの、いわゆる〝複姓〟は、大化改新前の遺制であり、少なくとも〝天武八姓〟においてて消滅すると考えられ、これが父系による氏姓継承、つまり〝父姓〟の確立と表裏の関係にあると推定されるからである。

かつて、直木孝次郎氏は[16]、〝複姓〟を二つに大別し、a有力な氏族のウヂを複姓の上半部とするもの（例、巨勢神前臣、蘇我倉山田臣など）、b宮廷の官職に関係ある名称を複姓の後半部とするもの（例、倭馬飼首、石川錦織首など）とし、大まかにいえば、aは、本来の氏が、勢力の拡大などにより枝氏を生じたため、bは、朝廷の官職が細分化し、同一の官職でも、これに従う伴造氏の数が増加したために生じたと見、むしろ、bを中心に所論を展開された。ここで問題としたいのは、直木説にいうaである。

直木説もすでにふれているが、かつて高群逸枝氏は[17]、aのような複姓を〝純粋複氏〟と名づけ、二氏の複合したもの、つまり父系と母系の双方をかねて氏の称とすることにより成立したものが多いとし、物部弓削・阿倍布勢・蘇我山田などの例をあげたのである。筆者も、その可能性はきわめて高いと考える。もちろん、これは氏の勢力の拡大と矛盾するものではないが、観点を異にしている。これまで、たとえば大和と河内・摂津の両地名をおびる複姓について、大和から河内に進出し、また逆に河内・摂津から大和に侵入したために生じたとする解釈があり、これが豪族論のみならず、〝応神王朝論〟や〝継体新王朝説〟のような王位簒奪説にまで投影していたことは周知のとおりである。本論において、筆者は、継体天皇の出自した近江息長氏は、歴代の天皇に后妃を納れた、いわばヤマト王権の母系氏族ともいうべき立場にあり、父系の断絶によって、王位を継承することもありうると主張した[18]。これは〝双系主義〟をみとめる説である。高群説もまた、氏族についての〝双系〟をのべたものといえよう。

いずれにしても、このような双系的な複姓のばあいは、〝甲子宣〟の諸氏の登録のさい整理され、〝天武八姓〟以後には例をみないこととなった。たとえば、阿倍氏をみても、天智朝までの阿倍布勢臣・阿倍巨會倍臣・阿倍引田臣・阿倍久努臣などは、八姓においては阿倍朝臣と表記され、その後は、引田・久努・長田らの諸氏のうち、数家が選定されて阿倍朝臣となるほかは、布勢・巨會倍・引田・久努朝臣の姓を称した。[19] 和邇（春日）氏も、春日小野臣・春日栗田臣らは、八姓で大春日朝臣・粟田朝臣と表記され、その後は春日・小野・粟田・柿本朝臣に分かれ、[20] 倭漢氏も、八姓で倭漢忌寸と一括されたが、その後、坂上・内蔵・平田・大蔵・文・調・谷・民・山口忌寸などを称している。[21] そして、八世紀において、阿倍氏の氏上は、布勢御主人―引田宿奈麻呂―布勢広庭のような図式で継承されたと思われ、春日氏の氏上は、粟田―小野、倭漢氏の氏上は書―坂上のように継承されたのではないかと思われるが、これは同族の各氏が比較的、対等・並列の立場にあり、族長権が特定の一氏に固定されなかったことを示すであろう。

これらはすべて〝甲子宣〟の大・小・伴造氏の範囲に属する。〝天武八姓〟でいえば、忌寸以上の氏である。このような氏が父系原理の直接の対象となったのであり、直木説にいうaのなかでも、忌寸より下位のもの、特に地方豪族には複姓が残存した。中臣鹿島連・阿倍磐城臣・大神私部公・上毛野坂本君のごとくである。[22] これらは、より上位のまた中央の豪族を主家としたために、複姓を称した面があると思われ、やや原理を異にするが、主な原因は、忌寸以下の氏であり、直接の対象とされなかったことにあろう。それと、bに属する桜井田部連・手繦丹比連・美濃矢集連なども、複姓が残存している。[23]

要するに、直木説のaに属する双系的な〝複姓〟のみが、〝単姓〟に変化したので、このような変化は、父系にもとづく氏姓の継承がめざされた結果であり、〝甲子宣〟は、この原理によって、族員の再編をはかったものであろう。

か。

このような原理は、天智天皇が定めたといわれる〝不改常典〟のめざすところとも、軌を一にするものではあるまい

〝甲子宣〟を前提として作られた〝庚午年籍〟は、当然これを反映しているであろう。後の事例をみると、天応元年五月、尾張国中島郡人裳咋臣船主は、父系は敢臣であるのに、〝庚午年籍〟で誤って「母姓」に従ったとし、延暦十年十二月、伊予国越智郡人越智広川らは、父系は紀臣であるのに、〝庚午年籍〟で誤って「母姓」に従ったとし、いずれも改姓をもとめた例がある。〝庚午年籍〟は父系・父姓を原理に作成されたが、はじめての戸籍であり、それを守りえず、母姓に従ったものもいたのであろう。それは、それ以前において、氏の範囲は不明確であり、いずれの姓を称し、いずれの族団に属することも可能であったことを示すであろう。

さて、〝甲子宣〟をこのようにみると、その父系主義の確立もまた、大化元年八月のいわゆる〝男女之法〟に起点をもとめることができよう。〝男女之法〟においては、「良男・良女」の生んだ子は、「配其父」とされ、父系主義が示されている。当時、子は母系の氏族に属し、あるいは母姓を称することが社会慣習として存在したから、中国風な父系主義の理念を打ち出したものではないか。(24)〝甲子宣〟とこれにもとづいて作成された〝庚午年籍〟は、この父系主義を具体化したものである。〝庚午年籍〟が、全国的な氏姓の原簿としてながく保存された理由も、ここで父系による氏姓がはじめて確立されたからであろう。大化の原理との継承関係はあきらかであると思う。

本節の後半にのべた父系・双系の問題はまだ未整理の点が多い。しかし、ここで概略ふれたことは、見通しとしては成立しうると思う。それは、社会学あるいは親族法上の問題をふくみ、奥ぶかいテーマであるから、さらに今後の課題としたい。

第三節 「大刀・小刀・干楯弓矢」の賜与

〃甲子宣〃で「氏上」を定め、それを登録することは、第一節・第二節でのべたとおりの意義をもつものであるから、それと、各氏の「民部・家部」を定めることは、関連するとはいえ、一応独立の氏族政策であるといえる。総論aの後半部分で、「氏上」を定めたことに対応するのが、各論cの前半にあたる「大刀」以下の武器の賜与であり、おなじく、aの後半部分で、「民部・家部」を定めたのに対応するのが、各論cの後半にあたる民部・家部の制定にあたる。この両者は、並列の関係にある。ことに、各論cでは、「氏上」への措置として大刀以下のことを記し、「亦其」という語を冠して、「民部・家部」におよんでいるのであるから、両者が一応別の条文であるのは明らかであろう。

したがって、「氏上」に、「大刀」以下の武器をあたえたことを、ただちに「民部・家部」の支配を国家権力によって承認する行為で、いわば節刀とおなじく、王権からの一部権力の委譲を示すと解するのは早計であり、過剰解釈である。[25] 第一、節刀を授けることは、征夷や遣唐使など、王権のおよばない事態に対処するためであって、基本的に日常の政治活動は、その対象とはならないであろう。さらにまた、武器を与えることを、ただちに中央貴族の軍事組織の確立を示すものとすることもできない。[26] 軍馬や兵器の蓄積とはちがうのである。要するに、井上光貞氏が[27]、氏上の地位、したがって氏の相互の序列を国家が定めるにあたってのシンボルとも称すべきものとされたとおりである。それは、個人にあたえられる位冠と共通する面があり、大刀・小刀・干楯弓矢は、それ自体、武器の上下関係を示す。帯刀（タチハキ）と靫負（ユゲヒ）は、身分が異なるごとくにである。ただ筆者は、その行為を既成の氏の秩序を承認するためのものでなく、氏の再編の結果を定めたものと考える点が異なっている。

ただ、このような武器の賜与が、軍馬・兵器の蓄積を意味するものでないにしても、〃甲子宣〃が上級の中央豪族の再編による、その支配権力の強化をめざすものであるかぎり、間接的には、その後に展開される軍馬・兵器にたいする政策と関連はあると考える。まず、天武三年八月、石上神庫の武器を、「諸家」の子孫に還付する記事にはじまり、同四年十月、「諸王以下初位以上」に、人ごとに兵器を備えしめ、同五年九月、「京及畿内」の人別の兵器を校し、同十三年閏四月、「文武官諸人」に、用兵と乗馬を習わせ、同十四年九月にも、「京及畿内」の人別の兵器を校し、持統七年十月、「始於親王、下至進位」までの儲兵の基準を定め、文武三年九月、「正大弐已下無位已上」の人別に備うべき弓・矢・甲・桙・兵・馬に差等を設けるなどの一連の記事がつづく。これは、中央豪族の武装の強化をめざしたもので、他方では、天武十四年十一月、「四方国」、つまり京畿以外の国々については、大角・小角・鼓吹・幡旗・弩拋などを、「私家」におくことを禁じ、すべて「郡家」に収めさせるとしている。これは、「大宝軍防令」の、「私家」に大角以下の武器をおくことを禁ずる規定と共通している。

このような措置は、律令国家体制を推進するのに、まず、朝廷を構成する中央豪族の強化をはかったもので、律令の兵制にいたる過渡的措置ともいえるであろう。これは、かれらのもとに、「民部・家部」を設定したことと共通性がある。民部・家部もまた、律令の食封制にいたる過渡的措置と思われるからである。したがって、笹川進二郎氏が[28]、〃甲子宣〃で、氏上に武器をあたえたことと、民部・家部を設定したことは関係があるとされたのも、この意味からすれば首肯できよう。ただ、それは〝甲子宣〟の直接目的としたところではない。

最後に、〝甲子宣〟にはじまる中央豪族の武装の強化と、地方の武器の収公も、その起点は、大化元年八月の東国等国司への詔に、「兵庫」をつくり、「国郡」の刀・甲・矢を収めさせ、さらに、「諸国」に使をつかわし、「兵」を治めしめた政策にあるといってよいことをつけ加えておきたい。

第二章　大化改新と天武朝

第一節　「民部・家部」の設定と廃止（その一）

〝甲子宣〟の「民部・家部」の設定は、天武朝にその廃止が打ち出される一連の政策であるから、便宜上、本章でまとめて扱うこととする。

さて、〝甲子宣〟における「民部・家部」の設定が、「亦其」という語を介して、「大氏・小氏・伴造之氏」の「氏上」にたいする措置であることはすでにのべた。したがって、「民部」を「民部省」の語と関連させて、〝国家所有の人民一般〟をさすとし、〝公民〟と同義語とすることは、文脈上とうてい無理なことであり、「家部」をこれから分離させて、逆に〝豪族の私有民〟と解することも適当でない。(29)「民部・家部」は、ともに中央豪族のもとに設定された民で、支配系統に差異があるわけではない。

そして、「民部・家部」は、ともに〝甲子宣〟であらたに認定された諸氏の地位、つまり冠位でいえば、「小錦下位」以上、カバネでいえば「連」、後の「忌寸」以上にあたえられた特権とせねばならない。そして、大・小・伴造氏が国家によって認定されたとおなじように、民部と家部も特定された一定範囲の民の領有がみとめられたのである。これらの民は、おそらく、領有者の氏の名を付して、〃某部〃というようによばれ、その呼称をもって、〃庚午年籍〃に登載されたにちがいない。むしろ、国家が戸籍に登載し、〃公民〃とする前段階として、中央豪族の支配下に編入した民ともいいうるであろう。しかし、かれらはまだ〃国家所有の人民〃ではなく、あくまで中央豪族の領有・支配のもとにおかれたので、その支配内容は次節で考えるが、もし中央豪族の領有下におかれたのでなければ、〃乙亥詔〃で、これをうけ、諸氏の「部曲」を廃止するとした意味はないのである。まして、〃乙亥詔〃では、「部曲」の廃止とならんで、おなじく、「親王、諸王、諸臣」らに賜わった「山沢嶋浦、林野陂池」も廃止しているのだから、人民と土地はおなじように、諸氏の領有下におかれ、おなじように廃止され、〃公地・公民〃となったと考えるほかはない。このようにみれば、「民部・家部」は、けっして〃公民〃となしえないのみならず、諸氏の氏上を官僚に准ずる管理者として認定し、課役徴収を国家に代わっておこなう責任を負わせたとすることもできない。(30) それは、諸氏の特権として収取をみとめた民である。また、「民部・家部」を、実際の領有から切りはなし、〃庚午年籍〃に氏姓をあたえて登録し、〃公民〃とするための便宜的手段とみる説も正しくないであろう。(31) これらの学説は、〃甲子宣〃のａ・ｃの条文のヨミの基本線から外れているといわねばならない。

以上が、本論文の出発点となる条文の解釈である。

それから、もう一つだけ加えておけば、〃甲子宣〃は、諸氏の「氏上」に関する規定で、冠位、大・小刀の賜与も、対象は「氏上」であるとすれば、この民部・家部も、「氏上」に賜与されたものと考えねばならぬことである。これは、大化前の部民の領有とは、いささか内容を異にし、この条文の意味を考える一つの手がかりとなる。

さて、〝甲子宣〟の「民部・家部」と、〝乙亥詔〟の「部曲」がおなじ内容のものをさすかどうか、あるいは、「民部」の方をのみ「部曲」の語でうけたかは、議論の分かれるところである。もし、「民部」をのみ「部曲」の語でうけたとすれば「家部」は廃止されずに残ったことになり、「家部」のその後を追求せねばならず、これを「氏賤」にあてる説もある。しかし、「氏賤」は、『大宝令』に規定がなく、『養老令』ではじめて登場すること、「氏宗」の特権としてみとめられたものではあるが、きわめて限定的なものであることなどを考えれば、「民部」とならぶ「家部」をそれてあてうるか否か。筆者は、「民部・家部」とも、いわゆる〝部〟であり、〝部〟であるかぎり、この二つをともに「部曲」の語でうけたものとした方がよいと思う。「家部」については、「第三節、補論」でのべることとし、本節では、両者の区別は保留したまま、論を進めていくこととする。いずれにしても、〝乙亥詔〟は〝甲子宣〟をうける処置で、用語をおきかえただけだからである。

ここで、『書紀』における「民部」「部曲」の用法をふりかえってみよう。

a　雄略十七年三月条

詔土師連等、使進応盛朝夕御膳清器者、於是土師連祖吾笥、仍進摂津国来狭々村、山背国内村・俯見村、伊勢国藤形村及丹波・但馬・因幡私民部、名曰贄土師部、

b　雄略二十三年八月条

大連等、民部広大、充盈於国、

c　顕宗元年四月条

前播磨国司来目部小楯、求迎挙朕、厥功茂焉、所志願勿難言、小楯謝曰、山官宿所願、乃拝山官、改賜姓山部連

氏、以吉備臣為副、以山守部為民、

d 安閑元年閏十二月条

大河内直味張（略）毎郡、以钁丁春時五百丁、秋時五百丁、奉献天皇、子孫不絶（略）蓋、三嶋竹村屯倉者、以河内県部曲為田部之元、於是乎起、

e 皇極元年是歳条

蘇我大臣蝦夷（略）尽発挙国之民、并百八十部曲、預造双墓於今来、

これらが大化前代の記事である。

aは、土師連が、天皇の御膳に奉仕するため、五ヵ国の「私民部」を貢進して、「贄土師部」（品部）とした記事、bは、大伴連の「民部広大」にして、国にみちみつとあり、一本に「汝等民部」と言いかえている記事、cは、来目部の功を賞して、山官とし、「山部連」の姓を賜い、「山守部」をもってその「民」とした記事、dは、大河内直が、竹村屯倉の経営に、春秋の「钁丁」を提供したのが、「河内県部曲」を「田部」とする起源となった記事、eは、蘇我臣が、「百八十部曲」を横領・使役して、みずからの墓をつくった記事である。

それらはみな、誰が「民部」「部曲」を領有していたかが示され、「私」「汝等」「賜」「奉献」などの語にも、私的な領有が示される。そのため、民部→品部、部曲→田部、山守部→民というように、いわば、私→公、公→私という領有関係の移動が語られているのである。「民部」「部曲」は、ともにカキ・カキノタミとよまれるのが通例で、「安閑紀」のウヂヤツコの訓の出典は分からないが、これも私的な領有という観点からのヨミであることに変りはない。

むしろ、筆者は、カキ・カキノタミにあてられた本来の語は、「民」「民部」で、「部曲」は、天武朝に新羅の骨品制

や部曲制の影響をうけて成立した用語で、そのため、大化改新詔でも、「部曲」の語が用いられたのではないかと推定している。a～eの用例でも、新旧があるのは、それにかかわりがあり、律令に、「部曲」の語が用いられず、「家人」をもって代えたのも、そのためではないかと思われる。しかし、これは傍証のみでたしかとはいえない。いずれにしても、a～eの用例をみれば、「民部」「部曲」の二つに、内容上の区別はみとめられない。

大化改新における「民」「部曲」の用例もおなじである。

a　大化元年九月条

自古以降、毎天皇時、置標代民、垂名於後、其臣連等、伴造国造、各置己民、恣情駈使、（略）進調賦時、其臣連伴造等、先自収斂、然後分進、修治宮殿、築造園陵、各率己民、随事而作、

b　大化二年正月条

宣改新之詔曰、其一曰、罷昔在天皇等所立子代之民、処々屯倉、及別臣連伴造国造村首所有部曲之民、処々田荘、仍賜食封大夫以上、

c　大化二年三月条

皇太子使々奏請曰、昔在天皇等世、混斉天下而治（略）其群臣連及伴造国造所有、昔在天皇日所置子代入部、皇子等私有御名入部、皇祖大兄御名入部（謂彦人大兄也）及其屯倉、猶如古代、而置以不（略）別以入部及所封民、簡充仕丁、従前処分、自余以外、恐私駈使、故献入部五百廿四口、屯倉一百八十一所、

d　大化二年八月条

詔曰（略）臣連伴造国造、分其品部、別彼名々、復、以其民品部、交雑使居国県、遂使父子易姓、兄弟異宗、夫

婦更互殊名、一家五分六割（略）及臣連等、所有品部、宜悉皆罷、為国家民、

このa～dが、大化改新における部民対策のほぼすべてであり、a・bと、c・dの二グループよりなる。a・bの両文を比べると、aの「標代民」と、bの「子代之民」、そして、aの「己民」と、bの「部曲之民」はそれぞれ同一の概念で、用語をおきかえただけである。そして、前者は、「天皇」が設置し、後者は、「臣連伴造国造」らが領有し、現在にいたっているものをさしている。aは、諸国にミコトモチをつかわして、勘検し、bは、それにもとづいて廃止を宣言したという連続性がある。

c・dを比べると、cは、かつて「天皇」の設置した「子代入部」や、「皇子」らの「御名入部」で、現在は、すでに「臣連伴造国造」の所有に帰したもの、dは、かつて「朝廷」に設けられた「品部」で、現在は、すでに「臣連伴造国造」の所有に帰しているものをさし、それも廃止を宣したのである。cの文意はあきらかであるが、dの文意をたどると、臣連などが、その（所有に帰した）品部を分かって、みずからの氏の名を付して領有し、その民となった品部を、国県に交雑せしめ、混乱をまねいているので、臣連などが現に所有している品部を廃止するという意味になる。つまり、cの「臣連伴造国造所有……子代入部」と、bの「臣連等所有品部」は、いわば対句をなしているのである。

したがって、a・b・c・dは、何ら重複するものでなく、a・bと、c・dは、それぞれ別個の、まとまった政策を示し、a・b・c・dは、記事のとおりの順で、年次を追って展開されたものとみることができる。そして、ここにおいても、(1)臣連などの「民」「部曲」、(2)天皇・皇子の「名代」「子代」、(3)朝廷の「品部」という領有形態の異なる民の存在が示されており、a・bは、大化にいたるまで、(1)・(2)が併存し、c・dは、大化において、(2)・(3)の

一部が(1)に併合された状態を語っている。そして、a・b・c・dはともに廃止し、国家の民とするとされるのであるから、残されたものは、(3)のうち、朝廷にそのまま属しているもののみとなる。これが、律令において遺制として存在する「品部・雑戸」である。

これまで、大化改新の部民対策についてのヨミは、いささか徹底を欠いていたのではないか。それらは、正確に照応するというべきであろう。

〝甲子宣〟と〝乙亥詔〟に問題をかえして検討する。〝甲子宣〟の「民部」と、〝乙亥詔〟の「部曲」が、大化前代および大化改新の「民」「部曲」にあたることはいうまでもない。つまり、上記の(1)に属する。もしそうならば、全面的に廃止されながら、〝甲子宣〟でふたたび設定され、〝乙亥詔〟で廃止されることの意味は何かが問題となる。そこで、「民部」「部曲」とは何であったかを考えねばならない。

まず、最近有力な学説に、〝部民王民論〟とでもいうべきものがある。「民部」「部曲」は、一応中央豪族の領有支配下にある民であるとしても、原理的にかれらは〝王民〟であるとする。[32]この説は、大化前代の氏姓制度は、王権を中心とする政治組織として成立し、国家的な身分を表示するものであって、かれらの領有支配する民も、王権を背景として、その領有を実現しえたものである。したがって、部民を、(1)豪族私有部民（民部）、(2)皇室直属部民（名代・子代）、(3)職業的部民（品部）などに分類するのは正しくなく、(1)に属するという蘇我部・大伴部・物部なども、蘇我氏・大伴氏・物部氏らが、臣連として朝廷の職務を分掌する立場から、その領有が可能であったにすぎない。いわば〝王民の分割所有〟とも称すべきもので、(1)・(2)・(3)は、この意味ではともに〝王民〟である。そして、(3)の「品部」の語も、もともとは職業的部民のみをさすのでなく、シナジナノトモ（べ）で、かかる部民の総称としての意味であるとするのである。

〃部民王民論〃は、筆者の論説にたいする批判として提出され、むしろ筆者の説の不徹底性を追求されたもので、その原型は私説にあると思うが、また私説とはちがう。そのことは後にのべる。しかし、狩野久氏が、[33]はじめにこの論をのべられたときは、(1)・(2)・(3)を総括して、理念としての〃王民論〃を提示されたもので、別に、豪族の領有する「民部」「部曲」を否定されたものではなかった。

しかし、その後、王民論はさらに先鋭化した。早川庄八氏は、[34]大化改新において、先に例示したaの「己民」と、bの「部曲之民」、すなわち筆者は同一の概念で、用語を異にするのみとした二つを分け、「己民」は、(1)の豪族の部民であるが、「部曲之民」は、単なる豪族の私的隷属民で、〃王民〃でなく、したがって〃部民〃の範疇には入らないとされた。だから、「部曲」は、大化改新では廃止の対象とはならず、そのまま私的領有がつづけられ、ために〃甲子宣〃ではじめて部民化され、〃王民〃となり、その所有を公認された。そして、最終的には、〃乙亥詔〃で廃止され、〃公民〃となったとする論理となる。したがって、大化改新は、むしろ、c・dのように、本来は王に帰属すべき人民、つまり〃王民〃で、豪族の所有に帰していたものを、〃王民〃に復帰させることに主眼があったとするのである。このような、「民部」「部曲」は〃部民〃でない、つまり『書紀』が、〃部民〃と記したものは〃部民〃でないとするのは、難解かつスコラ的な解釈であって、筆者は同調することができないが、これもつぎに批判をのべる。

さて、部民制に関する古い学説では、わが大化前代の部民制は、中国の部曲制に由来するもので、おそらく、南北朝のころ豪族の下僕である無産者集団としての部曲の制が、朝鮮をへてわが国にとり入れられたものであろうとされていた。[35]これは、地方豪族に隷属する賤民的な存在で、その部曲が部民の源流とされたのである。しかるに、他方で、津田左右吉氏によって、[36]わが部の制度は、百済の五方五部や、中央官司の内・外官としての諸部（ブ）の制度、ことに後者を、百済からの帰化人であった史部が、わが原始的官制たる伴（トモ）の制度に適用したものと説かれてから、部の源流は、中国の「部曲」になく、百済の「諸部」にあるとする学説が有力となり、井上光貞氏は、[37]豪族の私有する「部曲」（カキ・カキベ）でなく、朝廷に奉仕する「品部」（トモ・シナジナノトモ）を、わが国の部の中心においた。これは、太田亮氏の古い研究に、[38]〃職業部〃とある概念をもとにされたもので、世襲的な職業をもって、朝廷に貢納・上番する部をさしている。しかし、井上説は、品部を〃貢納型〃（伴造の管理下にある農民で、生産物を朝廷に貢納する）と〃番上型〃（官司に直属する伴や手工業者で、番をなして朝廷に労役奉仕する）の二つに分け、前者を、古い氏族制的な部、後者を、あらたな官司制的な部とし、部民制は、前者から後者へ展開したものと推定されたのである。この説は、「品部」を「部曲」に優先させ、部民制の源流を「品部」においた点で、津田説をより明確化したものといえるが、なお、「品部」のうち〃貢納型〃、つまり農民的な部を古いとみる点で、旧説を色濃くとどめているといえよう。

筆者は、[39]「品部」「部曲」のいずれにしても、部は貢納民たる農民部（べ）に発するものでなく、官司に上番する伴（トモ）の制度に原型があり、臣・連を頂点とし、伴造（トモノミヤツコ）—百八十部（モモアマリヤソノトモ）—品部（シナジナノトモ）という王権に従属する政治制度として成立したものとした。「部」を〃トモ〃とも〃べ〃ともよむのはそのためである。そして、このような政治組織は、中央から地方へ、官司から諸豪族へ、品部から民部（部曲）へと拡大され、朝廷への上番（エタチ）と貢納（ミツギ）の国家体制が完成していく。この体制のもとでは、「民部」（部曲）も、臣・連・伴造らの領有する民であっても、かれらが朝廷における地位を背景に領有を実現し、かつその収益によって朝廷における官職を分掌したのであるから、単なる私有民とはいえないとしたのである。そしてさらに、このような部民制の特徴として、品部にしても民部にしても、中央豪族の管理または領有下にあるものが圧倒的で、地方豪族たる国造は、地方的伴造として、国家体制の中に一定の地位を占め、部民を管理しながらも、かれらみずからが領有する部民はほとんど存在しなかったことも、このことを裏づけるとしたのである。

〝部民王民論〟は、このような認識から出発したものと思う。

しかし、筆者の考えは、部民を一元的に〝王民〟と規定するものではない。それに二つほどの理由をあげてみる。

第一に、大化前代に、朝廷の国家財政と、皇室や豪族の私的経済は、必然的に共存し、両者を截然と区分しうるものではない。「品部」のなかでも、いわゆる〝番上型〟のものは、官司が直接管理するものといえるが、〝貢納型〟のものは、官職を世襲する中央豪族の管理に属し、かれらの領有する「民部」(部曲)との区分があきらかであったとはいえない。「品部」は、臣・連・伴造らのいわば政治的基盤、「民部」は経済的基盤とでも称すべきものであろう。両者の設定には、おのずから実体的区分はあったであろうが、公・私の区分がさほど明瞭である社会ではあるまい。大伴部・中臣部・物部・忌部・秦部などの例をみても、「品部」「民部」の二つの側面をもっている。旧論でふれたので詳述はしないが、一例をあげると、忌部がある。八世紀の遺制からすると、忌部氏の職務は、幣帛をあつかうこと、神璽の鏡剣をささげもつこと、宮殿の建築・祭祀にあずかることの三つであり、このような職務に対応して、各地に忌部を設定した。阿波麻績郡の忌部は、木綿・麻布を出し、紀伊名草郡の忌部は材木を出し、宮殿や社殿の造営に従うものがあり、その他、筑紫・讃岐・伊勢などにも忌部が分布したが、それらの祖は、中央の忌部の祖の部下とされ、現実にも、中央忌部氏の支配下にあった。これらの忌部は、忌部氏に貢納する民(民部・部曲)と、朝廷に奉仕する民(品部)の両面をもっている。

天皇・朝廷の設置した名代・子代についてもおなじことがいえる。刑部・忍坂部（オサカベ）は、歴代の天皇に后妃を出した息長氏が、后妃・皇子女の宮として忍坂宮を経営し、その宮の経営の資として設定されたものと思われるが、息長氏によって管理され、伝領されたらしく、押坂大兄の御名入部として、大化改新に、中大兄皇子により返還された。おなじく、春日部も、春日氏が歴代の后妃を出し、経営した春日宮のために設定され、春日氏によって管理・伝領されたものであろう。

したがって、大化改新において、前述のcのように、かつて天皇・皇子の設置した名代・子代が豪族の所有に帰し、おなじくdにおいて、朝廷の設置した品部を、豪族が分割し、その氏の名を付して領有するという状態が、当然発生してくることになる。

第二に、しかしながら、「名・子代」「品部」「部曲」の区分が消滅したわけではない。大化前代にも、「己民」「私民部」「汝等民部」の語は厳として存在し、私的な領有を示し、そのため、民部→品部、部曲→田部、山守部→民のように区分の移動が語られ、また大化改新でも、この区分を前提に、豪領の所有するにいたった名・子代や品部を収公することを命じているのである。これらの三者を無差別に〝王民〟として把えることはできないし、すべてを〝王民の分割所有〟の語で概念化するのは、部民制のディティールを見失わせることになる。部民制は一つの国家組織として成立したのであるから、何らかの意味で朝廷の掌握した民と考えねばならない。〝王民〟の語はそこに由来するであろうが、朝廷を構成したのは、天皇・皇族・中央豪族であって、なお中央豪族は私的経済の側面をつよくもつ。中央豪族の私的経済も国家組織の一部であって、「部曲」が「品部」から意識して区分され、部民制の一翼を荷なっているのもそのためである。この私的経済の側面はややもすれば増大する傾向をもつ。大化前に、「大連等、民部広大、充盈於国」とされ、大化改新に、名・子代や品部が、豪族の領有に帰していたというのもそれであり、そのことは国家組織をかえって危機におとし入れるものとして自覚された。それらを〝王民〟の状態に引き戻さねばならぬと考えられたのである。〝王民の分割所有〟の語は、理念としてでなく、このような〝王民の私有化〟という歴史現象をさすものとして用いた方がよいと思う。

しばらく本題から離れたが、大化前代と大化改新を通じて、「名・子代」「品部」「部曲」の区分は一貫しており、改新詔等で、a・b・c・dにみられるとおり、それらを廃止する（品部のうち、遺制としての「品部・雑戸」のみがこれにあたらない）となれば、〝甲子宣〟で設定された「民部・家部」とは何か、改新の一連の政策とどう関係するかが問われなければならない。本節は、その前提として、部民の概念を確定しておいたのである。

第二節　「民部・家部」の設定と廃止（その二）

〝甲子宣〟では、中央豪族のうちの、「伴造之氏」以上の「氏上」の「民部・家部」を「定」むとなっている。古典的な学説では、大化改新で廃止された「部曲」（民部）を一部復活した。つまり、改新の反動、また白村江の敗戦による豪族層の不満などに対処するため、私有民を一部復活して豪族との妥協をはかったものとする考えがあり、現在でもその考えがないわけではない。しかし、〝甲子宣〟は、すでに上にのべたとおり、大・小・伴造氏の氏上を定めて、氏姓制を再編し、また冠位を改めるなど、改新から律令制への前進的政策の一環であって、民部・家部の設定も、この線にそっている。それが、国家によるあらたな人民の掌握、直接には〝庚午年籍〟を作成するための重要な作業であったことは、まず動かないであろう。けっして、一時の妥協的政策の産物ではない。

この点は、かつて北村文治氏が[40]、〝甲子宣〟は、国家権力による〝未掌握〟の民の調査ないし確認によって、〝公民化〟を進めたものとされた基本的な視点は、はじめて〝未掌握〟という概念を提起し、これまでの部民にたいする考え方を是正した重要な学説として評価せねばならない。ただ、〝未掌握〟の民の実体がまだ明らかにされてはいなかった。そのため、〝甲子宣〟で、「民部・家部」を「定」めたのは、豪族が事実上、私的に領有していた部民を調査・確認することで、これによって、国家がそれらの民を掌握しうることとなったため、〝乙亥詔〟では、これを「部曲」と表現し、またそのため公有権が国家に移ったので、かつての「定」の所置を、「給」と記したのであるというような解釈を生んだ。しかし、「定」とは、〝設定〟する意味で、〝甲子宣〟の「氏上」の登録が、大・小・伴造氏の氏上を、一定の基準にもとづいて〝特定〟し、それに従って、氏の族員の範囲も〝確定〟することを意味したのとおなじく、「民部・家部」も、各氏に賜与される民の範囲を「定」め、その領有を公認することであった。その結果として、かれらはおそらく氏上の氏姓を冠して〝某部〟とよばれ、その〝某部〟の姓で〝庚午年籍〟に登載されたであろう。それは、調査・確認ではあっても、豪族の領有した部民の所有関係を追認したのでなく、あらたに部民として給わったのであり、関晃氏が[41]、豪族が事実上所有していた部民を〝公認〟したのではなく、いままで領有していなかった人民を、「民部・家部」として、あらたに〝設定〟し、豪族の支配下に編入したのであるとされた方が正しいであろう。「定」と「給」には実質上の差はなく、「民部」と「部曲」も同一内容のものを示している。〝未掌握〟の民を、あらたに国家として〝掌握〟するとはこの意味である。

このような基本的な発想は、早川庄八氏らによって展開をみた〝部民王民論〟にも継承されているが[42]、異なる点は、「民部」「部曲」はもともと豪族の私的隷属下にあった民で、その領有権は潜在的なものにすぎず、国家としては〝未掌握〟であったから、〝部民〟とはいえず、〝甲子宣〟で、はじめて〝部民〟として公認され、したがって〝王民〟となったというロジックである。本論は、前節において、それを否定した。「民部」「部曲」はその名のとおり〝部民〟であり、何らかの意味で、朝廷の〝掌握〟した民であり、〝未掌握〟の民とはいいがたい。〝未掌握〟の民は、それ以外にもとめなければならない。

この点について、二つの見通しがある。

第一に、部民は、朝廷もしくは中央豪族の支配下にあった民であるとすれば、大化前代に、それがどこまで全国を覆う存在であったかという疑問である。一説に、部民以外の民は、辺境などの例を除けば、広汎に存在したとの意見もあるが、筆者はそう考えないことを旧論でものべた[43]。つまり、八世紀の史料において、まだ〝無姓〟〝族姓〟〝人姓〟など、〝部姓〟を有しないものがあり、また、〝部姓〟を有するもののなかにも、もとは〝無姓〟のもので、〝庚午年籍〟において、あるいはそれ以後の戸籍で、姓をあたえられたものがかなり存在すると思われることが手がかりとなる。このような例は、地方豪族、つまり国造や県主を称するものの支配下に多いから、かつて、地方豪族のもとには、私的隷属民で、部民化されないものがかなり存在したことを推定させる。部民制は、朝廷と中央豪族によって制度化された国家組織であって、名代・子代、品部、部曲（民部）の別は問わないのであるから、その侵透度は依然問題である。このように部民化されない民は、地方豪族のもとに、もっとも多かったであろうが、ほかに帰化氏族や、蝦夷・隼人などの化外的な民にもあったであろう。

石母田正氏が[44]、大化前代に、部民化、すなわち王民化されないものとして、⑴カバネ・ナの賜の対象から除外された奴婢身分、⑵王権に組織されない周辺の夷狄、⑶地方首長層の支配下にあって、カバネをもたない無姓のものをあげ、整理されたのも、おなじ視点にたつものであろう。

もちろん、これらはごく概念的にであって、詳細は旧説にゆずり、また近時、〝無姓〟の農民について、学界にコンセンサスができつつあるように思われるので、ここでさらにのべる必要はあるまい。

もしそうならば、このような農民は、改新の部民廃止の対象とはならず、〝未掌握〟のまま残されたと考えられる。まず、〝甲子宣〟は、この〝未掌握〟の民を調査・確認し、あらたに「民部」「部曲」として中央豪族のもとに設定したと考える可能性があろう。

第二に、大化前の部民の支配形態において、名代・子代、品部、またミヤケの田部など、朝廷や皇室の配下におかれた部民は、各地の共同体内部の〝戸〟を直接の課税単位とする段階に達していたものがあったであろう。そのばあい、〝戸の籍〟の作成が行われ、各戸にはすでに、〝某部〟の名称が付されていたとみてもよい。これにたいし、それらのなかでも設定の古いもの、また、豪族の領有する「民部」「部曲」などでは、地方豪族を媒介として、配下の共同体をそのまま部民に編入し、族長より間接に貢納（ミツギ）・労役（エタチ）を徴収する体制が多かったであろう。そして、その最下層に位置するのが、地方豪族の私的隷属下にとどまる民、つまり非部民としての〝無姓〟の農民であったはずである。農民支配には、国家組織の未熟によって、このような段階差があったと考えられる。共同体として部民化されたものは、総体として〝某部〟とよばれ、その称が地方豪族には体現されたとしても、農民が戸別に〝某部〟とよばれることはなかったし、先にのべた、大化改新のａのごとく、豪族がまずみずから収税して、朝廷に分進し、おなじくみずから己が民をひきいて、朝廷に労役奉仕する体制が維持されたであろう。しかし、c・dのごとく、かつての名代・子代、品部で、豪族の領有に帰したものは、豪族の氏の名に分けられ、父子易姓、一家五分六割といわれ、戸別の支配が成立していたように強調されている。このばあいは、あるいはaより進んだ支配形態が適用されていたかも知れない。

要するに、部民支配には、数次の段階があって、より低次の段階の部民は、高次の段階の〝戸別支配〟を基準としてみれば、〝未掌握〟と把えられる余地は十分にあった。〝甲子宣〟は、少なくとも〝庚午年籍〟の前提となる作業であるから、「民部」「家部」は、〝戸別〟に掌握されねばならぬ。その政治的要請は、部民を〝戸別〟に編成することであり、それが「定」の意味となろう。

大化改新から庚午年籍にいたる、いわゆる〝編戸〟の過程は、まだ解明されたとはいえないし、本論の対象とするところではない。ただ一つ、最近、飛鳥宮跡から、「白髪部五十戸」と明記された木簡が出土し、同時に出土した木簡に、「大花下」の冠位が記されていることから、これらの木簡が、天智三年=〝甲子宣〟より以前のものであることが立証された。「大花下」は、大化五年から天智三年まで行われた冠位で、〝甲子宣〟により、「大錦下」に改められているからである。「白髪部五十戸」は、〝白髪部里〟の古型を示し、五〇戸一里の編戸が、〝甲子宣〟の前提として、すでに成立していたことになる。もちろん、この里の性格は、まだ異説の生ずる余地があり、編戸の行われた地域にも問題はのこるが、岸俊男氏が[45]、天智九年の〝庚午年籍〟よりまえ、さらにいえば近江令の制定よりまえに、五〇戸を単位とする編戸が行われたことは確実で、これをすでに〝里〟と称していたか否かはともかく、大化改新における五〇戸一里制の実施を考えるうえで、重要史料であることはまちがいないとされたのは当然である。巨大な行政的エネルギーを要する編戸と造籍は、ながい準備期間をへて、順次実現されたと考えるのが至当で、これによって、編戸と造籍の起点を改新におくことの妥当性はさらに高まったといわねばならない。

しかし、本論では、〃甲子宣〃における「民部」「家部」を「定」むとは、部民の編戸をともなうものであり、その前提条件となる〃五〇戸一里〃制が、すでに地域、あるいは部民によっては、実現されていたことを述べれば足りる。このばあいも、より低次元の支配の段階にとどまっていた部民を、戸別支配として明確化し、国家権力のもとに編入しようとしたところに意味がある。「定」の語の意味もそこにあって、それが庚午年籍の作成につながるのであろう。

以上の第一と第二は、相互にふかい関連性をもっている。そのいずれも、律令の〃公民〃にいたる前提としての作業であること、そして大化改新の部民の廃止と矛盾するものでなく、a・b・c・dの措置を起点として理解しうる作業であることの二つを示している。

ここで、可能性として考えねばならないのは封戸制との関係である。律令的な食封制が具体化されるのは、〃甲子宣〃で定めた「民部・家部」、つまり「部曲」を、〃乙亥詔〃で廃したときからである。〃乙亥詔〃と、食封制との関連を検討してみよう。

a　天武四年二月条（乙亥詔）

詔曰、甲子年諸氏被給部曲者、自今以後、皆除之、又親王諸王及諸臣、幷諸寺等所賜、山沢嶋浦、林野陂池、前後並除焉、

b　天武五年八月条

親王以下、小錦以上大夫、及皇女・姫王・内命婦等、給食封、各有差、

右のaは、これまでのべたとおり、〝甲子宣〟で賜わった「民部」＝「部曲」を収公したのである。おなじく、山沢・林野などの土地を収公し、ここで、中央豪族にあたえた特権を廃止した。bは、その翌年、これに代わって食封をあたえる措置であり、a・bには対応性がある。この対応性は、改新詔に、「臣連伴造」らの「部曲之民」をやめ、代わりに、「食封」を「大夫以上」に賜うとしたことと共通し、原理的に、〝部民〟と〝食封〟は、代替関係にあることを示している。このことをまず確認しておく必要がある。

ところで、aの直後、bの直前にあたる天武五年四月に、左の勅がある。

c勅、諸王諸臣被給封戸之税者、除以西国、相易給以東国、

この勅は、aに対応するものではあるまい。すでにaの前から一定期間、実施されてきたもので、「封戸」を給うのでなく、その「税」を「西国」からとるのをやめ、「東国」にかえ給するとあるように、封戸制としては、未熟かつ過渡的なもので、おそらく、aの結果、bを実施するにあたって、その準備的措置として、従来の封戸制に変更を加えたものであろう。とすれば、これは改新詔の「部曲」の廃止によって創設された「食封」の系統をつぐものではないか。bは、aの「部曲」の廃止をうけて、あらたな「食封」を設定したものであり、〝改新詔〟の「部曲」と、〝甲子宣〟の「民部・家部」、〝乙亥詔〟の「部曲」が、先述のとおり内容を異にするものとすれば、bは、cの発展ではあっても、b・cは併存しうるものである。bの実施にあたって、その直前に変更を加えたcを廃止する記事がないのは、当然であり、その間は四ヵ月を経たのみである。

このように、cを〝改新詔〟、bを〝乙亥詔〟に対応させうるとすれば、大化改新の食封制は、そのまま容認することができ、食封制の起点をそこにもとめることもできよう。旧論で、大化の「食封」の用語にこだわったのは、

b・cの二つを、このように整理しえなかったためである。(46)

食封は、改新詔では「大夫以上」に給するとあり、それがbで、「小錦以上大夫」とあるように、冠位によって明確化されている。それは直接に、〃甲子宣〃の「大・小・伴造之氏」=「小錦下位」以上をつぐものであるのはいうまでもなく、天武の冠位改訂は、天武十四年正月のことである。つまり、「小錦下位」以上の氏上身分を確立したのは〃甲子宣〃であり、この身分のものにあらかじめ「民部・家部」を給し、それをa・bによって「食封」に切り替えたとみてよい。bの食封は戸別に、〃何戸〃という形で設定された、いわゆる〃封戸〃であろうが、cは、その伝統制からみて、このような明確さをもたなかったのではないか。いわば、〃食封〃にとどまるゆえに「税」が問題とされたのではないかとも思われる。

さて、食封制のその後の経過をみてみよう。

天武十一年三月、「親王以下、至于諸臣」までに給した「食封」をやめ、これを収公した記事は、bで創設した食封の廃止を示し、その間、六年足らずを経過している。この前後に、たとえば、天武十年九月、「諸氏」の「氏上」でまだ定まらぬものを申請させ、同十一年十二月、「氏上」の申請にあたり、「眷属」の多いものは分氏を許すとしているなど、「氏上」を定める政策が、〃甲子宣〃より継続し、未完であり、天武十三年の八姓をへて、大宝二年九月までこの作業はつづけられている。他方で、天武十年二月から、すでに『浄御原令』の編纂はじめられ、氏上政策と新令の編纂は並行して行われており、この新令によって、律令官人制の位封・職封の制度も立案された。このような政策の進展が、食封制の一旦の中止を生んだのではないかと思う。少なくともいえることは、〃甲子宣〃による「氏上」への「民部・家部」の設定と、〃乙亥詔〃によるその廃止(この間十一年)、〃天武五年詔〃による「小錦以上大夫」

への「食封」の設定と、〝天武十一年詔〟によるその廃止(この間六年)とはそれぞれ継起的に行われ、設定と廃止によって、律令制への確実な進展を示していることである。

これと同時に、本編の末尾に付した別表を、年次を追ってみると、つぎのような点が注目される。

(1) 天智三年(六六四)は、造籍年にあたり、〝甲子宣〟によって、「冠位」が改められ、「氏上」と「民部・家部」が定められた。

(2) 天智九年(六七〇)は、造籍年にあたり、〝庚午年籍〟が作成されたが、これは〝甲子宣〟の成果にもとづくものである。

(3) 天武五年(六七六)は、造籍年にあたり、前年の〝乙亥詔〟で、「氏上」に賜わった「部曲」の廃止をうけ、「小錦以上大夫」に「食封」を定めた。

(4) 天武十一年(六八二)は、造籍年にあたり、天武五年に定めた「食封」を廃止した。

(5) 持統四年(六九〇)には、〝庚寅年籍〟が作成され、「氏姓」の大小により「冠位」が定められ、翌年、「皇子・右大臣」以下の諸臣に、それにもとづいて「食封」の増益が行われた。これらは、持統三年に施行された『浄御原令』をうけている。

(6) 大宝二年(七〇二)は、ふたたび造籍年にあたり、〝大宝二年籍〟が定められ、〝甲子宣〟の方針が完成されて「氏上」はことごとく登録された。これは、大宝元年の『大宝律令』の施行にともない、「官位」が改訂され、「親王已下」が、その官位に準じて「食封」を賜わり、壬申乱の功臣に「功封」があたえられたことと関連する。

右の(1)〜(6)のうち、(1)〜(4)が律令の前段階としての一グループをなし、(1)から(4)へ、順次政策が展開していったことを示すが、氏上・冠位・食封の改訂が、一セットの政策として進行し、その政策時が造籍年にあたっていることがわかる。⑷・⑸は、律令施行の段階として一グループをなし、律令によって造籍が行われ、やはり、氏上（氏姓）・冠位（官位）・食封が一セットの政策として定められていることがわかる。

このような点は、平田耿二氏が[47]、大化から大宝にかけこの氏上制度の三度の施行と部民制の変更は、すべて造籍年にあたることは偶然でないとされたこと、また民部（部曲）と封戸の相関性を指摘された石母田正・関口裕子・笹川進二郎・押部佳周氏らの論説をふくめて[48]、筆者の全体系のなかに、それらを位置づけうることを確信せしめる。〃甲子宣〃にはじまる政策の展開は、きわめて整合性のあるもので、それは当然、〃甲子宣〃以前に、その源流をもとめなければならない。そのことについては、しばしばふれたが、ここでいえば、造籍年のことである。甲子が造籍年にあたるため、〃甲子宣〃にみられるような政策が実施され、その後も、それが通念となっていたと考えられるから、たとえ造籍は行われなかったにしても、その通念の成立は、大化改新にあるとせざるをえないであろう。

つぎに、『大宝令』以後の食封制をみると、『大宝令』では、正一位より従三位までに食封を給する規定であるのに、慶雲二年十一月、「親王諸王臣」に「食封」を加えたとき、「先是五位有食封、至是代以位禄也」とあって、それまでは、事実上、五位にも食封を給していたことがわかる。結局、慶雲三年二月、令に准ずれば、三位以上が食封の例で、四位以下は、その例でなく、位禄を給する規定であったとし、従四位までを封限に加えることとして、この問題に終止符をうった。その理由は、「四位有飛蓋之貴、五位無冠蓋之重」とするにあったが、実は四位・五位とも、〃有蓋〃の〃貴〃とされてきたのである。それは、天武五年の食封設定にさいし、「小錦以上大夫」を対象としたのが祖型である。しかし、さかのぼれば、〃甲子宣〃において、「民部・家部」を給せられた「氏上」が、〃小錦下位〃以上と目されることに発している。そして、その概念そのものは改新詔の「賜食封大夫以上」のいわゆる「大夫」にまで達するであろう。もちろん、大化から天武五年四月まで、食封制がどう経過したか詳しくは分からない。上記の意味でいえば、天智三年（甲子）二月までといってもよいだろう。しかし、すでに詳述してきたように、〝改新詔〟の部曲→食封と、〝乙亥詔〟の部曲→食封は、対象が拡大され、支配形態に進展があり、律令制へのプログラムの中の画期として、それぞれ整合性をもって位置づけられるという大局的な見通しはできたと思う。

第三節　家部についての補論

これまで、〝甲子宣〟において、「民部・家部」と併称された〝家部〟について、保留したままで論説を展開してきた。ここにいう〝家部〟が、〝民部〟とどう違うのか、法令の立案者が何を指示していたのか、確実にはなかなか分からない。そのために保留したのであるが、本節で一つの推定だけはしておきたい。ただ大枠としていえることは、両者に上・下の身分関係はあるが、ともに〝部〟としてとらえられていることである。

まず、「家部」と共通する語に、「家人」がある。

もともと、大化前代において、国家身分としての良・賤制が確立していたわけでなく、ウカラ・ヤカラ（同族）にたいするヤツコ（家之子、家人）の別があり、族長の共同体内部の上級者にたいする従属者を意味した。このヤツコ・メノヤツコ（奴・婢）は、ヤケヒト（家人）とはちがうとの説もある。しかし、わが『大宝令』が、唐令の「部曲」にかえて「家人」の語を用いたのは、やはり、上記のようなヤツコの通念があったからであろう。『唐令』の「部曲」も、南北朝までは〝奴隷〟ではなかった。豪族が無産者を郷里にあつめ、寄寓させて隷属民に組織したものをいい、宗族・家族・親戚などと連称されていたといわれるとおりである。ヤツコ・ヤケヒトの称もこれと似ている。本居宣長が、ヤツコとは、王・貴人にたいする臣下の称としたのはあたっているかも知れぬ。事実、八世紀にも、天皇にたいし、ヤツコ（奴）と謙称した例があり、天皇ですら仏にたいしては、〝三宝之奴〟なのであった。しかし、もともとヤツコ・ヤケヒトは、私家の身うちにおける従者や家僕をさしたので、令でも、家人は私奴婢と連称されている。これにたいし、公的な朝廷において、ヤツコと共通する語が、トモ・ベ（伴・部）であるとおもう。トモは、トモガラ（友属）で、同類の集団をさすが、同時に従者であるトモ（供）をも意味する。伴・部とは、王権に隷属する〝官人の集団〟をさしているのである。トモノミヤツコ（伴造）は、このトモとヤツコの合成語である。王にたいし、トモ・ベ（伴・部）をひきい、従属・奉仕する臣下の謂である。やがて、トモ（伴）を上位に、ベ（部）を下位におくことになるが、もともと〝部〟の字は、べともトモともよむ。モモアマリヤソノトモ（百八十部）、シナジナノトモ（品部）などはそれであり、トモノミヤツコ（伴造）のもとで、多数の、分化した職掌をもって奉仕するものをさす。このようにみると、〝奴〟と〝部〟は、古代の概念としては、並列的なもので、共通性があるといってよい。

大化前代に、宮廷に隷属して、動物の飼育にしたがった馬飼部（ウマカヒ）・鳥取部（トトリ）・鳥養部（トリカヒ）・猪甘部（イカヒ）・犬養部（イヌカヒ）・宍人部（シシヒト）などの部民がいる。この〝部〟の字はよまないのが普通であるが、身分表示としては欠かせない表記法上の所産である。ほかに、佐伯部（サヘキ）＝蝦夷、隼人部（ハヤト）＝隼人などもある。かれらは、いずれも王・貴族に近侍し、宮廷や官家（ミヤケ）の守衛にあたり、従者として奉仕し、おのおのの職能を遂行したのであるが、往々にして、黥（メサキ）＝入墨を施され、身分を表示し、または、王に征服されるか、犯罪によって、身分を貶されたという伝承をもっている。〝部〟の底辺を構成したのである。しかし、奴隷ではなく、身分法上も、〝部〟と区別されたわけではない。制度的に、かれらが律令の官戸・官奴婢の前身をなしたとは思われない。官戸・官奴婢は別の系譜に属するであろう。

つぎに、朝鮮からの捕虜がある。わが国は、中国・朝鮮に比べ、人民の多量の〝流亡〟や、〝虜獲〟の記録がないのが特徴で、ほとんどは、いわゆる〝帰化人〟であり、〝帰化人〟は、貴族・良民の身分のものである。わずかにみえる〝捕虜〟も、その子孫は、田部（タベ・朝廷の屯倉の耕作者）、猪名部（イナベ・宮廷の木工技術者）、漢人（アヤヒト・宮廷の鍛冶製鉄者）になったという伝承をもつ。かれらも、トモ・ベ（伴・部）の範囲を出ない。ただ興味あるのは、雄略九年五月条の記事である。征新羅大将軍の紀小弓宿禰が病死したのち、その妻吉備上道采女大海は、「韓奴室・兄麻呂・弟麻呂・御倉・小倉・針六口」を、大伴室屋におくったが、これが「吉備上道蚊嶋田邑家人部」であるという。〝韓奴〟（カラヤツコ）の子孫が、〝家人部〟（ヤケヒト）になった、つまり〝奴〟が〝部〟になったというのだから、これはもっとも奴に近い性格をもつものといえるであろう。しかも、〝家人〟の語を用いたのは、私人のヤツコだからである。しかし、坂本太郎氏が[49]、この「家人部」は、吉備上道蚊嶋田邑という土地にかけてよび、某氏・某人というように人にかけていないことは、令制の「家人」のごとき奴隷ではなく、「当時の部民一般における場合と同様であったことを示すであろう」とされたとおりで、いわゆる〝部〟であり、系譜的に、律令の家人・私奴婢につながった証はない。むしろ、八世紀に、吉備に多い「家部」の前身をなしたものと思われる。このことは改めてのべる。

それでは、律令の「家人・奴婢」とは何か。

わが『大宝律令』は、『唐令』の賤民規定を踏襲しているが、『唐六典』『唐律疏議』などをみると、『唐令』で、賤として官に属するものに、雑戸・官戸・官奴婢の三種、私に属するものに、部曲・私奴婢の二種があった。後者には、このほか客女（部曲の女で良人に嫁したもの）、随身（債務などで年期奉公するもの）もあるが、基本構成は五種である。わが『大宝令』は、官に属するものに、陵戸・官戸・官奴婢の三種、私に属するものに、家人・私奴婢の二種があり、これが法家のいわゆる〝五色之賤〟で、『唐令』に准じている。ただ、若干修正し、かつ用語を入れかえているのがわかる。ここでは、家人・奴婢に限定して考察をすすめる。

「家人」は、『唐令』の「部曲」の語をおきかえたもので、それはわが国では、大化前に、豪族の領有するカキ・カキノタミ（民・民部）に、すでに「部曲」の語をあて、しかもそれは賤民ではないため、賤民身分を表示する用語として用いることができなかったとされている。一方、『唐令』の「家人」は、家内の人、一家の人という意味を出ないのだから、それを借用し、修飾して用いたともいいがたい。現に、わが律令のなかに、おなじ意味で、「家人」の語を用いた箇所もあるからである。やはり、大化前代の、カキ・カキノタミ（民部・部曲）とならび用いられたヤツコ（奴・家人）の語をあてたと解すべきである。「部曲」と「家人」、つまり〝部〟と〝奴〟は、大化前代から併称される概念であった。そして、「家人部」や「家部」は、〝部〟のうちでは、もっとも〝奴〟に近い概念であったといえよう。

さて、律令において、「家人」の概念は、『令集解』の説をまとめると、つぎのようになる。(1)家業をもち、したがって頭を尽して役使されることはない。(2)主家に累代・譜代の関係をもち、したがって本主の意のままに売買されることはないというにつきる。これは、逆に「奴婢」が、家業をもたず、主家に寄生して生活し、頭を尽して役使され、本主の意により自由に売買されるという法意と対置されているためである。しかし、八世紀の用例として、「家人」は「奴婢」に比べまことに少なく、しかも両者の区別はあきらかでない。このことは、大化前において、「家人部」「家部」の用例が、「雄略紀」と〃甲子宣〃にのみ見出されることに似ている。ともかく、用例をあげてみよう。

a 『類聚三代格』(50)に、「家人事」の項をかかげ、天平神護二年五月の勅で、「薬師寺奴婢」のうち、年六〇にみつるもので、才能勇勤なるものを免じて良とすること、貞観五年九月の官符で、「寺社之賤」、また「定額寺奴婢」の生益のものは、父母の名を注し、奴婢帳に付することの二つを収めている。ここで、「家人」とは、寺・社奴婢をさす。

b 天平十九年、『法隆寺伽藍縁起幷流記資財帳』(51)に、「合賤五百三十三口之中」とし、その内別として「家人一百二十三口(奴六十八口 婢五十五口)」「奴婢三百八十五口(奴二百六口 婢一百七十九口)」を示し、寺賤を「家人」と「奴婢」に分けながら、家人の細目には、奴・婢の語をふたたび用いている。そして、賤の総計のもとに、二五口は、「在大倭国十市郡与山背国宇遅郡、奴九口、婢十六口、蓋家人者」としているのは、法隆寺からはなれ、大倭と山背に散在居住する奴・婢、おそらく独立の戸をなし、家業をもって定住しているものを、〃家人〃であると指示したのであろう。

c 『続日本紀』の神護景雲元年十月、「四天王寺家人及奴婢」三二人に爵を給うとあり、「家人」と「奴婢」を分かち記している。

d 延喜五年の『筑前観世音寺資財帳』(52)の「賤口章」に、「家人十三人」をあげ、その一人一人に、「父奴」「母婢」を注記する。aにおいて、父母の名を注すとあるとおりの注記を行っていることになる。このばあい、「家人」のみで、「奴婢」と記されたものは一人もない。

以上のa・b・c・dの例をみると、〃家人〃とはすべて、寺・社の賤である。これは、わが古代籍帳に、各郷戸のもとには、〝家人〟とあるものは皆無であることに対応するであろう。そして、〝家人〟とは〝奴婢〟のことで、〝奴婢〟と身分上峻別された他の集団ではなく、何らかの意味で、〝奴婢〟のなかで、〝家人〟とよばれる指標が発生した。その指標とは、a・dの例のように、父母の名を注記されることと、bのように、寺・社の外に散居していることである。この二つは別のことではあるまい。

まず、a・dからいえば、大化元年、良賤の通婚について規定したとき、奴・婢の子は母に配するとあるとおり、母に帰属し、父奴は系譜から排除された。これは、宝亀三年の『東大寺奴婢籍帳』に、[53]「嶋宮奴婢」のほとんどは、「編首婢」のもとに表記されたことに継受されている。しかし、他方で、『大宝令』の「戸令」「捕亡令」の『集解』の各説によると、奴・婢の子は、〝子は母に従う〟と解しながら、家人は、「謂、仮両家々人所生従父、相承為家人」「然家人従父、奴婢従母是」とし、家人の子は父に、奴婢の子は母に従うと解していた。『東大寺奴婢籍帳』でも、飽波・奄知・広瀬・春日村などの、いわば「某村奴婢」は、ほとんど「編首奴」のもとに表記されている。a・dは、奴婢をこのような家人として扱うことを意味する。そして、父母をともに記すことは、家族としての存在をみとめることで、bの散居の形態に発展するであろう。

bについていえば、これが家業をもち、主家に譜代に隷属すること、したがって頭を尽して役使されることなく、本主の意のままに売買されることはないという家人の特性につらなる。おなじような例を追加してみよう。

e『続日本紀』の宝亀四年六月、「常陸国鹿嶋神賤」一〇五人について、かれらは神護景雲元年より、「一処」に「安置」されたのを、「旧」に戻して「居住」させ、移動させないようにしたとある。これは、鹿島神社の神郡のなかに移住させられたものを、もとの各地に散居せしめることとしたと受け取れる。『新抄格勅符抄』[54]にも、鹿島神戸について、神戸一〇五戸のうち、「常六国神賤戸五十烟」と記している。これは、延暦五年のことで、「常六国」とは「常陸六郡」のことであろうから、神郡のほかに、「神賤」が散居していたことになる。しかも、「神賤戸」とあって、事実上の「神戸」であるとしてよい。

f 『類聚三代格』の寛平五年十月の官符によると、[55] 筑前国宗像社は、別に大和城上郡に宗像社を有し、かつて高市皇子の「氏賤」の年輸物をもって修理料にあてていたが、それが維持できなくなったので、大和城上郡四人、高市郡二人、十市郡二人の徭丁をあて、「神賤」(「氏賤」)にかえることとしたとある。この「賤」が、「従良賤十六人、正丁、在筑前国宗像郡金埼」とあるのにあたるのであろう。つまり、「氏賤」は、この宗像郡にあって、大和三郡のように、「徭丁」「正丁」をもって示される戸をなして居住していたものであろう。高市皇子は、母が胸方君徳善の女であったから、故郷に「氏賤」を有していたが、それは、eとおなじく〝封戸〟に類するものであったろう。

e・fの神賤は、a〜dの寺賤ときわめて近い。村落に散居定住する点において、かれらを家人と称したのではないか。

さて、『東大寺奴婢籍帳』によると、[56] 東大寺では、(1)官納奴婢、天平勝宝二年、官奴司に選定され、東大寺に施入された官奴婢、(2)諸国買進奴婢、天平から天平勝宝年間にかけて、藤原仲麻呂宣や民部省符によって、諸国の正税をあて、国・郡が置進したもの、(3)寺家買納奴婢、おなじころに東大寺がみずから銭によって購入したもの、(4)大養徳国添上郡志茂郷の戸主大宅朝臣可是麻呂の貢進奴婢、可是麻呂が先代の広麻呂から相続したもので、大半は諸地域に散居していたものなどがあった。このうち、(1)は諸官に付属していたもので、官奴婢が多く、(2)・(3)は買進によるものので、私奴婢であろう。これらは、律令の「官奴婢」「私奴婢」にあたる。しかし、(4)は、広麻呂のときから、所有権をめぐって係争中のものであった。養老七年、刑部省の判により、広麻呂の賤であることが確定したものの、そのころから広麻呂の手もとにはなく、それから十七年後の天平十二年に、刑部省移によって、可是麻呂の賤であることが確定したものの、それから十七年後の天平十二年に、刑部省移によって、可是麻呂の賤として、ふたたびその戸籍に編付されることとなったが、事実は、右京四条四坊、山背綴喜・紀伊・乙訓・久世郡、摂津嶋上郡などに散居し、それぞれの戸籍の戸口となっていた。その数四六名のうち、一二名はすでに死亡または逃亡していたし、実際の編付は行われなかったであろう。これがおそらく、寺家人にあたるものと思われる。その意味で、東大寺奴婢のうち、(1)〜(3)と(4)は、区分さるべきものとなる。

「家人」または、事実上、「家人」と思われるものは、上記のように、寺賤・神賤にみられるのみで、先にのべたように、現存する各郷戸の戸籍には存在しない。そこで、律令の「家人」に相応するものは各郷戸のばあいは、「氏賤」であろうと思われる。

律令用語としての「氏賤」は、「戸令」応分条に、「凡応分者、家人奴婢氏賤不在此限」とみえ、この氏賤の部分は、『大宝令』になく、『養老令』で挿入されたと考えられるが、『集解』諸説の一致した見解は、「家人、奴婢」のように、分割相続されず、歴代の氏宗に一括所有されるもので、氏に譜代的に隷属するものとみられる。ことに釈説は、「氏家人奴婢」といいかえており、氏宗＝氏上という公的地位に付属する〃家人〃と解している。氏宗は、五位以上の氏上をさす。fでのべた、宗像社の神賤となった、高市皇子の「氏賤」は唯一の例であるが、伝統的に遺存するものであったのであろう。eに「神賤戸」とあるのをみれば、〃神戸〃つまり〃封戸〃に近い。

さて、ここまでのべてくると、〃甲子宣〃の「民部・家部」の「家部」はa〜fでとりあげた意味における「家人」、つまり、寺賤・神賤・氏賤に近い概念であることは了解できそうである。「雄略紀」の「家人部」と表記されたものも、所有を人にかからず、地名にかけてよんだのは、土地に散居し、家族をなして生活したことを記したものであろうからである。

最後に、八世紀における「家部」をみねばならない。

「家部」の姓をもつものは、備前赤坂郡人一、美作勝田郡人一、同久米郡人二、備中窪屋郡人一、丹波国人一、丹後竹野郡人一、豊前仲津郡人一、肥後葦北郡人一の九名と、対馬嶋人と思われるもの一を加えて一〇名が知られるのみである。(57) これらはすべてカバネをもたず、低位の身分にとどまり、居住地名が判明するが、それは正史にあらわれる可能性のもっとも少ない階層であることを示す。全国的には一定数が存在したと思われるが、備前・美作・備中に多いのは、「雄略紀」の「家人部」の設定説話と関連があろう。「家部」が集団的にみとめられるのは、備前和気氏の配下においてであり、左の記事が注目される。それは神護景雲三年六月の記事である。

a備前国藤野郡人別部大原、少初位上忍海部興志、財部黒士、邑久郡人別部比治、御野郡人物部麻呂等六十四人、賜姓石生別公、

b藤野郡人母止理部奈波、赤坂郡人外少初位上家部大水、美作国勝田郡人従八位上家部国持等六人、石野連、

c美作・備前両国家部、母等理部二氏人等、尽頭賜姓石野連、

d改備前国藤野郡、為和気郡、

このa〜dの記事は、和気清麻呂をはじめ、在地の同族が、輔治真人・輔治能宿禰・石成宿禰に改姓された当時、それに連動して部姓を改められたものを示し、郡名の改正をともなうほど、根本的かつ集団的な措置であった。

和気氏について、旧論でふれたことがあるので、[58] ここでは結果だけをのべたい。

和気氏は、(1)中央官人となり、すでに右京に移貫していたが、美作・備前国造として在地性を保っていた清麻呂・広虫の一門、(2)在地で、藤野郡大領に任ぜられた子麻呂ら一二人の一族、(3)近衛として出仕した薗守ら九人の一族がまずあり、かれらはともに藤野郡人で、(1)・(2)・(3)の順位に、上下の家父長的ヒエラーキーによって統制された同族といってよい。改氏姓も、同時にこの順位にしたがう姓をあたえられている。その下位を構成する農民層が、上記のa・b・cである。(4)aに示された別部、忍海部、物部で、六四人を一気に改姓されたが、(1)・(2)・(3)に属する和気氏は、当初、磐梨別公・藤野別公・別公を称したことからすれば、別部は、その「別」を共有しており、もっとも主家に近い関係にある農民といえる。和気氏が大化前に、「民部」(部曲)を有した可能性は少ないから、〝甲子宣〟以後に、地方豪族にも、それに準じた措置がとられたか、また戸籍に登録するときに、名目上それとおなじ操作を行ったのかはわからないが、少なくとも「民部」(部曲)にあたる姓を称し、八世紀には和気氏の同族にもっとも近い立場におり、その支配をうけていたのである。忍海部・物部などは姓も異質で、より周辺的な農民であったであろうが、階層的には別部に準じ、かつ和気氏の傘下にあった。(5)b・cに示された家部・母止理部がこれにあたり、家部と母止理部の関係は、別部と忍海部・物部との関係と等しい。母止理部（モトリ）は、磐梨郡に物部郷（モトルイ）があることを思えば、(4)の物部のより下位にいる農民であろう。これとおなじく、家部は別部の下位に位置する。(4)は、aに藤野・邑久・御野の各郡がみえるように、備前藤野郡を中心に、その周辺に居住するのに、(5)は、b・cにあるように、ひろく美作・備前両国にわたり、しかも、頭を尽して改姓されるほど、もっとも底辺的・集団的な農民であった。と同時にかれらには階層差はみとめられなかったのであろう。和気氏の支配下にある「家部」が、「別部」の下位の底辺部分を占めるとなれば、〝甲子宣〟における「民部・家部」の順位を当然思い浮べることとなろう。しかも、「家部」は、改氏姓にあずかっているのだから、「家人・奴婢」の身分ではありえない。そうすれば、〝乙亥詔〟の「部曲」にはふくまれる概念であり、「部曲」は、「民部・家部」をともにうけるとしなければならない。

しかし、ここにのべた「家部」は、先にあげた「家人」「氏家人」すなわち、寺賤・神賤・氏賤とどうかかわりあうのであろうか。家部がもっとも底辺的な農民であり、賤民と境界を接する身分であるのはわかるが、寺賤・神賤・氏賤は、当然氏姓を有しない点において、家部と峻別されるはずである。ただそれらは、寺社・氏宗からはなれ、他戸に編付され、村落に散居生業する形態がすすめば、法隆寺のごとく、寺賤二五口は「訴未判竟者」の状態となり、鹿島神賤のように、「神賤戸五十烟」として、神戸と異ならず、宗像社の高市皇子の氏賤のように、すでに実質を失い、「不堪催発」の状態となる。その際、何らかの氏姓を付して、戸籍に登載されたであろう。「家部」の姓の可能性はつよい。もともと、大化前代より、〝部〟と〝奴〟の境界はあいまいであり、律令において、〝良〟〝賤〟に区分しつつも、当色婚は貫徹できず、先にあげた、a『類聚三代格』の貞観五年官符に、「父奴母婢所生之子万分之一、猶以稀有」といわれるとおりであり、〝家人〟と〝奴婢〟の実体も、法上の意味とは異なっていた。〝甲子宣〟は、このような律令制への過渡措置である。そこで、「民部・家部」として〝家部〟は〝良〟に加えたのであって、その方向は、上にのべた「別部・家部」の関係として結実しているが、実際に、「家人・奴婢」との境界が明確であったとはいいがたいであろう。ただし、『養老令』に規定された「氏賤」そのものではありえないことも確かであろうと思う。

（別表）

	氏・姓・氏上対策	戸籍・食封	律令
		天智三年以前 白髪部五十戸（木簡）	
664 （甲子）	**天智**三・二　増換冠位階名、及氏上・民部・家部等事 其冠有二十六階、大織・小織……其大氏之氏上賜大刀、小氏之氏上賜小刀、伴造等之氏上賜干楯弓矢、亦定其民部・家部	①	同七・九　先此帝令大臣、撰述礼儀、刊定律令（家伝）
668			同元（称制七）　制令廿二巻、世人所謂近江朝廷之令（弘仁格式序）
669	同八・十　（中臣鎌足）授大織冠与大臣位、仍賜姓為藤原氏		
670 （庚午）		同九・二　造戸籍、断盗賊与浮浪（庚午年籍）	
675 （乙亥）	**天武**四・二甲子年諸氏被給部曲者、自今以後皆除之、又親王諸王及諸臣并諸寺等、所賜山沢嶋浦、林野陂池、前後並除焉	②	
	同五・六　物部雄君連……卒……降恩贈内大紫位、因賜氏	同五・八　親王以下小錦以	

年			
676	上	上大夫及皇女・姫王・内命婦等給食封、各有差	
679	同八・正　凡当正月之節、諸王諸臣及百寮者、除兄姉以上親及己氏長以外莫拝焉 同八・八　諸氏貢女人		
680	同九・正　忌部首首、賜姓曰連、則与弟色弗共悦拝		
681	同十・正　大山上草香部吉士大形、授小錦下位、仍賜姓曰難波連 同十・四　錦織造小分、田井直吉摩呂……并十四人、賜姓曰連 同十・九　凡諸氏有氏上未定者、各定氏上、而申送于理官 同十・十二　田中臣鍛師……書直智徳、并壱拾人、授小錦下位、是日、舎人造糠虫・書直智徳、賜姓曰連	辛巳年正月生十日、柴江五十戸人（木簡） ③	同十・二　朕今更欲定律令、改法式、故俱修是事
682	同十一・正　大山上舎人連糠虫、授小錦下位 同十一・五　倭漢直等、賜姓曰連 同十一・八　凡諸応考選者、能検其族姓及景迹、……族姓不定者、不在考選之色 同十一・十二　諸氏人等、各定可氏上者而申送、亦其眷属多在者、則分各定氏上、申於官司	同十一・三　親王以下、至于諸臣被給食封皆止之、更返於公	同十一・八　令親王以下及諸臣、各俾申法式応用之事
683	同十二・九　倭直・栗隈首・水取造……凡三十八氏、賜姓曰連 同十二・十　三宅吉士・草壁吉士……并十四氏、賜姓曰連		

年			
684	同十三・正　三野県主・内蔵衣縫造二氏、賜姓曰連 同十三・十　更改諸氏之族姓、作八色之姓、……一曰真人、二曰朝臣、三曰宿禰、四曰忌寸……	④	
689	持統三年	同三・閏八　今冬戸籍可造、宜限九月糺捉浮浪	同三・六　班賜諸司令一部廿二巻
690（庚寅）	同四・四（考選）……依考仕令、以其善最功能、氏姓大小、量授冠位	同四・九　凡造戸籍、依戸令也（庚寅年籍）	
691	同五・八　詔十八氏、上進其祖等墓記	同五・正　増封（皇子・右大臣以下）其余増封、各有差	
696	同十・五　大錦上秦造綱手、賜姓為忌寸 同十・五、十・八、十・九（尾張・大狛・多・若桜部氏、賜直位（四位五位））		
697	文武元・閏十二　禁正月往来行拝賀之礼、如有違犯者、依浄御原朝庭制、決罰之、但聴拝祖父兄及氏上者		
698	同二・九　以無冠麻績連豊足為氏上、無冠大贄為助、進広肆服部連佐射為氏上、無冠功子為助		
699	同三年	己亥年十月、上挟国阿波評松里 己亥年、若佐□小丹□三家里三家首□	

		□□評耳五十戸土師安倍（木簡）	
700	同四年	⑤	同四・三　詔諸王臣、読習令文、又撰成律条
701	**大宝**元年	同元・二　任勘民官戸籍史等 同元・七　親王已下、准其官位食封、又壬申年功臣、随功等第、亦賜食封、並各有差	同元・三　始依新令、改制官名位号 同元・六　凡庶務一依新令 同元・八　撰定律令於是始成大略以浄御原朝庭為准正
702（壬寅）	同二・四　定諸国々造之氏、其各具国造記 同二・九　甲子年定氏上時、所不載氏、今被賜姓者、自伊美吉以上並悉令申	同二・八　薩摩、多褹……遂校戸　置吏焉（大宝二年筑前・豊前・豊後・美濃戸籍）	

註(1)　最上段にゴチックで記した数字は、いずれも造籍年にあたる年次を示す。

(2)　この造籍年との関係で、上段に記したように、甲子・乙亥・壬寅といずれも氏族対策が打ち出されていることは注意すべきであり、六七六・六八二・六九〇・六九六年のばあいもこれに類することがわかる。

(3)　中段と下段に、太線でワクを記した部分は、相互に因果関係をもつと思われる部分である。たとえば①六六八年のいわゆる近江令の制定と、六七〇年の庚午年籍の作成、②六七六年の造籍年と、封戸制の改訂、おなじく③六八二年の造籍年と封戸制の改訂、④六八九年の浄御原令の実施と、六九〇年の庚寅年籍の作成、六九一年の増封の措置、⑤七〇〇年の大宝令の制定、七〇一年の実施と、七〇一年の封戸制の改訂および七〇二年の大宝二年籍の作成といったようにである。

(4)　このようにみてくると、甲子と①、乙亥と②、壬寅と⑤はそれぞれに相関関係をもつことが推定できる。

註

(1) 津田左右吉『日本上代史研究』岩波書店、一九三〇年、同『津田左右吉全集』第三巻、岩波書店、一九六三年。坂本太郎『大化改新の研究』至文堂、一九三八年。
(2) 門脇禎二『大化改新論』徳間書店、一九六九年。原秀三郎「大化改新論批判序説上・下」(『日本史研究』八六・八七)。
(3) 井上光貞「郡司制度の成立年代について」(『古代学』一―二)、同「再び大化改新詔の信憑性について」(『歴史地理』八三―二)、同『大化改新』弘文堂書店、一九五四年、同「大化改新の研究」(『史学雑誌』七三―一・二)、同「大化改新とその国制」(『日本古代国家の研究』岩波書店、一九六五年)。関晃「大化の郡司制について」(『日本古代史論集』上、吉川弘文館、一九六二年)、同「再び大化の郡司制について」(『日本歴史』一九七)、同「大化改新」(『日本歴史』二〇〇)、同「改新詔の研究」(『東北大学文学部研究年報』一五・一六、一九六五・一九六六年)。
(4) 平野邦雄『大化前代社会組織の研究』吉川弘文館、一九六九年。
(5) 原秀三郎論文(注(2)におなじ)。原説は、その後、「律令国家の権力構造」(『大系日本国家史』1、古代、東京大学出版会、一九七五年)において変化しているが、全体の文脈にはやはり拘泥しているようで、不明な点を多くのこしている。
(6) 山尾幸久「甲子宣の基礎的考察」(『日本史論叢』三、一九七三年)も、「其伴造等之氏上……定其民部家部」を独立した一項目とみなし、「其」の文字を、文頭に位置する「其」をとびこえて、大氏・小氏・伴造之氏のすべての氏上にかかるとするのは無理であるとする。
(7) 『古語拾遺』に、「至于浄御原朝、改天下万姓而分為八等、唯序当年之労、不本天降之績、其二曰朝臣、以賜中臣氏命以大刀、其三曰宿禰、以賜斎部氏命以小刀、其四曰忌寸、以為秦漢二氏及百済文氏等之姓」とある。
(8) 八世紀、つまり律令的氏姓の範囲については、阿部武彦「上代改賜姓の範囲について」(『史学雑誌』五五―一)、喜田新六「八色之姓制定以後における賜姓の意義」(『中央大学文学部紀要』一四)に論及されているが、最近、熊谷公男「位記と定姓」(『続日本紀研究』一八三)はさらに徹底した研究を発表された。阿部武彦氏によると、『続日本紀』の改賜姓例三七三のうち、個人名による改姓は一六三で、全体の四三%、二人が三二、三人が二三、四人が一二、五人が一二と次第に減少し、個人から五人までの改姓の合計は二五二となり、全体の六七%を占めると指摘された。統計に若干の問題はあるが、大勢は動かないであろう。そこから阿部説は、改賜姓は一般に個人を単位とし、この個人はけっしてある団体を代表するものでなく、小家族の戸主を単位に改姓する意味だとされた。ついで喜田新六氏は、天武八姓以後の改賜姓は、ほとんど個人単位で、中央・地方を問わず身分の低位のもの、つまり五位以下の有位者、下級の京官、国郡司などが多く、氏族中の一部のものが別氏となって本氏より分かれ、さらにそのうちの一人が栄進によって、ふたたび改姓されるという順序をへたものとされた。

熊谷公男氏は、『続日本紀』から叙位と改姓の関係のあきらかなもの約一五例をあげ、いずれも叙位ののち改姓が行われ、改姓が数人におよぶばあいは、このうちの中心人物の叙位が契機となっていることを立証された。そして叙位記事がすべて改姓後の姓で表記されているのは、『続日本紀』の編集時に、姓を追記したのでなく、位記そのものに新姓が記入されたためで、おそらく、式部省保管の位記案に、改姓の時点で新姓を記入し、あらたに新姓にかきかえた位記を再交附したものであろうとされた。つまり、位記は戸籍とともに定姓の機能をもつのであり、無位の白丁はもっぱら戸籍によったことになろう。ただし、叙位が改姓の槓杆となり、位記に定姓の機能があったとしても、定姓は個人にたいするもので氏に対するものでないと言うことはできない。律令の規定によっても、位記は中務（五位以上）と式部（六位以下）の所管であり、氏姓は治部省の管轄下にあって、官位は個人、氏姓は氏に属するという区分まで抹消することはできない。形式としてはつぎのようになる。

養老三年正月　従六位上板持連内麻呂（略）従五位下
同　三年五月　従五位下板持史内麻呂等十九人、賜連姓
神護景雲元年八月　陰陽允正六位上山上朝臣船主従五位下（今検、景雲二年始賜朝臣、此拠位記而書之）
同　二年六月　右京人従五位上山上臣船主等十人賜姓朝臣

右をみると、まず一族一〇〜二〇人程度の代表者が官位の昇進によって改姓され、位記に新姓を記入されると、それについで一族が連動して改姓される順序となり、一族の範囲は明確に示される。

宝亀四年二月　下総国猨嶋郡従八位上日下部浄人賜姓安倍猨嶋臣

右のばあい、一族の賜姓記事は正史にはみえないが、実は『正倉院文書』の同年月日の太政官符（『大日本古文書』二十一、

二七二ページ）に、「戸主日下部衆智　戸主日下部万呂　戸主日下部秋麻呂　戸主日下部竜嶋」に、「奉勅、件人等改本姓、賜安倍猨嶋姓者　省宣承知　准勅施行」とあり、同族への改姓をともなっていた。これは浄人が有位者であったため、式部省の位記改訂をともない、正史に記載されたが、衆智以下は無位者のため、当初より太政官より改姓範囲を民部省に示し、次回戸籍の改訂を命じたことを示す。文書のはじめが欠けているので不明ではあるがおそらく数戸にとどまったであろう。位記とならんで戸籍に定姓機能のあった証左であり、天平二十年五月、京畿内秦氏一二〇〇余烟に秦忌寸を賜わったのをうけて、『正倉院文書』の天平勝宝七年の「東大寺司解」（『大日本古文書』四、五〇ページ）に、仏工无位秦祖父、鋳工无位秦船人ら右京、河内、山背を本貫とする四人が、「天平勝宝四年籍、授秦伊美吉姓已訖」との理由で、雑工所の公験の改正をもとめているのも、庚午・庚寅年籍ばかりでなく、天平勝宝四年の戸籍そのものにも定姓の機能のあったことを示す。

さて、これらの例をみると、八世紀の賜姓は、喜田説のとおり身分の低いもの、五位以下の有位者に集中しており、無位者をもともなう。かれら同族を代表する有位者が昇叙されると改姓が行われ、それにともない直系親の数家族程度の範囲が同姓とみとめられ、改姓されたのであり、阿部説が、小家族の戸主を単位に改姓されるというとおりである。

このような原理は、甲子宣より八色之姓にいたる氏姓制の改革において、大・小・伴造氏、朝臣・宿禰・忌寸（真人は特例）の氏にたいしてとられた措置を、さらに全体の、下級の氏にまで拡大したことを示す。したがって、これを逆にみれば、八世紀の授位と改姓の原理は、甲子宣から八色之姓におよぶ氏姓制の再編の原理でもある。本論は、旧論「八世紀〝帰化氏族〟の族的構成」（『続律令国家と貴族社会』吉川弘文館、一九七八年）でのべた八世紀の改姓にはふれないけれども、このような原理を念頭において叙述している。

（9）天智三年の冠位制の改訂については、天智十年の記事との重複があり、いずれを是とするか議論が分かれたことがあった。これはやはり天智即位元年が称制七年であることによる暦法上の混乱とみなければならない。冠位と氏姓の連動性という原理をこのとき確定したとみねばならないからである。

（10）山尾幸久論文（注(6)におなじ）。

（11）笹川進二郎「甲子宣の研究」（『立命館文学』三六二・三六三）。

（12）磯貝正義「律令時代の地方政治」（『日本古代史論集』上、吉川弘文館、一九六二年、『郡司及び采女制度の研究』吉川弘文館、一九七八年）。

大宝二年四月のこの記事と、「選叙令」集解の古記に、郡司大・少領の任用を、「先取国造　謂必可被給国造之人、所管国内不限本郡、非本郡任意補任、以外雖国造氏不合」とある「国造氏」の二つの内容に関するものである。磯貝説は、この辺のことを解説している。

（13）北村文治「天智天皇の対氏族政策について」（『日本歴史』一八一）。

（14）関晃「天智朝の民部・家部について」（『山梨大学学芸学部研究報告』八、一九五七年）。

（15）関晃「天武朝の氏族政策」（『歴史』五〇、一九七七年）。「天智天皇三年以後の氏上制は、氏上を朝廷で登録するということ以外に、実質的にどこがそれ以前と違っていたかということになるが、これ以後は、単に氏上の名前を登録するというだけでなく、同時に氏の範囲をも確定することになったのではないか」とあるとおりである。その範囲が問題であり、注（8）でのべたところもそれに関係するが、さらに父系の問題もこれにかかわる。

（16）直木孝次郎「複姓の研究」（『日本古代国家の構造』青木書店、一九五八年）。

（17）高群逸枝『招婿婚の研究』一、理論社、一九六六年、一八七・一八八ページ。

（18）第二編第一章参照。

（19）（20）（21）竹内理三・山田英雄・平野邦雄『日本古代人名辞典』参照。

（22）（23）同右。

（24）高群逸枝論文（注（17）におなじ）二五六ページに、「この男女の法中、子が父につく法こそ、氏族制にかわる家族制を約束した重大な意味をもつものであった」とし、子は父につく父系的原則という律令法の先駆となったとされた。文中の「家族制」とは、戸籍の作成を考えての言であるらしく、本論でのべる甲子宣以後の氏姓制の再編により戸籍が定姓の機能をはたしたこととおなじ内容をさすものであろう。

（25）関口裕子「大化改新批判による律令制成立過程の再構成上・下」（『日本史研究』一三二・一三三）。

（26）笹川進二郎論文（注（11）におなじ）。

（27）井上光貞「大化改新と東アジア」（『岩波講座日本歴史』2、岩波書店、一九七五年）。

(28) 笹川進二郎論文（注(11)におなじ）。
(29) 原秀三郎論文（注(2)におなじ）。
(30) 押部佳周「天智朝の官制」（『ヒストリア』七六）。
(31) 湊敏郎「律令的公民身分の成立過程」（『日本史研究』一三〇）。
(32) 狩野久「部民制」（『講座日本史』1、古代国家、東京大学出版会、一九七〇年）がそのはじめであると思う。これについで、石母田正『日本の古代国家』岩波書店、一九七一年、一二七・一二八ページ、早川庄八「律令制の形成」（『岩波講座日本歴史』2、岩波書店、一九七五年）などが、〃王民論〃を代表するものといえよう。
(33) 狩野久論文（注(32)におなじ）。
(34) 早川庄八論文（注(32)におなじ）。
(35) 玉川是博「唐の賤民制度とその由来」（『支那経済史研究』岩波書店、一九四二年）。このほか、仁井田陞『支那身分法史』座右宝刊行会、一九四二年、八六六〜八七〇ページ。浜口重国「唐の部曲・客女と前代の衣食客との関係」（『山梨大学学芸学部紀要』一）、同「唐の賤民・部曲の成立過程」（『山梨大学学芸学部研究報告』三）。
(36) 津田左右吉論文（注(1)におなじ）。
(37) 井上光貞「部民の研究」（『日本古代史の諸問題』思索社、一九四九年）。
(38) 太田亮『日本上代に於ける社会組織の研究』磯部甲陽堂、一九二九年、一六七ページ。
(39) 平野邦雄『大化前代社会組織の研究』吉川弘文館、一九六九年、七一〜八三ページ。
(40) 北村文治「改新後の部民対策に関する試論」（『北海道大学文学部紀要』六）、同「天智天皇の対氏族政策について」（『日本歴史』一八一）。
(41) 関晃論文（注(14)におなじ）。
(42) 早川庄八論文（注(32)におなじ）。
(43) 平野邦雄論文（注(39)におなじ）五六・五七・三二九ページ以下。
(44) 石母田正論文（注(32)におなじ）一二八ページ。

(45) 岸俊男『飛鳥京跡第五一次発掘調査出土木簡概報』第三節、奈良県立橿原考古学研究所、一九七七年。

(46) 平野邦雄「甲子宣の意義——大化改新後の氏族政策——」(『古代史論叢』上、吉川弘文館、一九七八年)。「大化に食封制の原型は発していたものと考えうると思う。もちろん『食封』『所封民』という語は、律令と同義のものではありえないことは、かえって〝甲子宣〟の『民部、家部』が証しているとおりであり、国家から何らか限定的に、戸を単位として支給されたものであろう。大化当時にかえって『食封』『所封民』という語を使用しているのは、天智・天武朝の実態をこえており、律令制による修飾であることは論をまたないと思うが、すでに大化において、国家の掌握した部民、つまりは廃止の対象となり、形態上収公された入部や部曲について、それに代わる封戸的なものが支給されたことは十分考えうるであろう」とのべたが、そのように考える必要はなくなったと思う。

(47) 平田耿二「庚寅の編籍について」(『史学雑誌』七一—七)。

(48) 関口裕子論文(注(25)におなじ)、笹川進二郎論文(注(11)におなじ)、押部佳周論文(注(30)におなじ)も、民部と封戸の相関性について、部分的には言及されたが、この問題を理論的に整理されたのは、石母田正論文(注(32)におなじ)一九〇・一九一ページである。石母田氏は、「民部・家部の賜与の制度史上の意義は、それが令制の食封(封戸)、とくに位封の原初形態であった点にあると考える」「令制の食封制における給与の客体は、公民の『戸』自体であり、一里=五〇戸制との関連で、五〇戸を単位として支給されるのが通例であるが、民部・家部の賜与が、前記のように戸を単位としたと推定される点だけは、両者共通している」とのべられた。本論と結論においてはほぼ重なり合い、賛成である。ただ本論は、石母田氏の部民論や甲子宣の解釈とはややズレのあるところから論証を重ねて、おなじ結論に達したといわねばならないであろう。この点では、関晃論文(注(14)におなじ)が、甲子宣の民部・家部を、五位以上の官人に給せられる位分資人・職分資人などにあたるものと解されたのには賛意を表しかねる。民部・家部は、資人などよりはるかに多く、質量とも大きな改革であるとせねばならない。

(49) 坂本太郎「家人の系譜」(『史学雑誌』五八—二、『日本古代史の基礎的研究』下、制度篇、東京大学出版会、一九六四年)。

(50) 『類聚三代格』三、家人事、天平神護二年五月十一日勅、貞観五年九月二十五日官符。

(51) 『寧楽遺文』中。『大日本仏教全書』寺誌叢書一。

(52) 『平安遺文』一。
(53) 『寧楽遺文』下。『大日本古文書』六、四二八ページ。
(54) 『新抄格勅符抄』十巻、神事諸家封戸。
(55) 『類聚三代格』一、神社事、寛平五年十月二十九日官符。
(56) 注(53)におなじ。
(57) 竹内理三・山田英雄・平野邦雄『日本古代人名辞典』参照。
(58) 平野邦雄『和気清麻呂』吉川弘文館、一九六四年。

附　載

一　邪馬台国論へのあらたな視角

はじめに

邪馬台国について、これまで数え切れないほどの論考があって、そのあとに論ずる余地はもはやないように思える。『魏志』倭人伝は、わずか二〇〇八字の史料で、他にその内容を比較できる同時代史料があるわけではない。三世紀という年代では止むをえないことであろうが、このような史料的制約のために、本書では、邪馬台国についての論説を最後の附載に廻し、正規の諸篇に加えなかったのである。

さて、これまでの論考は、三品彰英『邪馬台国研究総覧』(創元社、一九七〇年)、つづいて佐伯有清『邪馬台国基本論文集』Ⅰ・Ⅱ・Ⅲ(創元社、一九八二年)などに集成され、通覧するには大へん便利になった。前者は、三品氏が論点別に解説し、そして氏が要約した研究論文抄二一〇篇をおさめ、後者は、学術雑誌掲載分にかぎって、佐伯氏の選んだ論文九〇余篇の全文がおさめられている。

この二書の論文は、明治・大正・昭和にわたり発表されたもので、ほぼ代表的なものをつくしているといってよく、ことに昭和二十年以後のものが多いのは、いかに今次大戦後、邪馬台国論がさかんであったかを示している。ただ戦後の論文は、王権や国家権力の諸段階についての論議、中国文献にたいする視野の拡大、考古学の発達などによって、一層多様な視点が提供されたとはいっても、本質的な進歩があったとは言いがたい面もある。

それはつぎのような原因によるものであろう。

倭人伝は、一字一句無駄のない良質の史料である。良質の史料ではあるが、字数がきわめて制限されているから、説明不足は免れず、文中の文脈や語句のみに密着し拘泥すると、つねに数種の解釈を生ずる。そのもっとも素朴な例は、倭の地理観と、邪馬台国にいたるまでの諸国の方位・距離・国名の比定である。ついで、女王の「共立」、諸国の市の交易を監する「大倭」、女王国以北に設定された「一大率」、女王の死によって作られた「径百余歩」の「冢」等々の概念規定である。倭人伝の個々の文脈や語句に拘泥し、そこから演繹的に多くのものを導き出すことは、学問的手法としてはきわめて危険である。また倭人伝は、魏使が見聞したもののほかにかなりの伝聞記事をふくむ。その部分に誤伝や誇張のあることは止むをえない。これは厳密にいえば、伊都国の前後で区分されようが、一般的にいって、狗邪韓国――対馬国――一支国――末盧国――伊都国――(奴国――不弥国)までにおいて得られた直接的な知見とそれ以外は区別されねばなるまい。ことに本体の女王の都するという邪馬台国について、この危険性は大きい。魏使が邪馬台国にいたっていないのは明白であって、そこに至るのに「水行十日、陸行一月」といい、女王は「婢千人」をもって侍せしめたということなどは伝聞による誇張であろう。これに比べ、倭の習俗・生業に関する記事は見聞を基礎として、伝聞を交えたものであろうが、全体としては十分利用にたえる。ただし、法を犯せば、軽きものは「其妻子」を没し、重きものは「其門戸」をほろぼす。「宗族尊卑、各有差序、足相臣服」とあることなどは、中国的な観念からの受取り方で、内容を特定できるものではなく、倭が地理的に「会稽、東冶」の東にあり、その風俗・物産が「儋耳、朱崖」とおなじとするのもおなじことである。ともに総体としてとらえるべきで、部分的な文脈や語句をそのまま利用しうべきものではない。もし倭人伝と同時代の史料が他にあれば、まちがいなく倭人伝の記事は確実な点と線として帰納的に利用しうるものであろうが、他に史料がないかぎりそれは不可能というほかはない。

これまでの学術論文においても、上記のことはすべてあてはまる。倭人伝を扱う手法としては、無理なものが多く、まして、これらの論文の周辺に無数に展開された邪馬台国論にはそれが著しい。邪馬台をヤマトとよむのはまちがいないが、台(ト)は上代仮名遣いからいえば乙類である。近畿のヤマトの登・苔・騰(ト)などはすべて乙類であるのに、九州のヤマトの斗・門・戸(ト)などは甲類であるから、邪馬台国は近畿のヤマトでなければならぬとし、また、もっとも古い宋の刊本には「邪馬台」でなく「邪馬壱」とあって、「臺」でなく「壹」が正しいから、ヤマトはなくヤマヰである。ヤマヰはヤマトでなく福岡市周辺のクニとせねばならぬとする説などはそれで、このほか島原説・宇佐説など際限はなく、その比定地は全国でも六〇余ヵ所に上るのである。これらはみな倭人伝の部分的な文脈や語句に決定的な意味をもたせようとするためで、危険な手法といわねばならぬ。

このような中において、戦後の研究で大局的な視点からあたらしい境地を開拓した論文もある。たとえば左のようなものが挙げられよう。

榎一雄「魏志倭人伝の里程記事について」(『学芸』三三、一九四七年)、「邪馬台国の方位について」(『オリエンタリカ』

一、一九四八年)、『邪馬台国』(至文堂、一九六〇年)において、倭の伊都国までは、方位・距離・到着地の順に記されているが、伊都国から後は、方位・地名・距離の順に表記されている。これは、帯方郡——狗邪韓国——対馬国——一支国——末盧国——伊都国までは、魏使の旅程にしたがって、累積的に記したのに、伊都国より先は、伊都国——奴国、同——不弥国、同——投馬国、同——邪馬台国のように、伊都国を基点として放射状に記したことになる。だから伊都国より水行すれば一〇日、陸行すれば一月のところにある邪馬台国は、水行二〇日の投馬国よりは北にある。また、『唐六典』によれば、陸上歩行一月の行程は一五〇〇里(一日五〇里)とあるから、帯方郡より伊都国までの累積的里程が一万五〇〇余里、これに陸行一月の一五〇〇里を加えれば、一万二〇〇〇余里となり、倭人伝の本文に「自郡至女王国万二千余里」とあるのと一致する。このような点からいっても、邪馬台国は筑紫平野のただ中にあったとするほかはないとしている。

さらに、小林行雄「古墳発生の歴史的意義」(『史林』三八—一、一九五五年)、「前期古墳の副葬品にあらわれた文化の二相」(『京都大学文学部五十周年記念論集』一九五六年)、「初期大和政権の勢力圏」(『史林』四〇—四、一九五七年、以上いずれも『古墳時代の研究』青木書店、一九六一年に再録)、「同笵鏡考」(同書)において、魏より倭王におくられたとある「銅鏡百枚」がいかなるものであるかその背後を探ろうとしている。そして、これは魏晋鏡といわれる三角縁神獣鏡や画文帯神獣鏡であり、実際に景初三年(二三九)や正始元年(二四〇)の銘のあるものもあるから、そのことは裏づけられるとし、つぎのように推定する。

もともと方格規矩四神鏡などの漢式鏡は、神宝ともよびうるような伝世を必要とする祭祀的なものであったが、このような伝世を絶って首長墓に副葬されるようになったのは、大量の魏晋鏡の輸入によって、古墳に鏡を副葬する風習が生まれたからである。魏晋鏡である三角縁神獣鏡と、その倣製鏡をみると、東は関東、西は北部九州にいたる三九基の古墳が、たがいに三六種の同笵鏡を分有する関係にある。もっとも集中するのは、山城椿井大塚山古墳で、一七種の同笵鏡で所在の判明するものの枚数は、二面九種、三面三種、四面三種、五面二種となり、四面・五面という発見例が多く、計九五面の三角縁神獣鏡が大きな鏡群として復原されることになる。一方、卑弥呼におくられた銅鏡一〇〇面は主として三角縁神獣鏡と考えられ、五枚一セットと思われる同笵鏡のセット性からいえばこの一〇〇面は、計九五面のそれとかなり高度の類似性があろう。そして、この現象は大塚山古墳の被葬者が地方族長にたいする同笵鏡の配布者として行動したと考えるのがもっとも可能性の高い推理であるとしている。したがって、邪馬台国は畿内のヤマトにあることになろう。

この論考は、倭人伝の記事の背後にかくされた事実を外部史料によって確定しようとしたもので、その背景の広さと深さは他の論考に類をみない。もちろん、三角縁神獣鏡ははたして魏で製作された鏡であるか、倭の国内での同笵鏡の分布を一方的な賜与・下行という動線で理解できるかなどの疑問があり、むしろ基本的には逆の動線で解釈すべきではないかとも思われ、ただちにヤマト説へは結びつかないと思われるが、少なくとも、同笵鏡の広汎な分布という事実が発掘されただけでも意義は大きく、倭人伝の解釈に重大な影響がある。

以上の二つの論考は、邪馬台国論が今後開拓すべき方向を示唆しているように思える。

筆者がこれから提示しようとする問題も、邪馬台国論がこれまで当然ふれなければならぬにもかかわらず、そのまま放置してきた大局的、総括的な問題である。

㈠　倭の沿海諸国の性格

倭人伝には、「郡」より水行し、「韓国」をへて、「其北岸狗邪韓国」にいたり、はじめて一海を渡り、「対馬国」にいたるとある。つまり、狗邪韓国は倭の北岸にあり、倭との接点に位する。つぎに弁辰伝に、「瀆盧国」は倭と界を接するとあり、これまた倭との接点に位することを示す。これらは、韓伝に、「韓」は「帯方之南」にあり、東西は海に限られ、「南与倭接」とあることの具体的な表現なので、「狗邪韓国」と「瀆盧国」ばかりでなく、他にも倭と直接通交した韓（弁辰）の沿海諸国はあったであろう。「狗邪韓国」は、金海郡金海邑、「瀆盧国」は釜山市東萊を中心とし、前者には、金海会峴里貝塚、後者には、五綸台遺跡・民楽洞貝塚が存在することは後にのべるが、いずれも沿海国であり、貝塚・集落跡からいえば、これらより西の沿海地域にも、数ヵ国が数えられる。この点は後にふれよう。

さて、このような韓の「狗邪韓国」「瀆盧国」などの沿海国に対応するのが、倭の「対馬」「一支」であり、さらに「末盧」「伊都」「奴」「不弥」の諸国であることはいうまでもない。倭人伝には、「対馬」「一支」「奴」「不弥」の四国に「卑奴母離」、つまり夷守（ひなもり）がおかれていたとある。夷（ひな）とは、王畿と外国（畿内と畿外）の境界、あるいは化内と夷・蕃の接点より外側の世界を指し、夷守（ひなもり）とは、おもに後者の夷・蕃との接点におかれ、防備を任としていたとしてよかろう。わが国では、「夷」とは蝦夷・隼人など、「蕃」とは朝鮮三国や中国などをいうが、基本的には共通する。

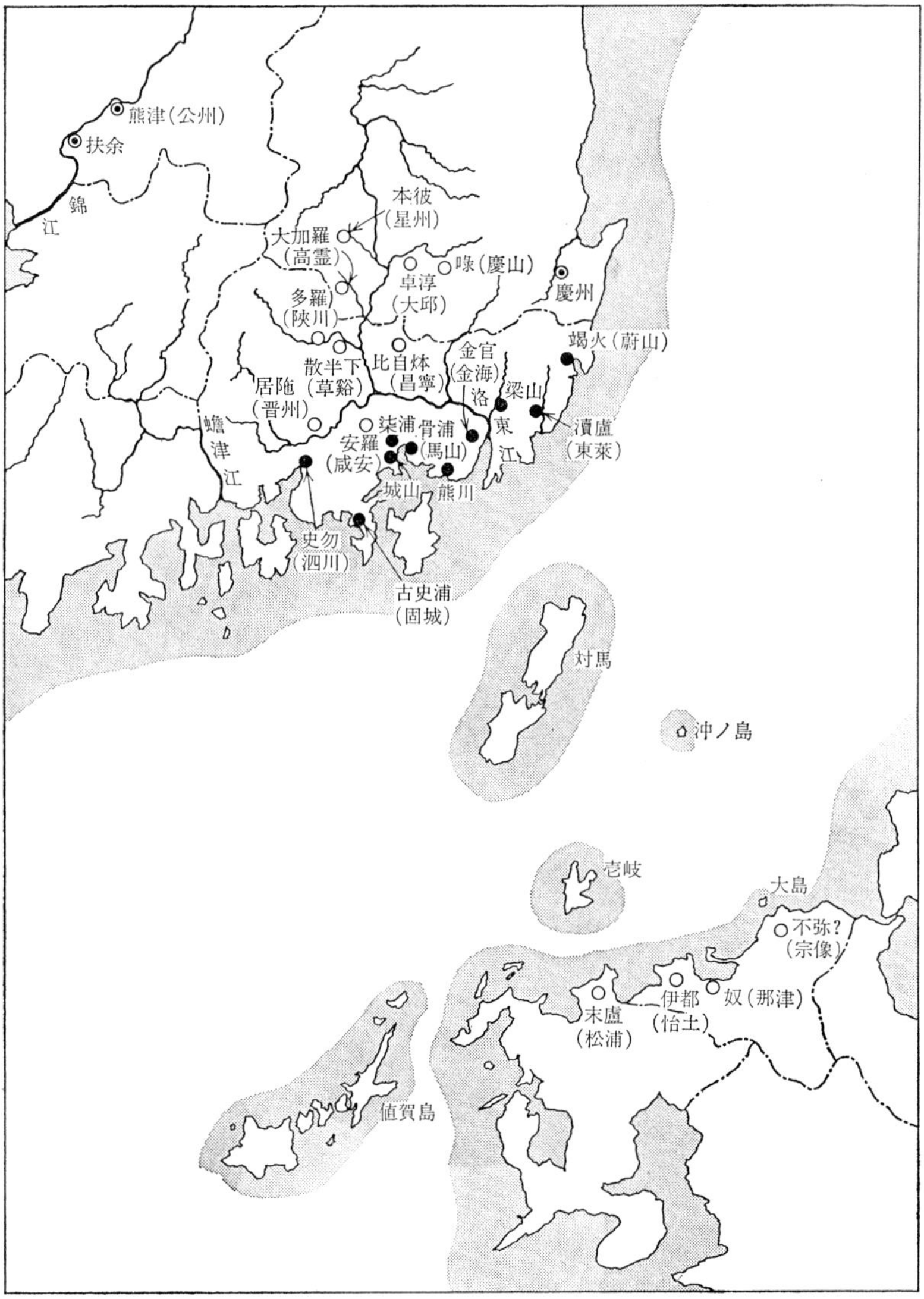
熊津(公州)
扶余
錦江
本彼(星州)
大加羅(高霊)
多羅(陜川)
卓淳(大邱)
喙(慶山)
慶州
散半下(草谿)
比自㶱(昌寧)
居陁(晋州)
金官(金海)
洛東江
梁山
歃火(蔚山)
瀆盧(東萊)
蟾津江
柒浦
骨浦(馬山)
安羅(咸安)
城山
熊川
史勿(泗川)
古史浦(固城)
対馬
沖ノ島
壱岐
大島
不弥?(宗像)
末盧(松浦)
伊都(怡土)
奴(那津)
値賀島

第3図　倭韓諸国図

これら沿海国の長官はヒコ・シマコ・タモなど独自の称号をもつのに、副のヒナモリは画一的な職名で、邪馬台国より任命され、伊都の「一大率」の下級機関であったであろう。つまり、一大率――卑奴母離の系列が外交と防備を司ったので、これら沿海諸国が一大率の支配領域であったとみてよい。末盧にのみ長官と副が記されず、ヒナモリの称も欠落しているのは、それが外来人の上陸地点のみで、行政的には伊都の一大率に包括されていたためかも知れぬ。

そして、これらの沿海諸国の特性はその海洋的性格にある。「対馬」「一支」は、耕地・水田に乏しく、海産物を食し、また「乗船南北市糴」とあるように、海上貿易によって生計をたてていた。「末盧」も、「山海」にそって家居し、好んで水中にもぐり「魚鰒」を捕えて生活し、「伊都」は海上を往来する「郡使」のつねに駐るところであった。「奴」「不弥」も基本的に変るところはないであろう。したがって、倭の国々には「鯨面文身」して、「大魚水禽」の害を避ける習俗があり、しかも、「諸国文身」におのおの異なるところがあると記すように、これが倭の各国にひろくわたる習俗であったことを指摘している。これらの諸国にたいして、「邪馬台国」や「投馬国」はあきらかに、内陸の平野部の国として描かれ、ある意味では対称的ですらある。その中間の二〇余国は名を列記するのみで、ほとんど関心を払われていない。

倭の沿海諸国が、「乗船南北市糴」と記されたのは、弁辰伝に、「国出鉄、韓濊倭皆従取之、諸市買皆用鉄、如中国用銭、又以供給二郡」とある記事に対応する。韓伝のうち他ではなく弁辰伝に、鉄の産出と交易を記したのは、弁辰（加羅）の沿海諸国にそれが特徴的であるためである。弁辰はそれを楽浪・帯方二郡の需要に応じ、また倭・韓などとの交易に供していた。

宗像の「沖ノ島祭祀遺跡」において、もっとも古い巨岩上遺跡で、中央部のイハクラに、漢・魏鏡と倣製鏡などとならび弁辰・新羅の鉄鋌、鉄製武具などが奉納されている。この遺跡は四世紀より五世紀にかけてのものと考えられるが、宗像は倭人伝の「不弥」に比定されないまでも、おなじ沿海国で、「海北道中」といわれる朝鮮半島への航路を押えていた氏族である。鉄鋌は銅鏡などとともにひきつづき輸入されていたのである。

彼我の沿海国の関係が知られるであろう。

(二) 弁辰の沿海諸国

「狗邪韓国」と「瀆盧国」についてはすでにのべた。このような『魏志』の弁辰一二国の国名と違い、『三国史記』『三国遺事』は弁辰の沿海諸国について、つぎのように記録している。

1 『三国史記』新羅本紀、奈解尼師今十四年(二〇九)、「浦上八国」が共謀して「加羅」を攻め、加羅は「新羅」に救いをもとめたので、新羅王は六部兵をつかわし、「八国将軍」を撃殺し、六〇〇〇人を捕虜とした。

2 『三国史記』列伝、勿稽子条

(1) 奈解尼師今のとき、「八浦上国」が共謀して、「阿羅国」を討ち、阿羅は「新羅」に救援をもとめたので、新羅王は六部兵をつかわし、「八国兵」を破った。勿稽子はその戦いに大功をたてた。

(2) その後三年、「骨浦、柒浦、古史浦三国」が来攻し、「新羅竭火城」を攻めたので、新羅王は兵をひきい「三国之師」を大いに破った。勿稽子は数十余級を斬獲した。これを「浦上竭火之役」という。

3 『三国遺事』避隠、勿稽子条

(1) 奈解王十七年壬辰（二一二）、「保羅国、古自国（今固城）、史勿国（今泗川）等八国」が力をあわせ、「新羅」に来侵したので、王はこれを討ち、「八国」はみな降服した。ときに勿稽子は軍功第一と称せられた。

(2) さらに十年（二十年カ）乙未（二一五）、「骨浦国（今合浦也）等三国」が兵をひきい、「竭火（疑屈弗也今蔚州）」に来攻した。新羅はみずから兵をひきいて、これを攻め、「三国」はみな敗れ、勿稽子は数十級を斬獲した。

1・2・3をみると、これらの伝承は、奈解尼師今のときの、武将勿稽子にかかわる事件として理解され、いずれも三世紀のはじめにおいている。その時代観からいえば、『三国史記』はこれに先んじて、阿達羅尼師今二十年（一七三）、「倭女王卑弥呼遣使来聘」という記事をおくのである。この記事はもちろん『魏志』倭人伝の記事から採用したもので、倭女王の魏への遣使よりまえに新羅（辰韓）に来聘したことを主張しようとしたものか否かはともかく、その「卑弥呼」は三世紀代の人物であるから、「勿稽子」や「浦上八国」の事件を、これと相前後して記録したわけで、両者を三世紀はじめのこととして位置づけたことになる。

つぎに、これらの記事では、「浦上八国」と「新羅」の戦いを前後二期に分け、まず、1と2の(1)、3の(1)は、共通した事実をさし、前期にあてている。つまり、「浦上八国」はみずからの属する「弁辰」=「加羅」を攻めたというので、これを「阿羅」とも称するのは、「加羅」の中心たる「安羅」を指したのであろう。『魏志』弁辰伝に、「弁辰安邪国」とあるのがそれである。そして、これを新羅が援けたので、「新羅」と戦うことになったとするのである。しかるに、2の(2)と3の(2)は、これより三年後に、「浦上八国」のうちの三国が、直接に新羅の「竭火城」を攻めたという。これが後期にあたり、前期では戦場が特定されていないが、後期のそれをみれば、新羅との戦いは海戦を主としたことになるであろう。そしてそのいずれも、「浦上八国」は相互に連合して戦ったのであり、その同盟関係は強かったものと見ねばならない。

それでは、「浦上八国」とは何をさしているか。『三国遺事』の3の(1)・(2)にみえる注記と、『東国輿地勝覧』（以下、『勝覧』と記す）、『朝鮮地誌略』慶尚道之部（以下、『地誌略』と記す）によって、その位置を推定してみよう。

骨　浦　骨浦県（合浦県）……………馬山付近
柒　浦　漆叱県（漆隄県）　義昌郡柒浦営……漆原・馬山付近
古史浦　古自郡（固城郡）　三道水軍統制使…固城
史　勿　史勿県（泗水県）……………泗川
保　羅　未詳（保寧郷カ）……………
竭　火　屈阿火・屈弗（蔚州）　蔚山塩浦倭館……蔚山

「浦上八国」のうちで、国名の記されるのは、上記のうちの五国で、これに新羅の竭火が対置されている。五国はいずれも慶尚南道の金海以西の海岸地帯に存在し、すべて弁辰（加羅）に属する。「浦上」の意味について、「上」は「ほとり」、つまり浦の辺（ほとり）で、沿海の八国と考えるのが妥当と思われるが、三品彰英『日本書紀朝鮮関係記事考証』（吉川弘文館、一九六二年）は、「浦」の訓は Kara で、「加羅」とおなじく、「上」は Ca, Cas で城（さし）とおなじで、「加羅城八国」、つまり「加羅八国」とおなじことだとする。

今、「加羅」の語源にまで論及するつもりはないが、「浦上八国」が「加羅八国」の意であるとする説には賛成できない。『魏志』弁辰伝の「弁辰十二国」にはじまり、『三国遺事』の「五伽耶」、『日本書紀』の「加羅七国」「任那十国」などの区分と、「浦上八国」はあきらかに異なっているからである。

1　『魏志』弁辰伝の「弁辰十二国」のうち、「弁辰狗邪国」「弁辰瀆盧国」が、金海と釜山をさすことはすでにのべたが、「弁辰安邪国」は安羅（咸安）、「弁辰弥烏邪馬国」は大加羅（高霊）、「弁辰半路国」は本彼（星州）、「弁辰古淳是国」は居陁（晋州）、「弁辰州鮮国」は卓淳（大邱）に一応比定されているように内陸国家を主体としている。

2　『三国遺事』紀異条の「五伽耶」について、二つの説がある。

(1)　阿羅伽耶（今咸安）　古寧伽耶（本咸寧）　大伽耶（今高霊）　星山伽耶（今京山云碧珎）　小伽耶（今固城）

(2)　金官（為金海府）　古寧（為加利県）　非火（今昌寧恐高霊之訛）　余二　阿羅・星山（同前星山咸作碧珍伽耶）（『本朝史略』の説に、太祖が「五伽耶名」を改めたものという）

これをみても、小伽耶（固城）・金官（金海）のほかは、阿羅（咸安）・古寧（咸昌）・大伽耶（高霊）・星山（碧珍）・非火（昌寧）のように内陸国家を中心としている。

3　『日本書紀』神功皇后紀の「加羅七国」とは、比自㶱（ひしほ）、南加羅（ありひしのから）、喙（とくのくに）、安羅（あら）、多羅（たら）、卓淳（とくじゅん）、加羅（から）、欽明天皇紀の「任那十国」とは、加羅（から）、安羅（あら）、斯二岐（しにき）、多羅（たら）、卒麻（そちま）、古瑳（こさ）、子他（した）、散半下（さはんげ）、乞飡（こちさん）、稔礼（にむれ）をさす。

これをみると、南加羅（金海）、小伽耶（固城）のほかは、安羅（咸安）、加羅（高霊）、多羅（陜川）、卓淳（大邱）、喙（慶山）、比自㶱（昌寧）、斯二岐（新反）、卒麻（率利馬）、子他（居昌）、散半下（草谿）などに一応比定され、内陸の平野部にある国であることに変りはない。

このように、1・2・3の弁辰（加羅）の諸国名は原理的に共通しており、まったく矛盾しない。これにたいし「浦上八国」は、金海以西の沿海国をさしており、区分の原理を異にするのである。

そこで、「浦上八国」の性格を概観するのに、不完全ながら考古学の成果を援用しよう。

1　金海会峴里貝塚（金海郡金海邑）

洛東江口に位置し、現在は沖積平野がさらに広がり、海より離れているが、かつては海岸に近く存在したであろう。貝塚はその江口・海岸の小高い台地上にあり、鉄斧・鉄刀・鉄滓などを出土した。『勝覧』には「土産鉄」、『地誌略』にも「物産鉄」と記している。

2　梁山貝塚（梁山郡梁山面）

金海の東に連なり、かつては洛東江が湾入し、江口に臨んでいたであろうとされる。かなりの高地の山頂付近に、貝塚・集落跡があり、『勝覧』に「土産鉄」とある。

3　熊川貝塚（昌原郡熊川邑）

金海の西に連なり、かつては南はただちに海に面していたであろう。したがって、『勝覧』に、薺浦鎮がおかれたとあり、倭館が設定されたところである。台地上に貝塚が存し、鉄鋌・鉄器・鉄滓が出土した。

4　城山貝塚（馬山市南部）

かつては馬山湾に面し、小高い台地上に、集落跡・城郭跡・貝塚がみとめられ、そこに冶鉄遺跡が発掘された。台地の斜面に築いた炉跡・鉄滓などが発見されている。

5　固城貝塚（固城郡固城邑）

かつては固城湾に面し、小高い台地上に、貝塚・集落跡が存する。湾岸のため、『地誌略』に、此地に三道水軍統制使をおき、水軍を統制したとある。

このほか、五綸台遺跡・民楽洞貝塚（釜山市東莱）があり、鉄鋌・鉄器のほか、民楽洞からは冶鉄遺跡が発見された。この東莱の地は、やはり、富山浦の倭館のあったところである。

この点は、新羅の竭火（蔚山市）もおなじである。『勝覧』には、「土産水鉄」とあり、『地誌略』には「物産水鉄」とあり、蔚山塩浦にはやはり倭館がおかれていた。

以上のように、慶尚南道の沿海にある貝塚遺跡は、河口・湾岸の丘陵・台地上にあって、集落跡・貝塚・城郭跡などと、遺物としての鉄鋌・鉄器が組み合わされ、時として冶鉄跡の発見例もある。二、三世紀を中心部位とする遺跡と考えてよいのであろう。一種の高地性集落といってよいかも知れない。このような遺跡は、3・4・5が、骨浦・柒浦・古史浦の地にあたり、「浦上八国」の実態を予測させるものであろう。

三品彰英前掲書は、さらに「浦上八国」と「加羅」「新羅」との戦いを、七世紀のことではないかとする。それは、「浦上八国」を「加羅八国」と見なすこととふかく関連する。筆者は、「浦上八国」のような形態は、「加羅八国」よりはるかに古く生まれた国家形態であると考え、これを倭人伝にみえる「対馬」「一支」「末盧」「伊都」「奴」「不弥」の六国と対応させたのである。三品氏は、『日本書紀』の推古八年（六〇〇）二月、「新羅与任那相攻、天皇欲救任那」とある記事を、「新羅」と「浦上八国」の戦いにあてる。つまり、「新羅」によってすでにほろぼされた「加羅」諸国中、最西南地区の国々がなお「新羅」に抵抗したので、「浦上八国」が馬山から泗川にかけて存在していたとすれば、奈解王代（三世紀中葉）のような古い時代のこととは思われないとしている。しかし、「浦上八国」は、まず「加羅」（阿羅）と戦ったとあるので、先に新羅を攻めたわけではない。沿海諸国の交易・鉄産による活力がきわめて旺盛な時期に、内陸の農業国と戦ったので、しかも、沿海国の連合性はつよかった。それは、倭においても、九州北部の沿海の「六国」が共通する組織をもち、活躍した時期と重なり合う。海上をもってする交易は、韓と倭において、互いに対応する相手があってこそ可能である。一つの交易圏というべきものが成立していたことはまちがいない。

これら彼我の国々をみると、もちろん韓の金官（金海）、倭の奴などはかなりの後背地をもち、稲作を行っていたであろう。金海貝塚より出土した炭化米が、稲作史上に画期的な意味をもつと考えられることとも関係する。しかし、沿海諸国は概していえば、水田耕作を主たる生業としたわけではない。金廷鶴『任那と日本』（小学館『日本の歴史』別巻一、一九七七年）に、貝塚は平野でなく山谷にあって、住民は稗などの畑作に生活を依存したであろうとのべ、「加耶時代後期」（四〜六世紀）に、洛東江の本流と支流の流域の平野部に高塚古墳が出現するとし、これらは稲作の生産力によって強力な国家が形成されたところであるとしている。そして、その地として、慶尚北道の星州（星山加耶）、大邱（喙？卓淳）、高霊（大加耶）、慶尚南道の昌寧（比斯伐）、咸安（阿羅加耶）、金海（金官加耶）、晋州（居陁）をあげている。これらは筆者がこれまでにのべた「加羅七国」「任那十国」などの区分にあてはまることはいうまでもなく、「浦上八国」に対置されるであろう。このようにみれば、三世紀にきわめて活力に満ちた沿海諸国が、その後に内陸の平野部に発達した、いわば農業国家に次第に従属してゆく過程が、四世紀以後であったことになる。しかし、そのような傾向はすでに三世紀にはじまっていたと考えてよいであろう。

おわりに

弁辰（加羅）において、内陸の農業国家として発達したのは、安羅（阿那加耶）、大加羅（大伽耶）、多羅、卓淳等々の国であるとすれば、倭においては邪馬台国、投馬国などがそれにあたり、他の二〇余国にもそれに属するものがあったであろう。九州北部の「六国」に対置される国々である。これは、韓と倭が同一の交易圏、さらに文化圏を形成していたとすれば、国々の発展段階における相関性もきわめて高いものがあったと見なされるからである。

韓において、「浦上八国」を支配しつつあったのは、内陸部の加羅（阿羅）であり、新羅であって、これが史料的に「浦上竭火之役」に投影している。この後の弁辰と辰韓、加羅（任那）と新羅の政治的・文化的な一体性、類似性からいえば了解されるところであり、倭においては、これが九州北部の「六国」にたいする邪馬台国の関係となろう。『日本書紀』は、前者を「県」（あがた）・「県主」（あがたぬし）で表記し、後者を「国造」（くにのみやつこ）と称するにいたるのである。この二つの用語も、前者が古く、後者があたらしい。

さて、沿海諸国の交易に、鉄は鉄鋌という形で銭貨の用をなすとともに、鉄素材としてもとめられたとすれば、これに代替しうる倭の交易品は何かということも当然考えられねばならぬ。これまで言及した論説をみないが、筆者は、かつてこれは倭の塩ではないかと予測したことがある。韓における塩の生産はいまだ不明であり、調査されていないようである。多少は生産されたであろうが、韓に当時の塩生産に適した沿海地域は少ないように思える。対馬・

壱岐にも塩生産の遺跡は発見されていない。少なくとも、倭の瀬戸内海、九州北岸におけるそれほど多量であったとは思われないであろう。そのころ、九州と瀬戸内沿岸地域とは当然交易が行われていた。土器の分布をみてもそれは証せられるであろう。九州北部の「六国」は、このような後背地をもっていたと考えねばならず、その交易も船によって行われていたことはまちがいない。もちろん鉄と塩の交易は一つの推定にとどまり、実証できるわけではないが、鉄と塩とは、その生産形態、その等質性・等価性などにおいて共通性のたかい物質であるから蓋然性はかなりあると思われる。少なくとも、このような視点そのものは必要であろう。

二　日・朝・中三国関係論についての覚書

はじめに

アジア世界における日・朝・中三国の歴史的な関係をどうとらえ、これからどう展望するかは、われわれが本質的に考えておかねばならぬ問題である。目前の政治や経済の関係に追われて、歴史的な視野を欠落させてはならないが、現状では、日本の言論は到底そこまで行っているとは思えないであろう。

今次大戦後に、アジア問題がふたたび日本国民に自覚されるようになったのは、一九五一年(昭和二十六)の「サンフランシスコ講和条約」においてであった。この条約は、「日米安全保障条約」をともない、当時アメリカが深刻な対立関係にあったソヴィエトと中国を排除し、かつこれとあらたに対抗しようとする性格のもので、日本をアメリカのアジア戦略の一端に組み込む役割をもつことが明白であった。しかも、その前年には、もう戦争は終ったと思っていた日本国民のまえに、突如、「朝鮮戦争」が勃発した。日本は否応なくアメリカの対朝鮮の兵站基地となり、アメリカの戦闘爆撃機は、九州の板付基地から飛び立った。北九州はふたたび灯火管制のもとに入り、隣国における〝戦後の戦争〟を、恐怖とともに体験したのである。一九六〇年（昭和三十五）の安保改訂にさいし、全国的な規模における反対運動がおこったのはそのためである。いわゆる〝安保闘争〟の記憶は、われわれにも生々しい。

戦後の日本は、みずからアジア諸国を侵略したことによって、アジア問題を論ずる資格を喪失し、自国の政治・経済の復興のみに急で、他を省みるゆとりもないと感じていた。それが、このときを契機として、はじめて国際社会に押し出され、選択を迫られたのである。

しかし、このときも、〝非武装中立論〟や〝泥棒戸締論〟のような政策論だけが横行し、アジアにおける国家関係を歴史的かつ自覚的にとらえ直そうとする気運は生まれていなかったと思う。その気運は、歴史学界では、一九五五年（昭和三十）ごろから生まれていた。

そのころからすでに準備され、一九六二年（昭和三十七）から刊行されはじめた『岩波講座日本歴史』に、各時代ごとに東アジア諸国と日本の関係についての論文をおさめたのはそのあらわれである。藤間生大「五世紀の東アジアと日本」（古代1）、西嶋定生「六〜八世紀の東アジア」（古代2）、旗田巍「十〜十二世紀の東アジアと日本」（古代4）などはそれで、これと相前後して、石母田正「日本古代における国際意識について」（『思想』一九六二年四月）、「天皇と諸蕃」（『法学志林』六〇—三・四、『日本古代国家論』岩波書店、一九七三年）、さらに、堀敏一「近代以前の東アジア世界」（『歴史学研究』二八一）などのすぐれた論文が発表された。そして、一九六三・六四年（昭和三十八・三十九）には、「史学会」と「歴史学研究会」が、あいついでこの東アジアをテーマとするシムポジウムを行い、その後さらに、藤間生大『東アジア世界の形成』（春秋社、一九六六年）なども出版された。

そして、そのころから〝東アジア〟というテーマは、一種の流行にさえなり、現在もつづいているといっても過言ではない。

㈠　最近の学説

これらにみられる共通の関心事は、アジアの各国家をこえて存在する世界帝国的な国際秩序、諸国家間の構造的な連関をあきらかにしようとするものであった。いわば国内政治と国家関係が不可分のものとして展開し、東アジア世界が一体のものとして推移してきたあとも解明しようとするものであったといえる。そして、その基軸を、中国を中心とする〝冊封（さっぽう）体制〟においたのである。

西嶋定生・石母田正・堀敏一らの見解をみると、中国において、皇帝は〝天命〟をうけてその地位につき、〝徳化〟をおよぼすため、〝礼〟〝法〟にもとづく国内秩序をたて、これと同質の世界を周辺諸民族にまで拡大しようとする。周辺の諸民族は、いまだ〝礼〟〝法〟のおよばない〝夷狄〟の国だからである。具体的には、国内に郡県制にもとづく統一を実現するとともに、周辺諸民族には、〝羈縻（きび）支配〟――馬や牛を統御する意味から転用されたもの――あるいは〝冊封体制〟といわれる制度をおよぼした。この体制には、中国の藩属国となる〝冊封関係〟から、ややゆるやかな〝朝貢関係〟、さらに盟約関係にある〝隣対国〟までの、さまざまな段階差がある。

朝鮮や日本も、この冊封体制に包容されたが、朝鮮は〝冊封関係〟、日本は〝朝貢関係〟にあることが多かった。そして、日本からみれば、五世紀のいわゆる〝倭五王〟――ほぼ応神・仁徳から雄略天皇におよぶ――の段階では、あきらかに中国宋の冊封関係のなかに入っていたが、その関係が打ちきられた後に、日本はむしろ朝鮮との間に、〝小冊封体制〟をつくり出していったのではないか。つまり、中国の〝大冊封体制〟のなかに、日本中心の〝小冊封体制〟、いわば〝小帝国〟を形成していったものと見なすのである。これが、継体・欽明天皇のころにあたることになろう。中国の北魏や宋・斉・梁を基軸として、朝鮮や日本はその外延部分を形成していたという認識がそこにはあるのである。

旗田巍は、日本は原則として、そのような関係のなかには入っていない。東アジア全体に、国際的な構造的連関があったとは思われぬとするが、問題の設立方法には共通したものがみとめられる。

さて、冊封体制についての視点は、すでに栗原朋信が、『秦漢史の研究』（吉川弘文館、一九六〇年）のなかで、秦・漢の国家構造でいえば、皇帝の「璽」と、内臣・外臣・客臣を任官・授爵するばあいに賜与する「璽」「印」の形態にはそれぞれ形式があり、差等があったことをこまかく考証したのにはじまり、その後、栗原は、秦・漢を中心とする周辺諸民族、ことに日本と朝鮮との関係を論じた『上代日本対外関係の研究』（吉川弘文館、一九六八年）を発表し、これらをまとめているのが注目され、栗原の研究がそれらの説の中核にあるのは疑いえない。

また最近では、通俗的な形であるが、山本達郎は、一九七八・七九年のベトナム・カンボジアと中国との紛争を論評し、学士会でつぎのような講演を行っている（『昭和五三・五四年学士会主催講演特集号』学士会、一九七九年）。

中国は、その周辺民族で中国と密接な関係にあった朝鮮・琉球・ベトナム・ビルマ・ラオス・タイなどを〝藩属国〟と考えていた。これらの〝属国〟は、中国に〝朝貢〟してくるとともに、中国はこれらに〝賞賜〟を与えていた。これら各国の王は、中国から〝印綬〟を授けられることによって、地位を保証され、中国の〝正朔〟を奉じ、その

〝暦〟を使用することを義務づけられ、中国との関係はつねに〝上下関係〟にあるものと観念づけられた。つぎに、周辺諸民族でなく、漢民族に隣接する少数民族のばあいは、支配者を〝土司〟に任じ、中国の官職を授け、中国の役人の一種とみとめた。これが、今日の広西や雲南などの〝自治区〟として残っているし、かつては、ビルマ・タイ北部のチェンマイなども、このような時期があった。

反面、ベトナム・ラオス・カンボジアなどの民族はどういう態度をとったか。ベトナムは、中国の朝貢国または藩属国に位置づけられ、中国との通交には、そのような形式を踏まねばならなかったが、自らは決してそれを認めず、〝朝貢〟〝入貢〟のことばも使用しなかった。かえって中国を〝北朝〟、みずからを〝南朝〟とし、平等の隣国と意識する一方、自らは中国的な観念をとり入れて、一種の中国と考え、ラオス・カンボジアなどを〝朝貢国〟に位置づけ、また附近の少数民族を〝土司〟に任ずることもあった。

このような双方の歴史的観念は、現在も痕跡をとどめているので、極論すれば、中国は、〝朝貢国〟が〝天朝〟に国際秩序に反する行為をやったのだから、これを討伐する、つまり〝制裁を加える〟ので、〝覇権をもとめる〟こととは違うという論理がある。ベトナムは、独立国として、中国の積年の攻撃にたえ、ついにはその軍隊を追い払ってきたという対抗意識がつよく、もちろん〝藩属国〟とみとめて来なかったのだから、このような中国の論理や行為を許すわけにはいかないと考える。

中国とベトナムの紛争には、このような背景もあるという趣旨の講演であり、これも、冊封体制論を現代に応用したものといえよう。

(二) 冊封体制論(その一)

冊封体制について、もう少し細かくみよう。栗原朋信は、漢帝国を基準として、中国の〃礼〃〃法〃の秩序の到達度に応ずる周辺諸民族の区分を次のようにのべている。

(1) 隣対国(敵国)。中国に匹敵する対等国の王で、中国の〃礼〃〃法〃のおよばない独立国をいう。

(2) 外客臣。不臣の朝貢国の王で、その関係は隣対国に近いが、朝貢関係は成立する。中国の〃礼〃〃法〃はおよばないが、〃徳化〃はおよぶものと見なされる。

(3) 外臣。中国の皇帝から冊封をうけて王位を保証され、君臣関係が成立する。中国の〃礼〃〃法〃に従わねばならないが、国内政治においては、〃礼〃〃法〃の秩序を実現する必要はない。

(4) 内臣の諸侯王。基本的に中国の版図に包含される王で、中国の〃礼〃〃法〃を奉じ、国内でもそれを実施しなければならない。したがって、丞相以下の任命、列侯以下の除爵は、原理的に中国の皇帝権に帰属する。

(5) 国内の諸列侯。中国の郡県内に住まわされ、内臣となった異民族の王をさす。

栗原説を整理すれば、一応このようなものになろう。このうち、本来の周辺民族、つまり夷狄との関係を示すのは、(1)・(2)・(3)の三つである。

(1)は、特定の時期の南越(広東・広西両省とベトナム北部を領有した国)・匈奴(蒙古全域を支配した遊牧民族の国)などがこれにあたり、漢は、国書に「皇帝」と記し、相手国も固有の王号によって、「単于」（「大単于」）などと称し、国書を相手国にあてることは「致書」である。「皇帝は王（単于）に謹問す、恙無きや」「王（単于）は皇帝に敬問す、恙無きや」というような書式となり、対等の礼、つまり〃客礼〃をとる。

(2)は、たとえば匈奴が、漢の皇帝に、「上書」をおくり、「臣」字を記入するようなばあいで、(1)とおなじく王号のみを記し、王名は記さず、〃客礼〃に近いが、王（単于）の一家は、中国帝室の一員に擬せられ、国書に、「忠」「孝」の文字を入れることにもなる。

(3)は、たとえば南越が、漢の「皇帝陛下」に、「上書」「貢職」し、自らを「臣」と称し、王号でなく王の「姓・名」を記入するようなばあいで、あきらかに上下関係としての〃稽首の礼〃をとる。

冊封体制は、この(3)に典型的にあらわれることは申すまでもない。その国の王は、王の地位を承認されるとともに、〃爵号〃を与えられ、中国皇帝の定めた〃暦〃を用い、中国〃年号〃を使用せねばならず、また中国朝廷の〃服制〃を模することも行われた。爵号には、将軍号と王号があり、王の軍事的領域と行政権の範囲が明示され、王相互の政治的関係が調整されたのである。

朝鮮と日本に関していえば、朝鮮諸国は、原則として(3)の外臣の立場にあり、日本は、(3)の外臣の立場にあることもあったが、時に(1)の隣対国を主張した。しかしこれは中国が承認したわけではないので、事実上は、(2)の外客臣（朝貢国）の関係にあるのが大部分であったこととなろう。

(三) 冊封体制論（その二）

冊封体制論をわれわれがどう考えるか。私はその論には必ずしも賛成しない。つまり、冊封体制とは、中国中心の国際認識をもとにする単に一つの外交形式であって、周辺諸民族相互の国家関係は、これと次元をおなじくするものではなく、かつまた外交の実態は、別の次元で展開することが多いからである。この点はまとめて改めて述べよう。しかし、この形式と実態が相即する面はたしかにある。したがって、冊封体制が、アジアの国家関係をとらえるための、一つの客観的手段であること、主観的な民族主義にふりまわされる歴史観よりは、数等上位にある学問的方法であることは、まず自覚されねばならない。まずそのことから、先に述べる。

⑴ 中国周辺の諸民族は、たしかに中国との接触を通じ、冊封という政治関係のなかに包含されることによって、政治的成長をとげ、国家権力を形成していった。諸民族の王は、中国より冊命をうけ、その軍事権のおよぶ領域を明示された将軍号と、その行政権の範囲を冠する王号をともに与えられ、諸民族間の力関係が調整され、また国内における支配権が確定されえたのであり、またそれが単に中国の一方的な観念や、政治的強制によるものでなく、諸民族の主張や、流動する国家関係、各国の利害の調整の上に成りたったものであるばあいがある。

⑵ この間の事情を、日・朝・中三国の関係のもっともよく示される、五世紀の『宋書』によって考察してみよう。中国においては、魏・呉・蜀のいわゆる三国時代のあと、北方遊牧民族の侵入がはじまる。一応、中国を統一した

晋は、この遊牧民族の侵入によって南に逃れ、東晋を形成する。中国は南・北二つの王朝に分かれるのである。遊牧民族の北魏と、漢民族の宋がするどく対立したのはいうまでもない。互いに、周辺民族をひき入れ、自らの立場を守ろうとする。宋は、北は柔然、西は吐谷渾（河南）、河西、東は北燕、高句麗と通じ、その多くと冊封関係を結ぶことによって、北魏を包囲しようとする。北魏は、これを打破するため、つぎつぎに各国と戦い撃破し、または懐柔しようとする。

一方、朝鮮半島において、高句麗と百済ははげしい抗戦をくりかえし、百済は北魏と通交し、高句麗を抑制しようとするが、北魏に断わられ、これとの通交を絶ち、一時は、高句麗のみならず、北魏も加わって百済を攻めたらしい。百済はもっぱら宋と結ぶこととなる。高句麗は、自国の発展のため、北魏と深く結び、一時、北魏は高句麗の使者を、宋・斉などの使者の上位において遇したらしいが、高句麗にとって、北魏は脅威でもあったから、宋との通交関係をも維持したのである。つまり高句麗は、北魏・宋の双方から冊封をうけている。

このような状況のもとにあって、次第に高句麗—北魏、百済—宋（斉・梁）の枢軸が明らかとなり、百済は、高句麗さらに北魏と対抗するために、倭（日本）の後援をもとめ、宋もまた高句麗を牽制するために、倭を重視するのである。ここに百済と倭が、宋と冊封関係を結ぶ原因があり、百済と倭は同盟関係にあった。

いわゆる〝倭五王〟の最後の王である倭王武（雄略天皇）は、みずから宋に朝貢したとき、祖先以来、東は「毛人」（関東を中心とする地域）、西は「衆夷」（九州を中心とする地域）、海を渡って「海北」（南朝鮮の加羅・任那を中心とする地域）に兵を進め、これを平定したと誇らかに述べて、高句麗が理不尽にも百済を併呑しようと企て、倭の使者が宋に赴こうとするのを妨害すると訴え、もし宋が高句麗を打ちくだき、この困難を除いてくれるならば、一層の忠誠をつくすであろうと書き送っている。

このような倭の国際認識は、百済にもみることができる。百済王は北魏に入貢し、高句麗と戦うこと三〇余年、北魏への使者もこれに妨げられ、任を果たすことができないと訴え、これが不成功におわり、北魏との通交を絶つと、ついで、宋に朝貢し、やはり高句麗が路を塞ぎ、使者が宋に到着しえないことをのべているのである。倭・済の認識はまったく一致していることが知られよう。これは確実な史実といってよい。

このように、冊封体制は、アジアの諸国が激動する国際場裡において、みずからの立場を防衛し、有利な地歩を占めようとして、他国と連携するばあいの基軸となった体制である。池内宏が、『日本上代史の一研究』(中央公論美術出版、一九七〇年)において、倭五王が南朝と通交して、その冊封をうけたことを、国辱として認めようとせず、これは天皇の名を詐称した地方首長の段階であるかのごとく主張した国学者流の見解をきびしく退け、朝鮮三国の紛争のつづく国際場裡に、各国が中国を利用して自国を有利な立場におこうとしたのは当然であり、倭王がすすんで、高句麗・百済の二国とおなじ態度をとったのも、まったくそのためであると述べたことが想起される。池内のこの著は、戦前・戦中の東京大学の講義をまとめたものであり、すぐれている。

冊封体制は、現実的なアジア諸国の関係を反映しているのである。

(3) 冊封体制のもとで、中国が各国の王に与えた爵号は、各国の王の支配権の範囲を明示したもので、各国王の相互関係を規制した。もしこのような整合性がなかったならば、冊封体制そのものが成立しなかったであろう。

宋が高句麗王に与えた爵号は、「使持節・都督営州諸軍事・征東将軍、高句麗王・楽浪公」から、「使持節・散騎常侍・都督平営二州諸軍事・征東大将軍、高句麗王・楽浪公」のように変化し、百済王へのそれは、「使持節・都督百済諸軍事・鎮東将軍、百済王」から、「鎮東大将軍」に変化し、倭王へのそれは、「安東将軍、倭国王」から、「使持節・都督倭　新羅　任那　加羅　秦韓　慕韓六国諸軍事・安東大将軍、倭王」に変化した。これらは、前半が〝軍号〟、後半が〝王号〟で、軍事・行政権の二つを示したものであるが、その二権のおよぶ範囲は、高句麗・百済については、おおむね一致するか、またはまったく同一のものであるのに、倭については、いちじるしく食い違い、新羅・任那・加羅をふくむ南部朝鮮一帯がその軍事権に包含されているのである。ともあれ、この三国で、朝鮮半島の〝軍事領域地図〟は完結している。そこに宋からみた国際関係の整合性が示されているのである。もちろん、もし新羅が宋と通交をひらいていたならば、それは倭からはずされ、別の領域とみとめられたであろうが、現実には、新羅は高句麗・百済に付属させられずに倭に包含され、任那・加羅はもとより倭の軍事領域とされている。いわゆる〝任那日本府〟の性格がそこに示されるであろう。これを逆の立場からみれば、倭の行政権は倭の国内のみで、任那・加羅には及んでいなかったことにもなる。

しかも、これらの爵号は、中国が一方的に下賜したものではない。各国の王は、まず爵号を〝自称〟（〝自授〟）または〝仮授〟して、その認可を中国の王朝に要求した。中国は、各国の主張を調整し、その一部を削り、または加えて、正式に〝除正〟〝授爵〟したのである。そこには、内外の二要因がきびしく交錯していることを知るべきであろう。

(4)　さらに各国の王は、みずからの支配下にある王族・貴族にも、おなじく爵号を〝仮授〟して、その〝除正〟をもとめている。

たとえば、百済王は、「右賢王」の「余紀」、「左賢王」の「余暈」ら一一人に、将軍号の除正を請うてみとめられ、倭王も、「倭隋」ら一三人に将軍号を、つづいて二三人に将軍号と太守号の除正をもとめ、みとめられている。この事実は、各国の王が、みずからを〝王中の王〟、つまり〝大王〟たることを中国側に主張し、国際的に大王の地位を保証されたことになる。つまり、冊封体制を通じて、自国内の支配権力を確立してゆくのである。国際的秩序と国内的支配の構造が表裏の関係において進展してゆくことがわかるであろう。

最近、あらたに発見された埼玉古墳群のなかの稲荷山古墳出土の剣銘に、「獲加多支鹵大王」(ワカタケル大王)、つまり雄略天皇=倭王武の名が刻まれていた。宋に冊封をうけた倭王が〝大王〟としての立場を確立していたことが知られる。

われわれが、冊封体制をアジアの国家関係をとらえる有力な客観的手段とみる理由は、以上の(1)・(2)・(3)・(4)に述べたような視点にある。それが周辺諸民族の具体的な利害・対立・主張を基底にして形成され、現実の国際関係あるいは国内の政治権力の確立過程を反映しているからである。冊封体制は、このように読みかえられねばならない。

しかし、このように読みかえるとすれば、それは諸民族の動向の反映であり、中国がわの〝体制〟としての意味はますます稀薄となるであろう。もともと、この〝体制〟とは、中国を基軸とするアジアの国際秩序の表明であり、極論すれば、中国がわの国際認識を充足すべきものだからである。

すなわち、〝冊封体制論〟は、どうしても中国を中心にアジアを考える構造論や形式論におち入りやすい。いうなればアジアの歴史は中国を基軸として展開する、アジア史は中国勢力の波動の歴史であり、朝鮮半島は中国文化が日本に流入するばあいの通路にすぎないというような一元論的な見方を再生産するおそれがあるのである。したがって、学問上の操作としても、中国の古典や史書に基準をおき、そこに登場する周辺諸民族―朝鮮や日本を取り上げ、それらの記事と合わないか、またはそれから立証できないという理由で、朝鮮や日本の古典や史書の信憑性が問題にされることにもなる。

最近、坂元義種『古代東アジアの日本と朝鮮』（吉川弘文館、一九七八年）は、冊封体制の内容をこまかく検討した著書であり、中国史書、ことに「列伝」を中心に、周辺諸民族と中国との関係を論じ、将軍号・王号などの比較から、各国の位置づけを行っている。朝鮮はもっとも詳しいが、中国の史書と、朝鮮の『三国史記』とを照合し、『三国史記』が中国史書の朝鮮関係記事のすべてを収めているわけでなく、これを取捨選択していることを明らかにしつつ作業を進めている。これは冊封関係に限定すれば、当然の学問的手法である。しかし、そこに大きな歴史解釈の隘路が存在するのも事実であり、この手法からは、『三国史記』の材料となった、六世紀には成立していたと思われる「古記」「古伝記」「古史」「国史」などから取られた固有の記事はすべて除外されるのである。

わが古典である『日本書紀』もおなじ運命にある。ことに『日本書紀』は『三国史記』とちがい、その編纂にあたって、中国の古典から文章・用語を多く借用しているものの、中国の史書から記事を借用し、史実として記した箇所はまったくないといってよいのだから、五、六世紀ごろの記事は、ほとんど利用の手がかりを失うことになるであろう。

〃冊封体制論〃が、東洋史、ことに中国史家から提起された理論であるという意味はそこにある。

四 〃満鮮史研究〃

〃冊封体制論〃にみられる歴史観は、ある意味では、戦前のいわゆる〃満鮮史研究〃に共通するものがある。〃満鮮史〃というとらえ方は、明治中期から、那河通世・白鳥庫吉、ややおくれて明治末期から津田左右吉・池内宏・稲葉岩吉らが加わり、当時としてはヨーロッパの近代史学の洗礼をうけた歴史学として推進された。〃冊封体制論〃とともに、いずれも東洋史——とくに中国史家の立場から提唱されたことに特質がある。

日露戦争ののち、〃満鮮経営〃の国策会社として「南満州鉄道株式会社」が設立されると、白鳥庫吉らは満鉄総裁後藤新平に説いて、その東京支社のなかに、満州の歴史・地理調査室を設立させた。津田・池内・稲葉らは、そこで養成された学者である。かれらが目標としたのは、〃朝鮮史〃でなく〃満鮮史〃の研究であり、朝鮮史は朝鮮民族の主体的発展の歴史としてではなく、満州をふくむ大陸史の一部に吸収された。朝鮮史は〃朝鮮民族〃の歴史でなく〃朝鮮半島〃という地理的空間で生起した歴史であり、朝鮮半島に攻めよせた大陸勢力の波動の歴史としてとらえられたという旗田巍「日本人の朝鮮観」(『アジア・アフリカ講座』Ⅲ、『日本と朝鮮』勁草書房、一九六五年)の指摘は正しい。

津田・池内・稲葉はともに優れた歴史家であった。日本神話を中心とする国粋思想、主観的な民族主義にたいし、史学の客観性・普遍性へのゆるぎない指向を示し、当時の思想界に大きな役割りをはたしたのである。しかし、津田左右吉『神代史の研究』『古事記及日本書紀の研究』(岩波書店、一九二四年)、『日本上代史研究』(岩波書店、一九三〇年）にみられる日本古典――記紀に対する苛借ない文献批判は、上記の中国の古典・史書を基準とする研究法、あるいは中国勢力の波及を中心とする歴史構成の手法、つまりは〃満鮮史研究〃そのものから、必然的に帰結されるところでもある。津田史学のこうした側面をも、われわれは見落してはならないであろう。

池内宏はみずから『満鮮史研究』（上世二冊・中世三冊、吉川弘文館、一九七九年復刊）という大著をあらわした。上世篇においては、前漢の設けた臨屯・玄菟・楽浪などの諸郡の成立と変遷、高句麗の建国と王家の世系、貊（パク）・濊（ワイ）・粛慎・夫余（フヨ）などの満州諸族の居住地と興亡のあとを扱うとし、中世篇においても、遼・金などの満州諸族と高麗に中心がおかれている。つまり、中国から朝鮮におよぶ諸地域の民族の興亡、政治勢力の波動を扱ったもので、朝鮮では高句麗と高麗が詳しく取り上げられたのは当然である。そこには中国―満州（塞外民族）―朝鮮＝高句麗（高麗）という大きな軸線が画かれており、しかもこの軸線のうえで、国境はどうなったか、交通路はどこを通ったか、郡治や城邑はどこに置かれたかという歴史地理に異常な関心が示され、いわばこれらを一つの歴史空間、一つの地域として扱ったのである。朝鮮はその末端に位置づけられた。

稲葉岩吉は、みずから『朝鮮文化史研究』（雄山閣、一九二五年）という名著をあらわし、中国と塞外諸民族、および朝鮮民族との関連を追求している。と同時に、朝鮮総督府の修史官として、『朝鮮史』全三五巻、その稿本三五三八冊にのぼる大編纂物の中心的存在となった。かれの立場は、『朝鮮史』総目録・事業概要（朝鮮史編修会、一九三八年、東京大学出版会、一九七六年）によく示されている。

朝鮮側の委員が、朝鮮建国神話――〃檀君〃と〃箕子〃について、民族精神を発揮するものであるから、是非第一巻に史実として収めたいと主張したのに、これらは神話上の人物で、史実とは認められず、史実は「支那史料」にあるかどうかが基準となるとのべ、そのころわが国で編集が進められていた『大日本史料』『大日本古文書』のような編年的に確実な史実を列記する「学術的」かつ「公平無私」の方針によって『朝鮮史』の編集をも進めたいと答えている。

そして〝檀君神話〟は、高麗恭愍王の前後の人である白文宝が、その年代考証について上疏した文があり、また李朝世宗の時に、檀君を祭ることを議しているので、そうした史実として、そのいずれかの条に付記するならば正しい扱いとなりうるだろうとしたのである。

稲葉は、檀君神話の架空性を主張し、朝鮮歴代の王家は満州あるいは大陸の勢力が、朝鮮に逃入して成立したもので、満州と朝鮮は不可分のものと考えていた。

戦後の〝冊封体制論〟が、ある面ではこのような〝満鮮史研究〟の延長線上にあることが了解されるであろう。江上波夫の〝騎馬民族征服説〟も、発想としては同種のものである。

(五) 〝日鮮同祖論〟

さて、戦前において、この〝満鮮史研究〟と対蹠的な立場にあったのが、〝日鮮同祖論〟である。前者が主として東洋史家の主張であったとすれば、後者は日本史家または言語・芸術などの分野にかかわるものと言えるかも知れぬ。〝日鮮同祖論〟を通俗的にいえば、日・朝両国はもともと言語・風俗・宗教などにわたって〝同源同祖〟の関係にあり、民族としても古くから往来して、〃混融〃〃同化〃してきたとし、いわば朝鮮を〃同胞〃と見、日本を中心に両者を大陸史から分離し、歴史的一ブロックと見なす考え方である。

この考え方は、国学の伝統をひく、いわば民族主義の考え方であるが、近代史学としてみれば必ずしもそうとは言い切れまい。

すでに早く、東京帝国大学教授重野安繹・星野恒・久米邦武らによって作成された『国史眼』（大成館、一八九〇年）に、その叙述がみられる。

つまり、アマテラスがスサノヲに海原を統治させた、その「海原ハ韓国ナリ」と記し、スサノヲは出雲に下り、オホクニヌシがこれをうけて「新羅及常世国ニ交通」し、ニニギもおなじく、「海外ノ交通ハ国初ヨリ既久シ」とのべ、ついで、「稲氷命ノ新羅ニ王タリシヨリ、此紀ノ末ニ至リ、其王子天日槍（あめのひぼこ）、国ヲ弟知古ニ譲リ、宝器ヲ齎して来帰し、但馬ニ住ム」と記している。つまり日本から朝鮮に王として赴き、その子孫が来帰する形で、相互に交流が行われたとするのである。

重野や久米は、江戸時代より史実と思われていたことを自由に否定し、〃神道〃の独自性を否認するなど、〃抹殺博士〃とよばれ、また国粋主義者や神道家からはげしい攻撃をうけた合理主義者である。『国史眼』も、史料を簡潔にまとめ、これを客観的に列記して、主観を交えぬ概説書としたもので、名著といえる。しかし上記の神話の部分は、これを史実の反映と見なしたのであろう、批判を交えずそのまま記録しているのである。

そのころ、吉田東伍『日韓古史断』（富山房、一八九三年）も出版された。韓国が「言語は本邦と式を同うし、仮字は本邦と源を共にし」ており、新羅・加羅人は「同胞少弟」であり、日韓は「同質の種国」であるのに、その後に彼此相分かれたという由来を述べたものといえる。

ついで、喜田貞吉があげられる。喜田がすぐれた歴史家であったことを否認するものはいないであろう。その喜田の民族研究は、「土蜘蛛種族論に就て」(『歴史地理』一〇—一・二、一九一〇年)、「日本太古の民族に就て」(『史学雑誌』二七—三、一九一六年)、「日本民族とは何ぞや」(『民族と歴史』一—一、一九一九年)、「日本民族史概説」(『日本風俗史講座』五、雄山閣、一九二九年)などに要約される。

喜田は、〝日本民族〟とは、「わが天孫民族以外において、いわゆる毛人・衆夷なる先住土着の諸民族を合わせて、うって一団となした鞏固なる複合民族」であり、「先住民に対しても、また後の帰化人に対しても、常に恩をもって誘い、徳をもって導き、懐柔的平和的手段によって、これを同化せしめ」た民族であるとする。その基底には、先住民族として、山人・海人・土蜘蛛・隼人・肥人・蝦夷などとよばれる狩猟・漁撈の民を想定し、これを縄文時代人＝国津神にあて、それに対し弥生時代人＝天津神(天孫民族)が大陸から渡来したという考えがあったらしい。それは、「無論、軽率にわが天孫民族をもって扶余族となし、高句麗・百済等と同系であると断すべき」ではないとしながら、日本と朝鮮が遠い過去において、共同の祖先を有していたと解しても、それは「無稽の空言とのみはいわれない」としたことからも分かる。しかし、この天孫民族も、日本民族にとっては一要素にすぎないので、その他の雑多な要素が複合し、融合して一民族を形成したと考えている。

この扶余族の南下という発想は、むしろ〝満鮮史研究〟に近く、〝騎馬民族征服説〟とおなじ傾向をもつが、喜田の説の根底は〝複合民族論〟にあり、異民族の〝同化〟〝融合〟に力点がおかれているといえよう。

このような考えが、『韓国併合と国史』(三省堂、一九一〇年)、「日鮮両民族同源論」(『民族と歴史』六—一、一九二一年）に結実する。すなわち、「かつて、数百年の間、彼此同一の政府の下におかれたものであった事実を明らかにして、韓国の併合はけっして異民族をあらたに結合せしめたものでなく、いったん離れていたものを本に復したもの」とか、「韓国併合は、実に日韓の関係が、太古の状態に復したものである。韓国は実に貧弱な分家で、我が国は実に富強なる本家と云うべき者である」という政治論に転化するのである。

しかし、このような〝日鮮同祖論〟は、はじめから〝日韓併合〟という政治論として展開したものではない。その本質は、韓国に対する同胞意識や、異民族の同化融合といった主観主義・心情主義にある。喜田の論説は、上田正昭『喜田貞吉』（『日本民俗文化大系』5、講談社、一九七八年）に詳しい。

さて、喜田のほかに、金沢庄三郎『日鮮同祖論』（汎東洋社、一九四三年）は、「昔の朝鮮は文明国である」と書きはじめ、現在の日本人は朝鮮のことに理解がなく冷淡であるとなげき、むしろ朝鮮文化に対する憧憬や、よき友たらんとする心情をのべている。その手法は、「言語・音韻にもとづき、満鮮語の比較の上に」、わが文化との同質性を論ずる、いわばきわめて客観的な研究法をとっているけれども、その根底にはやはり主観的・情緒的な同胞意識があり、柳宗悦の朝鮮古陶磁への愛好を通じて、いわゆる〝民芸〟にみられる素朴・原始の美を実感し、朝鮮文化への憧憬を論じた態度もおなじことであろう。

これらは、政治的社会、国家関係をぬきにした民族・言語・宗教・芸術論であって、主観的な心情主義ともいってよく、〝満鮮史研究〟にみられる冷徹な客観主義・普遍主義との差は明白であるといわねばならない。

最後に、和辻哲郎『日本古代文化』（岩波書店、一九二〇年）をあげておきたい。この書がかつて広く読者に迎えられたことはいうまでもない。和辻は、古代の朝鮮と日本には、彼我の差別は少なく、国家意識は稀薄で、相互の混血もきわめて多かった。帰化人は優遇され、わが国民に同化融合されたと述べ、朝鮮に対する日本の出兵は、けっして支配者による戦争ではなく、一種の民族的な戦争であり活力あふれる国民戦争であったと、きわめてローマン的な戦争観をのべている。

ことに改訂版では、倭王武の上表文にみられる征服戦争を、「武具は悉く鮮やかな金色に輝き、それらをもって武装した軍将の姿は金人のごとく美しい。もし太陽がその上を照せば、人目まばゆいばかりに光るであろう。杜（もり）の闇さえも、この超人的な姿を隠すことはできない」というように、まことに文学的な叙述で飾るのである。帰化人同化融合論という心情主義は、このような戦争観をも生みうるのであった。

概していえば、〝満鮮史研究〟や〝冊封体制論〟は、すでに述べた意味において、歴史学に有用であるが、このような〝日鮮同祖論〟は、ほとんど歴史学の〝学問的〟な射程には入らないであろう。

(六) 〝日本分国論〟

〝日鮮同祖論〟の発想は、戦後どうなったであろうか。あたかも〝満鮮史研究〟に対応する〝冊封体制論〟とおなじく、あらたな展開を示したであろうか。

私は、金錫亨『古代日朝関係史』（勁草書房、一九六九年）をその代表的なものとしてあげてみたい。金錫亨もまた、朝鮮民主主義人民共和国の代表的な歴史学者であり、社会科学院歴史研究所の所長でもあった。この書は、同研究所の機関誌に、「三韓三国の日本列島内分国について」(『歴史科学』一九六三年第一号)に発表したものが、その骨子となっている。いわば共和国側の〝公認学説〟といってよく、一九五六年版の『朝鮮通史』(社会科学院歴史研究所)では、まだ古代日朝関係はほとんどふれられていないが、一九六三年版では、金説が取り入れられているようである。

その主張は次のように要約されよう。

紀元前の弥生時代のはじめから、倭へは朝鮮民族の移動があり、その後もひきつづき民族移動が行われた。その結果、日本国内には方々に朝鮮の〝分国〟がつくられた。それは、九州や本州の畿内・大和・出雲をふくめ、大小数十にのぼるといってよい。中国の史書は、これらをも〝倭〟と称しているので、〝倭〟の内容は決して画一的ではない。たとえば、四世紀末の辛卯年に、〝倭〟が出兵し、高句麗と戦ったという『広開土王陵碑』の記事にあるその〝倭〟とは、九州の分国政府で、大和の王朝ではなく、また五世紀の『宋書』に、倭王の授爵の上表文に、新羅や任那・加羅とならべて辰韓・慕韓が出てくるのは、もはや朝鮮には存在しない国名であって、かつて辰韓・馬韓の人たちが日本に移動して築いた〝分国〟をさしている。このように、日本列島内には、六種類も七種類もの種族のちがった〝分国〟があり、地域を統治していたので、それが大和の王朝によってはじめて征服・統合されるのが、五世紀後半の倭王武が〝海北〟を平げたという記事の内容である。しかも、最終的に、大和の王朝によって、〝分国勢力〟が統一されるのは六世紀になってからである。したがって、七世紀後半に、百済と連合し、新羅・唐の連合軍と白村江で戦い敗れる〝倭〟こそが確実な大和の王朝ということになる。しかも何故大和の王朝が百済を援けたかは、それまで大和には百済の〝分国〟があり、勢力を占めていたからで、百済救援は、実質上、百済の〝分国〟が〝本国〟を援けたことになるというのである。

金説の歴史解釈は、四世紀以後の事実関係からいえば成立の可能性はない。『広開土王陵碑』の〝倭〟の解釈も正当ではなく、それ以後のズレは一層大きいといわねばならぬ。

しかし、この学説のもつ意味は、〝満鮮史研究〟や〝日鮮同祖論〟にみられる朝鮮の独自性の否定にたいするプロテストという点にある。朝鮮は、民族・言語・風俗その他において、他民俗との交流を重ねてきたが、それ自体、独自の文化を形成し、まして、政治的にみれば、独立の政治社会・国家を組織してきたのである。その点においてこそ、古代に、中国—朝鮮—日本の緊密でかつ緊迫し激動する国家関係が成立しえたといわねばならない。

しかるに、反面、金説はこの視点を大きく崩している。それは日朝両民族の同一性と混融を説く〝日鮮同祖論〟の発想と根本においてひとしいからでもある。ただ、〝同祖論〟は、日本に主体をおいたのに、〝分国論〟は、朝鮮を主体としたという違いがあるにすぎない。いわば、〝同祖論〟の逆手をとっているといえよう。しかも、〝同祖論〟は、国家成立以前の民族・言語・風俗等をテーマとしたのに、〝分国論〟は、政治社会そのものを取り上げ、朝鮮からの進出・統治を説き、両者の同一性を主張した点からすれば、さらに一層、反歴史的な主張であるといえるであろう。

わが古代史の学会においても、これと類似した発想がないわけではない。

金説では、六世紀まで朝鮮の〝分国〟が統治していたのだから、その段階に日本列島に移住してくる朝鮮人に、〝帰化人〟などという概念は適用できない。それは〝本国〟から〝分国〟に渡来してくる集団にすぎないからである。最近、〝帰化人〟を〝渡来人〟と言いかえる言説があるのも、その根本はこうした発想をうけているのであろう。〝同祖論〟における〝帰化人〟は、日本民族に〝同化融合〟されたものであったが、〝分国論〟における〝渡来人〟は、いわば日本列島にたいする〝植民者〟ですらある。しかし、両国家社会が同質のものとする視点は似ているのである。

ま　と　め

これまでに、〃満鮮史研究〃—〃冊封体制論〃と、〃日鮮同祖論〃—〃日本分国論〃という二つの思想系譜を一応たてて評論してきた。もちろん、それは筆者の立てた系譜であって、それぞれの内部で、完全に同一の思想というわけではなく、あくまでも、発想の基本形態の類似を問題としたにすぎない。

しかし、筆者は、この二系譜の類別は、かなり本質的なものであって、現在もなお続けられているいわゆる〃東アジア〃の論議が、この二つの思想系譜を超克しているとは思えないのである。この二つの思想系譜に、もっとも欠落しているのは、中国周辺——単に地理的に言って——の諸民族みずからの国家の成長と、その結果、必然的に引きおこされる国家関係という視点ではないだろうか。

〃冊封体制論〃でいえば、すでに㈢の(1)・(2)・(3)・(4)にわたって述べたとおりである。五世紀の中国と倭（日本）をまきこむ条件は、朝鮮三国間に、それ自体として醸成された。三国はむしろ、冊封体制を利用しつつ対立抗争したといえよう。しかも、このときの北魏と百済、その後におこる隋と高句麗、さらに白村江戦のあとの唐と新羅のように、三国と宗主国との衝突と抗争が発生するのは、中国からみれば冊封体制の維持とからみ合うが、三国からみれば、国家利害そのものからの戦いであったであろう。中国と遠く離れた倭（日本）においては、このような緊張関係は発生しなかったが、七世紀の隋、その後の唐との国家関係の示すように、双方に意識のズレがあった。中国は日本を

〃朝貢国〃と見なしたのに、日本は公的には〃隣対国〃の立場を貫いており、双方の国際意識はすれ違ったままで国交が成立しているのである。

まして、朝鮮三国の相互間、三国と倭（日本）のばあいは、冊封体制が客観的に存在したわけではない。もちろん主観的に中国思想をうけ入れた国際意識は双方に存在したが、それが客観的な体制にまで高められ、維持されたことは一度もないであろう。この点は、旗田巍が指摘したとおりであるが、それは旗田が中国史家でなく、朝鮮史家だからである。

ここで冊封体制に関する事実認識の仕方を一つだけ示しておきたい。これも㈢でふれたが、宋は、高句麗王に征東将軍—征東大将軍、百済王に鎮東将軍—鎮東大将軍、倭王に安東将軍—安東大将軍号を賜与した。その前後でいえば、高句麗はさらに、車騎大将軍—驃騎大将軍に進み、百済は征東大将軍に、倭は鎮東大将軍—征東将軍に進号するのであるから、将軍号の序列は、驃騎—車騎—征東—鎮東—安東（これに大小をふくむ）の順となる。つまり高句麗が圧倒的に高く、ついで百済、最後に倭となるであろう。坂元義種が指摘したことはこの点では正しい。

しかし、最近、これを高句麗・百済・倭の順に国力、したがって国際的地位に高低があったと考える説が多い。しかしこれはあくまで中国側の国際認識を示すにすぎない。宋・斉・梁は遊牧民族の北魏に対抗するため、高句麗をもっとも重視したのであり、以下、百済・倭の順位となるのは至当であろうが、実際の三国関係はこれと異なっている。冊封体制を評価する視点として、このような点を欠落させると評価を誤ることとなろう。

さて、諸民族みずからの国家的成長という点についていえば、〃日鮮同祖論〃や〃日本分国論〃は、一層その視点を欠いている。古代において、朝鮮三国と倭の国家成長の諸段階にはまことに共通性が多い。それは〃邪馬台国〃段階からすでにそうであり、この点は〝邪馬台国〟をどう捉えるかという問題をもふくめて改めて論じなければならないが、今、四世紀末についていえば、『広開土王陵碑』という原史料に記録されている〝倭〟は、朝鮮三国にすでに王権が成立していたとおなじく、大和の王権をさしている。もちろん国家権力にはおのおの発展段階があり、この段階における国制は、王と族長の関係を基本としたであろう。族長層のひきいる共同体＝クニは、まとまりのある独立の集団として存続し、朝鮮との交渉や出兵に、ツクシ（筑紫）がヤマト（大和）の足場となったであろうが、それは〝九州分国政府〟などというものではありえない。百済・新羅を中間として、高句麗と戦った倭に、百済は、三九七年、「太子腆支」を人質として送り、四〇五年、倭王は兵士一〇〇人をもって本国にこれを送還している。新羅も四〇二年、「王子未斯欣」を人質として送ったのである。これは両国が倭王の後援をもとめたためで、『日本書紀』と『三国史記』の記事がまったく一致しているので疑いのない史実であるが、その送り先はもちろん大和の倭王である。九州の分国政府に人質を送ることなどありえないであろう。しかも、この事実は、朝鮮三国と倭の双方において、王権を有する独立の政治社会がすでに成立していたことを前提としている。王権相互のやりとり、軍事提携がそこに語られているのである。〝同祖論〟や〝分国論〟はこのことを無視しており、成立しない。おなじく、倭に対する朝鮮からの移住の現象もこの視点と関係があろう。

古代における国家関係の基盤についての考察をいろいろのべたが、まだきわめて不十分であり、反論もあるであろう。反論を期待して筆をおきたいが、各国における政治社会の成熟という視点をぬきにして歴史論は前進しないことを提示しておいたのである。

索　　　　引

事　　　項

あ

い

う

え

お

か

き

く

け

こ

ち

つ

て

と

な

に

は

ひ

ふ

へ

ほ

著　者　名

う

え

お

か

き

く

こ

さ

し

す

せ

そ

た

つ

て

と

な

に

は

ひ

著者略歴

大正十二年、松江市に生れる
昭和二十三年、東京大学文学部国史学科卒業
九州工業大学教授、文化庁主任文化財調査官
などを経て、
現在、東京女子大学教授、文学博士

〔主要著書〕
日本古代人名辞典〈全七巻〉(共編) 和気清麻呂 古代の日本〈第九巻、研究資料〉(共編)
大代前代社会組織の研究

大化前代政治過程の研究

昭和六十年六月一日 第一刷印刷
昭和六十年六月十日 第一刷発行

著者 平野邦雄(ひらのくにお)

発行者 吉川圭三

発行所 株式会社 吉川弘文館
郵便番号 一一三
東京都文京区本郷七丁目二番八号
電話〇三―八一三―九一五一〈代〉
振替口座東京〇―二四四番

(印刷=精興社・製本=誠製本)

日本史学研究叢書

『日本史学研究叢書』刊行の辞

戦後、日本史の研究は急速に進展し、各分野にわたって、すぐれた成果があげられています。けれども、その成果を刊行して学界の共有財産とすることは、なかなか容易ではありません。学者の苦心の労作が、空しく篋底に蔵されて、日の目を見ないでいることは、まことに残念のことと申さねばなりません。

吉川弘文館は、古くより日本史関係の出版を業としており、今日においてもそれに全力を傾注しておりますが、このたび万難を排して、それらの研究成果のうち、とくに優秀なものをえらんで刊行し、不朽に伝える書物としたいと存じます。この叢書は、あらかじめ冊数を定めてもいず、刊行の期日を急いでもおりません。成るにしたがって、つぎつぎと出版し、やがて大きな叢書にする抱負をもっております。

かくは申すものの、この出版にはきわめて多くの困難が予想されます。ひとえに日本の歴史を愛し、学術を解する大方の御支援を得なければ、事業は達成できまいと思います。なにとぞ、小社の微意をおくみとり下され、御援助のほどをお願い申します。

昭和三十四年一月

大化前代政治過程の研究（オンデマンド版）

2017年10月1日　発行

著　者　平野邦雄（ひらのくにお）
発行者　吉川道郎
発行所　株式会社 吉川弘文館
〒113-0033 東京都文京区本郷7丁目2番8号
TEL 03(3813)9151(代表)
URL http://www.yoshikawa-k.co.jp/

印刷・製本　株式会社 デジタルパブリッシングサービス
URL http://www.d-pub.co.jp/

平野邦雄（1923～2014）
ISBN978-4-642-72044-1